C. Van Hille

Internet

Perfectionnez votre Site Web

www.microapp.com

Micro Application

1ère Édition - Mai 2000

Auteur Peter MÜLLER

Traduction Laurence SERRI et Pierre M. WOLF

ISBN : 2-7429-1794-2
Réf DB : 441302 /1

MICRO APPLICATION
20,22 rue des Petits-Hôtels
75010 PARIS
Tél. : (01) 53 34 20 20 - Fax : (01) 53 34 20 00
http://www.microapp.com

Avant-propos

La collection *Internet* vous offre un panorama complet des thèmes liés à Internet : création de sites, programmation, e-commerce, etc.

Quel que soit le sujet abordé, nos ouvrages se veulent essentiellement pratiques. Vous pourrez ainsi tirer un profit immédiat de leur lecture et obtenir un résultat tangible.

Au cours de votre lecture, vous rencontrerez les icônes suivantes :

Astuce	Propose des astuces pratiques.
Atelier	Cette icône vous signale une série d'étapes pratiques à réaliser sur votre ordinateur !
Attention	Met l'accent sur un point important, souvent d'ordre technique, qu'il ne faut négliger à aucun prix.
Info	Informations supplémentaires relatives au sujet traité.
Conseil	Vous recommande une technique ou une marche à suivre.
Renvoi	**Fait référence à un chapitre où vous trouverez des informations supplémentaires.**
Internet @	**Reportez-vous au site indiqué pour obtenir plus d'informations.**
CD-Rom	Fait référence à un fichier ou un programme fourni sur notre CD-Rom d'accompagnement.

Conventions typographiques

Afin de faciliter la compréhension des techniques décrites, nous avons adopté les conventions typographiques suivantes :

- **Gras** : menu, commande, boîte de dialogue, bouton, onglet.
- *Italique* : zone de texte, liste déroulante, case à cocher, bouton radio.
- `Police bâton` : touche, instruction, listing, texte à saisir.

Chapitre 1

Optimisation de votre page d'accueil

En guise de programme, vous avez uniquement besoin d'un navigateur.

1.1. Optimiser vos pages web

Vous avez élaboré votre propre page d'accueil et souhaitez à présent l'optimiser. Les techniques de base de la création de pages web vous sont certainement familières :

- Vous savez comment intégrer des images dans les pages web.
- Vous connaissez la technique permettant de relier les pages web avec des liens hypertextes.
- Vous maîtrisez l'utilisation de tableaux même avec des mini-GIF invisibles.
- La création et la manipulation des cadres n'ont plus de secret pour vous.

Cet ouvrage a pour objectif de vous aider à élaborer une page d'accueil optimale en se basant sur ces techniques.

Plusieurs thèmes seront abordés au cours des chapitres de ce livre :

Nom de domaine spécifique

- Les adresses de type `http://www.ifrance.com/nom_utilisateur` ne sont pas toujours faciles à mémoriser. De nombreux concepteurs de pages d'accueil considèrent par conséquent que la première étape d'optimisation d'une page web est son enregistrement sous un nom de domaine propre.
- Comment disposer de son propre nom de domaine ? De quoi faut-il tenir compte lors de l'enregistrement ? Que faire si le nom souhaité est déjà attribué ? Ces questions seront traitées dans le chapitre *Réserver son propre nom de domaine*.

La mise en forme graphique

En dehors du contenu, la mise en forme graphique de votre page web est décisive dans le sens où elle permet aux lecteurs de se faire une première impression de l'ensemble. Nous aborderons le sujet à partir du chapitre *Mise en forme de votre page d'accueil avec Paint Shop Pro* :

- Mise en forme de votre page d'accueil avec la technique des couches de Paint Shop Pro.
- Création de logos et de boutons attractifs.
- Définition de GIF animées avec Animation Shop.

La navigation

Un aspect souvent négligé lors de la création de pages web est la navigation. À partir du chapitre *Système de navigation de votre page d'accueil*, vous apprendrez tout sur ce thème essentiel :

- La navigation : le guide de votre page d'accueil.
- Création de barres de navigation avec Feedback et effets de Rollover.
- Navigation avec menus déroulants, onglets et arborescence de type Explorateur.
- Fonction de recherche et carte du site de votre page d'accueil (sans programmation).

N'ayez pas peur du texte source

Le Web est rempli de superbes pages Internet dont la structure est livrée gratuitement grâce au texte source :

Après une rapide mise au point sur le texte source, le décodage de ces structures de pages vous paraîtra un véritable jeu d'enfant. À partir du chapitre *Se familiariser avec le texte source*, vous apprendrez en effet à connaître les éditeurs de texte source, à analyser des pages (par exemple la page d'accueil de Yahoo!) et à utiliser HomeSite 4.0 :

- N'ayez pas peur du texte source.
- La page d'accueil de Yahoo!
- HomeSite.

Mise en forme de pages avec les feuilles de style en cascade

L'un des points essentiels de l'optimisation d'une page d'accueil est sa facilité de mise à jour. Grâce aux feuilles de style en cascade, vous pouvez facilement gérer l'aspect de votre page d'accueil et modifier toutes les pages en une seule manipulation. Vous en saurez davantage à partir du chapitre *Feuilles de Style en cascade* :

- Les feuilles de style en cascade en action.
- Créer sa première feuille de style.

JavaScript

JavaScript étend les possibilités de HTML, comme vous pourrez le constater à partir du chapitre *Les extraordinaires possibilités de JavaScript*.

Dans ce chapitre, vous apprendrez comment copier (en toute légalité) des programmes JavaScript à partir du Web et comment les intégrer dans vos propres pages.

Interaction avec les visiteurs

Le petit "plus" pour améliorer votre page d'accueil est l'interaction : une liste de liens, un forum de discussion ou un espace pour discuter en direct. Et tout cela, sans connaître les principes internes des programmes CGI.

Le chapitre *Interaction avec les visiteurs de votre page d'accueil* est justement consacré à ce thème.

Pour tous les sujets évoqués précédemment, l'aspect pratique est mis en avant. Grâce à de nombreuses explications pas à pas, vous apprendrez à utiliser les nouvelles techniques et à maîtriser les bases essentielles relatives à chaque thème.

Dans de nombreux chapitres, vous découvrirez également des paragraphes destinés à vous en dire un peu plus sur le sujet.

1.2. Pages Internet utiles sur le World Wide Web

Il existe bien sûr sur le Web de nombreuses pages consacrées au thème du design sur Internet et à la création de pages d'accueil. La sélection des sites présentés ci-dessous vous donne un premier aperçu de quelques pages intéressantes.

Sites d'outils graphiques

Le Web est une mine d'or concernant le thème du graphisme. Pour vous aider à trouver des éléments graphiques, vous pouvez visiter ces sites :

- `http://www.webgraphique.com`

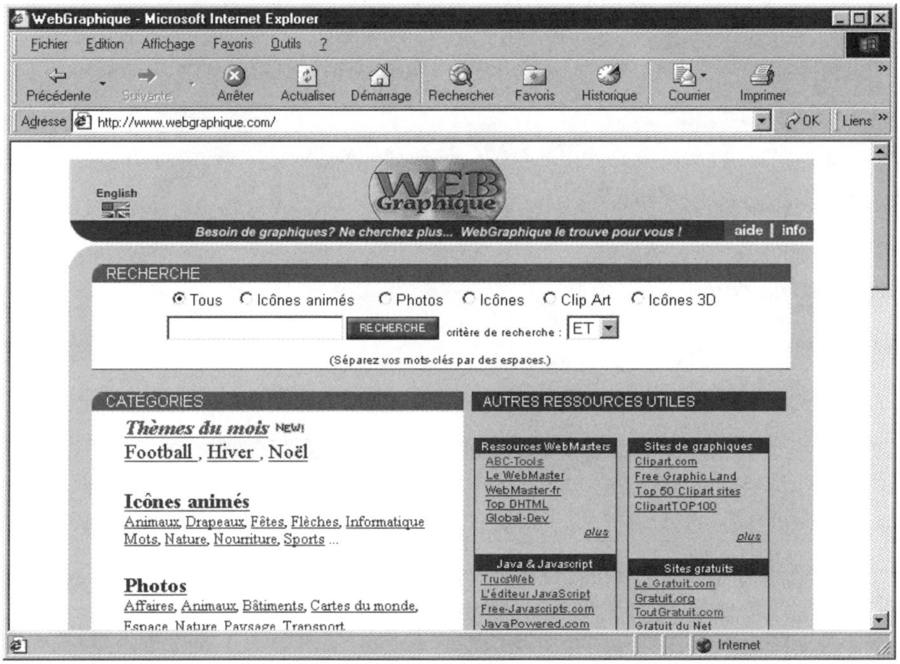

Fig. 1.1 : *La page d'accueil de Webgraphique*

On peut également citer dans ce domaine le site de Freegaia qui met à votre disposition des GIF et des fonds de pages :

- `http://www.freegaia.com/`

Chaînes de sites

L'idée des chaînes de sites ("Webring" en anglais) est aussi simple que géniale et a tendance à s'imposer de plus en plus sur le World Wide Web. Les sites traitant d'un même sujet font référence aux autres sites et forment ainsi un anneau. Vous trouverez une liste de Webrings classés par thèmes à l'adresse `http://ww.webring.com`.

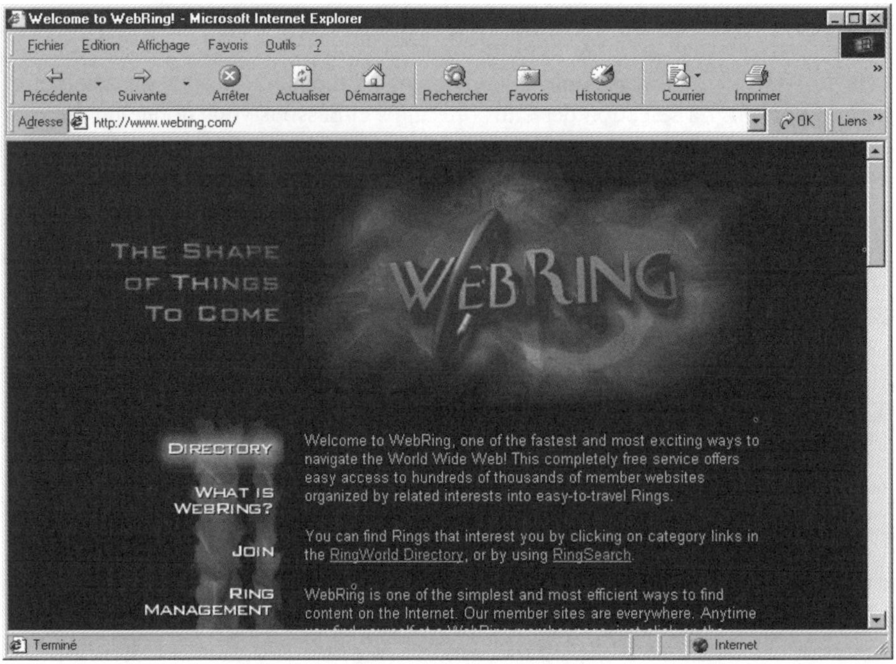

Fig. 1.2 : *www.webring.com*

Un exemple d'anneau français est :

- http://www.sharedif.com/sharering/

Fig. 1.3 : *L'anneau français du shareware*

Service d'optimisation

Si vous êtes intéressé par des conseils concernant la création de pages web, l'hébergement, etc. consultez les informations diffusées à l'adresse :

- http://www.cybermaster.org/accueil.htm

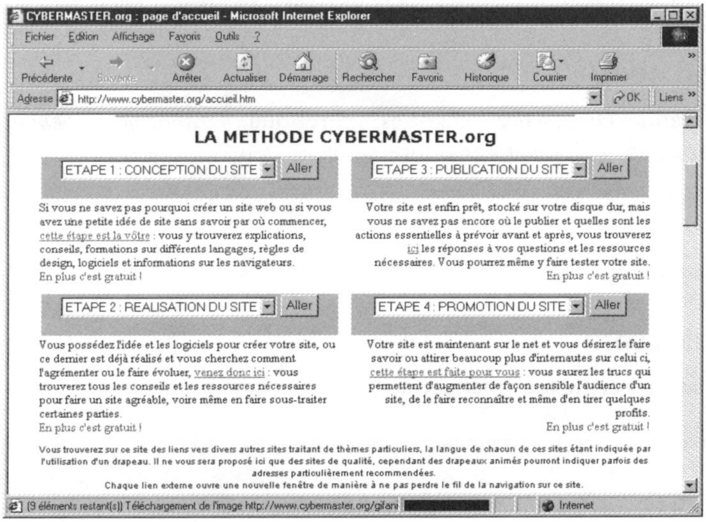

Fig. 1.4 :
Cybermaster

Conseils et modèles

Pour lire des conseils et des astuces ou récupérer des modèles de sites web dans le but de les utiliser à des fins personnelles, reportez-vous à l'adresse :

- http://www.allhtml.com/

Vous trouverez entre autres une introduction à HTML et quelques modèles ("templates" en anglais) de sites disponibles pour un usage personnel.

Fig. 1.5 :
Tout sur HTML

Autres adresses utiles sur le Web

Voici quelques pages qui valent le détour concernant l'amélioration de vos pages :

http://www.legratuit.com/

Le site regroupe des adresses d'outils gratuits pour vos sites web, des adresses d'hébergement, etc.

http://www.webgratuit.com/

Un annuaire de programmes gratuits classés par catégories. La rubrique *Gratuit pour Webmasters* est intéressante pour toute personne souhaitant construire sa page web.

http://www.clipart.com

Une liste de sites web proposant des cliparts et des graphiques gratuits.

http://www.freegraphics.com

Un répertoire de sites web classés par thèmes mettant à votre disposition des images gratuites.

Chapitre 2

Réserver son propre nom de domaine

Pour suivre les explications de ce chapitre, un navigateur suffit.

2.1. Fournisseurs d'accès Internet et hébergeurs de sites web

Ces deux expressions sont fréquemment employées dès qu'il s'agit de parler d'Internet. Les deux termes anglais désignant ces prestataires sont "provider" et "Webspaceprovider". Il nous paraît important d'essayer de définir les contours des services proposés par ces prestataires pour éviter d'éventuelles confusions.

On pourrait traduire "to provide" par l'expression "mettre à la disposition de". Un provider Internet met en effet à votre disposition un accès à Internet. Dans ce sens, les services en ligne sont également des providers Internet.

Le forfait de l'accès Internet inclut la plupart du temps un certain nombre de mégaoctets (Mo) d'espace disque pour l'hébergement de votre page d'accueil. Cet espace mémoire disponible sur un serveur web est désigné par le terme "Webspace", qui se traduit en français par "allocation d'espace web".

Chez certains providers Internet, l'URL, c'est-à-dire l'adresse de votre page d'accueil, est déterminée à l'avance, comme c'est le cas dans les exemples suivants :

- http://www.ifrance.com/nom_utilisateur/
- http://members.aol.com/nom_utilisateur/

Ces adresses sont néanmoins assez difficiles à mémoriser et ne sont pas très élégantes. Même si vous considérez la gestion de votre propre page d'accueil comme un loisir, la création et les mises à jour vous prennent du temps. De nombreux concepteurs de pages d'accueil considèrent ces adresses comme inadaptées à leurs besoins.

C'est à ce moment-là que vous pouvez avoir recours aux services des fournisseurs d'espace Web, c'est-à-dire aux prestataires plus spécialisés dans l'hébergement de sites web. Ils vous aident en outre à enregistrer votre propre nom de domaine du type http://www.monsite.fr.

À l'heure actuelle, les prestations des providers Internet et des hébergeurs de sites web sont la plupart du temps séparées. L'accès Internet est fourni par le provider Internet tandis que l'hébergeur de sites web se charge de vous allouer de la place pour votre site et de vous attribuer un nom de domaine.

Sur le principe néanmoins, rien ne s'oppose à ce qu'un fournisseur d'accès vous propose un accès Internet et un nom de domaine, et un hébergeur de sites web peut en faire autant. Certaines offres commencent à voir le jour sur le réseau.

2.2. Comment réserver votre nom de domaine ?

Si vous avez décidé de relier votre page d'accueil à un nom de domaine plus personnalisé, vous devez dans un premier temps le déterminer puis vérifier s'il est encore disponible.

Vous allez découvrir dans la section suivante comment contrôler si le nom de domaine souhaité est encore disponible et, si tel est le cas, étudier comment le réserver pour vos propres pages.

Le nom de domaine est-il encore disponible ?

Une fois que vous avez déterminé un nom de domaine précis, essayez de faire le test sur la page d'un prestataire proposant une option de vérification. Notre choix s'est porté sur les services de MailClub à l'adresse http://ww.mailclub.com. Saisissez le nom de votre choix dans la zone prévue à cet effet :

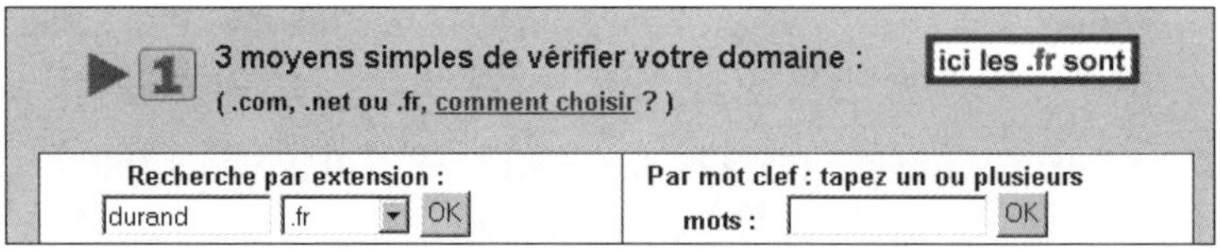

Fig. 2.1 : *Vérifiez la disponibilité du nom de domaine*

Une fois que vous avez cliqué sur le bouton OK, la réponse ne tarde pas à s'afficher à l'écran :

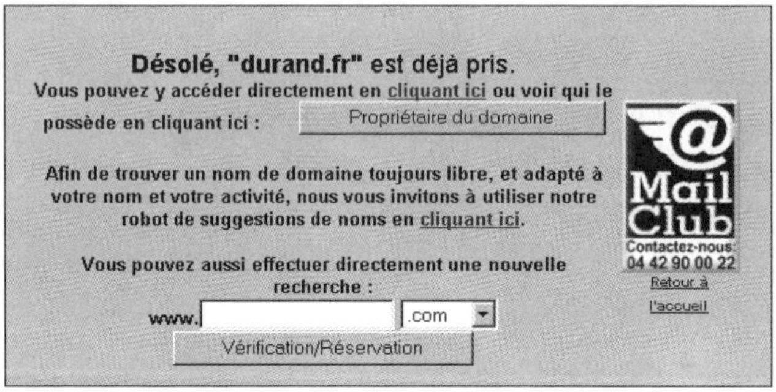

Fig. 2.2 : *Ce nom de domaine est déjà réservé*

Malheureusement, le nom de domaine choisi a déjà été attribué.

Il faut savoir que les noms de domaine comprenant des accents ne sont pas autorisés. Avant de lancer une nouvelle requête, lisez les principes de base relatifs aux noms de domaine :

- Un nom de domaine valide doit comporter entre 3 et 63 caractères. Mais des noms dépassant les 20 caractères sont rares et peu recommandés.
- L'utilisation de lettres, chiffres et tirets est autorisée mais celle des accents est exclue.
- Le nom doit débuter et se terminer par une lettre ou un chiffre. Il doit en outre comporter au moins une lettre.
- Dans les noms de domaine, aucune distinction n'est faite entre les majuscules et les minuscules.

La réservation d'un nom de domaine

Pour réserver votre nom de domaine, vous devez vous adresser à un hébergeur de sites web adhérant à l'AFNIC. Ce prestataire s'adressera alors à l'AFNIC, le service compétent, pour obtenir la création du nom de domaine correspondant. Les coûts sont de l'ordre de 1 000 francs pour la création d'un nom de domaine, à quoi il faut ajouter les coûts de maintenance annuelle.

Astuce

Qu'est-ce que le Webhosting ?

Le Webhosting est un terme désignant la prestation offerte par un hébergeur de sites web ; "host" signifie "hôte" et un Webhoster est par dérivation un hôte sur le World Wide Web.

Si le nom que vous souhaitez réserver est encore libre, vous devez enregistrer ce domaine en saisissant vos coordonnées personnelles. La procédure est très simple par l'intermédiaire d'un hébergeur de sites web. Vous en trouverez un grand nombre sur Internet mais nous en avons retenu un pour illustrer la démarche :

- MailClub à l'adresse `http://www.mailclub.com`.

Pour d'autres adresses, reportez-vous au tableau correspondant dans ce même chapitre.

Comme nous l'avons déjà souligné, un hébergeur de sites web est une société spécialisée dans la réservation de noms de domaine. Ce prestataire doit remplir deux tâches principales :

- Réserver le nom de domaine auprès de l'organisation compétente (AFNIC, nous y reviendrons par la suite).
- Si nécessaire, mettre à votre disposition de l'espace mémoire (Webspace) sur un serveur web.

En résumé : l'hébergeur de sites web se charge de remplir à votre place les papiers nécessaires et fait en sorte que vos pages web soient accessibles sous le nom demandé.

Il doit en outre vous rendre la mise à jour et la maintenance de votre page d'accueil aussi confortables que possible.

2.3. Les offres des hébergeurs de sites web

Les sites Internet et les brochures des hébergeurs de sites web sont les meilleures sources d'informations concernant les tarifs en vigueur. Nous vous conseillons de vous y reporter pour de plus amples détails. Il faut savoir que les prix ont tendance à baisser.

Nous allons vous présenter sur les pages suivantes quelques exemples de tarifications actuelles dénichées sur le Web.

Les deux facteurs entrant en jeu dans le prix de base mensuel sont d'une part l'espace mémoire mis à votre disposition et d'autre part les fonctionnalités accompagnant cette prestation initiale. Plus vous louez un espace mémoire élevé, plus les fonctionnalités nécessaires sont importantes et donc plus les coûts mensuels sont élevés.

L'offre de base

La plupart des hébergeurs de sites web proposent des forfaits de base relativement accessibles à tous qui, en dehors des frais d'installation initiaux, ne vous coûtent que quelques francs par mois.

Ces offres sont conçues pour permettre à toute personne disposant d'une page web de la présenter sur le réseau à moindre coût. Les prix sont souvent abordables pour les concepteurs d'un site peu étoffé.

Ces offres de base mettent à votre disposition un espace mémoire réduit, moins de fonctionnalités, et sont souvent désignées par le terme de "Carte de visite" ou "option Basic". On distingue deux variantes de cette formule de base :

- le premier tarif de base avec peu d'espace mémoire ;
- le tarif de base accompagné de quelques fonctionnalités supplémentaires, comme le reroutage.

Pour illustrer le mode de tarification que vous pouvez rencontrer sur Internet, nous avons choisi de vous présenter les prestations proposées par MailClub. Il faut savoir que les grilles de tarification diffèrent d'un service à l'autre.

Le tarif de base chez MailClub

Cette formule de base permet de réserver son nom de domaine. Certaines offres particulièrement intéressantes comprennent fréquemment la mention "sponsored". Cela signifie tout simplement qu'une bannière publicitaire peut être placée sur votre page d'accueil. Chez MailClub, la formule s'appelle "Basic" mais elle ne comprend pas la mise en route du nom de domaine. Pour des détails sur cette offre, cliquez sur le lien *+d'infos*.

Basic : + d'infos
290 frf HT (44 euros) une fois pour toutes (hors frais internic), et **votre domaine est définitivement protégé à votre seul profit.**

Fig. 2.3 : *Les prestations de base*

Grâce à cette formule, vous êtes certain de disposer d'une adresse personnalisée le jour où vous publierez votre page d'accueil.

Une offre appliquée aux e-mails

Cette variante est idéale pour tous ceux qui ne disposent pas encore de page d'accueil mais qui souhaitent simplement personnaliser leur adresse e-mail. Les prestations de cette variante incluent le reroutage.

E-Mail : reroutage + d'infos
390,00 frf HT par an (hors internic): votre domaine est **protégé**
+ nombre illimité d'adresses email en reroutage

Fig. 2.4 : *Les caractéristiques de l'offre e-mail*

Le reroutage est une option très pratique puisqu'elle vous permet de rediriger les visiteurs de votre ancienne adresse vers la nouvelle. Chaque demande est renvoyée à la nouvelle adresse, sans délai. Cette fonction peut chez certains hébergeurs être également appliquée aux adresses URL. Cependant, seul votre nom de domaine apparaît dans la fenêtre du navigateur et cela représente un certain inconvénient. En outre, le contenu de la zone *Adresse* du navigateur ne change pas, ce qui empêche de mettre en place des signets, sauf vers votre page d'accueil. La raison est que cette technique utilise un cadre unique contenant les pages, mais qui ne perturbe pas leur affichage.

Une offre plus complète

La plupart des hébergeurs de sites web proposent une gamme de prestations intermédiaire entre l'offre de base et l'offre s'adressant aux professionnels. Les fonctionnalités sont bien sûr plus larges que l'offre basique proposée à un prix réduit. La palette de services peut bien sûr varier d'un prestataire à l'autre, mais les principales caractéristiques peuvent se résumer ainsi :

- environ 20 à 50 Mo d'espace disque sur le serveur rapide de l'hébergeur de sites ;
- environ 3 à 6 Go de volume de transfert, parfois illimité ;
- plusieurs adresses e-mail, souvent appelées "adresses POP3".

Les prestations de MailClub regroupées sous le nom d'option "Gold" sont les suivantes :

- installation du domaine sur leurs serveurs ;
- reroutage de sites web et d'adresses ;
- nombre illimité d'adresses e-mail.

Pour un nom comportant l'extension `.fr`, les tarifs incluent les frais prélevés par l'AFNIC.

Fig. 2.5 : *Les caractéristiques de l'offre chez MailClub*

L'offre Platinum

Ce type de prestations se caractérise par des fonctionnalités supplémentaires et s'adresse davantage à tous les professionnels désireux d'avoir une vitrine sur le Web. Il n'est en revanche pas adapté aux simples pages d'accueil.

Les points forts de ces suites professionnelles sont par exemple :

- l'utilisation de programmes CGI personnels ;
- la liaison vers des bases de données pour élaborer des pages web dynamiques (par exemple à l'aide d'Active Server Pages ou ASP).

Chez MailClub, cette formule englobe divers services supplémentaires :

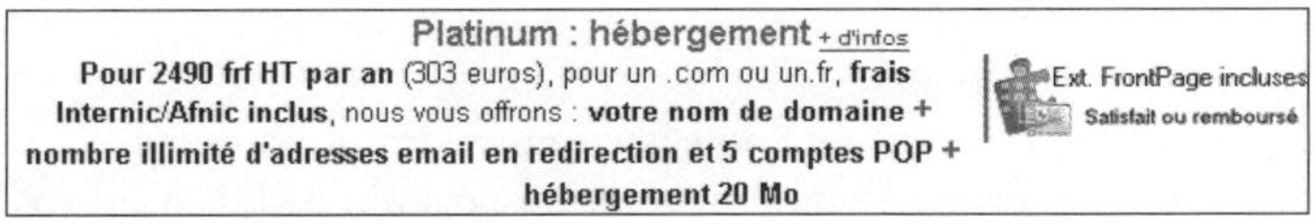

Fig. 2.6 : *Les prestations de la formule Platinium*

Traffic, POP3 et CGI

Cette section a pour objectif de définir brièvement certains termes utilisés dans les brochures des prestataires Internet.

"Traffic" ou volume de transfert

Le volume de transfert désigne le transfert de données occasionné par la consultation de votre page d'accueil. Sur certaines brochures, il n'est pas rare de trouver le terme "Traffic".

La plupart des offres fixent une limite supérieure pour le volume de transfert. Les valeurs courantes sont 3 ou 6 Go.

Astuce

Le succès de votre page d'accueil

Si vous pensez que votre page d'accueil attirera un grand nombre de visiteurs par mois, optez pour un volume de transfert illimité.

Pour avoir une idée du volume dont vous avez besoin :

- si chaque page web de votre site (y compris les images) ne dépasse pas les 20 Ko, un volume de 6 Go pour trois mille ouvertures de pages est suffisant.

Cela signifie que si vos pages web sont appelées plus de trois mille fois par mois, des coûts supplémentaires vous seront facturés. Si vos pages web dépassent les 20 Ko, le nombre d'accès gratuits baisse.

Adresses e-mail : POP3, Alias ou Forwarder ?

Une véritable adresse e-mail dispose de sa propre boîte aux lettres. Les e-mails sont conservés dans cette boîte aux lettres jusqu'à ce qu'ils soient récupérés par vos soins.

Un e-mail alias est une sorte de nom de couverture ne disposant pas de sa propre boîte aux lettres mais qui est transféré vers une autre adresse e-mail.

Enfin, il existe des adresses de reroutage (en anglais "forwarder"). Elles sont mises en relation avec des adresses e-mail déjà existantes.

Programmes CGI

Les programmes CGI vous permettent de doter votre page d'accueil de fonctionnalités supplémentaires. Parmi celles-ci, on peut citer les compteurs, les livres d'or et même les boutiques en ligne.

Les programmes CGI des hébergeurs de sites web tournent sur le même serveur que votre page d'accueil. C'est la raison pour laquelle ils sont souvent plus rapides que les offres gratuites qui fonctionnent sur un autre serveur.

Dans les offres de milieu de gamme, vous avez la possibilité de sélectionner des programmes CGI mis à votre disposition par le prestataire. Les offres Premium vous laissent libre d'utiliser vos propres programmes CGI.

Liste d'hébergeurs de sites web

Voici une liste de certains prestataires sur le réseau (constituée en novembre 1999) proposant des services d'enregistrement de domaine. Elle est loin d'être exhaustive. Pour de plus amples renseignements, il est préférable de consulter directement les réponses fournies par un moteur de recherche.

Tab. 2.1 : Prestataires Internet

Nom	Adresse
MailClub	http://www.mailclub.com
Enregistrer.com	http://www.enregistrer.com/

Tab. 2.1 : Prestataires Internet	
Nom	**Adresse**
Mon Adresse	http://www.monadresse.com/
123 Domaine	http://www.123domaine.com/
Votre-societe	http://www.votre-societe.com/
Web Europe	http://www.web-europe.com/

Certains services proposent en outre un accès Internet. Ce type d'offre est particulièrement intéressant si vous n'êtes pas encore abonné à un fournisseur d'accès.

2.4. Le nom est déjà réservé

Si le nom de domaine dont vous rêvez n'est déjà plus disponible, trois possibilités s'offrent à vous :

- Vous acceptez de choisir un autre nom (plus long ou plus complet).
- Vous lancez une recherche sur le serveur de l'AFNIC pour vérifier à qui appartient le nom de domaine en question et tentez de l'acheter à son actuel propriétaire (s'il ne veut pas vous le céder gratuitement).
- Vous tentez d'enregistrer le nom de vos rêves sous un autre domaine de niveau supérieur.

Rechercher un domaine sur l'AFNIC

La gestion des noms de domaine est assurée en France par l'AFNIC, dont l'adresse Internet est http://www.nic.fr. Vous pouvez consulter la base de données locale pour vérifier par qui le nom de domaine que vous souhaitez utiliser a été déposé.

Rechercher des domaines sur AFNIC

1. Saisissez dans le navigateur l'adresse www.nic.fr/annuaire puis appuyez sur la touche [Entrée]. Vous accédez ainsi à la page de recherche du service de l'AFNIC (voir fig. 2.7).
2. Cliquez sur le lien hypertexte *Search4Domain* pour afficher la page de recherche d'informations sur les domaines.
3. Saisissez dans le champ correspondant le nom de votre choix puis cliquez sur le bouton **Chercher**.

Fig. 2.8 : *À qui appartient ce nom de domaine ?*

4. Peu de temps après, le résultat s'affiche à l'écran. Les informations sont présentées sous cette forme : (voir fig. 2.9)

Fig. 2.7 : *La page de recherche de l'AFNIC*

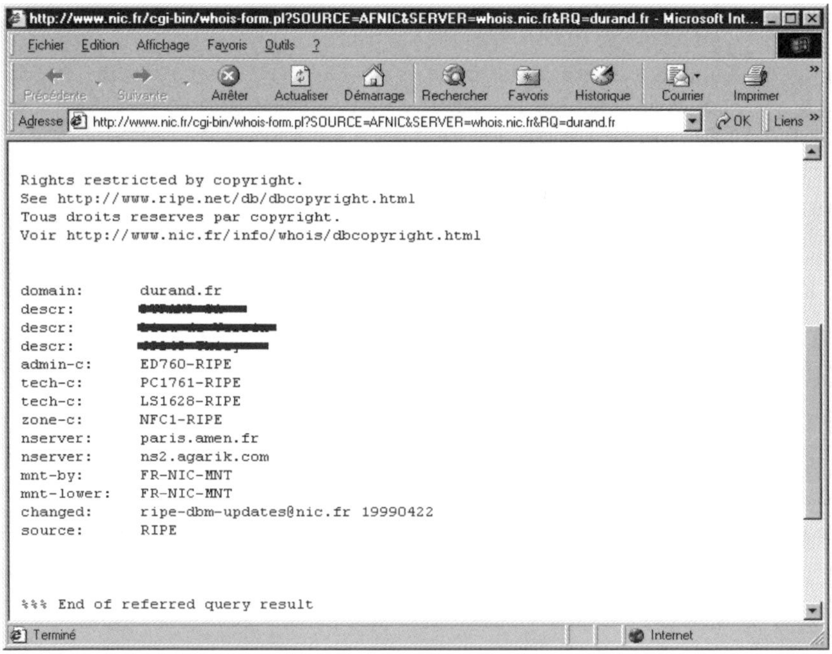

Fig. 2.9 : *Des informations sur le nom de domaine*

Les coordonnées personnelles du propriétaire du nom de domaine s'affichent et vous pouvez par exemple lui demander s'il accepte de vous céder ce nom de domaine.

Si le propriétaire du domaine convoité refuse, la situation devient plus compliquée. La jurisprudence n'est pas claire sur ce point. À ce sujet, il faut néanmoins savoir qu'actuellement, la plupart des procès entre une entreprise et un particulier portant le même nom tournent à l'avantage de l'entreprise.

Les noms de domaine dans un autre domaine

Si vous ne pouvez renoncer au premier nom de domaine retenu mais qu'une discussion avec le propriétaire actuel ne vous intéresse pas, il vous reste la solution d'enregistrer le nom souhaité sous un autre domaine de niveau supérieur.

Astuce

Domaine de niveau supérieur

Nous reviendrons sur le domaine de niveau supérieur dans les sections suivantes.

Certaines extensions de pays, dont la présence sur Internet n'est pas encore significative, sont particulièrement appréciées. Par exemple :

- `.to` (Tonga) ;
- `.cc` (îles Cocos appelées également îles Keeling) ;
- `.nu` (Niue, quelque part près de la Nouvelle-Zélande) ;
- `.ms` (Montserrat, une île dans les Caraïbes).

Les conditions d'enregistrement sont très différentes. Dans certains pays, vous devez prouver que vous disposez d'une adresse de résidence pour pouvoir enregistrer votre nom de domaine, dans d'autres non.

L'un des sites les plus complets pour réserver un domaine de ce type est Alldomains. Essayez dans un premier temps de vous connecter à la page d'accueil. Suivez alors les étapes présentées ci-dessous :

Atelier

Le nom sous un autre domaine de niveau supérieur

1. Saisissez dans le navigateur l'adresse `alldomains.com`. Vous affichez ainsi la page de démarrage de Alldomains.

2. Indiquez dans le champ prévu à cet effet, sur la page de démarrage, la combinaison souhaitée comprenant le domaine et le domaine de niveau supérieur. Cliquez ensuite sur le bouton **Search**.

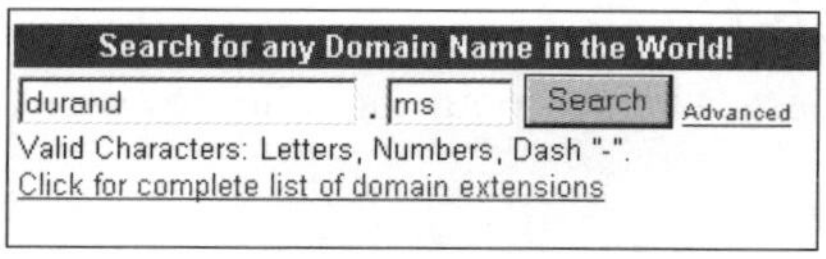

Fig. 2.10 :
Le nom est-il attribué à Montserrat ?

3 Le résultat de votre demande ne tarde pas à s'afficher à l'écran.

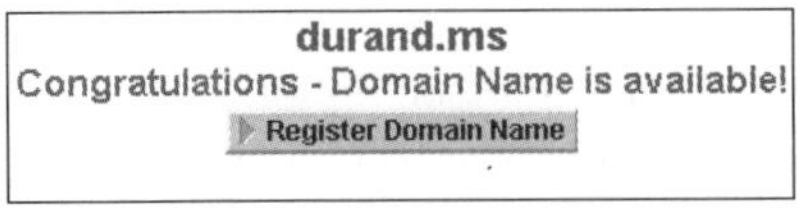

Fig. 2.11 : *Cette fois, l'adresse est disponible*

L'enregistrement de `durand.ms` coûte environ $ 50 par an, ce prix englobant un reroutage vers votre page d'accueil hébergée en réalité chez un tout autre fournisseur (par exemple Wanadoo).

2.5. Noms et numéros sur Internet

Les pages suivantes vont vous fournir de brèves explications concernant les noms de domaine ainsi que leur structure.

L'adresse IP : le numéro de l'ordinateur

Toute liaison au réseau téléphonique dispose d'un numéro unique dans le monde (le numéro de téléphone). Ce principe s'applique également à tout ordinateur connecté à Internet. Ces numéros Internet sont appelés des adresses IP (IP pour "Internet Protocol").

Astuce

Pour plus d'informations

Pour des détails complémentaires sur le fonctionnement d'Internet et du DNS, vous pouvez consulter les définitions fournies sur le site `http://www.imaginet.fr/ime/fr_ungi2.htm`.

Lorsque vous saisissez dans votre navigateur un nom comme `http://www.microapp.com`, le nom est dans un premier temps automatiquement transformé en une adresse IP. Tout ordinateur préfère en effet travailler avec des chiffres qu'avec des noms. Chaque serveur web dispose donc d'un numéro de type 194.175.173.75.

Ce n'est qu'une fois la permutation effectuée qu'une liaison au serveur web recherché peut être établie. Le tout fonctionne comme sur le réseau téléphonique : tant que vous ne disposez pas du numéro de téléphone adéquat, vous ne pouvez pas appeler la personne en question.

Si vous connaissez l'adresse IP du serveur web auquel vous souhaitez vous connecter, vous pouvez très bien effectuer le test vous-même.

Vous obtenez la même page d'accueil que celle désignée par l'adresse habituelle (sauf si l'adresse IP a entre-temps été modifiée comme c'est parfois le cas avec les numéros de téléphone : le nom reste le même tandis que le numéro change de temps à autre).

Les noms sont plus facilement mémorisés

Vous avez réussi à retenir le numéro affiché ? Non ? C'est la raison pour laquelle des noms sont employés sur Internet à la place de ces chiffres.

Astuce

Déterminer l'adresse IP courante

Si vous êtes en ligne, sélectionnez la commande **Démarrer/Exécuter** puis ouvrez le programme WinIPCfg en saisissant son nom dans le champ correspondant. Il affiche l'adresse IP courante.

Ce qu'il y a d'intéressant, c'est que la conversion des noms en numéros s'effectue automatiquement sur Internet. De ce point de vue, l'utilisation d'Internet s'avère encore plus confortable que celle du téléphone.

Imaginez que vous puissiez demander par téléphone : "Paris, 30 rue de Strasbourg, Léonore Buidèle". Le téléphone rechercherait le numéro correspondant et pourrait ensuite établir la connexion.

Pour résumer, voici les caractéristiques du réseau du téléphone par rapport à Internet :

Tab. 2.2 : Quelques similitudes entre réseau téléphonique et Internet

Secteur	Pour trouver...	Les utilisateurs ont besoin...
Réseau téléphonique	Un numéro de téléphone	D'un annuaire, d'appeler les renseignements
Internet	Une adresse IP	Du système de noms de domaine (Domain Name System)

Structure des adresses Internet

Comme leur nom le laisse deviner, les domaines sont des "zones" ou des "secteurs" mais il convient de les définir plus précisément.

Comme le signale le service de traduction Babylon (`www.babylon.com`), les domaines sont la division d'Internet en pays et organisations.

Internet est bien divisé en pays et en organisations et chaque zone dispose de son propre nom, ce que l'on appelle le nom de domaine. Ils sont construits sur un schéma bien précis, comme le montre notre exemple :

Fig. 2.12 : *Structure d'une adresse URL*

Un nom de domaine typique se compose de trois parties :

- à droite se trouve le TLD (Top Level Domain, qui se traduit en français par "domaine de niveau supérieur"), dans notre exemple `.fr` ;
- au centre le domaine (Domain), dans notre exemple `academie` ;
- à gauche de ces signes, le sous-domaine (Subdomain), en l'occurrence `www`.

Les noms de domaine sont structurés de manière hiérarchique et doivent être interprétés de droite à gauche. Le schéma suivant permet de mieux saisir la construction du système de noms de domaine (Domain Name System) :

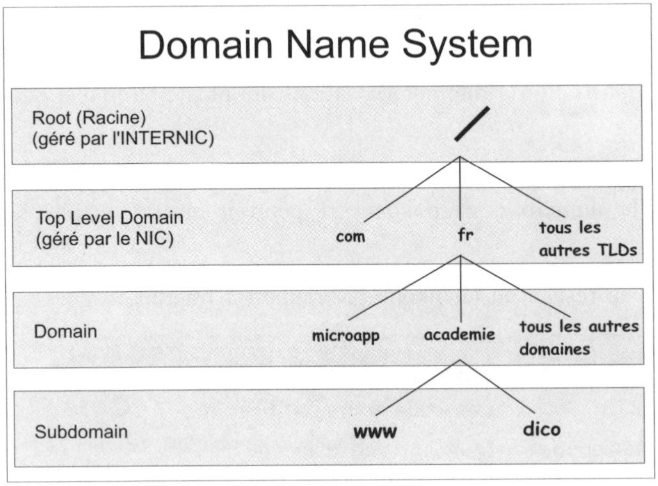

Fig. 2.13 : *Construction du système de noms de domaine*

La racine située tout en haut du tableau n'a aucune signification particulière. Commençons plutôt par le domaine de niveau supérieur.

Le domaine de niveau supérieur

Les domaines de niveau supérieur (Top Level Domains ou TLD) originaux utilisés aux États-Unis sont composés de trois lettres, tous les autres n'ont que deux lettres.

Tab. 2.3 : Quelques TLD

Domaine de niveau supérieur	En toutes lettres	Signification
`com`	commercial	Entreprises et autres organisations commerciales, le plus gros domaine
`org`	organization	Organisations non commerciales
`net`	net	Pour les sociétés ou les organisations ayant un rapport avec Internet (par exemple les providers)
`edu`	education	Secteur enseignement des États-Unis
`gov`	government	Administration et autres branches des États-Unis
`mil`	military	Système du ministère de la Défense des États-Unis

Tab. 2.4 : Domaines géographiques	
TLD	**Pays correspondant**
de	Allemagne
at	Autriche
ch	Suisse
fr	France
uk	Royaume-Uni
nl	Pays-Bas
be	Belgique

Pour chaque domaine de niveau supérieur, il existe un Network Information Center (NIC) compétent. Ces NIC gèrent l'attribution de noms et veillent au bon fonctionnement de la transposition de noms en adresses IP.

Astuce

INTERNIC

INTERNIC est l'International Network Information Center, soit le plus important de tous les centres d'information.

Les noms de domaine se terminant par `.fr` sont gérés par le Network Information Center français (AFNIC). Un serveur doté de l'extension `.fr` ne se trouve pas obligatoirement en France ; il est simplement enregistré auprès de l'AFNIC.

Le domaine

À gauche du domaine de niveau supérieur se trouve, séparé par un point, le nom de domaine (Domain). Il est souvent désigné par l'expression "domaine de deuxième niveau" (Second Level Domain).

Après la réservation par un provider d'un nom de domaine, l'AFNIC veille à ce que l'ordinateur désigné par le nom de domaine enregistré soit trouvé sur Internet.

D'un point de vue technique, cela signifie que l'AFNIC gère un ordinateur (Name Server), capable de transformer les noms de domaine en adresses IP. Pour en savoir plus sur les adresses IP, reportez-vous à la section correspondante de ce chapitre.

Le Sous-domaine

Le sous-domaine (Subdomain) est placé à gauche du domaine et séparé de celui-ci par un point. Le sous-domaine est parfois désigné par le terme "domaine de troisième niveau" (Third Level Domain). Le sous-domaine n'est pas déterminé par l'AFNIC mais par le propriétaire du nom de domaine ou par son provider. Nous allons vous montrer à l'aide d'un exemple concret à quoi correspond exactement le sous-domaine (désignant le serveur).

Il est d'usage d'attribuer à l'ordinateur sur lequel les pages web sont enregistrées (le serveur web) le sous-domaine `www`.

Lorsque le sous-domaine n'est pas WWW

Étant donné que la plupart des personnes qui consultent Internet cherchent essentiellement à ouvrir des pages web et que presque toutes les adresses web commencent par `www`, les gestionnaires de sites web ont de plus en plus tendance à laisser de côté le `www` en début d'adresse.

Fig. 2.14 : *Cette adresse ouvre la même page que...*

Fig. 2.15 : *... cette adresse raccourcie*

La saisie est plus rapide pour le même résultat. Il faut néanmoins savoir que cette astuce ne fonctionne pas automatiquement pour tous les noms de domaine. Elle doit avoir été configurée par le propriétaire du nom ou par le provider lui-même. Pour de nombreux sites, il est déconseillé d'oublier `www` car le navigateur sera incapable de trouver la page en question.

D'autres Sous-domaines sont possibles

Le Subdomain est, comme nous l'avons précédemment souligné, attribué par le propriétaire du nom de domaine ou par son provider. Certains préfèrent doter leur adresse Internet d'un nom plus explicite.

Fig. 2.16 : *Une forme d'adresse différente*

Dans ce cas de figure, il ne faut pas ajouter les trois lettres `www`.

Astuce

Dictionnaire des termes du réseau

Vous trouverez un lexique très complet des termes employés sur le réseau à l'adresse `http://www.imaginet.fr/ime`.

2.6. Faisons le point

Résumons les principaux aspects abordés dans ce chapitre :

- Les fournisseurs d'accès (providers) vous permettent d'accéder à Internet tandis que les hébergeurs de sites web (Webspaceproviders) sont plus spécialisés dans la réservation de noms de domaine.
- Les services des hébergeurs de sites web s'adressent aux particuliers comme aux professionnels.

- Sur le site de l'AFNIC, vous pouvez vérifier si un nom de domaine a déjà été déposé sous ce domaine de niveau supérieur et afficher des informations sur son propriétaire.
- Vous pouvez déposer un nom de domaine sous un autre domaine de niveau supérieur, comme `.ms` ou `.com`.
- Dès qu'il est connecté, tout ordinateur est désigné sur Internet par un numéro. Ce numéro est une adresse IP et permet d'identifier l'ordinateur en question.
- Le serveur de noms de domaine (Domain Name Server) a été créé pour permettre aux gens d'utiliser des noms plutôt que des numéros plus difficiles à mémoriser.
- Les noms de domaine sont divisés en trois parties :
  - le domaine de niveau supérieur (Top Level Domain) ;
  - le domaine (Domain ou Second Level Domain) ;
  - le sous-domaine (Subdomain ou Third Level Domain).
- Le sous-domaine ne se limite pas à `www`.

Chapitre 3

Mise en forme de votre page d'accueil avec Paint Shop Pro

Pour ce chapitre, vous avez uniquement besoin de Paint Shop Pro et du navigateur de votre choix.

3.1. Bases de votre page d'accueil avec Paint Shop Pro

Pour se faire une première idée de la mise en page globale d'une page d'accueil personnelle, il est toujours utile d'élaborer une première esquisse contenant déjà tous les éléments indispensables.

Par rapport à cette même ébauche sur papier, l'esquisse à l'écran d'une page d'accueil présente divers avantages :

- Vous vous faites une idée concrète des couleurs et des proportions de votre page d'accueil.
- Grâce à l'utilisation de la technique des calques de Paint Shop Pro, vous avez tout le loisir d'expérimenter différentes couleurs et formes.
- Il est inutile de vous soucier lors de cette étape des contraintes HTML. Mettez en forme votre page d'accueil comme vous l'entendez et réfléchissez ensuite au meilleur moyen de l'utiliser.

3.2. Élaborer un arrière-plan

Paint Shop Pro est un regroupement de trois programmes permettant de gérer et d'éditer des images. Ces programmes sont :

- le programme d'édition graphique Paint Shop Pro ;
- une visionneuse d'images (appelée Browser mais qui n'a rien à voir avec les navigateurs Web) pour cataloguer et gérer les graphiques sur votre disque dur ;
- le programme Animation Shop.

Les diverses étapes présentées dans ce chapitre vont vous permettre de faire plus ample connaissance avec Paint Shop Pro et Animation Shop. Commençons par le programme Paint Shop Pro.

L'interface de Paint Shop Pro

La figure représentant l'interface du programme Paint Shop Pro regroupe toutes les barres d'outils disponibles. Elles sont désignées par les termes de "barre", "fenêtre" ou "palette". Pour les afficher ou les masquer, utilisez les options qui s'affichent grâce à la commande **Affichage/Barres d'outils**.

Astuce

Palettes déroulantes

Une palette non utilisée momentanément s'enroule automatiquement de sorte que seule la barre de titre reste affichée à l'écran. Pour garder la palette déroulée, cliquez sur le petit triangle situé dans la partie droite de la barre de titre.

1 *Conseil du jour*

Cette fenêtre affiche des conseils souvent très utiles pour l'utilisation des outils de Paint Shop Pro. Nous vous conseillons de prendre le temps de lire l'astuce avant de fermer la fenêtre.

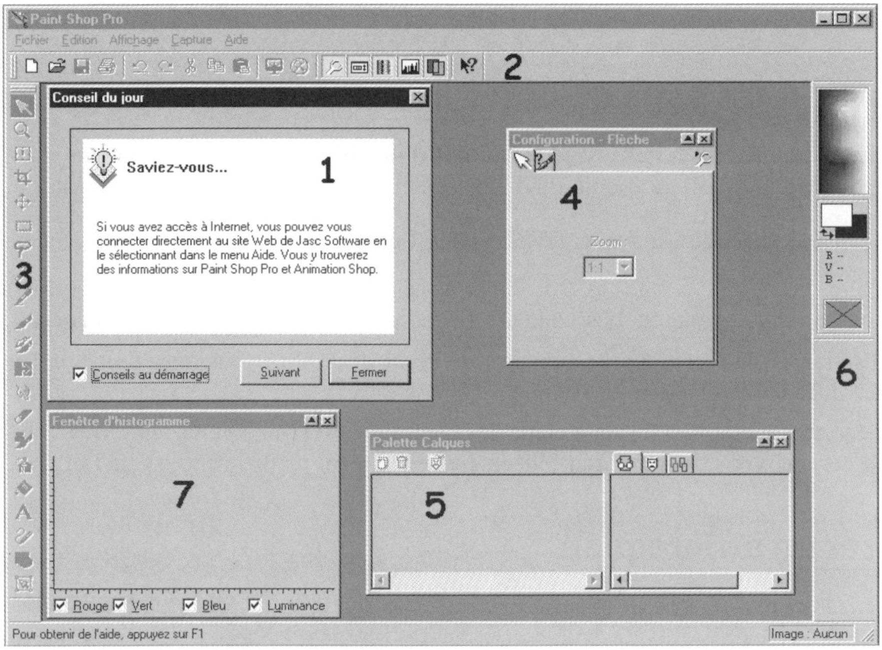

Fig. 3.1 : *Barres d'outils de Paint Shop Pro*

2 *Barre d'outils*

Contient des boutons permettant d'accéder aux commandes les plus souvent utilisées. Pour l'afficher/la masquer, appuyez sur la touche [t].

3 *Palette d'outils*

Regroupe les outils d'édition de votre image sur lesquels nous reviendrons ultérieurement. Pour l'afficher/la masquer, appuyez sur la touche [p].

4 *Palette Configuration*

Il s'agit d'une boîte de dialogue très importante affichant des options concernant l'outil sélectionné dans la palette d'outils. Pour l'afficher/la masquer, appuyez sur la touche [o].

5 *Palette Calques*

Cette palette permet de gérer les différents calques d'une image. Nous nous pencherons sur son utilisation au cours de ce chapitre mais vous pouvez momentanément la masquer. Appuyez à cet effet sur la touche [l].

6 *Palette Couleurs*

Cette palette regroupe toutes les fonctions utilisées pour la sélection de couleurs. Elle affiche en outre des informations sur chaque couleur de l'image. Pour l'afficher/la masquer, appuyez sur la touche [c].

7 *Fenêtre de l'histogramme*

L'histogramme affiche la répartition des différentes couleurs de l'image ainsi que la luminosité sous forme de graphique. Pour la création de votre page d'accueil, cette fonction est secondaire. Appuyez simplement sur la touche [h] pour la masquer.

Astuce

La touche Tab

À l'aide de la touche Tab, vous pouvez rapidement afficher et masquer les palettes qui ne sont pas ancrées dans l'interface du programme.

Il existe trois méthodes différentes pour afficher et masquer les barres et les palettes. Utilisez la méthode qui vous paraît la plus simple à retenir :

- par l'intermédiaire du menu **Affichage/Barres d'outils** ;
- en appuyant sur une touche précise (voir les information ci-dessus) ;
- en cliquant sur les boutons correspondants de la barre d'outils.

Voici à quoi ressemble l'interface du programme une fois que la plupart des palettes sont rangées :

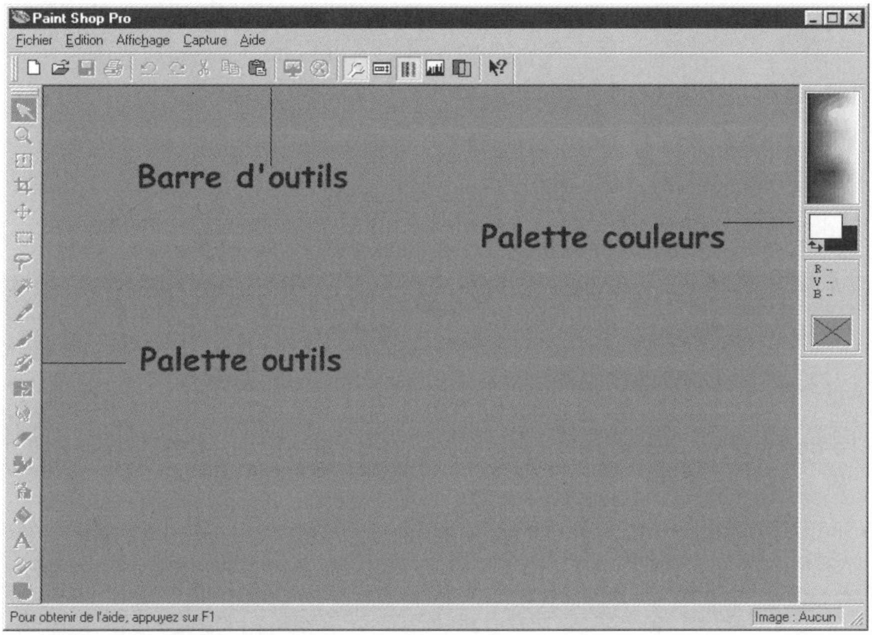

Fig. 3.2 : *Paint Shop Pro avec le minimum de barres*

Créer une nouvelle image

Avant de créer une nouvelle image, vous devez déterminer dans quel dossier les esquisses de votre page d'accueil doivent être enregistrées. Les fichiers Paint Shop Pro sont dotés de l'extension *.psp* (comme *P*aint *S*hop *P*ro) et doivent être sauvegardés dans le dossier regroupant les fichiers de votre page d'accueil.

Atelier

Créer une nouvelle image dans Paint Shop Pro

1. Sélectionnez la commande **Fichier/Nouveau**.
2. Déterminez les dimensions de l'image en saisissant les valeurs de votre choix dans les champs *Largeur* et *Hauteur*, par exemple 640 pixels pour la largeur et 480 pixels pour la hauteur.

Fig. 3.3 :
Définissez la taille du nouveau fichier

3 Une résolution de 72 ppi (Pixel pro Inch) est suffisante pour l'affichage à l'écran. Cette valeur correspond à 2,54 cm.

4 Sélectionnez l'option *Blanc* dans la liste déroulante *Couleur d'arr.-plan.*

5 Choisissez dans la liste déroulante *Type d'image* le paramètre *16.7 M. de couleurs* même si le nombre de couleurs des images GIF se limite à 256.

6 Cliquez sur OK pour valider ces paramètres et afficher la nouvelle image.

Enregistrez le fichier sous le nom de votre choix dans le dossier regroupant les esquisses de Paint Shop Pro.

Les outils d'édition d'images

Avant d'éditer une partie de votre image, vous devez dans un premier temps sélectionner l'outil adéquat dans la palette d'outils. Le pointeur prend alors la forme de l'outil en question.

Il est bien entendu inutile d'apprendre par cœur les boutons correspondant aux outils. Lorsque vous placez un instant le pointeur sur l'un des boutons, le nom du bouton s'affiche sous forme d'info-bulle. D'autres informations sont présentées dans la barre d'état située dans la partie inférieure de l'écran.

Voici un rapide aperçu des outils les plus utilisés :

-  *Flèche*

  Pour désélectionner un outil, cliquez sur ce bouton situé en haut de la palette d'outils.

-  *Zoom*

  Vous permet de manipuler l'image dans ses moindres détails. Pour activer la loupe, vous pouvez également appuyer sur la touche [g] de votre clavier.

  Avec la souris : un clic sur le bouton gauche grossit l'image tandis qu'un clic sur le bouton droit la réduit. Avec le clavier : utilisez les touches [+] et [-] du bloc numérique.

- *Recadrer*

  Cet outil vous permet tout simplement de découper les parties inutiles d'une image. Pour l'activer, vous pouvez appuyer sur la touche [r].

- *Déplacement*

  Permet de déplacer la partie de l'image sélectionnée. Activez cet outil grâce à la touche [v].

- *Sélection*, *Lasso* et *Baguette magique*

  Avant d'utiliser l'un des outils, vous devez indiquer à l'ordinateur quelle partie de l'image est concernée.

  Pour sélectionner une partie de l'image, vous pouvez avoir recours à trois outils de sélection : *Sélection* (activé par la touche [s]), *Lasso* (touche [a]) et *Baguette magique* (touche [m]).

- *Pipette*

  Vous offre en outre la possibilité de sélectionner les couleurs d'une image présente à l'écran. Appuyez sur la touche [y] pour l'activer.

  Si vous travaillez avec un outil de dessin ou de peinture, vous pouvez activer momentanément cet outil par l'intermédiaire de la touche [Ctrl].

- *Pinceaux*

  Permet d'appliquer des couleurs sur l'image. L'outil est activé par la touche [b].

- *Gomme*

  Cet outil, activé en outre par la touche [e], efface à proprement parler la couleur appliquée à l'écran.

- *Pot de peinture*

  Vous peignez des lignes et des petites surfaces à l'aide de pinceaux ; mais pour représenter de plus grandes surfaces, vous pouvez avoir recours à ce pot de peinture, activé par la touche [f].

- *Texte*

Cet outil permet de placer du texte sur l'image. Il est activé par la touche [x].

Ces outils peuvent être configurés grâce à la boîte de dialogue **Palette configuration** (que vous ouvrez en appuyant sur la touche [o]). Chaque outil dispose en effet de plusieurs options.

Par exemple, vous pouvez préciser si vous souhaitez tracer un rectangle ou un cercle à l'aide de l'outil de sélection ou encore indiquer la taille en pixels du pinceau.

Définir l'arrière-plan de couleur

Paint Shop Pro propose 16,7 millions de couleurs, mais on ne peut en utiliser que deux à la fois. Il s'agit de ce que l'on appelle les couleurs actives de la palette de couleurs :

- la couleur de premier plan ;
- la couleur d'arrière-plan.

Pour connaître les deux couleurs courantes activées, observez la couleur des carrés présents dans la palette de couleurs à droite. La palette de couleurs peut être activée ou masquée avec la touche [C].

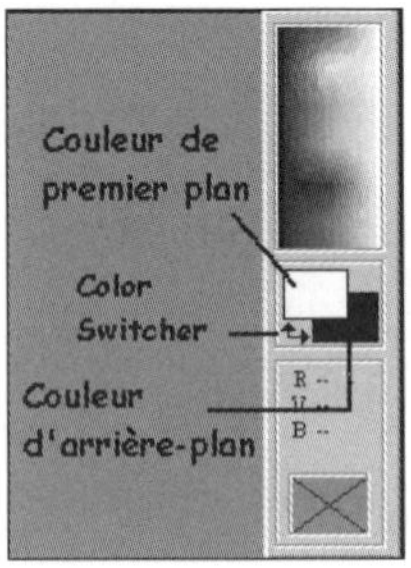

Fig. 3.4 :
Palette et couleurs actives

Dans notre exemple,

- la couleur de premier plan est le blanc ;
- la couleur d'arrière-plan est le noir.

Pour intervertir les deux couleurs, cliquez sous la palette sur le Color Switcher, les deux flèches à l'intersection des carrés.

Les couleurs de premier plan et d'arrière-plan de la palette de couleurs de Paint Shop Pro sont utilisées en relation avec une grande quantité de fonctions. Elles peuvent être appliquées sur l'image avec les boutons gauche ou droit de la souris. En voici un exemple :

- Pour appliquer une nouvelle couleur à l'arrière-plan de votre image, vous utilisez l'outil *Pot de peinture.*
- Un clic sur le bouton gauche de la souris remplit l'arrière-plan de votre image avec la couleur courante du premier plan de la palette
- Un clic sur le bouton droit de la souris remplit l'arrière-plan de votre image avec la couleur courante de l'arrière-plan de la palette.

Astuce

La couleur d'arrière-plan

La couleur d'arrière-plan appliquée avec les couleurs actives ne devient pas automatiquement la couleur d'arrière-plan de votre image.

Vous avez constaté qu'il est très facile d'appliquer la couleur de premier plan à l'arrière-plan de votre image.

Si les couleurs actives ne vous conviennent pas, il vous suffit de les modifier. Comme d'habitude, plusieurs solutions s'offrent à vous. Nous nous contenterons de vous en présenter une :

Atelier

Sélectionner une nouvelle couleur de premier plan ou d'arrière-plan

1 Cliquez dans la palette d'outils sur le bouton **Pot de peinture**.

2 Cliquez dans la palette de couleurs sur le bouton de la couleur d'arrière-plan. Un nouvelle boîte de dialogue s'affiche.

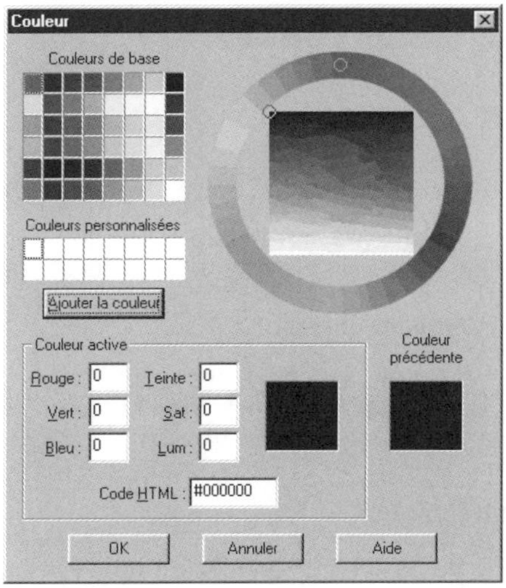

Fig. 3.5 :
Vous allez modifier la couleur d'arrière-plan

3 Dans cette boîte de dialogue, plusieurs modes de sélection de couleur sont disponibles :

- avec la souris (cliquez sur la couleur de votre choix) ;
- avec des valeurs de couleurs décimales (de 0 à 255) ;
- avec des valeurs de couleurs hexadécimales ;

4 Saisissez dans le champ *Code HTML* la valeur `#000066`. Elle correspond à un bleu foncé. Fermez la boîte de dialogue en cliquant sur OK.

5 Cliquez à présent dans la palette de couleurs sur la couleur de premier plan.

6 Saisissez dans la boîte de dialogue **Couleur** la valeur `#FFFF66` dans le champ *Code HTML*. Ce code affiche un jaune clair. Confirmez par un clic sur OK.

Dans la palette de couleurs, la couleur de premier plan est le jaune clair tandis que celle de l'arrière-plan est un bleu foncé.

Si vous avez sélectionné le pot de peinture et que vous cliquez à présent sur l'image avec le bouton droit de la souris, un arrière-plan bleu foncé remplace l'ancien. Vous pouvez commencer à peindre sur ce fond de couleur.

Vous avez déjà terminé ?

Faisons un peu marche arrière car Paint Shop Pro met à votre disposition une astuce destinée à vous simplifier l'élaboration de votre page d'accueil. Elle vous fera gagner du temps. Cette astuce utilise le principe des calques de Paint Shop Pro.

Pour revenir en arrière et annuler les dernières opérations dans Paint Shop Pro, sélectionnez tout simplement la commande **Edition/Annuler** ou appuyez sur les touches Ctrl+Z.

3.3. Travailler avec les calques de Paint Shop Pro

Nombreuses sont les personnes qui considèrent que les calques constituent l'une des inventions les plus utiles de ces dernières années dans le domaine de l'édition d'images. Peut-être allez-vous être du même avis.

Présentation des calques

Vous aimeriez sans doute en savoir plus sur ces calques :

- Imaginez dans un premier temps que l'image élaborée avec un arrière-plan bleu est une feuille placée sur un rétro-projecteur.
- Vous souhaitez à présent ajouter d'autres éléments comme un logo.
- Si vous ajoutez le logo directement sur la feuille de base, elle sera alors inutilisable pour d'autres tentatives. Il vous sera dans ce cas nécessaire d'effacer l'ancien logo ou de créer une nouvelle image bleue.

C'est à ce moment-là que la technique des calques entre en jeu.

- Au lieu de peindre le logo directement sur la feuille de base bleue, placez un nouveau calque sur cette feuille et ajoutez le logo sur la nouvelle feuille transparente.
- Si vous souhaitez tester un nouveau logo, ajoutez le logo sur une nouvelle feuille puis utilisez-la à la place de l'ancienne.

Chaque calque correspond à une feuille transparente.

Comme les feuilles de notre exemple, chaque calque peut être édité individuellement. Vous pouvez par exemple :

- l'afficher ou le masquer temporairement ;
- le dupliquer ;
- modifier sa position ;
- le supprimer.

Le plus judicieux est de créer un nouveau calque pour chaque élément de votre esquisse : un pour l'arrière-plan, un pour le logo, un pour la barre de navigation, etc. Vous pouvez placer jusqu'à soixante-quatre calques les uns sur les autres.

Définir un nouveau calque

Pour élaborer et gérer les calques d'une image, vous devez avoir recours à la palette *Calques*. Elle vous permet en effet de créer, de masquer, de supprimer les calques et bien d'autres choses encore.

Astuce

Palette Calques

Pour afficher et masquer la palette *Calques*, appuyez sur la touche [I].

Atelier

Créer un nouveau calque dans Paint Shop Pro

1 Sélectionnez la commande **Calques/Nouveau calque bitmap**.

Une nouvelle boîte de dialogue s'affiche :

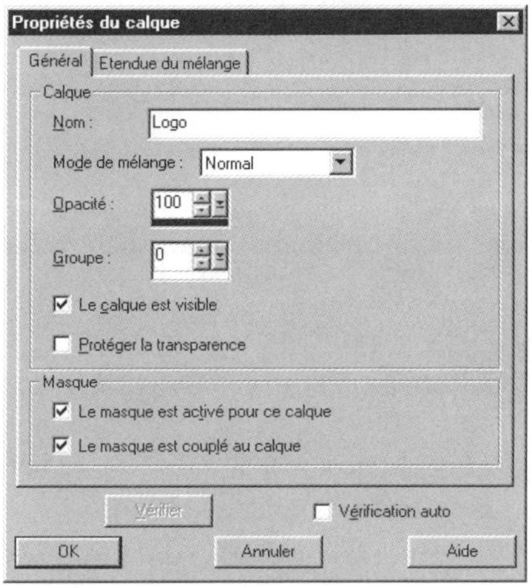

Fig. 3.6 : *Les propriétés du calque sont regroupées ici*

2 Saisissez dans le champ *Nom* un nom explicite de façon à ce que vous puissiez par la suite parfaitement distinguer les calques entre eux.

3 Modifiez le nom `Arrière-plan` en `Fond de page`. Pour ce faire, double-cliquez dans la palette *Calques* sur le bouton **Arrière-plan** puis saisissez le nouveau nom dans la boîte de dialogue **Transformer le calque et éditer les propriétés**.

4 Fermez la boîte de dialogue en cliquant sur OK. La palette *Calques* a cet aspect :

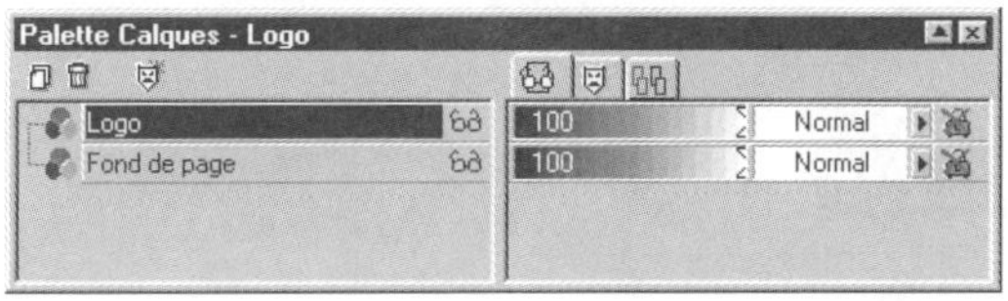

Fig. 3.7 : *Cette palette permet de gérer les calques*

Dans la palette *Calques*, le nom du nouveau calque est celui du bouton sélectionné.

Vous avez défini une nouvelle feuille transparente sur la feuille représentant l'arrière-plan de couleur bleue. La feuille étant transparente, l'image n'a subi aucune modification apparente.

Ajouter un logo sur le nouveau calque

Avant de placer un simple logo sur le nouveau calque, il est préférable de procéder à deux simples vérifications :

1 Avez-vous activé le bon calque ?

Cela signifie tout simplement qu'il est nécessaire de vérifier que le calque vierge se trouve bien en haut de la pile.

Pour effectuer ce contrôle, observez simplement la palette *Calques*. Le bouton enfoncé est le calque actif. Dans notre exemple, il doit s'agir du bouton intitulé **Logo**.

2 Quelle couleur de premier plan active est sélectionnée dans la palette de couleurs ?

Lors de l'ajout de texte, la couleur appliquée au texte est automatiquement la couleur de premier plan active.

Vous pouvez à présent commencer.

Atelier — Ajoutez le texte sur le calque

1 Cliquez dans la palette d'outils (horizontale dans notre exemple, mais habituellement verticale) sur le bouton **Texte**.

Fig. 3.8 : *Activez le bouton de l'outil Texte*

2 Le pointeur prend la forme d'une croix accompagnée de la lettre A. Cliquez avec le pointeur sur l'emplacement du futur texte. Cette action active la boîte de dialogue **Texte**.

3 Saisissez le texte de votre choix dans le champ *Entrez votre texte ici*. Le texte s'affiche avec les options sélectionnées.

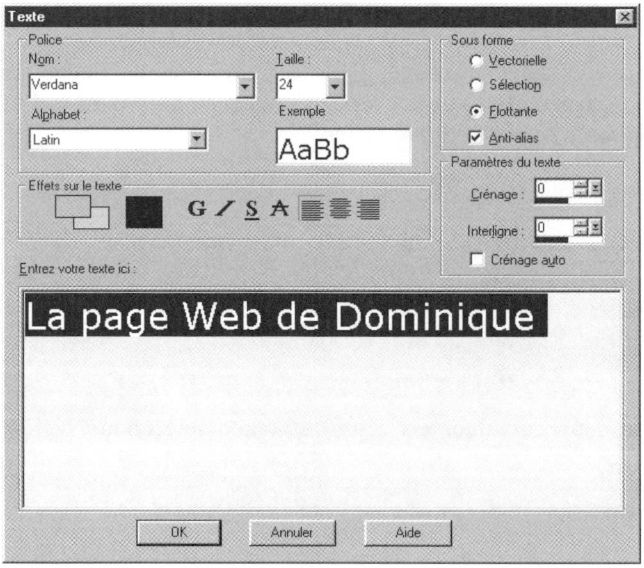

Fig. 3.9 : *Placez du texte sur l'image*

4 Déterminez dans les champs correspondants de la rubrique *Police* le type et la taille. Sélectionnez à cet effet l'une des options disponibles dans les listes déroulantes en question.

5 Vérifiez que l'option *Anti-alias* est bien activée. Cette configuration permet de lisser les contours de la police et de réduire l'effet d'escalier.

6 Activez la case d'option *Flottante* de façon à ce que vous puissiez correctement positionner le texte.

7 Cliquez sur OK pour valider.

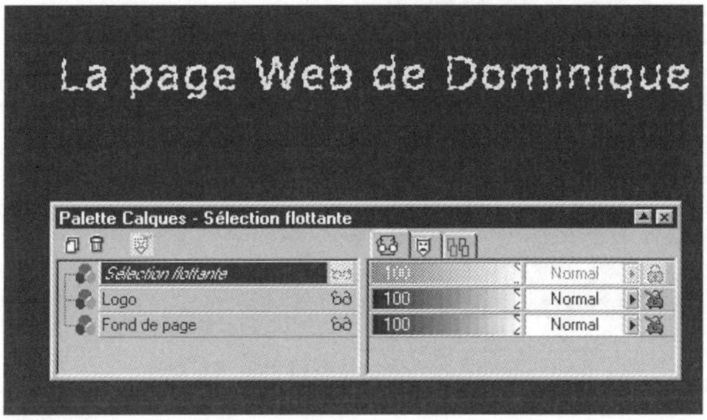

Fig. 3.10 : *Le calque Sélection flottante correspond au texte*

Astuce

Modifier rapidement la couleur de la police

Si vous utilisez l'outil *Pot de peinture*, il est nécessaire de cliquer sur chaque lettre pour modifier la couleur du logo. Nous verrons par la suite comment effectuer cette opération plus rapidement.

Après avoir cliqué sur OK, deux choses sont à noter :

- Un nouveau bouton intitulé **Sélection flottante** est apparu dans la palette *Calques*.

  Le texte flotte en effet sur le calque *Logo* comme s'il se trouvait sur un nouveau calque intitulé *Sélection flottante*.

- Le texte est sélectionné puisqu'il "flotte" encore. Cela signifie que vous pouvez facilement modifier sa position sur l'image.

Dès que le texte est placé à sa position définitive, sélectionnez la commande **Sélections/ Désélectionner**. Le texte est à présent ancré sur le deuxième calque et le bouton **Sélection flottante** a disparu de la palette *Calques*.

Pour déplacer le texte après l'avoir désélectionné :

1 Activez dans la palette *Calques* le calque du logo.

2 Sélectionnez l'outil *Déplacement* de la palette d'outils.

3 Cliquez sur le logo. Il est impératif de cliquer avec cet outil sur l'une des lettres du logo.

4 Déplacez le logo tout en maintenant le bouton de la souris enfoncé. Relâchez ce bouton dès que le texte est bien positionné.

L'esquisse du logo doit ressembler à notre exemple :

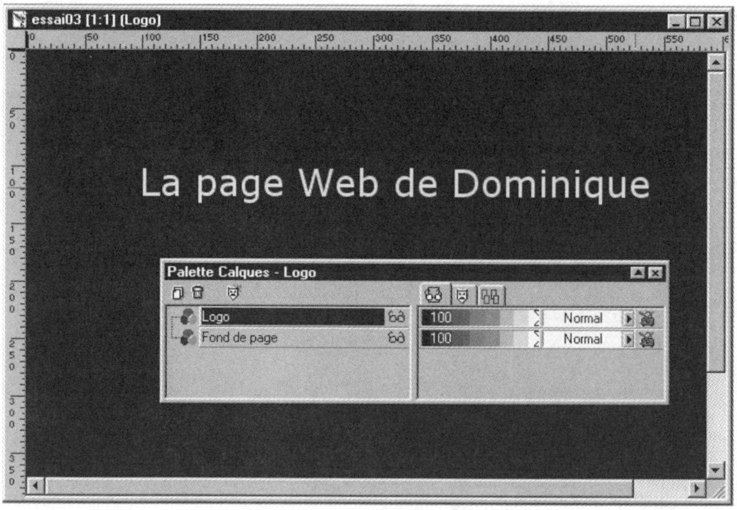

Fig. 3.11 : *Deux calques : Fond de page et Logo*

3.4. D'Internet à votre création

Votre créativité est peut-être freinée par une feuille blanche. Il est toujours astucieux de récupérer des éléments déjà créés, de les modifier puis de se les approprier.

Par l'intermédiaire du Presse-papiers, vous pouvez récupérer n'importe quelle source d'idées ; tout ce que vous pouvez copier grâce à la commande **Edition/Copier** peut servir de nouveau calque dans votre esquisse : images, barres de navigation, logos, boutons, photos, etc.

Coller une image d'Internet dans votre création

Dans l'exemple suivant, vous allez copier un dessin à partir d'Internet et le placer ensuite sur un nouveau calque dans votre propre page d'accueil.

Atelier — D'Internet à votre page d'accueil

1. Ouvrez votre composition dans Paint Shop Pro.
2. Affichez dans la fenêtre de votre navigateur l'image en question.
3. Copiez l'image dans le Presse-papiers en cliquant dans le navigateur avec le bouton droit de la souris sur l'image puis en sélectionnant la commande **Copier**.
4. Basculez de nouveau dans Paint Shop Pro.
5. Sélectionnez cette fois la commande **Edition/Coller/Comme nouveau calque**. Le contenu du Presse-papiers est alors ajouté à votre image sous forme de nouveau calque.

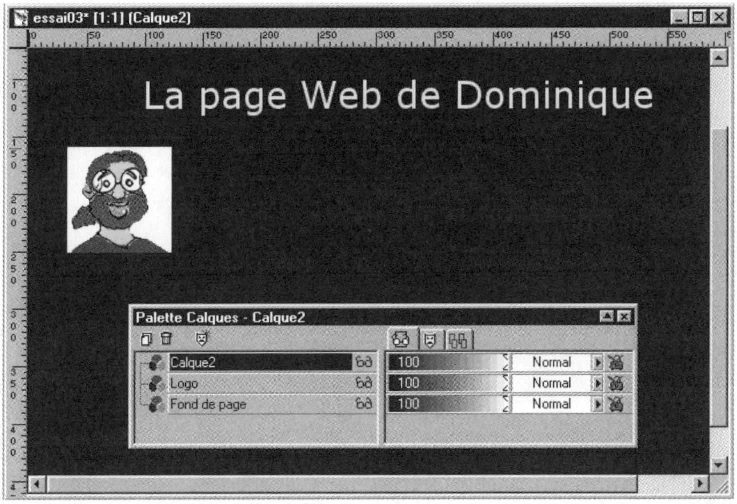

Fig. 3.12 : *L'image est placée sur un calque de votre page d'accueil*

6 N'oubliez pas d'interrompre votre connexion Internet.

Astuce

Le fichier n'en est plus un...

Une fois l'image du Presse-papiers ajoutée à votre page d'accueil, elle n'est plus un fichier mais simplement un regroupement de pixels de couleurs dans votre création.

Enfin, attribuez un nom à ce nouveau calque, par exemple `Photo`, pour simplifier les tâches ultérieures.

Ajouter une barre de navigation et un texte

Pour compléter la page d'accueil, il vous reste à ajouter une barre de navigation et quelques lignes de texte. Laissez libre court à votre imagination et faites des essais avec divers éléments.

Votre page d'accueil agrémentée d'une barre de navigation et d'un texte peut ressembler à cela : (voir fig. 3.13).

Si vous souhaitez supprimer un contour blanc (comme pour le personnage de notre exemple), procédez comme suit :

1 Activez le calque *Photo*.

2 Sélectionnez la partie blanche autour de l'objet. Utilisez à cet effet les outils de sélection (par exemple la *Baguette magique*) puis affichez la fenêtre d'options (en appuyant sur la touche [o]).

3 Une fois cette zone sélectionnée, appuyez sur la touche [Suppr].

4 Levez la sélection avec la combinaison de touches [Ctrl]+[d].

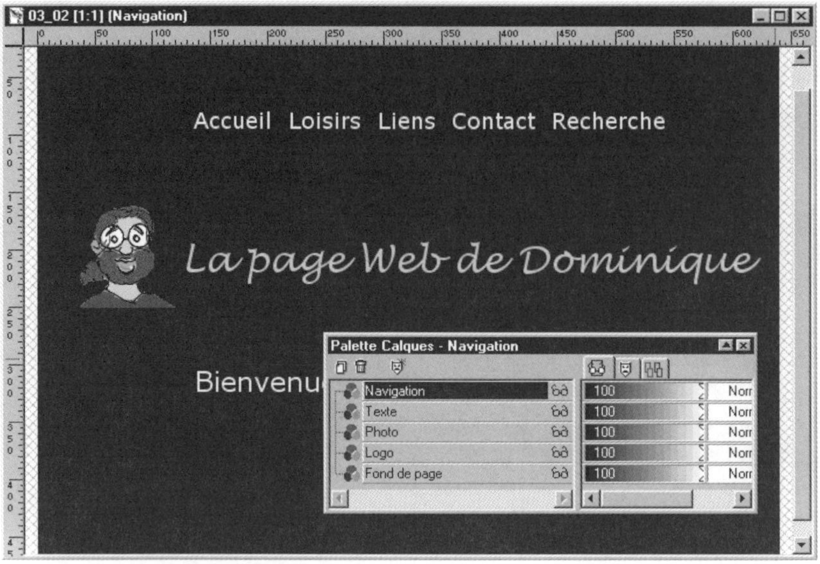

Fig. 3.13 : *La page contient cinq calques*

3.5. La palette Calques

La palette *Calques* est un outil permettant la gestion des divers calques présents sur l'image. Pour l'afficher ou la masquer, utilisez la touche [l] de votre clavier.

Vue d'ensemble des fonctions de la palette Calques

Parmi les nombreuses fonctionnalités de cet élément, seules quatre sont intéressantes pour l'instant :

1. Les boutons sur lesquels s'affichent les noms de calque. Le bouton foncé correspond au calque activé (sur l'image, le bouton **Navigation**).
2. L'icône des lunettes à droite du nom permet de masquer ou d'afficher le calque en question. Cette option permet de contrôler l'aspect de l'image sans ce calque.

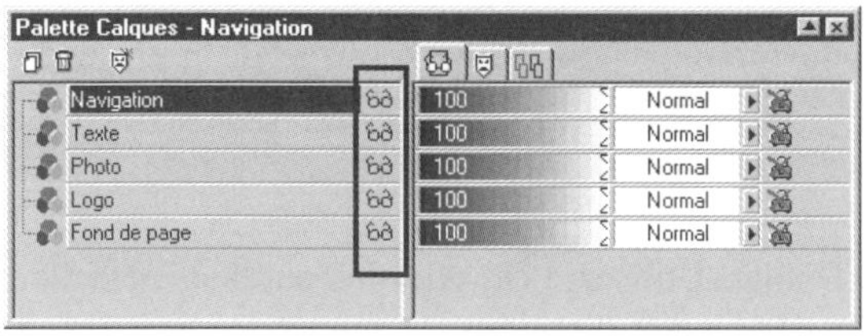

Fig. 3.14 : *La palette Calques*

3. Le bouton **Créer un calque** en haut à gauche permet d'ajouter un nouveau calque sur l'image.
4. Le bouton **Supprimer le calque** permet de supprimer le calque actif après confirmation.

La partie droite de la palette *Calques* regroupe des options concernant un travail sur les calques plus avancé.

Vérifier le contenu des calques

Dès lors qu'un calque est sélectionné, seule l'édition de ce calque est envisageable.

Si vous n'êtes pas certain de connaître les éléments d'un calque, contrôlez simplement son contenu :

- Activez par exemple le calque *Fond de page*.
- Placez la souris sur le bouton **Fond de page** dans la palette *Calques* et patientez quelques instants.

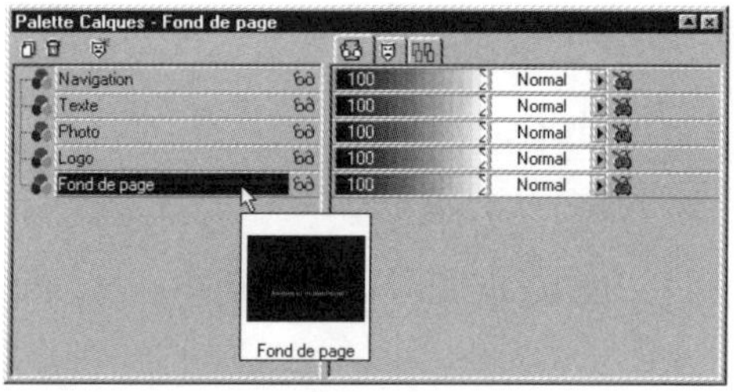

Fig. 3.15 : *Contrôlez le contenu du calque*

Masquer les calques

La technique des calques devient réellement flexible grâce à la possibilité de masquer temporairement les calques par un clic sur le bouton correspondant. Il s'agit du symbole des lunettes à droite du bouton. Lorsque le calque est masqué, une croix rouge figure sur le symbole.

Cette configuration vous permet de tester les différentes combinaisons possibles sans trop de manipulations. Dans notre exemple, le calque de la photo a été masqué.

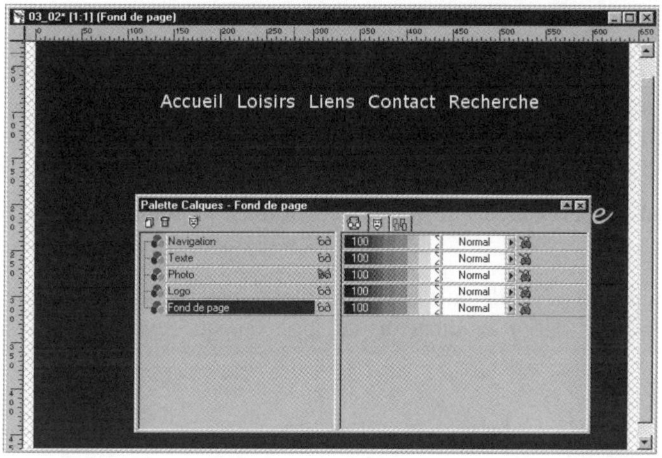

Fig. 3.16 : *Testez plusieurs effets possibles*

3.6. Trucs et astuces de Paint Shop Pro

Cette section a pour objectif de vous dévoiler quelques astuces qui vous faciliteront le travail avec Paint Shop Pro.

Modifier rapidement la couleur de la police du logo

Si vous souhaitez modifier la couleur de la police de votre logo, vous devez normalement dans un premier temps choisir une couleur de premier plan dans la palette des couleurs puis cliquer sur chaque lettre du logo avec l'outil *Pot de peinture*.

Grâce à une petite astuce appelée *Verrouillage de la transparence*, cette opération peut être réalisée bien plus rapidement. Cette technique ne demande pas autant de précision puisque vous pouvez passer sur le logo avec le pinceau de votre choix sans vous soucier des bavures.

Atelier — Modifier la couleur de police d'un logo

1. Dans la palette *Calques*, cliquez sur le calque du logo.
2. Cliquez à présent sur le cadenas situé à droite de la ligne du calque du logo de façon à supprimer la croix de couleur rouge.

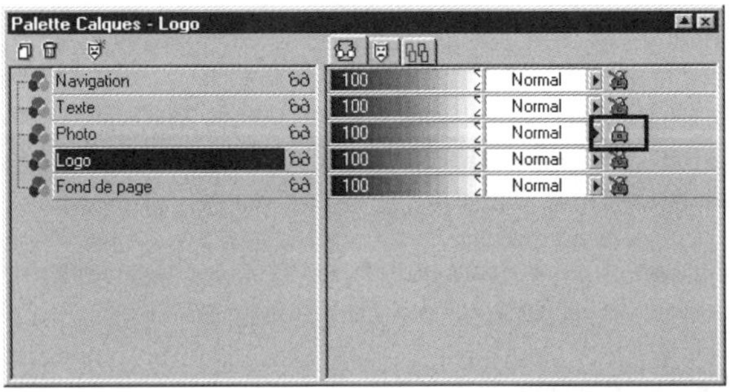

Fig. 3.17 : *Outil de protection des zones transparentes*

Ce cadenas permet d'activer et de désactiver ce que l'on appelle le *Verrouillage de la transparence*. Dès lors que cette protection est activée, toutes les zones transparentes d'une image sont protégées et ne peuvent pas être peintes par mégarde. Toutes les zones en dehors du logo sont transparentes.

3. Dès que vous avez activé l'option pour le calque du logo, sélectionnez la couleur de votre choix dans la palette de couleurs.
4. Activez ensuite le pinceau dans la palette d'outils puis peignez le logo avec le bouton gauche de la souris. Inutile de veiller à ne pas déborder du texte du logo puisque toute les zones transparentes sont protégées.

3.7. Faciliter le positionnement avec les règles et grille

Astuce

Déplacer la sélection pixel par pixel

Une fois la zone de l'image sélectionnée, vous pouvez déplacer la sélection pixel par pixel en maintenant la touche [Maj] enfoncée puis en utilisant les flèches de direction correspondantes.

Pour vous aider dans le positionnement précis de plusieurs éléments sur une feuille, Paint Shop Pro met à votre disposition deux types d'aides :

- les règles ;
- la grille.

Les règles affichent la position exacte tandis que la grille est composée de petits carrés permettant d'aligner différents éléments d'une image.

Procédez de la manière suivante :

Atelier

Configurer les règles et la grille

1. Si la grille n'est pas visible, sélectionnez la commande **Affichage/Grille** pour l'afficher.
2. Pour afficher les règles, choisissez la commande correspondante du menu **Affichage**. La fenêtre d'affichage comporte à présent une grille et deux règles.
3. Pour contrôler les paramètres exacts des règles et de la grille, sélectionnez la commande **Préférences générales de programme** du menu **Fichier/Préférences**.
4. Activez l'onglet **Règles et unités** de la boîte de dialogue et vérifiez les paramètres suivants :

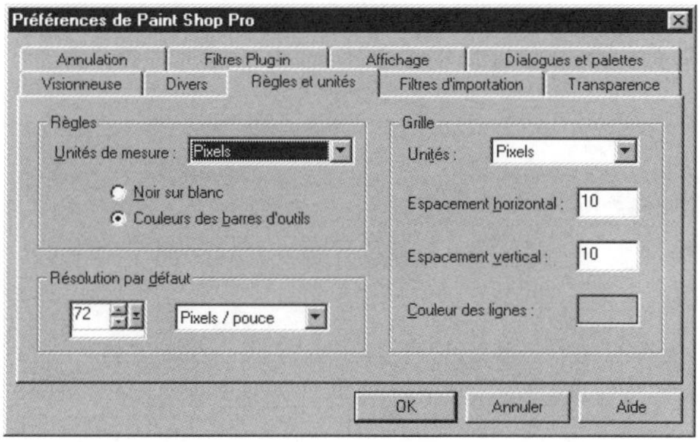

Fig. 3.18 : *Configuration des règles*

Dans notre exemple, les options relatives aux règles et à la grille sont les suivantes :

Pour les règles :

- Unités de mesure : *pixels*
- Résolution par défaut : *72*

Pour la grille :

- Unités : *pixels*
- Espacement horizontal : *10*
- Espacement vertical : *10*

Après un clic sur OK, la feuille a l'aspect suivant :

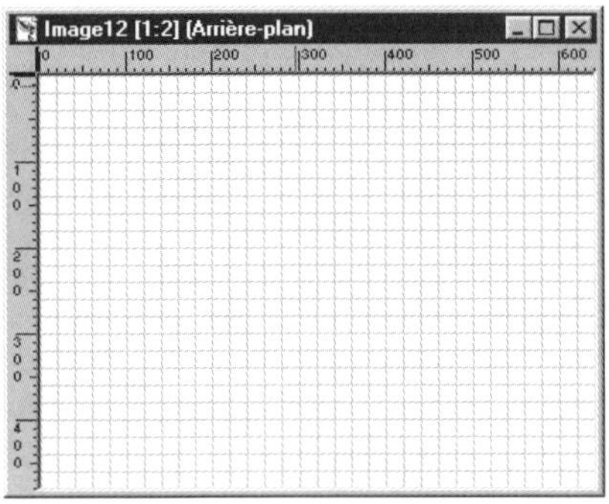

Fig. 3.19 :
L'image avec les règles et la grille

Astuce

Masquer la grille

Si la présence de la grille vous gêne ou si vous souhaitez simplement afficher votre image sans la grille, masquez-la via la commande **Affichage/Grille.**

Vous pouvez à présent aligner plus facilement les éléments de l'image à l'aide des règles et de la grille.

Principaux raccourcis clavier de Paint Shop Pro

Les raccourcis clavier les plus courants, comme ceux permettant l'enregistrement ou l'impression d'un fichier, ne sont pas répertoriés ici. Ils correspondent à ceux utilisés sous Windows. Les tableaux regroupent les commandes permettant d'afficher et de masquer les barres d'outils souvent utilisées :

Tab. 3.1 : Raccourcis clavier de Paint Shop Pro : barres d'outils

Désignation	Raccourci clavier
Barre d'outils	t
Palette *Outils*	p
Palette *Configuration*	o
Palette *Calques*	l
Palette *Couleurs*	c
Toutes les palettes non ancrées	Tab

Les raccourcis clavier suivants sont également utiles :

Tab. 3.2 : Raccourcis clavier de Paint Shop Pro : actions	
Action	**Raccourci clavier**
Augmenter le zoom	[+] sur le bloc numérique
Réduire le zoom	[-] sur le bloc numérique
Déplacer la sélection pixel par pixel	[Maj]+[Flèche] ([gauche], [haut], [droite], [bas])
Lever la sélection	[Ctrl]+[d]

Voici une liste de raccourcis clavier correspondant aux outils de la barre d'outils :

Tab. 3.3 : Raccourcis clavier de Paint Shop Pro : outils	
Désignation	**Raccourci clavier**
Zoom	[g]
Recadrer	[r]
Déplacement	[v]
Sélection	[s]
Lasso	[a]
Baguette magique	[m]
Pipette	[y]
Pinceau	[b]
Gomme	[e]
Pot de peinture	[f]
Texte	[t]

3.8. Faisons le point

Cette section résume les principaux points abordés dans ce chapitre :

- Un programme d'édition d'images comme Paint Shop Pro est particulièrement adapté pour mettre en forme une page d'accueil.
- Paint Shop Pro met à votre disposition une longue liste de barres d'outils et de palettes que vous pouvez activer et masquer à l'aide de raccourcis clavier.
- La clé de l'édition d'images professionnelles est le travail avec les calques. Les calques sont comme des feuilles transparentes placées les unes sur les autres sur une image. Plusieurs calques peuvent être enregistrés dans un fichier Paint Shop Pro.
- Les calques peuvent être affichés ou masqués, dupliqués, supprimés et verrouillés.
- Tout ce que vous pouvez copier dans le Presse-papiers peut être placé sur votre image. À cet effet, utilisez la commande **Edition/Copier/Comme nouveau calque**.

- La palette de calques (que vous affichez ou masquez avec la touche [I]) permet la gestion confortable de tous les calques d'une image.
- L'option *Verrouillage de la transparence* de la palette de calques permet de protéger la zone transparente d'un calque. Vous pouvez ainsi plus facilement modifier la couleur du texte d'un logo.
- Les règles et la grille permettent de positionner et d'aligner plus facilement les objets de l'image.

Chapitre 4

Créer facilement des logos

Pour ce chapitre, vous avez besoin :

- d'un navigateur ;
- de Paint Shop Pro.

4.1. GIF et JPG

Avant de vous lancer dans la création de vos propres logos et boutons, quelques mots sur les formats graphiques autorisés sur le Web. Il faut savoir que seuls deux formats sont actuellement acceptés :

- GIF ;
- JPEG.

Les images GIF et JPG sont respectivement dotées des extensions *.gif* et *.jpg*. La question est de savoir quel format graphique réserver à chaque image ? La réponse est simple et basée sur les principes suivants :

- JPEG pour toutes les photos et les logos avec des dégradés de couleurs ;
- GIF pour les boutons et presque tous les autres graphiques avec un nombre réduit de couleurs.

Astuce

JPEG pour les logos, GIF pour les boutons

Dans les chapitres suivants, les logos sont enregistrés sous forme de fichiers JPEG et les boutons sous forme de fichiers GIF. Néanmoins, un logo doté d'un nombre réduit de couleurs et enregistré en tant que fichier GIF est de taille plus petite. Il est dans ce cas préférable d'opter pour ce dernier format.

En cas de doute, enregistrez le fichier avec Paint Shop Pro une fois en tant que GIF et une fois en tant que JPG. Comparez alors les tailles des deux images et optez pour la plus petite.

4.2. Créer un logo sur le Web

Placer un logo attractif sur votre page d'accueil est un bon moyen de retenir l'attention du visiteur. La solution la plus rapide pour créer un logo est d'utiliser le service de CoolText.com sur le Web. À l'adresse `http://www.cooltext.com`, cette page vous accueille : (voir fig. 4.1)

Sur la page de CoolText.com, vous pouvez créer en quelques minutes des logos, des boutons, etc. en vous basant sur les modèles originaux proposés sur le site.

- Les logos sont des mots à placer sur votre page web, dotés d'effets "spéciaux" et de dégradés les mettant particulièrement en valeur.
- Les boutons sont légendés et peuvent par exemple être utilisés pour la navigation sur votre site.
- Les bullets sont des puces à placer dans votre texte.

Dans ce chapitre, vous allez apprendre à élaborer rapidement un logo original sur le site de CoolText.com, puis nous étudierons les étapes de création de boutons.

Fig. 4.1 : *La page d'accueil de CoolText.com*

Créer un logo original avec Alien Glow

L'objectif de cette opération est de créer un logo destiné à être placé sur la page d'accueil déjà construite dans les chapitres précédents.

Atelier

Créer un logo sur CoolText.com

1. Sur la page de démarrage de CoolText.com, vous disposez en haut à gauche d'un bouton **Logos** sous lequel sont répertoriés les noms de divers effets.

   Cliquez sur le bouton **Logos** pour obtenir une liste d'exemples des différents effets proposés.

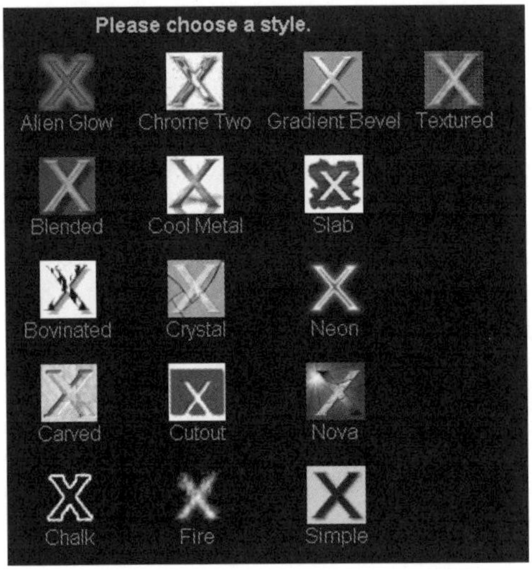

Fig. 4.2 : *Vue d'ensemble des effets de logos*

Le bouton **Font List** regroupe une liste des polices disponibles, **Texture List** les structures d'arrière-plan possibles pour certains effets.

2 Cliquez en haut à gauche sur l'effet *Alien Glow*. La page web suivante s'affiche alors à l'écran :

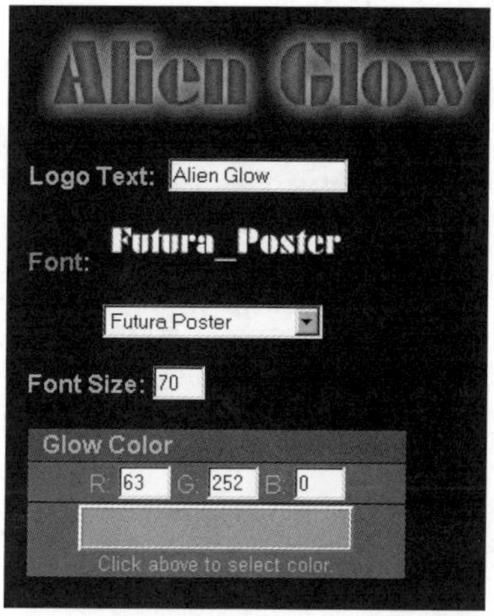

Fig. 4.3 :
Alien Glow - un effet surprenant

3 Saisissez dans le champ *Logo Text* le texte de votre choix :

Fig. 4.4 :
Inscrivez le texte du logo

4 Dans le champ *Font*, indiquez la police souhaitée. Si vous sélectionnez une autre police dans la liste déroulante, un aperçu s'affiche automatiquement au-dessus de la liste.

Précisez dans le champ *Font Size* la taille de la police souhaitée. Au-dessus de ces champs, vous avez un aperçu du résultat des paramètres retenus.

Fig. 4.5 :
Configurez la police et la taille

5 Le champ *Glow Color* permet de sélectionner la couleur de l'effet. Dans notre exemple, il s'agit d'un vert soutenu.

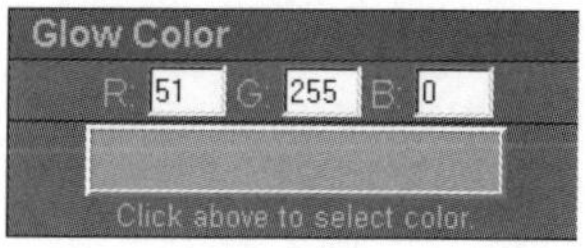

Fig. 4.6 :
La couleur de l'effet en valeurs RGB

6 Dès que tous les paramètres sont choisis, cliquez sur le bouton **Create Logo** un peu plus bas. Peu de temps après, vous voyez s'afficher une page web noire avec de la publicité et un bref message :

Fig. 4.7 : *Vous devez encore patienter*

Astuce

Ne fermez pas le navigateur !

Durant cette période d'attente, ne fermez pas la fenêtre de votre navigateur. Si vous souhaitez consulter d'autres pages web ou tester d'autres logos, ouvrez une nouvelle fenêtre (Ctrl+n).

Le message présenté durant l'attente vous indique simplement le nombre d'images vous précédant sur la liste d'attente. Même si ce chiffre vous paraît relativement élevé, la construction du logo s'effectue rapidement et l'attente ne dépasse pas en général 2 à 3 minutes. La nouvelle page web sera alors automatiquement chargée.

7 Après la mise à jour automatique de la page web, une nouvelle page présentant le logo s'affiche :

Fig. 4.8 : *Le logo est à présent terminé*

8 Pour enregistrer le logo sur votre disque dur, cliquez avec le bouton droit de la souris sur le logo et sélectionnez la commande **Enregistrez l'image sous**.

Lors de cet enregistrement, attribuez au logo un nom plus explicite que celui proposé par défaut par CoolText.com, par exemple `Dominique.jpg`. Le logo a été créé au format JPEG et vous devez le conserver lors de la sauvegarde.

Si la liste d'attente sur le site de CoolText.com n'est pas trop longue, la création d'un logo ne prend que quelques minutes.

Si la page de CoolText.com est encore affichée, prenez le temps de tester d'autres modèles de logos en essayant d'autres variantes. En voici quelques exemples :

Fig. 4.9 : *CoolText.com - Fire*

Fig. 4.10 :
CoolText.com - Neon

Fig. 4.11 :
CoolText.com - Cutout

4.3. Créer ses propres logos avec Paint Shop Pro

Si les modèles et les possibilités de configuration de CoolText.com ne vous conviennent pas, vous pouvez élaborer vos propres logos à l'aide de Paint Shop Pro.

La section est divisée en deux étapes :

- Dans une première étape, vous allez remplir l'arrière-plan de l'image avec le motif de votre choix.
- Il vous suffira ensuite d'ajouter la légende du logo.

Commençons par la création d'un arrière-plan personnalisé.

Créer son propre logo : l'arrière-plan

Avant de créer un logo, il est important de savoir que la surface du fond de l'image n'est pas obligatoirement remplie de couleurs ou de dégradés de couleurs mais qu'elle peut être dotée d'un motif.

Toute image peut servir de modèle de motif, qu'il s'agisse de fichiers JPG ou GIF, voire de fichiers PSP. Il est important que l'image destinée à servir de base au motif soit ouverte dans Paint Shop Pro de façon à ce que vous puissiez par la suite la sélectionner à l'aide de l'outil *Pipette*. Notre exemple est basé sur l'image connue des nuages de Windows, *Nuages.bmp* qui se trouve dans le dossier *Windows*.

Si vous ne trouvez pas le fichier *Nuages.bmp*, vous pouvez l'installer à tout moment. Placez votre CD-Rom de Windows dans le lecteur de CD-Rom, puis activez le Panneau de configuration.

- Sélectionnez la commande **Démarrer/Paramètres/Panneau de configuration** puis activez le module **Ajout/Suppression de programmes**.
- Sous l'onglet **Installation de Windows**, sélectionnez l'option *Accessoires* puis cliquez sur le bouton **Détails**.
- Dans la boîte de dialogue **Accessoires**, activez l'option *Papiers peints du Bureau* puis cliquez sur les deux boutons OK.

Si cette image ne vous convient pas pour votre logo, vous pouvez opter pour une autre image. Il est simplement nécessaire que l'image puisse être ouverte dans Paint Shop Pro.

Atelier — Remplir une zone d'image avec un motif

1 Lancez Paint Shop Pro puis ouvrez le fichier *Nuages.bmp* à partir de votre dossier *Windows*.

Fig. 4.12 :
Les nuages de Windows

2 Créez une nouvelle image de taille 460 * 100 pixels. Enregistrez le fichier sous le nom `Logo.psp`.

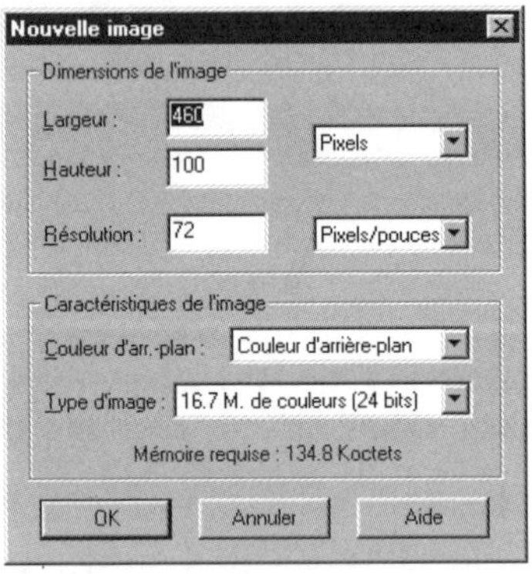

Fig. 4.13 :
Définissez la taille de l'image

3 Cliquez dans la palette d'outils sur le bouton **Pot de peinture**. Dans la boîte de dialogue des options de cet outil, choisissez l'entrée *Motif* dans la liste déroulante *Rempliss.* Si la boîte de dialogue n'est pas disponible, affichez-la avec la touche [O].

Fig. 4.14 :
Les options de l'outil Pot de peinture

4 Activez l'onglet central puis sélectionnez dans la liste déroulante *Source du nouveau motif* le fichier *Nuages.bmp*. Un aperçu de l'image s'affiche sous la liste.

Si le fichier *Nuages.bmp* n'est pas disponible dans la liste de sélection, cela signifie que le fichier n'est pas encore ouvert dans Paint Shop Pro (voir étape 1).

Fig. 4.15 :
Nuages.bmp sert de motif

5 Si votre écran est trop encombré, masquez temporairement la boîte de dialogue des options en appuyant sur la touche [Tab] (appuyez sur cette même touche pour l'afficher de nouveau).

6 Cliquez à l'aide de l'outil *Pot de peinture* sur l'image *Logo.psp* de façon à appliquer ce motif à l'arrière-plan de l'image.

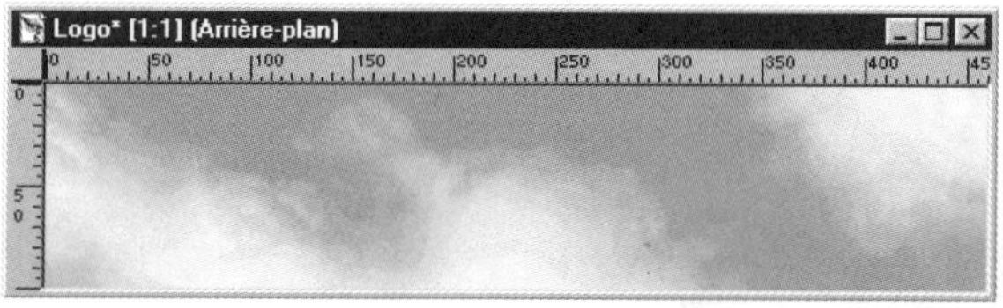

Fig. 4.16 :
Logo.psp est doté d'un nouvel arrière-plan

Le remplissage d'une zone d'image avec un motif de votre choix autorise une liste infinie de possibilités. Pensez que vous pouvez ouvrir n'importe quelle image dans Paint Shop Pro puis l'utiliser comme motif.

Créer son propre logo : la légende

Dans cette étape de création de logo à l'aide de Paint Shop Pro, vous allez doter le fichier *Logo.psp* d'un texte de votre choix. À cet effet, vous allez placer sur le motif un texte à l'aide de l'outil correspondant. Pour modifier la taille de ce texte, vous aurez alors recours à l'outil *Déformation*.

Astuce

Pas assez de polices ?

Ces sites Internet proposent des polices originales et gratuites :

- girlswhowearglasses.com
- lindkvist.com
- www.rotodesign.com
- chank.com

Avant de vous décider, souvenez-vous que vous pouvez, à l'aide de la technique des calques, faire le test avec plusieurs variantes de polices devant le même motif.

Atelier

Ajouter le texte du logo et modifier sa taille

1 Ouvrez le cas échéant le fichier *Logo.psp* que vous venez de créer.

2 Définissez un nouveau calque que vous nommez `Texte`.

3 Sélectionnez l'outil *Texte* dans la palette d'outils puis cliquez sur l'image. La boîte de dialogue **Texte** s'affiche.

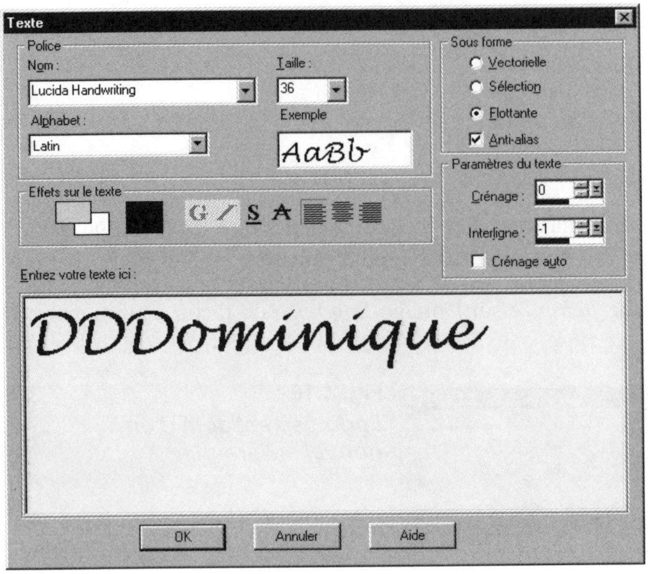

Fig. 4.17 : *Modifiez les paramètres du texte*

Activez les options *Anti-alias* et *Flottante* puis choisissez la couleur de police sous la rubrique *Effets sur le texte.*

Saisissez le texte en question dans le champ prévu à cet effet puis déterminez la police qui convient.

Dès que les paramètres sont déterminés, validez vos choix par un clic sur OK.

4 Positionnez le texte. Si la taille du texte a besoin d'être adaptée au logo, utilisez l'outil *Déformation* de la palette d'outils.

Dès que vous sélectionnez cet outil *Déformation*, le texte est doté d'un nouveau cadre.

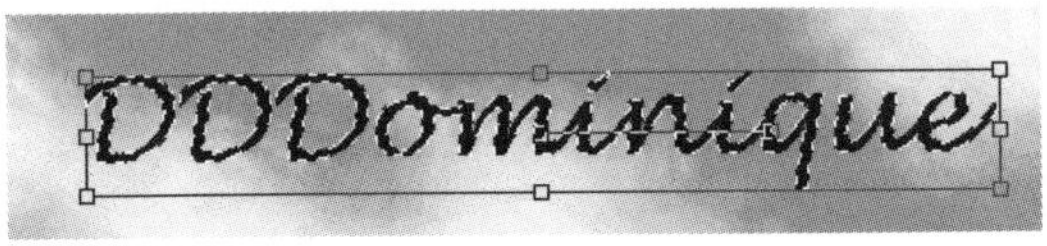

Fig. 4.18 : *L'outil Déformation facilite l'adaptation du texte*

5 Cliquez avec le bouton droit de la souris sur l'une des poignées pour modifier proportionnellement la taille de la police (sans déformation). Faites plusieurs essais.

6 Un double clic suffit à "ranger" l'outil *Déformation*. La petite boîte de dialogue suivante vous permet de confirmer ou d'annuler.

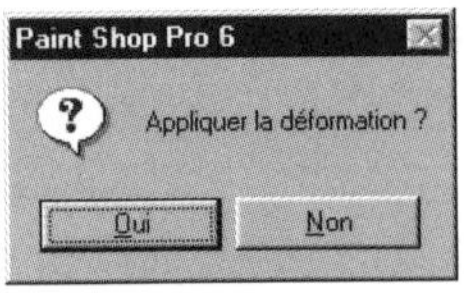

Fig. 4.19 : *Acceptez ou refusez la déformation*

7 Appuyez sur les touches Ctrl+d pour lever la sélection du logo.

Pour donner une dernière touche originale à votre logo, n'hésitez pas à utiliser les effets proposés dans le menu **Image** de Paint Shop Pro.

Enregistrer le logo en tant que fichier JPEG

Paint Shop Pro vous offre la possibilité d'enregistrer le logo créé au format PSP sous forme de fichier JPEG.

Atelier

Enregistrer dans Paint Shop Pro une image sous forme de fichier JPG

1 Ouvrez l'image en question puis sélectionnez la commande **Fichier/Enregistrer sous**.

2 Dans la boîte de dialogue, choisissez l'option *JPEG - compatible JFIF (*.jpg, *.jif, *.jpeg)* dans la liste déroulante *Type*. Cette option correspond au format JPEG.

Le fichier *Logo.psp* est alors renommé en *Logo.jpg*.

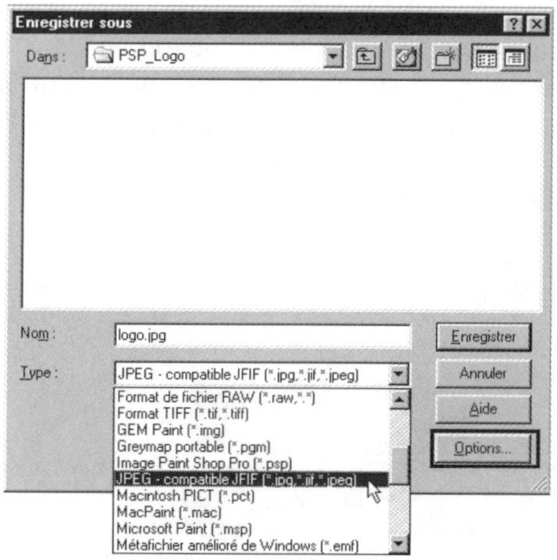

Fig. 4.20 : *Choisissez l'option du format JPEG*

3 Cliquez en bas à droite sur le bouton **Options**. Une nouvelle boîte de dialogue s'affiche :

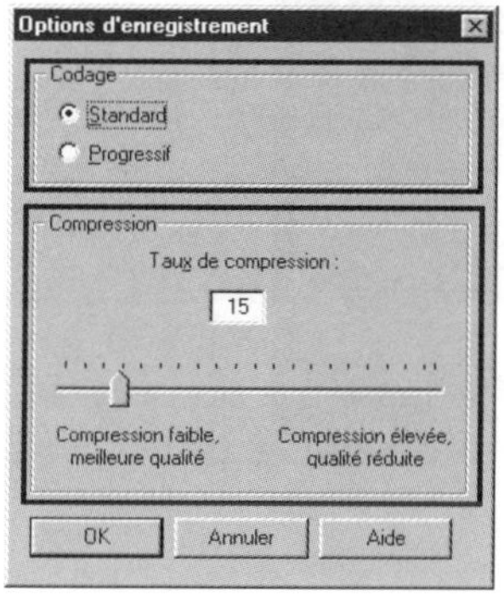

Fig. 4.21 : *Les options d'enregistrement de fichier JPEG*

L'option *Progressif* de la rubrique *Codage* signifie que l'image apparaît dans un premier temps trouble sur une page web puis se construit lentement à l'écran. Dans le cas de liaisons Internet lentes, le lecteur pourra avoir un premier aperçu de l'image et ne se verra pas dans l'obligation d'attendre le chargement complet de l'image.

Le taux de compression vous permet d'essayer de déterminer le compromis idéal entre compression et qualité. Plus la compression est élevée, plus le fichier est petit mais moins la qualité de l'image est bonne.

Malheureusement, Paint Shop Pro n'offre pas d'aperçu et utilise une numérotation assez inhabituelle. 15 correspond à une compression de 15 %. Dans Paint Shop Pro, les chiffres bas signifient une bonne qualité et des taux de compression bas.

4 Cliquez sur OK puis sur le bouton **Enregistrer**.

Après son enregistrement, le logo se caractérise par une taille d'environ 11 Ko. Avec un taux de compression de 50 %, la qualité serait certes moins optimale mais le fichier ne ferait que 7 Ko.

4.4. Optimiser les images JPEG en ligne avec JPEGCruncher

Ce qui est important dans le domaine de la publication sur le Web, c'est de faire en sorte que la taille des fichiers des images utilisées soit aussi réduite que possible. Pour vous aider dans cette tâche d'optimisation, vous pouvez avoir recours au service d'un site web qui effectue gratuitement l'optimisation des images JPEG. Le site se trouve à l'adresse `http://www.jpegcruncher.com`.

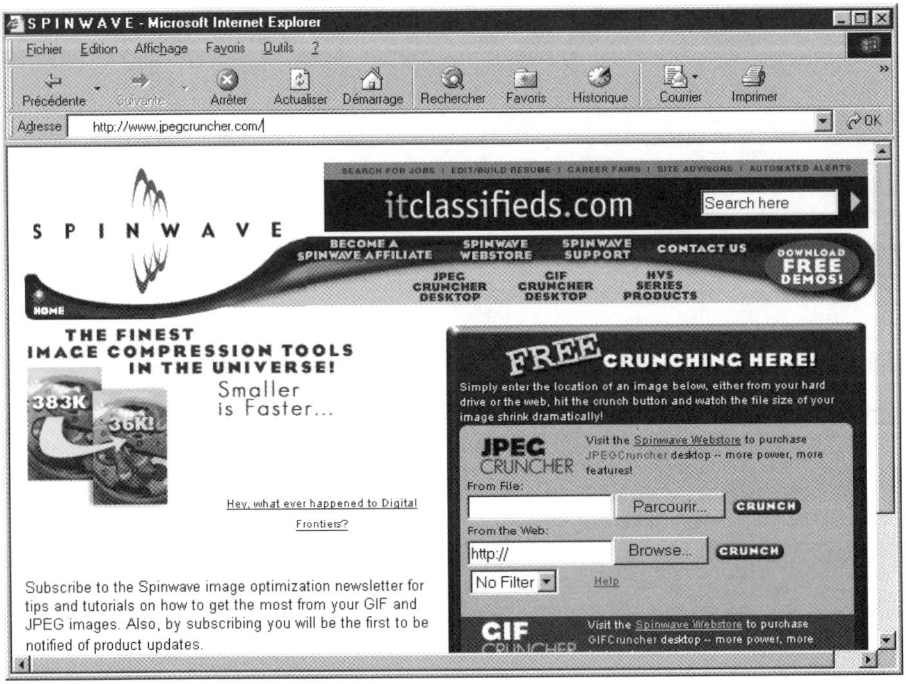

Fig. 4.22 : *http://www.jpegcruncher.com*

Grâce à ce service de JPEGCruncher, vous pouvez aussi bien optimiser des images se trouvant sur votre disque dur que des images déjà publiées sur le World Wide Web. Vérifiez à l'aide de ce service s'il n'est pas possible de réduire la taille du logo que vous venez d'élaborer.

Atelier — JPEGCruncher en action

1. Saisissez dans le champ *From File*, situé en bas à droite de la page, le chemin d'accès et le nom du fichier de votre logo.

   Si vous ne le connaissez pas, cliquez sur le bouton **Parcourir** puis sélectionnez le logo en question sur votre disque dur.

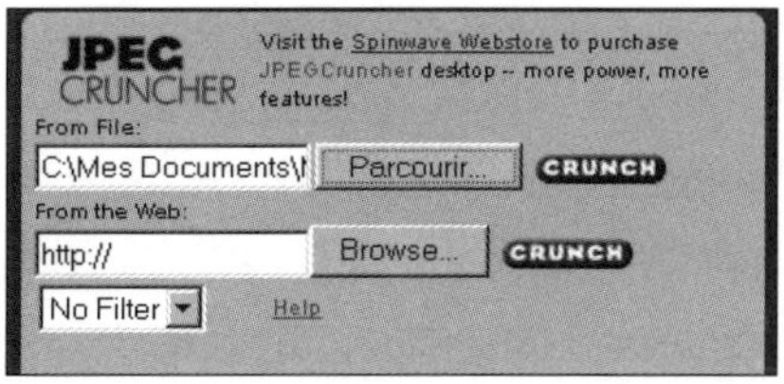

Fig. 4.23 :
Optimisez le logo à partir du disque dur

2. Dès que le chemin d'accès est inscrit, cliquez sur le bouton **Crunch**. Peu de temps après, vous obtenez la page web suivante : (voir fig. 4.24)

   JPEGCruncher affiche les unes sous les autres l'image originale puis les différentes étapes de compression.

   Dans notre exemple, un taux de compression de 50 % donne un résultat encore satisfaisant mais sa taille est passée de 11 144 à seulement 6 227 octets. Elle a donc presque été réduite de moitié.

3. Cliquez avec le bouton droit de la souris sur l'image de votre choix puis enregistrez-la sous un nom explicite sur votre disque dur. Le fichier doit être enregistré avec l'extension*.jpg*.

4. N'oubliez pas d'interrompre votre connexion Internet.

4.5. Images JPEG en détail

Les explications suivantes ont pour but de vous donner de plus amples détails sur le format JPEG. Ce format est souvent comparé à l'autre format graphique tout aussi répandu, le format GIF. Vous trouverez des informations détaillées sur ce format à la fin du chapitre suivant.

JPEG, un format en 16,7 millions de couleurs

JPEG est l'abréviation de Joint Photographic Experts Group. Le format graphique s'appelle JPEG (avec un E) tandis que l'extension des fichiers est souvent *.jpg* (sans le E).

Les fichiers JPEG contiennent toujours 16,7 millions de couleurs RVB et ne disposent donc pas, comme c'est le cas pour les fichiers GIF, d'une palette de couleurs avec un index des couleurs utilisées dans l'image.

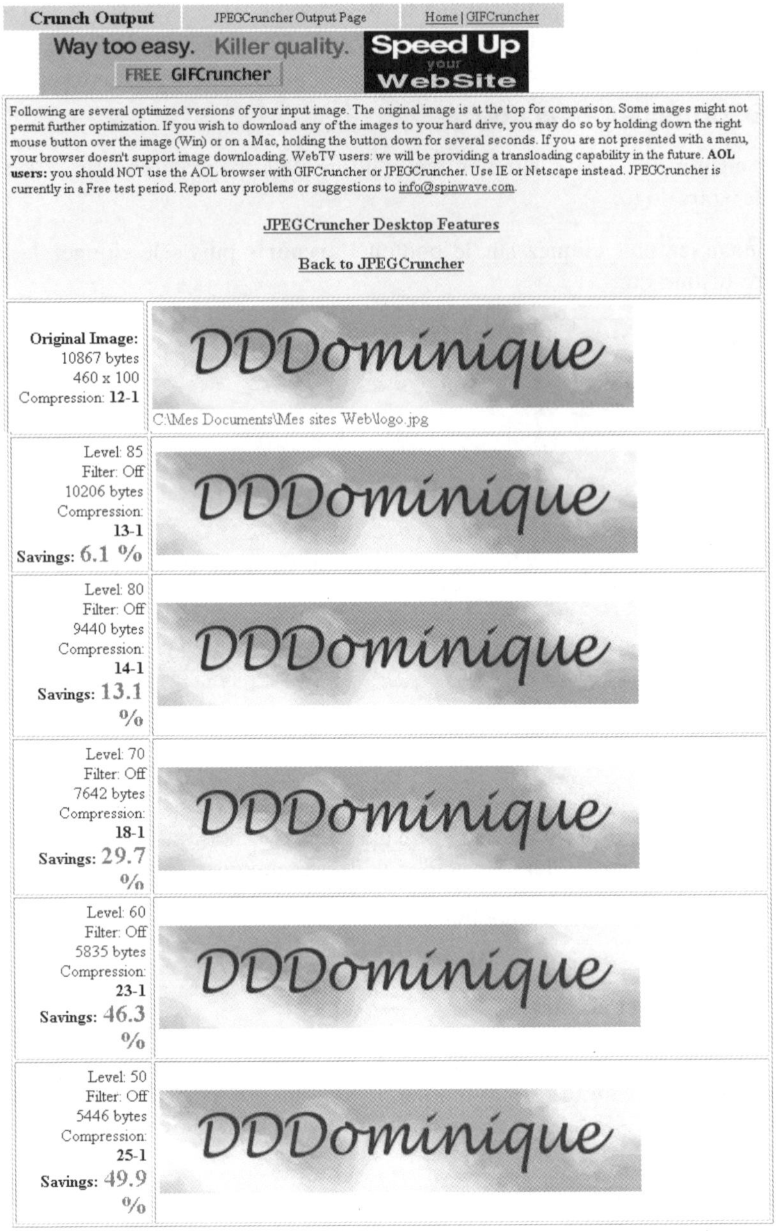

Fig. 4.24 : *Les versions optimisées du logo*

Sachez néanmoins qu'un internaute ne peut pas voir une image avec un plus grand nombre de couleurs que celui permis par la configuration de sa carte graphique. Si sa carte graphique ne peut afficher que 256 couleurs, il ne verra que 256 couleurs. Le navigateur remplace dans un cas semblable les couleurs non disponibles par d'autres. Cette opération est désignée par le terme de Dithering.

Pour vérifier l'aspect de vos photos JPEG et de vos logos sur d'autres systèmes, réduisez temporairement la résolution graphique de votre écran et faites le test d'affichage.

JPEG, un compromis entre compression et qualité

Le format JPEG comprime les images d'une manière différente de celle des fichiers GIF. L'algorithme utilisé est particulièrement efficace pour les photos et pour les images dotées d'un grand nombre de couleurs (les dégradés par exemple).

Toutefois, à la différence de l'algorithme propre au format GIF, le taux de compression élevé utilisé pour les fichiers JPEG entraîne automatiquement une perte de qualité d'image.

L'objectif des images au format JPEG est de trouver la plus petite taille de fichier possible pour une qualité d'image acceptable.

Fichiers JPEG progressifs

Dans le cas de connexions particulièrement lentes, les lecteurs de pages web doivent faire preuve de patience lors de l'affichage d'une image. Pour réduire ce temps d'attente, vous pouvez enregistrer une image JPEG sous la forme de ce que l'on appelle un fichier JPEG progressif. L'image sera alors affichée dans le navigateur avant le chargement complet du fichier. L'image, trouble au départ, gagnera petit à petit en netteté.

Le seul inconvénient est que les anciens navigateurs (avant la version 3.0) ne reconnaissent pas ce format et n'affichent alors aucune image.

Dans Paint Shop Pro, ce format est obtenu par ce que l'on appelle le codage progressif. Lors de l'enregistrement d'un fichier JPEG, vous pouvez activer le codage progressif dans les options.

Transparence et images JPG

À la différence des images GIF, les images JPEG n'acceptent pas la transparence. Pour adapter une image JPEG à l'arrière-plan d'une page web, vous devez modifier la couleur d'arrière-plan de l'image JPEG.

Editer les images JPEG au format JPEG

Si vous avez besoin d'éditer une image JPEG, ouvrez alors l'image originale (par exemple au format PSP) ou enregistrez-la d'abord sous forme de fichier PSP. La raison est simple : lorsque vous éditez une image directement au format JPEG, la qualité lors de l'enregistrement pourra se dégrader.

Après l'édition de l'image, vous pouvez enregistrer de nouveau l'image sous forme de fichier JPEG à l'aide de la commande **Fichier/Enregistrer sous**.

4.6. Faisons le point

Ces quelques remarques résument les thèmes abordés dans le chapitre :

- Sur le World Wide Web, seules les images aux formats GIF et JPG sont pour le moment acceptées.
- Pour créer rapidement un logo, utilisez les services du site web de CoolText.com.
- Paint Shop Pro vous permet de créer des logos personnalisés puis de les enregistrer au format JPEG.
- Avec Paint Shop Pro, vous avez la possibilité de remplir des zones d'une image avec le motif d'arrière-plan de votre choix.
- Les images JPEG peuvent être optimisées en ligne sur le site `http://ww.jpegcruncher.com`.
- L'optimisation des images JPEG est toujours un compromis entre qualité et taille de fichier.

Chapitre 5

Des boutons originaux en un tour de main

Pour ce chapitre, vous avez besoin des programmes suivants :

- un navigateur ;
- Paint Shop Pro.

5.1. Les boutons de CoolText.com

Le plus court chemin jusqu'à la création de boutons pour agrémenter vos pages web passe une fois de plus par le site web de CoolText.com. Ce service vous propose de créer, à la manière décrite pour les logos du chapitre précédent, vos propres boutons en quelques minutes seulement. Il vous suffit ensuite de les copier sur votre disque dur.

Des boutons rapidement disponibles

Établissez une connexion à Internet et ouvrez la fenêtre de votre navigateur à l'adresse `http ://www.cooltext.com`. Cliquez sur la page de démarrage sur le bouton intitulé **Buttons**. Vous obtenez alors la page suivante :

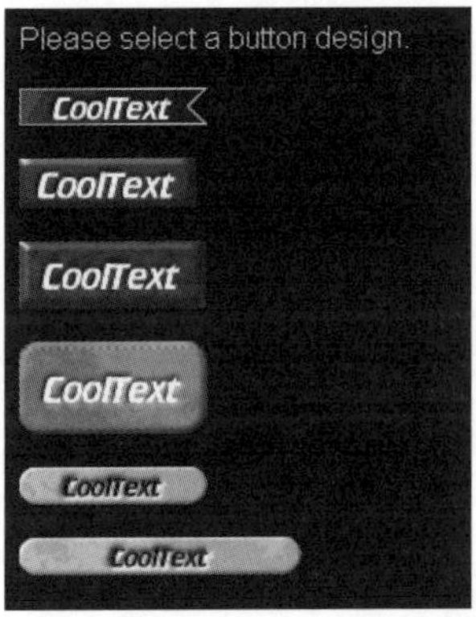

Fig. 5.1 : *Sélectionnez un modèle de bouton*

Cette page vous présente une palette de modèles de base pour vos propres boutons. Vous n'avez plus qu'à faire votre choix.

Atelier — **Créer un bouton sur CoolText.com**

1. Cliquez sur le bouton situé en haut de la liste de la rubrique *Please select a button design.*
2. Une fenêtre de configuration du bouton sélectionné s'affiche (voir fig. 5.2).

   La page de configuration regroupe les éléments suivants :

   - en haut à gauche, le modèle du bouton ;
   - en dessous, le texte à saisir ;
   - à gauche, les paramètres de police ;
   - à droite, les paramètres de couleurs.
3. Saisissez dans le champ *Text String* le texte de l'étiquette du bouton.

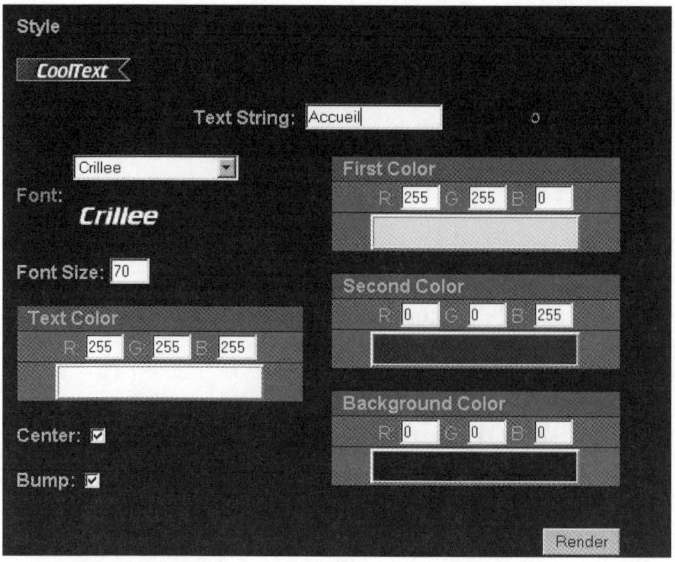

Fig. 5.2 : *Configurez le bouton choisi*

4 Choisissez dans la partie gauche les paramètres relatifs à la police : *Font* (police), *Font Size* (taille), *Text Color* (couleur du texte), *Center* (centré sur le bouton) et *Bump* (effet de relief).

5 Dans la moitié droite, vous pouvez effectuer plusieurs tests de configuration de couleurs. Les options *First Color*, *Second Color* et *Background Color* donnent des résultats différents en fonction du modèle de bouton retenu. Il est toujours préférable de faire des essais préalables.

6 Dès que tous les paramètres sont configurés, cliquez en bas à droite sur le bouton **Render** pour lancer la création de votre bouton.

7 Une page vous demande de patienter quelques instants :

Fig. 5.3 : *Vous êtes inscrit sur la liste d'attente*

Astuce

Ne fermez pas le navigateur !

Durant cette période d'attente, ne fermez pas la fenêtre de votre navigateur. Si vous souhaitez tester d'autres boutons, ouvrez une nouvelle fenêtre (Ctrl+n) et activez la page des boutons de CoolText.com.

8 Après la mise à jour automatique de la page web, une nouvelle page présentant le bouton s'affiche. Vous pouvez l'enregistrer sur votre disque dur.

Pour effectuer cette sauvegarde, cliquez avec le bouton droit de la souris sur l'objet et sélectionnez la commande **Enregistrez l'image sous**.

Lors de cet enregistrement, attribuez au bouton un nom plus explicite que celui proposé par défaut par CoolText.com. Le bouton a été créé au format GIF.

5.2. Créer des boutons avec Paint Shop Pro

Si les modèles et les possibilités de configuration de CoolText.com ne vous suffisent pas, vous pouvez naturellement élaborer vos propres boutons. Pour créer ces éléments à l'aide de Paint Shop Pro, vous allez avoir recours à la technique des calques.

La section est divisée en trois étapes :

- Dans une première étape, vous définissez la forme de base du bouton.
- Vous saisissez ensuite les légendes des boutons en vous aidant de la technique des calques.
- Il vous suffira enfin d'enregistrer les différents boutons sous forme d'images GIF.

Astuce

Vous ne connaissez pas la technique des calques ?

Si la technique des calques utilisée dans le domaine de l'édition d'images ne vous dit rien, reportez-vous à la section correspondante du chapitre *Mise en forme de votre page d'accueil avec Paint Shop Pro*.

Définir la forme de base du bouton

Il est en effet nécessaire dans un premier temps de dessiner la base du bouton sans légende.

Atelier

Créer un bouton avec Paint Shop Pro

1. Ouvrez le programme Paint Shop Pro puis sélectionnez la commande **Fichier/Nouveau**.
2. Saisissez dans la boîte de dialogue suivante les valeurs indiquées :
   - *Largeur* : 150 pixels
   - *Hauteur* : 40 pixels
   - *Résolution* : 72 Pixel/Inch
   - *Couleur d'arr.-plan* : *Blanc*
   - *Type d'image* : *16,7 M. de couleurs*

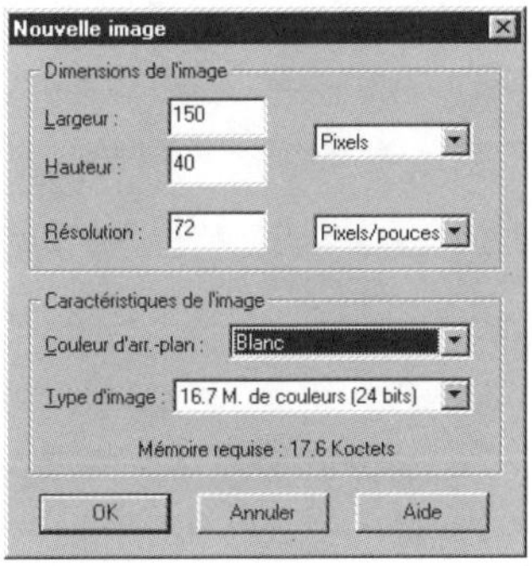

Fig. 5.4 :
Dimensions de l'image

L'option *16,7 M. de couleurs* du champ *Type d'image* est particulièrement déterminante pour que Paint Shop Pro puisse vous proposer toutes les options nécessaires.

3 Vérifiez dans la palette de couleurs les couleurs de premier plan et d'arrière-plan. Sélectionnez pour la couleur de premier plan un jaune clair (#FFFFCC) et pour la couleur d'arrière-plan un bleu foncé (#000066).

4 Cliquez dans la palette d'outils sur le bouton **Pot de peinture** puis remplissez l'image avec la couleur de premier plan.

Astuce

Le pot de peinture ne colore pas l'image

Si l'outil *Pot de peinture* ne fonctionne pas, sélectionnez l'option *Couleur unie* dans la liste déroulante *Rempliss.* de la boîte de dialogue des options.

Fig. 5.5 :
Remplissez la surface d'une couleur

La forme de base du bouton est déjà terminée.

Les étapes suivantes vont permettre d'attribuer à la forme de base plate du bouton un effet 3D à l'aide du filtre *Bouton* du menu **Image/Effets**.

Atelier

Doter le bouton d'un effet 3D

1 Sélectionnez dans le menu **Image** la commande **Effets/Bouton**.

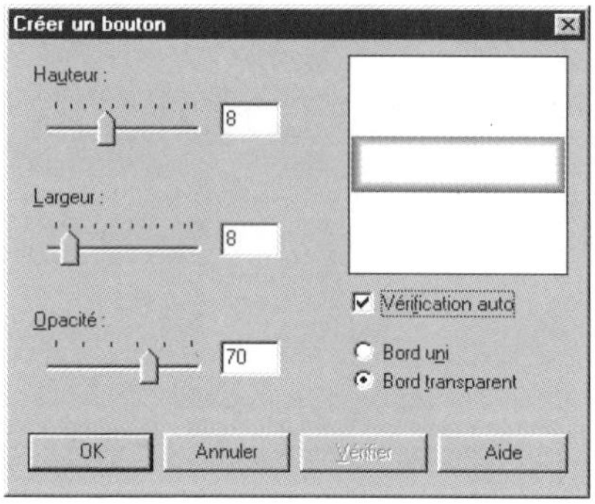

Fig. 5.6 :
Définissez les paramètres du bouton

Sélectionnez les valeurs suivantes :

- *Hauteur* : 8
- *Largeur* : 8
- *Opacité* : 70

Activez l'option *Bord transparent*.

Cochez également l'option *Vérification auto* si vous souhaitez avoir un aperçu de la construction du bouton.

2 Le dégradé de couleurs d'un bouton part toujours du centre du bouton (couleur de premier plan courante) pour aller vers l'extérieur du bouton (couleur d'arrière-plan).

Si les couleurs courantes ne vous conviennent pas, fermez la boîte de dialogue et essayez d'autres couleurs.

3 Dès que l'ensemble correspond à votre attente, cliquez sur OK puis enregistrez l'image sous le nom `Bouton.psp` par exemple.

Il ne vous reste plus qu'à ajouter les légendes sur chaque bouton de votre page.

La première idée qui vous vient à l'esprit est sans doute de saisir directement le texte sur l'image puis de sauvegarder le tout.

En règle générale, vous avez besoin sur votre page web de plusieurs boutons identiques dans leur aspect mais dotés de légendes différentes. Vous allez voir que la technique des calques vous facilite la tâche.

Ajouter une légende avec la technique des calques

Pour créer plusieurs boutons avec un arrière-plan identique mais des légendes différentes, il est astucieux d'avoir recours à la technique des calques de Paint Shop Pro.

Ouvrez le cas échéant le fichier que vous venez de créer dans Paint Shop Pro.

Atelier — Doter les boutons de légendes

1 Définissez un nouveau calque que vous nommez `Accueil`.

2 Sélectionnez dans la palette d'outils l'outil *Texte* puis cliquez une fois sur le bouton. La boîte de dialogue **Texte** s'affiche alors à l'écran.

3 Saisissez alors le texte de votre choix, par exemple `Accueil`, puis définissez les paramètres relatifs à la police. Nous avons opté par exemple pour la police *Verdana* avec une taille de 14. N'oubliez pas d'activer les options *Anti-alias* et *Flottante*.

4 Cliquez sur OK puis positionnez le texte avec l'outil *Déplacement* au centre du bouton en 3D.

Fig. 5.7 : *Positionnez la légende du bouton*

5 Définissez pour chaque nouvelle légende un nouveau calque. Pour aligner le texte, orientez-vous sur les modèles de légendes déjà enregistrés sur les autres calques.

Si les légendes placées les unes au-dessus des autres ne vous permettent pas de travailler correctement, sachez que vous pouvez masquer temporairement les calques en cliquant sur le symbole des lunettes de la palette *Calques*.

Selon ce principe, il est tout à fait possible de placer plusieurs calques de textes les uns sur les autres. La palette *Calques* permet de gérer tous ces éléments superposés.

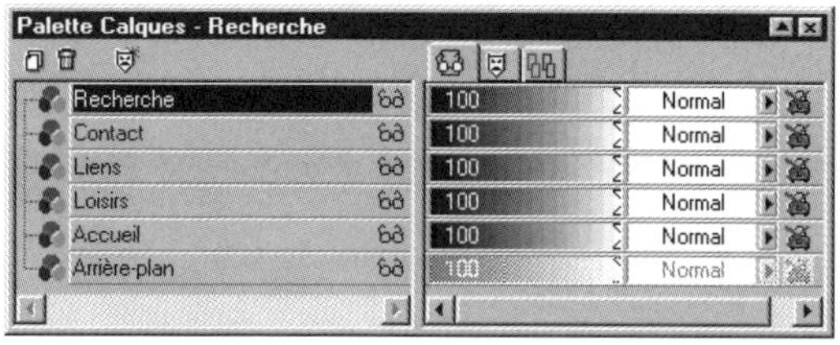

Fig. 5.8 :
La palette Calques regroupe les calques

Vous disposez à présent d'un fichier Paint Shop Pro. La forme de base du bouton est placée à l'arrière-plan et chaque légende occupe un calque différent.

La dernière étape de cette opération consiste à créer, à partir de ce fichier regroupant six calques, plusieurs boutons sous forme de fichiers GIF.

Enregistrer les boutons sous forme de fichiers GIF

L'opération décrite dans cette section a pour objectif de fondre les unes derrière les autres les légendes avec l'arrière-plan et d'enregistrer le résultat au format GIF.

Ouvrez le cas échéant le fichier que vous venez de créer puis affichez la palette *Calques*.

Atelier — **Enregistrer les boutons au format GIF**

1. Masquez tous les calques à l'exception de l'arrière-plan et du calque *Accueil*.
2. Sélectionnez alors la commande **Fichier/Enregistrer sous**.
3. Choisissez dans la liste déroulante *Type* l'option *Compuserve Graphics Interchange (*.gif)* puis inscrivez le nom de fichier (par exemple `Accueil.gif`).
4. Cliquez sur le bouton **Enregistrer** puis confirmez le message suivant en cliquant sur le bouton **Oui**. La fenêtre vous indique simplement que le format GIF n'accepte que 256 couleurs et est limité à un seul calque.

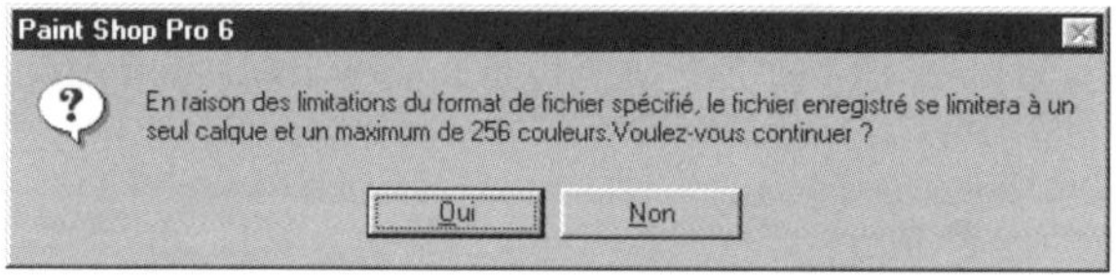

Fig. 5.9 :
Cliquez sur le bouton Oui

Vous disposez à présent d'un bouton correspondant dans sa forme à la forme de base et doté de la légende "Accueil".

Fig. 5.10 :
Le bouton Accueil est disponible

5. Masquez le calque intitulé *Accueil* puis affichez le calque suivant. L'arrière-plan doit bien sûr rester affiché.
6. Enregistrez le nouveau bouton en procédant comme décrit pour le bouton **Accueil**.

7 Procédez de la même manière pour tous les autres boutons dont vous avez besoin en affichant à chaque fois le calque adéquat. N'oubliez pas de masquer à chaque étape les calques inutiles.

Nous vous recommandons de conserver sur votre disque dur le fichier Paint Shop Pro ; de cette façon, vous disposez de la base de votre bouton dès que vous en avez besoin. Ouvrez alors le fichier puis ajoutez un calque pour la nouvelle légende. Enregistrez ensuite le bouton.

5.3. Optimiser les images GIF

Dans le domaine de la publication sur le Web, nous avons vu avec l'exemple des fichiers JPEG qu'il était essentiel de faire en sorte que la taille des fichiers des images utilisées soit aussi réduite que possible. Pour réaliser cette tâche d'optimisation, vous pouvez avoir recours au service du site web `http://ww.gifcruncher.com`.

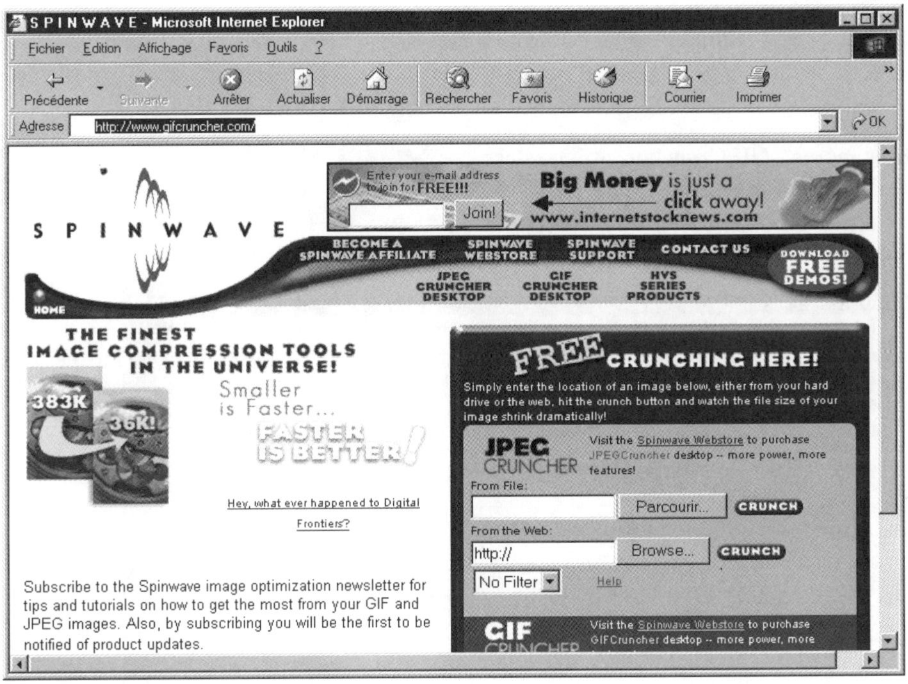

Fig. 5.11 : *www.gifcruncher.com*

Astuce

Optimiser les images GIF avec Animation Shop

Si vous disposez du programme Animation Shop, vous pouvez effectuer une optimisation des fichiers créés grâce à l'Assistant d'optimisation disponible dans le menu **Fichier**.

Vous retrouvez l'interface du site d'optimisation des images JPEG. Grâce à ce service de GIFCruncher, vous pouvez aussi bien optimiser des images se trouvant sur votre disque dur que des images déjà publiées sur le World Wide Web.

Atelier GIFCruncher en action

1 Saisissez dans le champ *From File*, situé en bas à droite de la page, le chemin d'accès et le nom du fichier de votre image GIF.

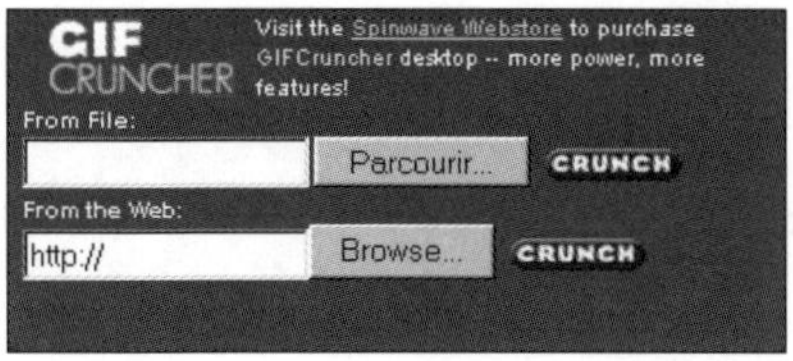

Fig. 5.12 : *Optimisez l'image à partir du disque dur*

Si vous ne le connaissez pas, cliquez sur le bouton **Parcourir** puis sélectionnez l'image en question sur votre disque dur.

Fig. 5.13 : *Cliquez sur le bouton Parcourir*

2 Dès que le chemin d'accès est inscrit, cliquez sur le bouton **Crunch**.

Peu de temps après, GIFCruncher affiche les unes sous les autres l'image originale puis les différentes étapes de compression sur la page web suivante :

Fig. 5.14 : *Lancez l'opération d'optimisation*

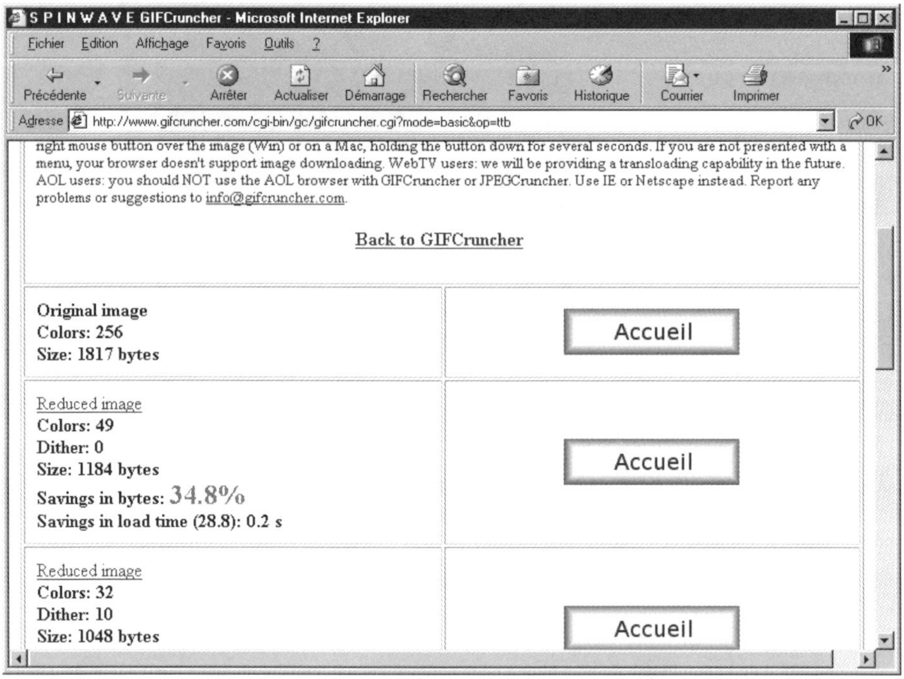

Fig. 5.15 : *Les versions optimisées de votre bouton*

3 Cliquez avec le bouton droit de la souris sur l'image de votre choix puis enregistrez-la sous un nom explicite sur votre disque dur. Le fichier doit être enregistré avec une extension *.gif*.

4 N'oubliez pas d'interrompre votre connexion Internet.

5.4. Les images GIF dans le détail

Cette partie du chapitre va vous permettre d'en savoir plus sur les bases du format graphique GIF.

GIF87a et GIF89a, les différentes versions

Lorsque vous sélectionnez dans Paint Shop Pro la commande **Fichier/Enregistrer sous** et que vous choisissez dans la liste déroulante *Type* le format *Compuserve Graphics Interchange (*.gif)*, la boîte des options activée par un clic sur le bouton **Options** vous permet d'effectuer un autre choix.

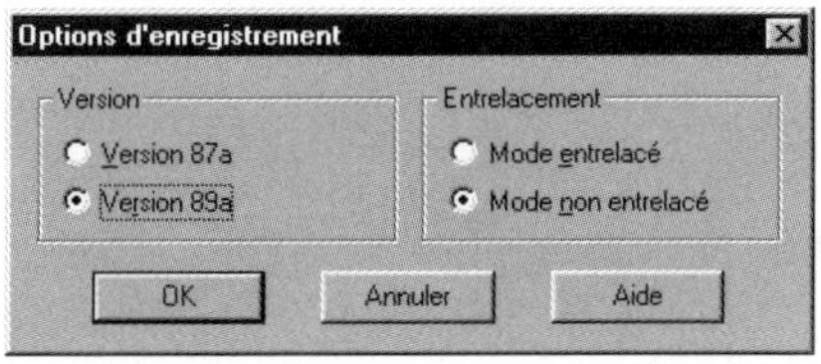

Fig. 5.16 : *Options des fichiers GIF dans Paint Shop Pro*

Il existe deux versions de fichiers GIF :

- GIF87a ;
- GIF89a.

La variante GIF89a présente des possibilités intéressantes par rapport à celles du format initial GIF87a. Grâce à ces possibilités supplémentaires, GIF89a a tendance à devenir le format standard sur le Web.

- *Transparence* : cette fonction permet de définir une couleur de la palette GIF comme transparente.
- *Animation* : plusieurs images GIF sont regroupées dans un seul fichier pour former une image GIF animée.

Lors de l'enregistrement d'un fichier GIF, il est préférable d'opter pour la variante *GIF89a*.

GIF87a

GIF87a est le format GIF initial et a été défini en 1987. Il utilise un procédé de compression sur lequel nous allons revenir et peut enregistrer les images au format GIF entrelacé (en anglais, interlaced).

GIF89a

Deux ans plus tard, les capacités du format GIF ont été étendues. Le format graphique a alors simplement été rebaptisé GIF89a.

Transparence

Dans une image GIF, vous avez la possibilité de définir une couleur de votre choix comme transparente. Procédez de la manière suivante :

1. Sélectionnez dans la palette de couleurs celle devant être définie comme transparente.
2. Choisissez dans le menu **Couleurs** la commande **Réglage de la transparence** puis activez l'option *Donner à la transparence la valeur de la couleur d'arr.-plan.* Cette couleur correspond à la couleur courante de l'arrière-plan.
3. La commande **Couleurs/Visualiser la transparence** permet de vérifier que l'image est bien transparente. Le fond de l'image en damiers signifie que l'image est bien transparente.

GIF animées

GIF89a, en permettant l'enregistrement simultané de plusieurs images GIF dans un seul fichier, a acquis une certaine célébrité dans le domaine de la conception d'images pour le Web.

Les images enregistrées dans un seul et même fichier s'affichent les unes après les autres dans la fenêtre du navigateur, sous forme d'image animée.

Nous verrons dans un chapitre ultérieur les étapes permettant d'obtenir ce résultat original.

GIF, un format en 256 couleurs

Lorsque vous élaborez dans Paint Shop Pro une image puis que vous l'enregistrez au format GIF, vous obtenez toujours le message suivant :

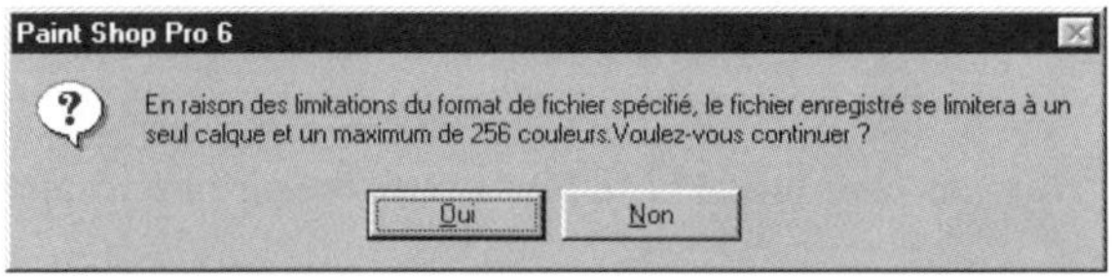

Fig. 5.17 :
Cliquez sur le bouton Oui

Vous n'avez dans ce cas pas d'autre choix que de cliquer sur le bouton **Oui**.

Les images GIF n'acceptent en effet qu'un seul calque et ne peuvent contenir que 256 couleurs au maximum. Le format GIF utilise à cet effet une petite astuce pour mémoriser les 256 couleurs contenues dans l'image.

- Chaque fichier GIF dispose d'une palette de couleurs, une sorte d'index numéroté dans lequel les couleurs présentes sur l'image sont répertoriées.
- À chaque couleur est attribué un numéro précis dans la palette.
- Le numéro est ensuite attribué à chaque pixel.

En voici un exemple :

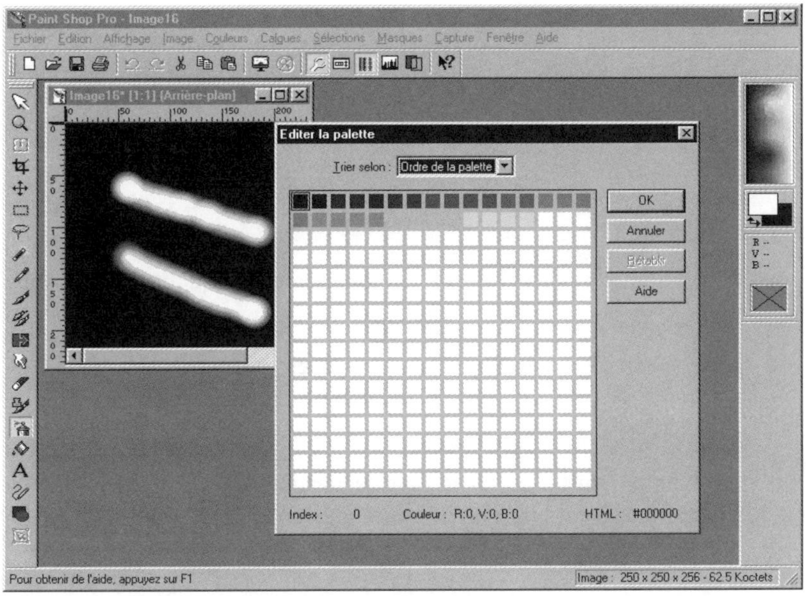

Fig. 5.18 : *Sélectionnez la commande Couleurs/Editer la palette*

Quand un pixel est associé par exemple à la couleur dotée du numéro d'index 0 (n° 0), le programme affichant l'image cherche dans la palette et prend la couleur n°0 pour le pixel. Dans notre exemple, il s'agit du noir.

Mais attention : les images GIF ne respectent pas toujours les couleurs réelles. Si, pour une raison ou pour une autre, la couleur n° 0 correspond à une autre couleur de la palette, la couleur de l'image GIF affichée sera également modifiée. Dans l'exemple suivant, le noir est remplacé par le jaune :

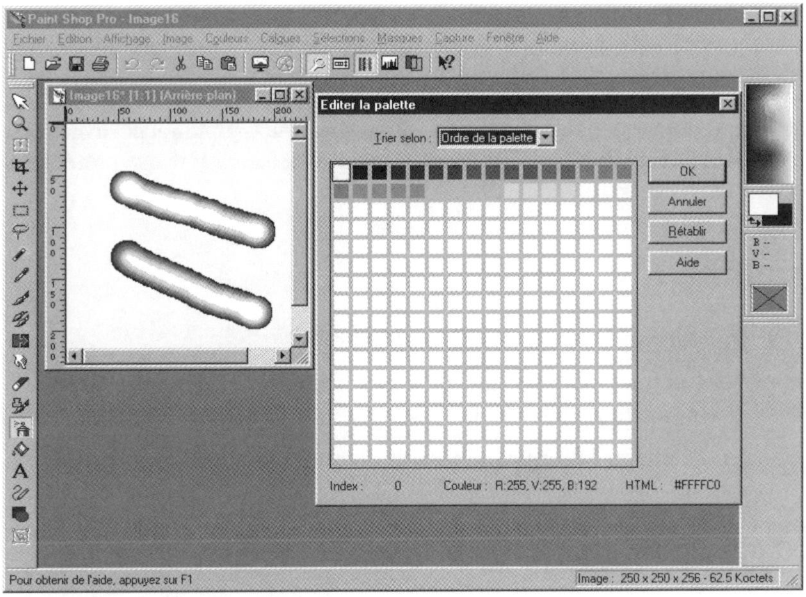

Fig. 5.19 : *Le jaune a pris la place du noir*

Compression GIF

Le format GIF utilise pour la compression des données un algorithme du nom de Lempel-Zev-Welch (LZW en abrégé). Vous n'êtes bien sûr pas obligé de retenir le nom mais l'algorithme présente deux propriétés intéressantes :

- Il compresse les fichiers sans perte de qualité.
- La compression est encore plus efficace pour les motifs récurrents.

Compresser sans perte de qualité ne signifie pas que l'image compressée est de qualité comparable à celle de l'image originale.

Les propriétés relatives aux motifs sont plus subtiles. Pour simplifier, disons qu'une ligne de quarante-deux points bleus sera enregistrée sous le nom de "42 bleu". La taille du fichier pourra donc être considérablement réduite.

Pour un dégradé de couleurs, par exemple du bleu vers le vert, le format GIF n'est pas le mieux adapté car les informations de couleurs doivent être enregistrées pour chaque pixel et la taille du fichier ne s'en trouverait donc pas réduite.

Utilisation des fichiers GIF

Le format GIF est particulièrement approprié aux images dotées d'un nombre réduit de couleurs ou aux surfaces d'une seule couleur :

- boutons ;
- traits ;
- ilustrations ;
- polices dans les images.

Le format GIF est indispensable dès lors qu'une partie de l'image doit être transparente ou que vous souhaitez créer une petite animation.

Retenez surtout que le format GIF n'est pas adapté aux photos ou aux graphiques avec des dégradés de couleurs, comme les logos de CoolText.com. Dans les deux cas, il est préférable d'opter pour le format JPG.

5.5. Faisons le point

Cette dernière partie résume les points abordés dans le présent chapitre :

- Le site de CoolText.com vous permet de créer directement sur Internet des boutons pouvant ensuite être enregistrés sur votre disque dur.
- Paint Shop Pro vous permet d'élaborer la forme de base des boutons auxquels vous appliquez ensuite un effet 3D.
- Pour ajouter les légendes des boutons, vous utilisez la technique des calques de Paint Shop Pro. Chaque légende est placée sur un calque séparé.

- Conservez le fichier PSP élaboré pour la base du bouton 3D. Il vous sera peut-être utile par la suite pour compléter les boutons de votre site.
- Les boutons ainsi créés sont enregistrés au format GIF. Il vous suffit de masquer à chaque fois les légendes inutiles.
- La taille des fichiers GIF peut être optimisée grâce aux services de GIFCruncher.
- Les images GIF se caractérisent par les propriétés suivantes :
  - 256 couleurs maximum ;
  - possibilité de définir une couleur comme transparente.

Chapitre 6

Construire ses propres GIF animées

Pour suivre les explications de ce chapitre, vous avez besoin de Paint Shop Pro et d'Animation Shop (faisant partie de la suite Paint Shop Pro).

6.1. GIF animées

Les GIF animées sont des fichiers regroupant plusieurs images isolées qui seront affichées les unes après les autres dans le navigateur. De là naît l'impression de mouvement.

En voici un exemple :

Fig. 6.1 : *Huit images pour un papillon en mouvement*

Les huit images isolées sont enregistrées dans un fichier GIF. Dans la fenêtre du navigateur, ces images sont présentées les unes après les autres de façon à ce que le lecteur ait l'impression de voir, par exemple, un papillon en mouvement.

Vous allez voir dans ce chapitre que la création de GIF animées est très facile :

- Nous allons dans un premier temps construire une bannière animée en quelques minutes seulement.
- Nous utiliserons ensuite l'Assistant Animation d'Animation Shop pour transformer un smiley souriant et un smiley triste en une image GIF animée.
- Pour reprendre notre démarche d'optimisation d'image, nous verrons comment rendre l'image aussi petite que possible grâcc à un autre Assistant d'Animation Shop.
- Le dernier paragraphe de ce chapitre est consacré à la création de nouvelles animations personnalisées. À cet effet, nous utiliserons la technique des calques de Paint Shop Pro pour préparer les différentes images. Animation Shop permet ensuite de transformer les calques du fichier Paint Shop Pro en une animation.

6.2. Présentation d'Animation Shop

Le programme intitulé Animation Shop fait partie de la suite de logiciels livrés avec Paint Shop Pro. Animation Shop est un programme spécialisé dans la création de GIF animées.

L'interface du programme Animation Shop

Animation Shop met à votre disposition un certain nombre de GIF animées parmi lesquelles on retrouve le papillon :

- Lancez Animation Shop puis sélectionnez la commande **Fichier/Ouvrir**.
- Basculez si nécessaire dans le dossier du programme de Paint Shop Pro puis ouvrez le sous-dossier *Anims* regroupant les animations.
- Double-cliquez sur le fichier *Tbttrfly.gif*.

L'image suivante s'affiche dans la fenêtre du programme :

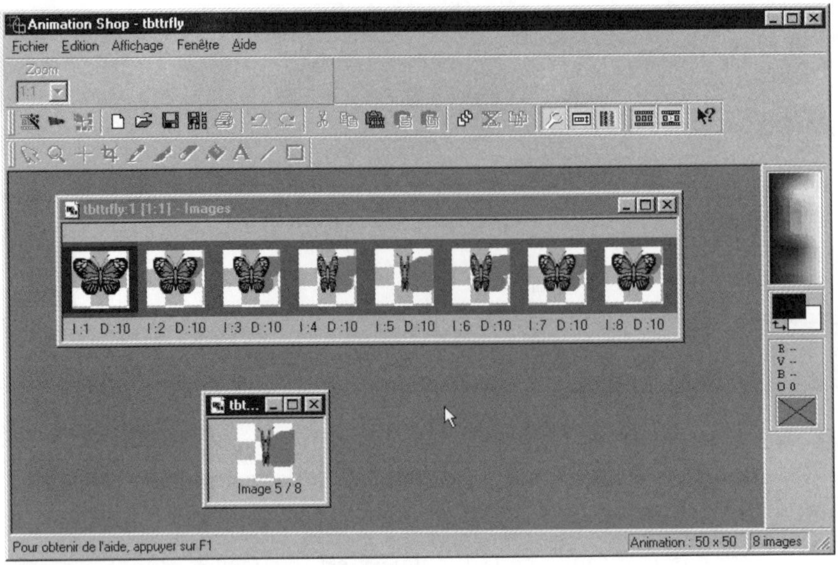

Fig. 6.2 : *Les deux variantes du fichier*

La fenêtre du programme regroupe les éléments suivants :

- Barre de style : affiche des options en fonction de l'outil sélectionné.
- Barre d'outils : contient six nouveaux boutons sur lesquels nous allons revenir.
- Palette *Couleurs* : à droite de la fenêtre, comme dans Paint Shop Pro.
- Palette d'outils : regroupe les outils nécessaires à l'édition des images. Moins complète que celle de Paint Shop Pro.

Les symboles de la barre d'outils

La plupart des dix-neuf boutons disponibles dans la barre d'outils de ce programme sont identiques à ceux présentés pour Paint Shop Pro. Six nouveaux boutons méritent néanmoins que l'on s'y attarde :

-  **Assistant d'animation**

  vous aide à élaborer une nouvelle animation, comme nous le verrons dans la section suivante.

-  **Propager le collage**

  Normalement, une image copiée dans un fichier d'Animation Shop est collée sous forme d'image isolée. Si vous activez la commande **Edition/Propager le collage**, l'image collée sera reliée à une autre image.

  L'image collée est copiée dans l'image isolée sélectionnée. Ce mode reste activé jusqu'à ce que vous cliquiez de nouveau sur le bouton pour le désactiver.

-  **Supprimer les images**

  supprime une ou plusieurs images sélectionnées.

- **Dupliquer**

  permet de dupliquer une ou plusieurs images sélectionnées.

- **Afficher l'animation**

  affiche ou masque la fenêtre d'affichage **Animation**. Cette fenêtre présente le résultat de l'animation que vous venez de créer.

- **Afficher les images**

  Si la fenêtre d'affichage **Animation** est visible, ce bouton affiche ou masque la fenêtre d'affichage **Images**.

  Si la fenêtre d'affichage **Animation** n'est pas visible, ce bouton masque simplement la fenêtre **Images**.

Le menu Affichage

Dans la zone de travail de la fenêtre du programme, vous pouvez observer l'animation sous deux variantes correspondant à deux fenêtres différentes :

- **Affichage/Images**
- **Affichage/Animation**

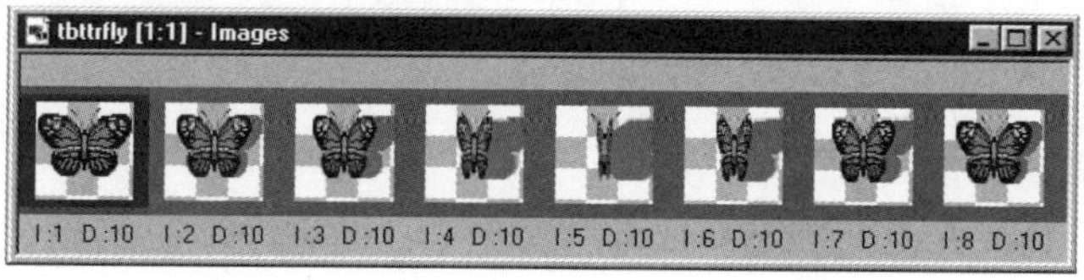

Fig. 6.3 : *La fenêtre d'affichage Images*

La fenêtre d'affichage **Images** regroupe les images séparées. L'image GIF animée est ici en quelque sorte découpée en séquences. Ce mode d'affichage vous permet d'éditer à loisir les images.

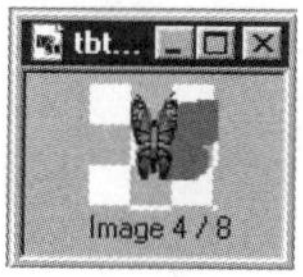

Fig. 6.4 : *La fenêtre d'affichage Animation*

Ce mode d'affichage présente les images les unes après les autres et permet de contrôler l'effet de l'animation.

6.3. Une bannière animée en cinq minutes

Le premier exemple d'image GIF animée est une bannière composée d'un texte qui semble flotter au vent comme un drapeau.

Atelier — Une bannière sous forme de drapeau

1 Sélectionnez la commande **Fichier/Nouveau**. Saisissez les valeurs suivantes dans la boîte de dialogue :

- *Largeur* : 150 pixels
- *Hauteur* : 40 pixels
- *Couleur du support* : *Transparente*

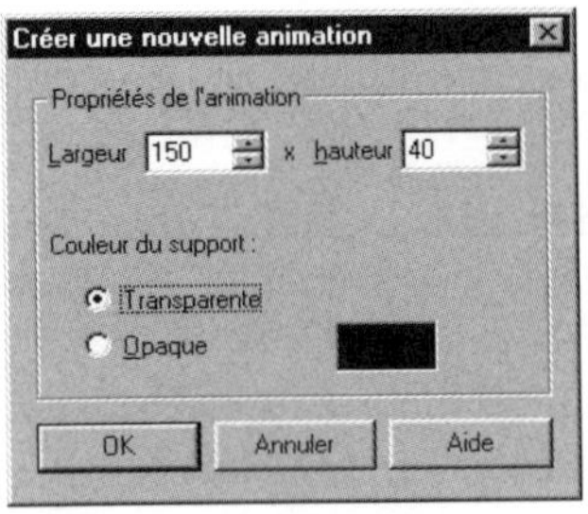

Fig. 6.5 : *Paramètres de la nouvelle animation*

2 Cliquez sur OK pour valider. Vous obtenez une fenêtre d'images regroupant des surfaces rectangulaires. Il s'agit des étapes de l'animation. La première est déjà sélectionnée.

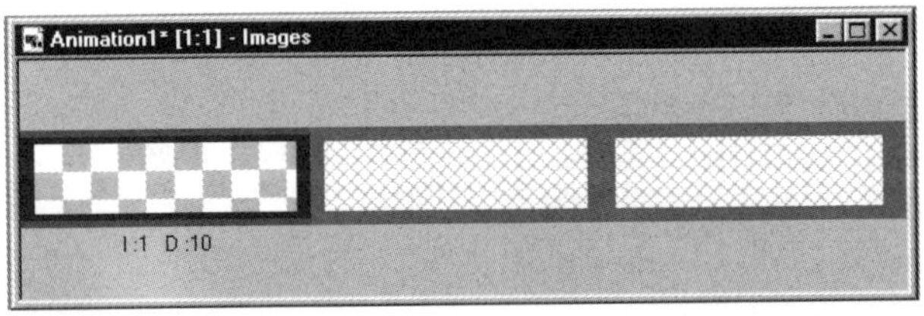

Fig. 6.6 : *Les rectangles représentent les cadres d'image*

3 Sélectionnez la commande **Effets/Insérer un effet sur du texte**.

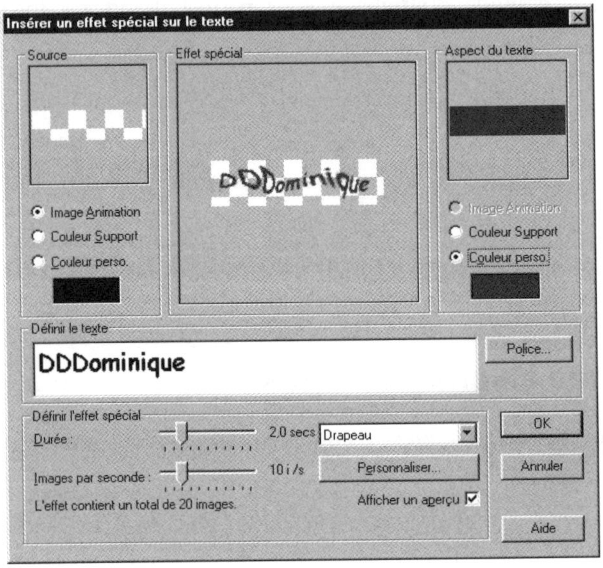

Fig. 6.7 : *Ajoutez des effets sur un texte*

Si vous placez le pointeur quelques instants sur le nom de l'effet (par exemple *Drapeau*), une info-bulle avec d'autres informations sur l'effet en question s'affiche.

Configurez dans la boîte de dialogue les propriétés de l'image :

- ▶ Dans le champ *Définir le texte*, inscrivez le texte de votre bannière.
- ▶ Modifiez la police en cliquant sur le bouton **Police**.
- ▶ Modifiez le cas échéant la couleur de la police en activant l'option *Couleur perso.* de la rubrique *Aspect du texte*.
- ▶ Sélectionnez l'effet *Drapeau* dans la liste déroulante correspondante.
- ▶ Vérifiez que l'option *Afficher un aperçu* est bien activée.

  Dans le champ *Effet spécial* au centre, vous devez avoir un premier aperçu de votre composition. L'indication relative au nombre d'images de l'animation est présentée dans la partie inférieure de la boîte de dialogue.

4 Cliquez sur OK. Les images de votre animation sont regroupées dans la fenêtre d'affichage **Images**.

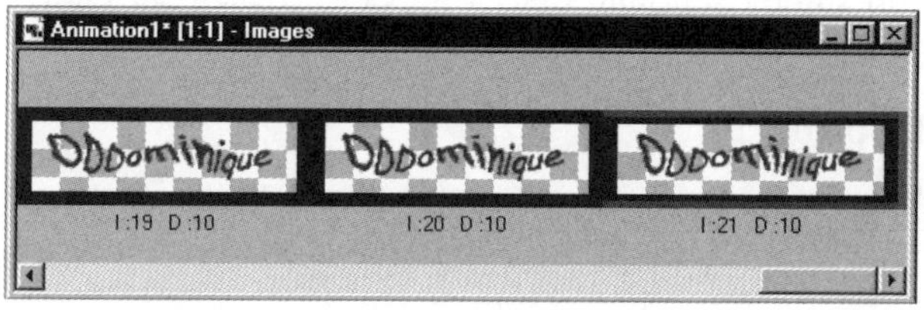

Fig. 6.8 :
Les images créées pour l'effet de drapeau

La mention *I:1* sous chaque image signifie image 1, *D:10* correspond à une durée d'affichage de 10 centièmes de seconde.

5 Pour visualiser l'animation, sélectionnez la commande **Affichage/Animation**.

Vous constatez que l'animation n'est pas fluide et que l'affichage est saccadé. La cause est l'image *I:1* qu'il est alors préférable de supprimer.

6 Sélectionnez dans la fenêtre d'affichage **Images** l'image vide *I:1* avant d'appuyer sur la touche [Suppr].

Votre première animation est terminée.

Fig. 6.9 :
La bannière animée

Astuce

Enregistrer et optimiser

Nous reviendrons dans les sections suivantes sur la manière d'optimiser l'image avec un Assistant.

Il ne vous reste plus qu'à sauvegarder le fichier :

- ▶ Sélectionnez la commande **Fichier/Enregistrer** puis ouvrez le dossier cible.

- Choisissez dans la liste déroulante *Type* l'entrée *CompuServe Graphics Interchange (*.gif)*. Attribuez le nom de votre choix à ce fichier puis cliquez sur le bouton **Enregistrer**.
- C'est à ce moment qu'intervient l'Assistant d'optimisation qui vous permet de minimiser la taille du fichier de l'image GIF animée. Cliquez simplement à deux reprises sur le bouton **Suivant** puis sur le bouton **Terminer**. Nous reviendrons ultérieurement sur le sujet.

Le fichier élaboré dans les étapes précédentes se caractérise par une taille d'environ 7-11 Ko. Prenez le temps d'effectuer d'autres essais sur les paramètres de la boîte de dialogue **Effets/ Insérer un effet sur du texte**. Modifiez par exemple le nombre d'images par seconde puis vérifiez la taille du fichier obtenu.

6.4. Animer une image GIF normale

L'Assistant d'animation vous aide à transformer en un rien de temps des images GIF déjà créées en une image GIF animée. Vous disposez pour cela d'une grande quantité d'effets de transition.

Dans le premier exemple, nous allons simplement doter une image GIF isolée d'un effet d'animation. Cet exemple se base sur un smiley souriant, mais vous pouvez bien sûr choisir une autre image.

Cette section se divise en deux grandes parties :

- Dans la première étape, nous allons créer une nouvelle animation à l'aide de l'Assistant d'animation.
- Nous verrons ensuite les effets pouvant être appliqués à l'animation.

Atelier — Créer une nouvelle animation avec l'Assistant

1. Lancez l'Assistant par l'intermédiaire de la commande correspondante du menu **Fichier**. Sélectionnez dans la boîte de dialogue suivante l'option *Même taille que la première image* puis cliquez sur le bouton **Suivant**.

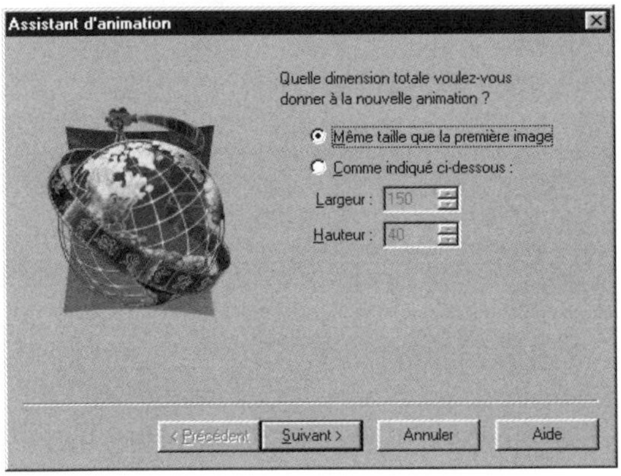

Fig. 6.10 : *Définissez la taille de l'animation*

2. Déterminez dans la nouvelle boîte de dialogue la couleur du support. Il s'agit de la couleur d'arrière-plan de l'animation. Optez pour la variante *Transparente* avant de cliquer sur le bouton **Suivant**.

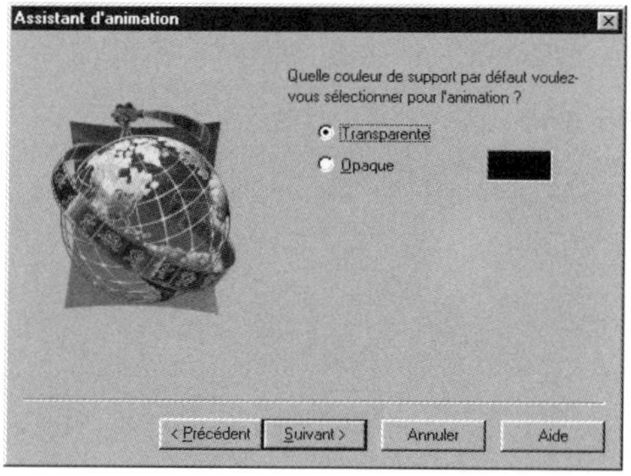

Fig. 6.11 :
Optez pour un arrière-plan transparent

3 Indiquez ensuite ce qui doit se passer lorsque certaines images de l'animation ont des tailles différentes. Conservez la variante proposée par défaut puis poursuivez la configuration.

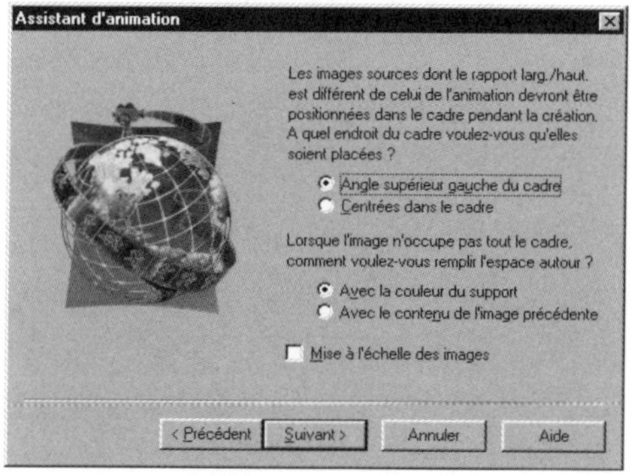

Fig. 6.12 :
Indiquez le positionnement des images de tailles différentes

4 Le choix de l'étape 4 est essentiel puisqu'il concerne le mode d'affichage de l'animation. Préférez-vous une animation présentée en boucle ou un nombre de fois bien précis ?

Une répétition de l'animation peut gêner la lecture de la page et donc le lecteur lui-même. Une animation présentée une ou deux fois passera presque inaperçue. Dans notre exemple, l'option *Oui, répéter indéfiniment l'animation* est activée mais il vous revient de trouver la solution idéale pour vos pages.

Conservez la valeur 10 affichée dans la zone de saisie de la durée d'affichage.

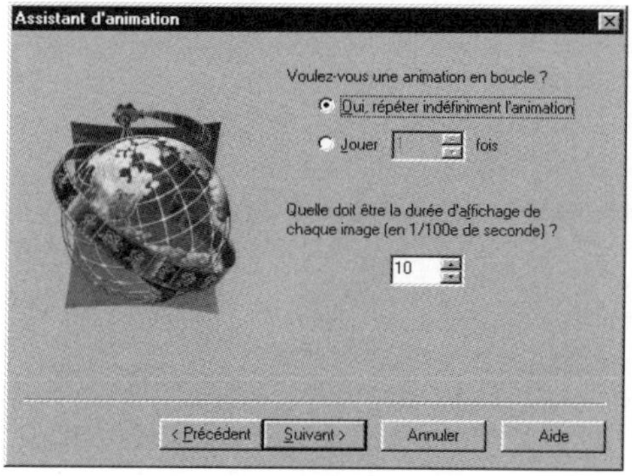

Fig. 6.13 :
L'animation doit-elle être répétée ?

5 Dans l'étape suivante, vous devez indiquer à l'Assistant le nom du fichier à animer. Cliquez sur le bouton **Ajouter l'image** puis sélectionnez l'image en question.

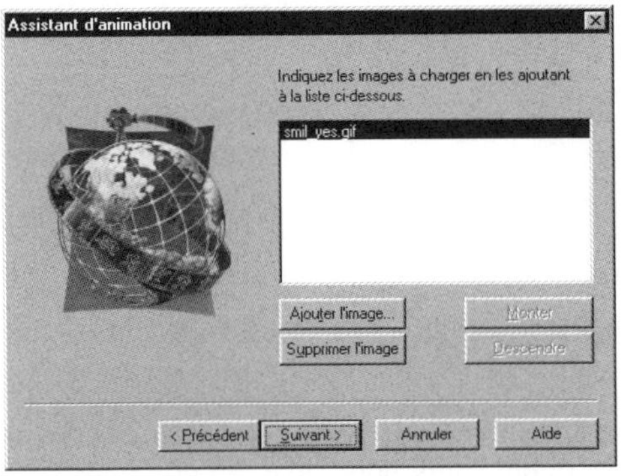

Fig. 6.14 : *Précisez à l'Assistant le nom du fichier*

6 La configuration est presque terminée. Dans la dernière boîte de dialogue, cliquez sur le bouton **Terminer**.

Le résultat est le suivant :

Fig. 6.15 : *Le smiley est encore statique*

Atelier Animer une image GIF grâce aux effets d'Animation Shop

1 Ouvrez le cas échéant l'animation que vous venez de créer puis sélectionnez la commande **Effets/Insérer un effet sur une image**.

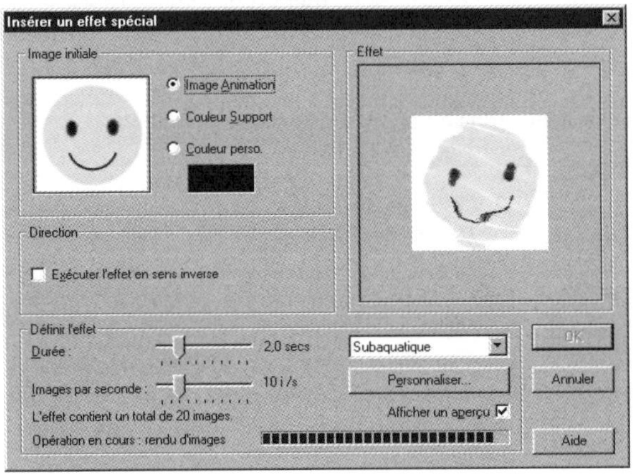

Fig. 6.16 : *Vous allez ajouter un effet*

2 Dans la boîte de dialogue **Insérer un effet spécial**, activez d'abord l'option *Afficher un aperçu* en bas à droite.

Pour notre exemple, nous avons opté pour un effet *Subaquatique*. Vous pouvez réduire les paramètres de durée et d'images par seconde pour ne pas créer une image trop grande.

- Une durée de 2 sec. et 10 images par seconde (10 i/s) donnent environ vingt images.
- Une durée de 1 sec. et 5 images par seconde (5 i/s) ne donnent plus que cinq images.

  En fonction des paramètres retenus, la taille de l'animation peut considérablement varier. L'effet obtenu sera néanmoins tout aussi satisfaisant.

Fig. 6.17 : *Les images avec l'effet Subaquatique*

3 La première image de la rangée (I:1) n'est dotée d'aucun effet et est donc superflue. Sélectionnez-la puis appuyez sur la touche Suppr.

L'animation est à présent terminée :

Fig. 6.18 : *Les images de l'animation*

4 Enregistrez le fichier au format GIF sous le nom de votre choix.

Acceptez dans les boîtes de dialogue suivantes les paramètres standard de l'Assistant d'animation que nous allons étudier par la suite.

6.5. Optimiser les GIF animées

L'objectif de l'utilisation de l'Assistant d'optimisation du menu **Fichier** est de réduire la taille du fichier. Nous allons prendre comme fichier exemple l'animation du smiley de la section précédente contenant cinq images séparées.

Vous avez lancé Animation Shop et ouvert le fichier du smiley ? Les explications peuvent donc commencer :

Atelier — L'Assistant d'optimisation en action

1 Sélectionnez la commande **Fichier/Assistant d'optimisation**.

Dans la boîte de dialogue qui s'affiche, cliquez sur le bouton **Suivant** sans modifier les paramètres proposés par défaut.

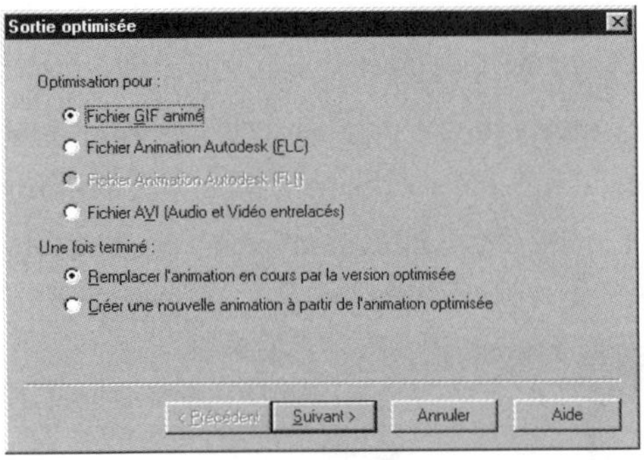

Fig. 6.19 : *Optimiser les GIF animées*

2 Indiquez le niveau d'optimisation souhaité. Le curseur à gauche vous permet de sélectionner un niveau parmi les quatre proposés. La variante par défaut est le niveau 4, *Meilleure qualité d'image*.

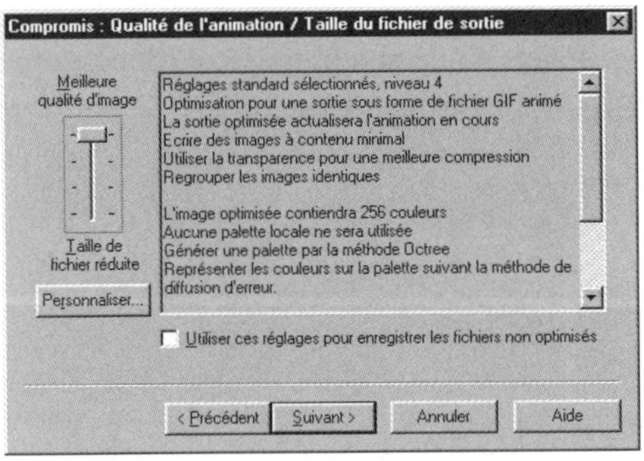

Fig. 6.20 : *Qualité optimale ou taille réduite ?*

3 Déplacez le curseur vers le bas et lisez les indications fournies dans la partie droite avant de vous décider.

Faites le test de l'optimisation *Taille de fichier réduite* puis appréciez vous-même le résultat. Si la qualité ne vous convient vraiment pas, essayez avec une autre valeur.

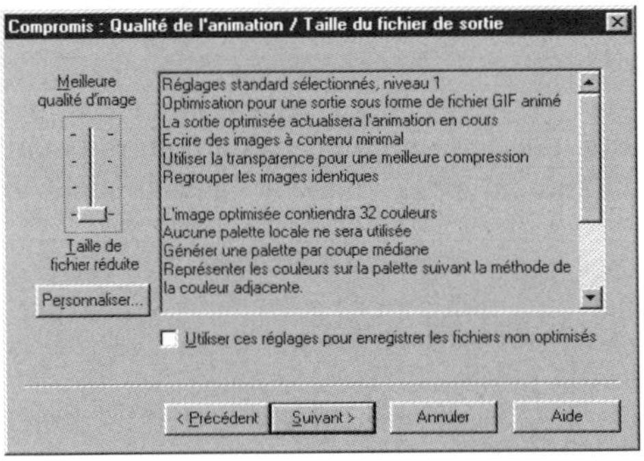

Fig. 6.21 : *Les propriétés de la variante s'affichent à droite*

4 Cliquez sur le bouton **Suivant** pour appliquer les paramètres choisis à l'image et optimiser l'animation.

Vous obtenez la boîte de dialogue suivante :

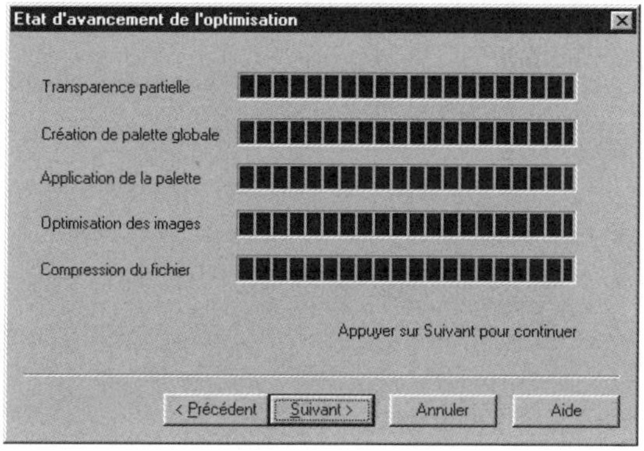

Fig. 6.22 :
Le statut de l'optimisation en cours

5 Cliquez une nouvelle fois sur le bouton **Suivant**. L'Assistant d'optimisation vous présente le résultat de ses calculs :

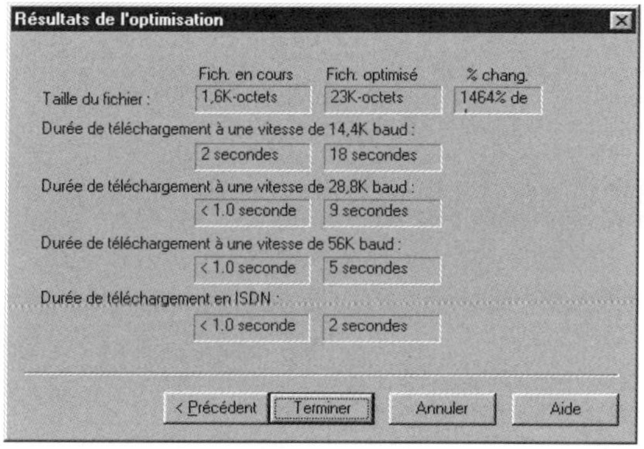

Fig. 6.23 :
Résultat de l'optimisation

Dans l'exemple, le smiley avec un effet subaquatique est passé de 42 Ko à 21 Ko.

6.6. Transition automatique entre deux images

L'Assistant d'animation ne permet pas seulement de doter des images isolées d'effets mais également de définir des transitions automatiques entre plusieurs images sélectionnées par vos soins.

Pour décrire cette opération pas à pas, nous utilisons en guise d'images un smiley souriant et un smiley triste.

Atelier — Le smiley gai devient triste...

1 Ouvrez l'Assistant d'animation puis réalisez les quatre étapes de la procédure qui consiste à animer une image GIF normale (exposée précédemment dans ce chapitre). Reprenez les paramètres standard puis cliquez à chaque étape sur le bouton **Suivant**.

Les options activées sont les suivantes :

- étape 1 : *Même taille que la première image* ;

- étape 2 : *Couleur de support transparente* ;
- étape 3 : *Angle supérieur gauche du cadre* et *Avec la couleur du support* ;
- étape 4 : *Oui, répétez indéfiniment l'animation.*

2 Dès que la boîte de dialogue permettant d'ajouter les fichiers s'affiche, sélectionnez cette fois deux noms de fichier.

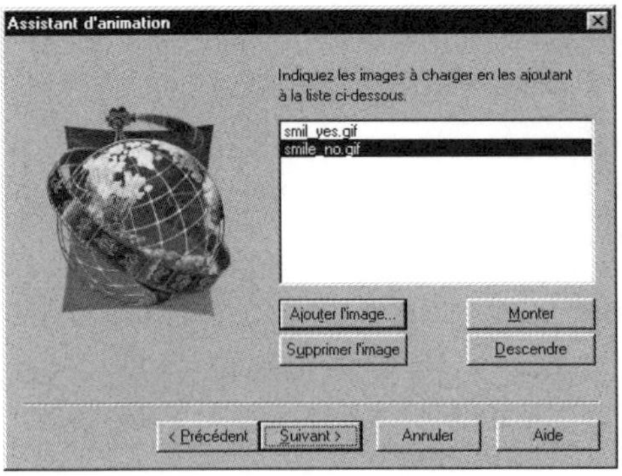

Fig. 6.24 :
Deux smileys sont ici nécessaires

3 Les images de l'animation sont réunies dans la fenêtre **Images**.

Fig. 6.25 :
Il vous reste à créer l'effet de transition

Le mode d'affichage de l'animation fonctionne déjà et affiche les deux images isolées avec un délai de 10 centièmes de secondes, mais sans aucun effet de transition.

4 Sélectionnez alors la commande **Effets/Insérer une transition entre images**. Choisissez dans la liste déroulante l'entrée *Torsion*.

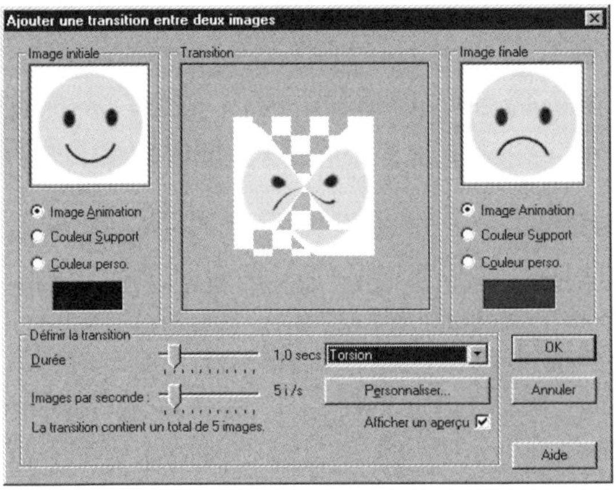

Fig. 6.26 :
Un effet de transition entre les deux smileys

Astuce

Réduire la taille du fichier

Lors de la configuration de la transition entre les images, vous pouvez réduire la taille du fichier en modifiant le nombre d'images par seconde et la durée de transition dans la partie inférieure.

Cliquez sur OK pour visualiser l'animation dans la fenêtre d'affichage **Images.** Pour avoir un aperçu de la nouvelle animation, activez la fenêtre d'animation. Les deux images du smiley s'enchaînent avec un effet de torsion.

5 Enregistrez l'image avec une qualité d'image optimale.

Les étapes suivantes vont nous permettre d'étendre les propriétés de l'animation. L'objectif est d'afficher de nouveau, à la fin de l'animation, le smiley souriant.

Ouvrez à cet effet l'animation que vous venez de construire.

Atelier

Afficher de nouveau le smiley souriant

1 Sélectionnez la commande **Animation/Insérer des images/À partir d'un fichier**.

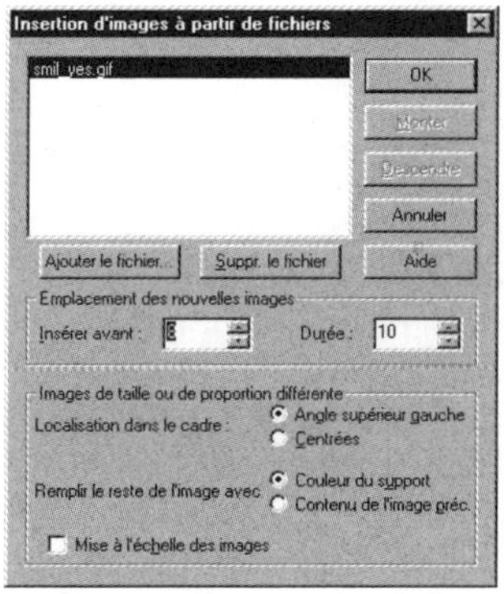

Fig. 6.27 :
Ajoutez le smiley souriant à l'animation

2 Cliquez sur le bouton **Ajouter le fichier** puis sélectionnez le smiley souriant. Saisissez un chiffre dans le champ *Insérer avant* de la rubrique *Emplacement des nouvelles images*. Ce chiffre correspond au résultat de l'opération suivante : nombre d'images + 1. Dans notre exemple, sept images sont présentes ; il faut donc opter pour la valeur 8.

Fermez la fenêtre en cliquant sur OK. Dans la fenêtre d'affichage **Images**, le nouveau smiley est placé à la fin de l'enchaînement, soit à la position 8.

3 Sélectionnez l'avant-dernière image, le smiley triste.

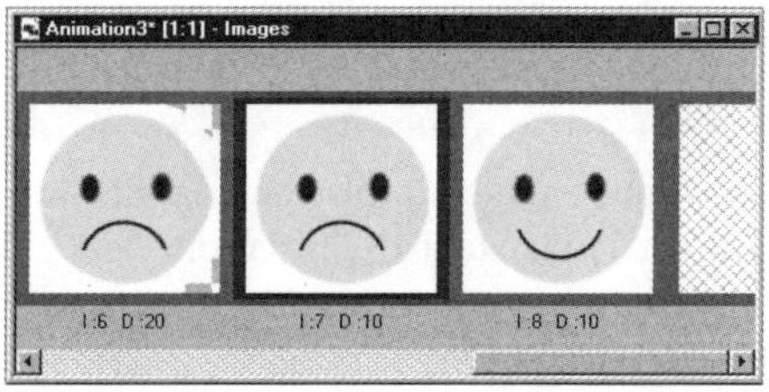

Fig. 6.28 :
Choisissez l'avant-dernière image

4 Choisissez ensuite la commande **Effets/Insérer une transition entre images**.

Si l'option *Torsion* est sélectionnée dans la liste déroulante, cliquez sur le bouton **Personnaliser** puis activez le bouton d'option *Vertical* sous la rubrique *Direction de la torsion*.

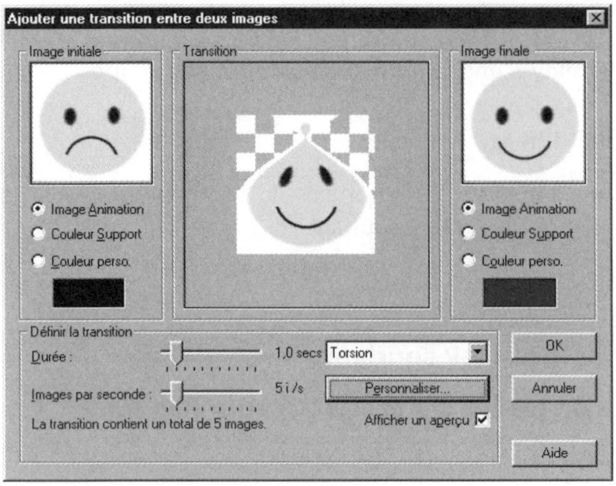

Fig. 6.29 :
Cliquez sur le bouton Personnaliser

5 Cliquez sur OK pour fermer cette boîte de dialogue et visualiser le résultat de cette modification. Le nouvel effet vient en complément de celui déjà en place.

Activez la fenêtre d'affichage **Animation** pour voir l'animation complète. Le smiley gai devient triste par un effet de transition horizontal puis retrouve son état initial grâce à une torsion verticale.

Si vous souhaitez observer toutes les images composant cette animation, sélectionnez la commande **Fichier/Aperçu avant impression/Animation**.

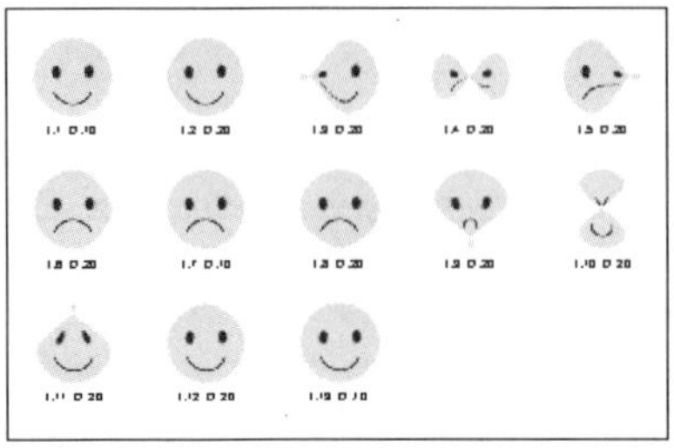

Fig. 6.30 :
Vue d'ensemble de toutes les images

6.7. Des calques à l'animation

Pour créer les animations présentées dans les exemples précédents, vous avez jusqu'ici utilisé des images déjà disponibles.

Les étapes suivantes vont vous guider dans l'élaboration d'une image simple dans Paint Shop Pro et vous aider à la transformer en une animation à l'aide de l'Assistant d'animation.

Collaboration entre Paint Shop Pro et Animation Shop

Si vous avez suivi les explications relatives à la technique des calques de Paint Shop Pro dans les chapitres précédents, la préparation d'une nouvelle animation ne devrait pas vous poser de problème.

Dans notre exemple, une balle apparaît dans le coin supérieur gauche de l'image, rebondit une fois et disparaît à droite.

La construction de cette animation s'effectue en deux étapes :

- Vous devez dans un premier temps définir les images isolées dans Paint Shop Pro.
- L'Assistant d'animation se chargera ensuite de transformer les images en une animation.

Créer des images isolées dans Paint Shop Pro

Astuce

La technique des calques de Paint Shop Pro

Ce chapitre va faire appel à la technique des calques de Paint Shop Pro. Si vous ne savez pas à quoi cela correspond, nous vous recommandons de consulter le chapitre correspondant.

Pour créer l'exemple de cette section, lancez Paint Shop Pro puis définissez une nouvelle image en vous basant sur les paramètres suivants :

- *Largeur* : 300 pixels et *Hauteur* : 150 pixels ;
- *Résolution* : 72 pixels/pouce ;
- Pour le couleur d'arrière-plan, le choix est libre mais optez dans la liste déroulante *Type d'image* pour l'entrée *16.7 M. de couleurs (24 bits).*

Enregistrez cette image sous le nom `balle.psp`.

Atelier

Créer les images isolées dans Paint Shop Pro

1. Définissez un nouveau calque auquel vous attribuez le nom de `Balle01`.
2. Sélectionnez l'outil *Pinceaux* dans la Palette *Outils* puis saisissez les valeurs d'option suivantes dans la boîte de dialogue correspondante :
    - *Forme* : *Rond*
    - *Taille* : 33
    - *Netteté* : 100
    - *Opacité* : 100
    - *Pas* : 25
    - *Densité* : 100

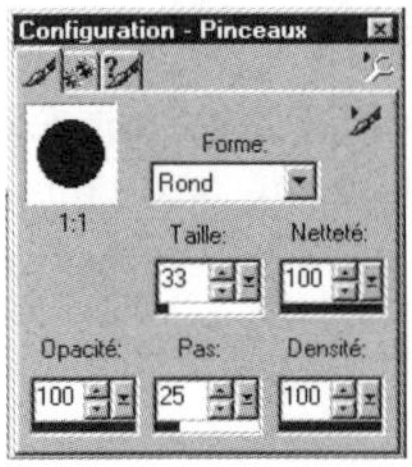

Fig. 6.31 :
Définissez les propriétés du pinceau

3 Choisissez dans la palette *Couleurs* une couleur de premier plan assez soutenue pour la balle. Nous avons tout simplement opté pour la couleur noire.

4 Assurez-vous que le calque que vous venez de créer, *Balle 01*, est bien activé puis cliquez une fois avec le pinceau dans le coin supérieur gauche de l'image.

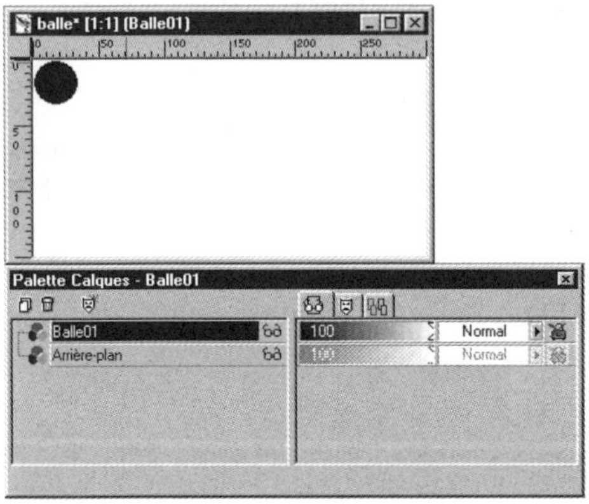

Fig. 6.32 :
Tracez la première balle sur le calque Balle01

5 Sélectionnez la commande **Calques/Dupliquer**. Paint Shop Pro copie à présent le calque *Balle01* sous forme d'un nouveau calque intitulé *Copie de Balle01* et le place sur l'image. Nommez cette copie `Balle02`.

6 Vérifiez que le calque *Balle02* est bien activé. Sélectionnez l'outil *Déplacement*, cliquez sur la balle noire puis faites-la glisser un peu vers le bas, tout en maintenant le bouton gauche de la souris enfoncé.

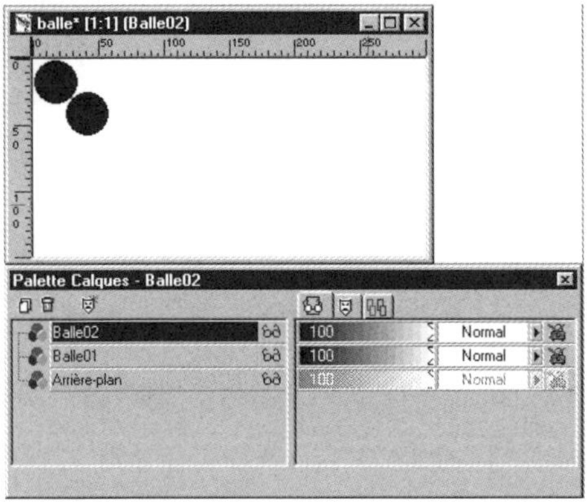

Fig. 6.33 :
La deuxième balle est visible

7 Dupliquez cette fois le calque *Balle02* et nommez la copie `Balle03`. Déplacez le point légèrement vers le bas.

Répétez ces étapes jusqu'à obtenir la figure suivante. Le nombre de calques n'a pas d'importance :

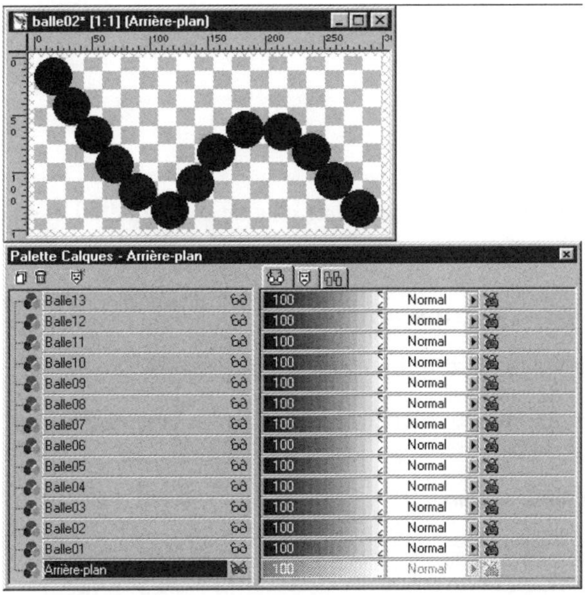

Fig. 6.34 :
La trajectoire de la balle

8 La dernière étape de cette préparation consiste à masquer le calque de l'arrière-plan de l'image.

Les calques désactivés ne sont pas pris en compte par l'Assistant d'animation lors de la transformation des images en animation.

Vous devez disposer à présent de toutes les images de votre future animation. L'Assistant d'animation va vous venir en aide pour mettre en mouvement ces images.

Animer les images dans Animation Shop

Vous avez déjà appris à utiliser l'Assistant d'animation au cours de ce chapitre. Cette fois, il va vous aider à transformer des images fixes en une animation.

Mais avant de poursuivre, vous devez impérativement modifier un paramètre essentiel :

- Lancez Animation Shop.
- Sélectionnez dans le menu **Fichier** la commande **Préférences/Préférences générales du programme**.
- Activez l'onglet **Calques** et vérifiez que l'option *Conserver les calques sous forme d'images séparées* est activée.

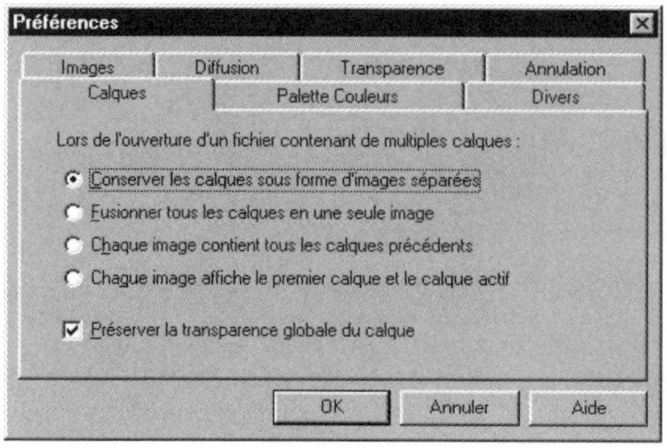

Fig. 6.35 : *Cette option est importante*

Cette option permet d'indiquer à l'Assistant qu'il doit considérer chaque calque défini dans Paint Shop Pro comme une image séparée de l'animation.

Atelier — Transformer les calques en une animation

1. Sélectionnez la commande **Fichier/Assistant d'animation**.
2. Reprenez les paramètres standard puis cliquez à chaque étape sur le bouton **Suivant**. Les options activées sont les suivantes :
   - étape 1 : *Même taille que la première image* ;
   - étape 2 : *Couleur de support transparente* ;
   - étape 3 : *Angle supérieur gauche du cadre* et *Avec la couleur du support* ;
   - étape 4 : *Oui, répétez indéfiniment l'animation.*
3. Dans la boîte de dialogue suivante, cliquez sur le bouton **Ajouter l'image** puis sélectionnez le fichier correspondant.

   Validez cette boîte de dialogue par un clic sur le bouton **Suivant**.

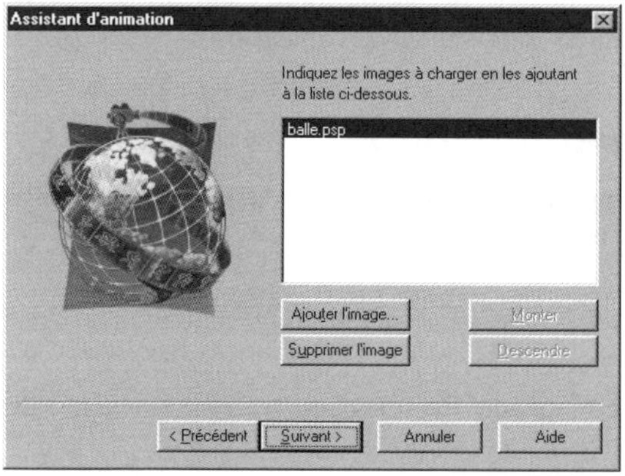

Fig. 6.36 : *Ajoutez le fichier balle.psp*

4. L'Assistant d'animation a réuni toutes les informations nécessaires. Cliquez dans la boîte de dialogue suivante sur le bouton **Terminer**. Cette image s'affiche à l'écran :

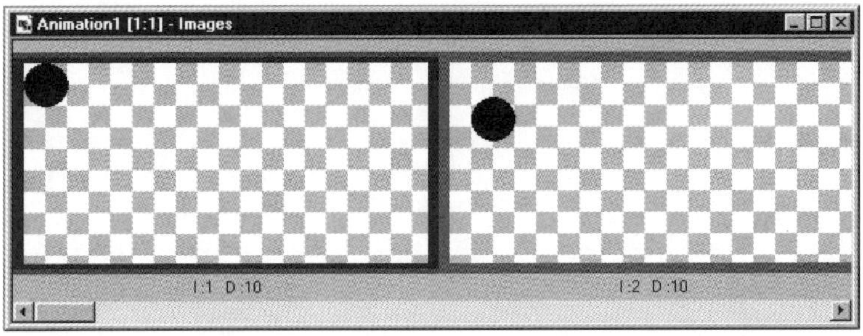

Fig. 6.37 : *Les calques constituent les images de l'animation*

Comme vous pouvez le constater, l'Assistant d'animation a transformé les calques définis dans Paint Shop Pro en une série d'images.

Pour visualiser le résultat de votre animation, sélectionnez la commande **Affichage/Animation**.

Une balle de couleur noire apparaît dans le coin supérieur gauche de l'image, rebondit une fois et disparaît sur le côté droit.

6.8. Faisons le point

- Les GIF animées regroupent une série d'images dans un seul fichier GIF. Les images sont affichées les unes après les autres par le navigateur.
- Animation Shop fait partie de la suite des logiciels livrés avec Paint Shop Pro. Ce programme permet de créer et d'éditer des GIF animées.
- Avec Animation Shop, vous pouvez :
  - créer des bannières animées ;
  - animer des images GIF normales ;
  - optimiser des GIF animées (réduire la taille du fichier) ;
  - définir une transition automatique entre deux images GIF ;
  - transformer automatiquement les calques de Paint Shop en une animation.

Chapitre 7

Système de navigation de votre page d'accueil

Pour ce chapitre, vous avez uniquement besoin d'un navigateur.

7.1. Guider le visiteur dans la découverte de votre site

Le système de navigation aide le lecteur de votre page web à s'orienter sur votre site. Un bon système de navigation doit être intuitif et permettre au surfeur d'accéder directement et rapidement à son objectif. Toutes les pages répertoriées sur le Web ne répondent pas toujours à cette exigence.

S'orienter dans les bâtiments publics

Vous est-il déjà arrivé de chercher un bureau précis dans un bâtiment public ?

Votre recherche aboutit parfois plus rapidement que d'autres en fonction des éléments mis à votre disposition. Dans de longs couloirs sans indication, il est bien difficile de s'y retrouver, surtout quand les bureaux ont été apparemment numérotés au hasard. La tâche n'est dans ce cas pas simple. Difficile de deviner que le bureau 402 se trouve au deuxième étage si aucune information n'est donnée à l'entrée.

Un bon système de navigation doit conduire le visiteur rapidement à son but. Dans un bâtiment public, il doit vous guider vers le service recherché, et sur une page d'accueil, vers l'information demandée.

Guider efficacement les visiteurs

L'exemple du bâtiment public peut tout à fait être reproduit sur une page web. Dans les deux cas, il faut prendre en compte les besoins des visiteurs et répondre le plus efficacement possible à leur attente. Même à la première visite du site, le lecteur doit sans peine trouver son chemin.

Dans un petit bâtiment comprenant trois à quatre bureaux, un portier ou encore un plan détaillé du bâtiment ne sont pas indispensables. Un simple panneau sur les portes des bureaux suffit amplement.

Plus le bâtiment est grand, plus il faut réfléchir à la manière la plus efficace de guider le visiteur.

Un système de navigation ne doit pas seulement répondre à des critères esthétiques ; il doit avant tout être fonctionnel. Les panneaux peuvent être décorés mais, si l'information n'est pas ciblée, ils ne servent pas à grand chose.

Le système de navigation doit avant tout prendre en compte les actions et mouvements des visiteurs, dans un bâtiment comme sur une page d'accueil. Lors de l'élaboration de votre système de navigation, déterminez les chemins que doivent emprunter les visiteurs jusqu'à l'information. Pensez que le lecteur n'aura pas d'autre choix que de suivre les possibilités mises à sa disposition.

Une barre de navigation efficace et originale

C'est bien sûr la solution idéale : des panneaux originaux dans leur conception et permettant aux lecteurs d'atteindre rapidement leur but.

Dans ce chapitre, vous allez étudier :

- les différents types d'éléments de navigation, leurs points forts et leurs points faibles ;
- les sept propriétés d'un bon système de navigation.

7.2. Vue d'ensemble sur les éléments de navigation

Les pages suivantes vous présentent une vue d'ensemble sur les avantages et les inconvénients des éléments de navigation les plus connus. Nous avons choisi de les séparer en quatre groupes distincts :

- les boutons et les barres de navigation ;
- les menus déroulants et les arborescences de type Explorateur Windows ;
- la fonction de recherche, la carte du site, le sommaire et l'index ;
- les éléments de navigation inhabituels.

Simples boutons

Les éléments de navigation les plus connus sont certainement les boutons. Un bouton placé sur une page web fonctionne selon le même principe qu'une touche d'un clavier ou un bouton normal.

Fig. 7.1 : *Petite sélection de boutons*

Pour qu'un bouton puisse fonctionner, il doit remplir deux conditions :

- Le surfeur doit reconnaître qu'il s'agit d'un bouton.
- Le texte ou le symbole sur le bouton doivent explicitement indiquer au surfeur le chemin qu'il va suivre. À cet effet, il est préférable d'employer des termes bien visibles ou de placer sur les boutons des symboles facilement identifiables.

Un trop grand nombre de boutons sur une page web ne peut être considéré comme une solution idéale. Il est préférable de se limiter à quelques boutons essentiels.

Dès lors que de nouvelles pages sont ajoutées à votre site web, il est judicieux de regrouper les informations de navigation en ayant par exemple recours à des barres de navigation.

Points forts

- Faciles à utiliser.
- Solution d'usage courant.

Point faible

- Présentent des limites pour un trop grand nombre de pages.

Barres de navigation simples

Astuce

Élaborer des barres de navigation

Pour en savoir plus sur la création de barres de navigation avec Feedback et effets Rollover, reportez-vous aux chapitres suivants.

Les barres de navigation aident le surfeur à conserver une vue d'ensemble sur le site puisque les différents boutons sont regroupés sur une même barre.

Il existe plusieurs variantes :

- horizontale ou verticale ;
- avec texte ou image.

Comme les boutons, les barres de navigation sont appréciées par les concepteurs de pages web. Il est essentiel de trouver des termes pertinents pour désigner les liens de la barre.

Les barres de navigation modernes contiennent souvent des boutons enfoncés ou des effets Rollover pour indiquer à l'utilisateur sur quelle page il se trouve (voir le chapitre *Une barre de navigation originale*). En voici trois exemples :

Barre de navigation avec du texte

Fig. 7.2 : *http://www.fnac.fr/*

Le site de la FNAC utilise une barre de navigation verticale composée uniquement de liens sous forme textuelle. Les liens sont placés les uns sous les autres comme dans la colonne d'un tableau. Il suffit au surfeur de cliquer sur le lien de son choix pour accéder à la page HTML cherchée.

Barre de navigation avec Feedback

Certains sites indiquent au lecteur où il se trouve, par une barre horizontale sous la barre de navigation. Cette barre progresse en fonction de l'élément sur lequel le lecteur a cliqué.

Barre de navigation avec double Feedback

Fig. 7.3 :
www.metadesign.com

Sur le site de MetaDesign, le Feedback est encore plus visible pour le surfeur puisque deux indications font référence à la page sur laquelle il se trouve :

- le symbole activé est mis en valeur ;
- le titre de la page s'affiche clairement à gauche de la barre.

Points forts

- Utilisation intuitive.
- Très flexibles grâce à leur positionnement dans un tableau.
- Bonne orientation offerte au lecteur.
- Permettent des effets Rollover.

Points faibles

- Place exigée relativement élevée sur la page.
- Souvent ennuyeuses dans le cas de légendes simples.
- Temps de chargement assez élevés dans le cas d'images.

Deux barres de navigation

Pour des sites web un peu plus complexes, il convient d'employer deux barres de navigation :

- La première, la barre de navigation primaire, reste la même sur toutes les pages et permet de sélectionner les thèmes principaux.
- La seconde, la barre de navigation secondaire, est modifiée en fonction du thème principal sélectionné sur la barre de navigation primaire.

Cette méthode est connue sous le nom de "navigation croisée". Dans le premier exemple, la rubrique *Navigateurs* a été sélectionnée dans la barre de navigation primaire. L'autre barre de navigation horizontale met à la disposition du lecteur les choix de cette rubrique.

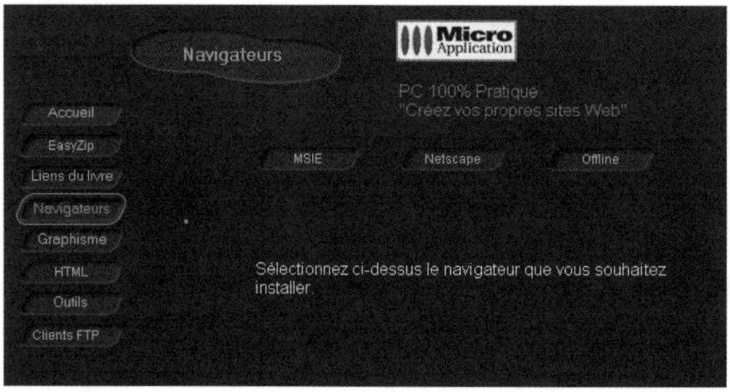

Fig. 7.4 :
Utilisation pratique de la navigation croisée

Si un autre thème est activé par l'intermédiaire de la barre de navigation principale, le titre de la page est modifié dans la partie supérieure et une autre barre de navigation horizontale apparaît.

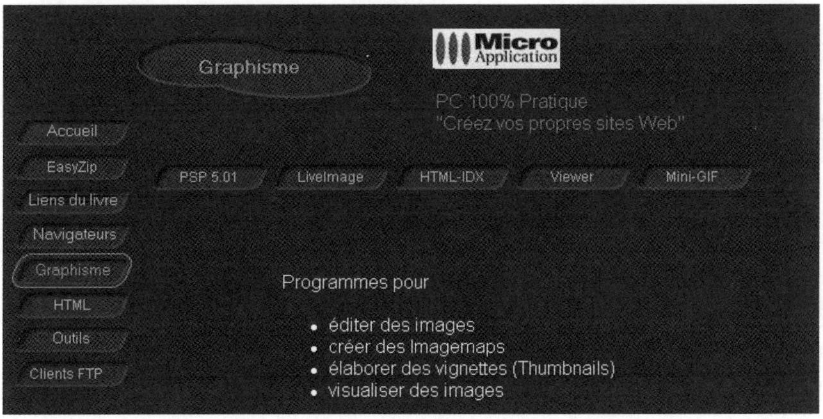

Fig. 7.5 : *La barre de navigation horizontale est modifiée*

Point fort

- Solution relativement simple à élaborer.

Point faible

- Solution qui peut perdre de son efficacité dans le cas d'images mal choisies.

Menus déroulants

Astuce

Créer des menus déroulants

Pour connaître la méthode de création de menus déroulants, reportez-vous au chapitre *menus déroulants*.

Les menus déroulants sont des éléments connus de tous les utilisateurs de programmes et de boîtes de dialogue Windows. Deux variantes sont proposées :

- classique : une liste déroulante ;
- élégante : une barre de menus avec des menus déroulants.

Voici un exemple de menu déroulant classique : une liste de pages regroupées dans la liste déroulante.

Fig. 7.6 :
Liste déroulante classique

La variante suivante prend tout aussi peu de place sur la page et se présente en outre de manière élégante. Cette solution ne fonctionne néanmoins actuellement qu'avec Internet Explorer à partir de la version 4.

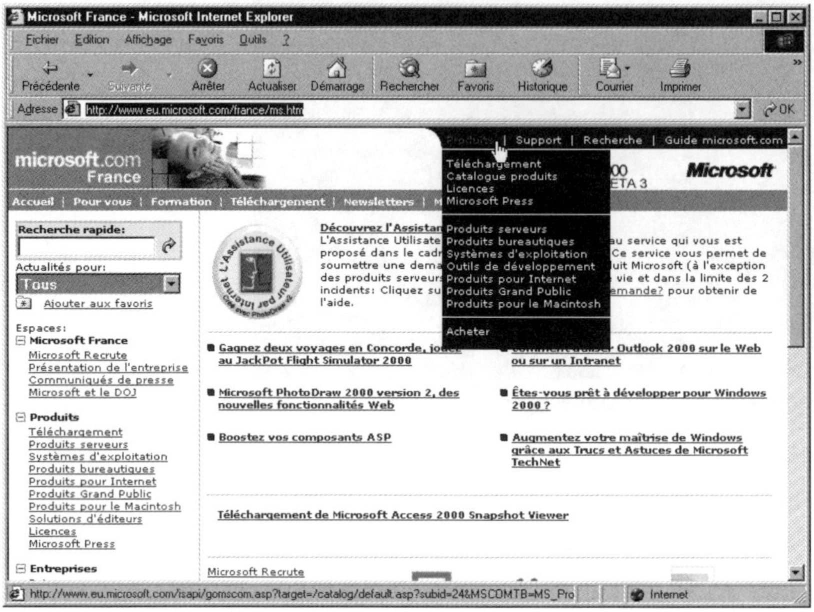

Fig. 7.7 : *Un menu déroulant bien présenté*

Dans Netscape Navigator, ce type de navigation n'est pas encore reconnu et le surfeur ne remarque pas que le lien cache une liste déroulante :

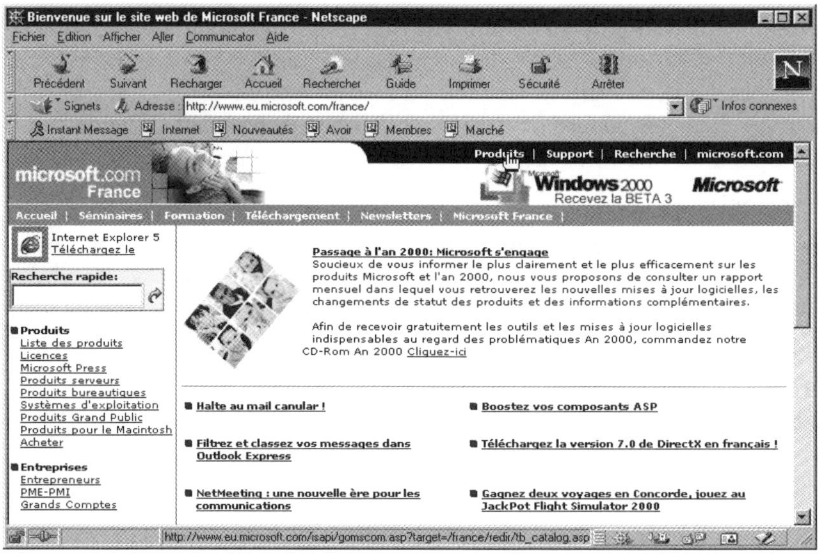

Fig. 7.8 : *La liste n'est pas présentée dans Netscape Navigator*

Si vous souhaitez utiliser cette élégante variante malgré les problèmes de compatibilité, vous pouvez avoir recours à un programme appelé HTML Menu Designer qui vous permet de créer des menus de type Microsoft.

Point fort

- Occupent une place réduite sur la page.

Points faibles

- Les menus déroulants sous forme de listes peuvent entraver la vue d'ensemble.
- Cette solution ne fonctionne que dans Internet Explorer.

Structures hiérarchiques déroulantes

Astuce

Créer une arborescence Java

Pour en savoir plus sur le sujet, reportez-vous au chapitre *L'Explorateur Windows* dans lequel vous trouverez des explications sur la construction de ce type d'éléments de navigation à l'aide de l'applet Java DipuTree.

La plupart des utilisateurs de Windows et de l'Explorateur en particulier connaissent les arborescences de dossiers. Leur réalisation suppose soit l'emploi de JavaScript dans le texte source de la page web, soit le recours à un applet Java.

Les deux variantes exigent du travail de programmation et les problèmes de compatibilité ne sont pas exclus.

Fig. 7.9 :
Exemple d'arborescence sur le site de France2

JS-Menu se caractérise par la même fonctionnalité mais est un peu plus compliqué à configurer (beaucoup de travail sur le texte source). Il permet de réaliser une structure semblable à l'Explorateur Windows :

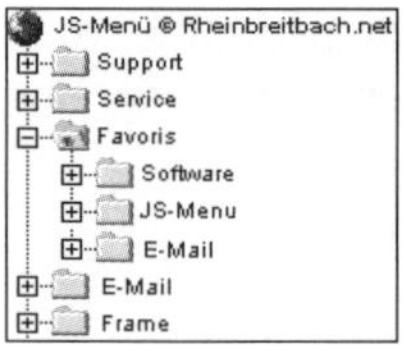

Fig. 7.10 :
L'Explorateur sert de base

L'un des inconvénients des arborescences basées sur Java ou JavaScript est le temps d'attente jusqu'à la construction de l'élément.

Points forts

- Connues de tous les utilisateurs de Windows.
- Permettent d'englober tous les thèmes du site.

Points faibles

- Assez difficiles à réaliser d'un point de vue technique.
- Demandent de la place sur la page.
- Temps de chargement longs, à déconseiller sur les pages d'accueil.

Fonction de recherche

Astuce

FreeFind.com : la fonction de recherche

Pour en savoir plus sur l'intégration d'une fonction de recherche gratuite sur votre site web, consultez les informations du chapitre *Effectuer une recherche sur votre site.*

Une fonction de recherche est en effet un moyen efficace de guider rapidement le lecteur jusqu'à son objectif. Il peut donc être judicieux d'opter pour cette solution.

Vous avez deux possibilités d'intégrer un moteur de recherche sur votre page d'accueil. Il est même inutile de se lancer dans la programmation.

Fig. 7.11 :
Ce site propose une fonction de recherche

Points forts

- Exige peu de place sur la page web.
- Aide très efficace.

Points faibles

- Difficile à intégrer d'un point de vue graphique.
- Syntaxes des questions non homogènes.
- La qualité du résultat de la recherche dépend de l'index.

Carte du site

Site Map signifie mot à mot "carte du site". Il s'agit en quelque sorte de la vue d'ensemble des thèmes abordés sur le site.

Une carte du site est une représentation graphique du site complet. Le lecteur peut ainsi facilement choisir le thème qu'il désire consulter sur le site. Voici un exemple de carte de site :

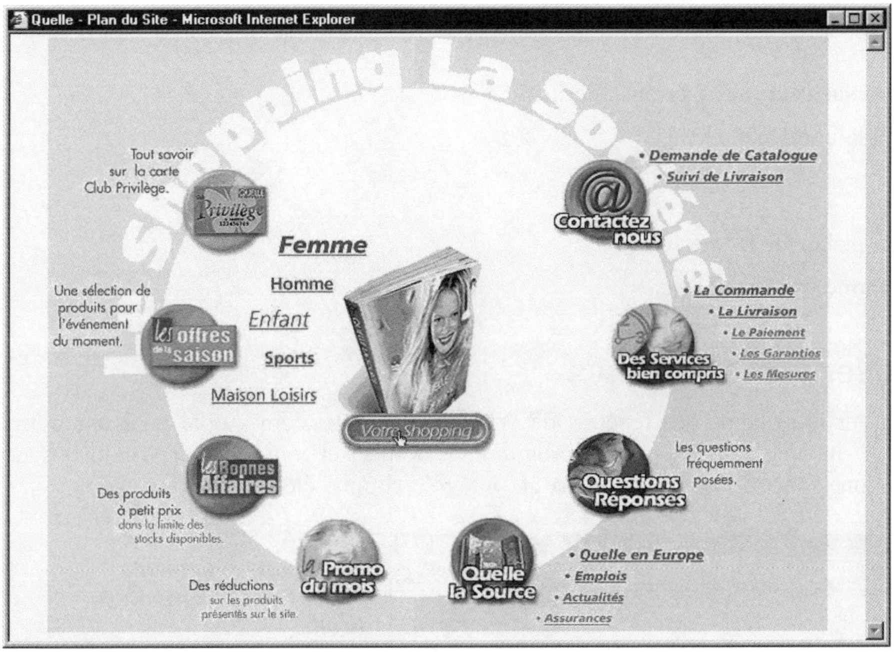

Fig. 7.12 : *La carte du site regroupe tous les sujets*

Points forts

- Présentation complète de la structure du site.
- Connexion directe vers les pages concernées.

Points faibles

- Exige de la place sur le site.
- Doit être présentée sur une page à part.
- Composition assez fastidieuse.

Table des matières et index

Ce principe s'inspire de la table des matières et de l'index des livres.

Pour des sites présentant un grand nombre de pages, ces deux outils sont justifiés dans le sens où ils permettent aux lecteurs d'accéder rapidement et sans détour à l'information qu'ils recherchent. Grâce aux lettres placées en haut de la page, le visiteur clique sur le lien de son choix et affine sa recherche.

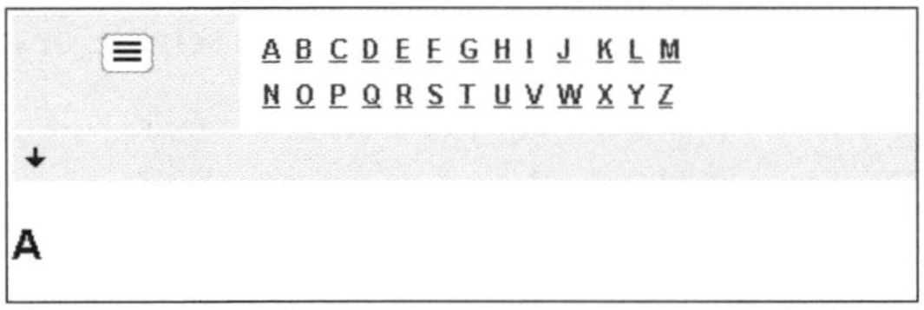

Fig. 7.13 : *Les index sont souvent précédés d'une liste alphabétique*

Points forts

- Principe copié sur celui des ouvrages écrits.
- Vue d'ensemble complète.

Points faibles

- Exigent de la place sur le site.
- La mise en forme est fastidieuse.

Utiliser une fenêtre Windows

Tout en se basant sur le principe des fenêtres de Windows, Winfiles.com a opté pour une autre présentation. Sur ce site web, tous les pilotes, programmes, astuces et conseils pour Windows sont accessibles depuis une fenêtre Windows. Elle a été intégrée comme élément de navigation.

Fig. 7.14 : *Une façon originale de présenter les éléments du site*

Cette navigation réjouira toutes les personnes habituées à utiliser Windows. En outre, les icônes déjà explicites sont accompagnées de légendes claires et précises.

Un autre exemple de système de navigation original est proposé par le site DryMartini.com :

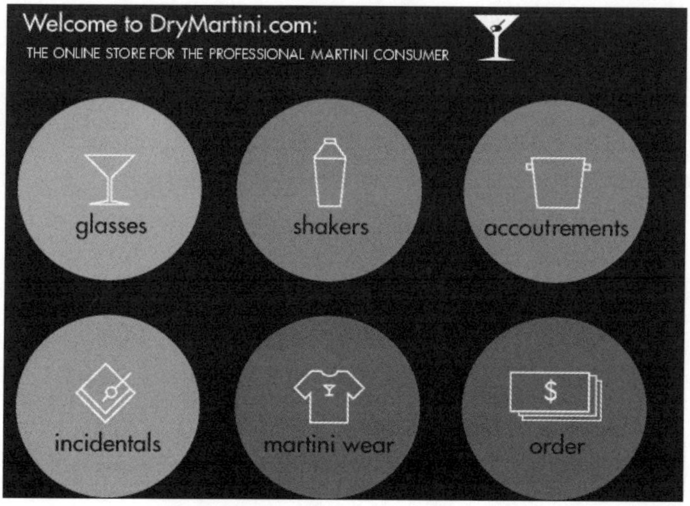

Fig. 7.15 :
http://drymartini.com

Les symboles de la page d'accueil sont repris sur les pages suivantes comme points de repères et placés dans la partie supérieure de la fenêtre :

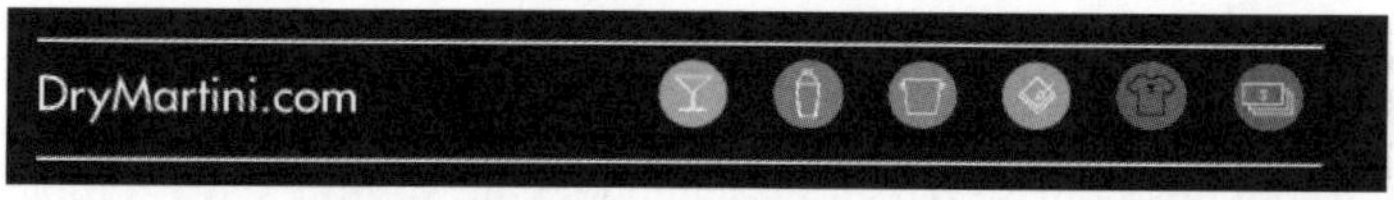

Fig. 7.16 :
Les symboles sont repris sur les pages

7.3. Elaborer un système de navigation efficace

Avant de vous lancer dans la construction d'un système de navigation personnalisé, lisez les sept conseils exposés ci-dessous.

Règles d'un bon système de navigation

Il s'agit évidemment du premier principe à respecter, mais de nombreux exemples nous montrent que les concepteurs de sites web n'en tiennent pas toujours compte. Il convient donc de mettre les choses au point :

► Le système de navigation doit pouvoir être pris en main rapidement.

Il doit être intuitif, ce qui signifie que le lecteur ne doit pas perdre de temps à comprendre comment utiliser cet élément pour se diriger sur vos pages.

► Le système de navigation doit répondre à une certaine logique.

Cela signifie tout simplement que les éléments de navigation doivent être placés à la même position sur chacune des pages du site. Les informations importantes, comme les barres de navigation, doivent si possible se situer en haut ou à gauche. Si tel est le cas, le surfeur s'attend à trouver ces mêmes éléments à la même place sur les pages suivantes.

Certains concepteurs de sites web n'hésitent pas à consacrer du temps à la création d'une barre de navigation différente pour chaque page. Les boutons présents sur la page d'accueil ne sont pas repris sur les autres pages. Faire preuve d'originalité n'est pas toujours la solution idéale.

Voici un exemple précis :

- Vous cliquez sur le bouton **Contact** et la page Contact s'affiche.
- Le bouton **Contact** a été retiré de la barre de navigation puisque sa présence n'est pas justifiée sur la page de contact.
- Tous les autres boutons ont été décalés pour combler ce vide. Le bouton **Contact** a par exemple été remplacé par le bouton **Téléchargement**.

Chaque page est dotée d'une barre de navigation différente, ce qui peut dérouter le lecteur.

Sur la version shareware de Winzip, le célèbre programme de compression, les boutons **Quit** et **I Agree** sont intervertis à chaque démarrage du programme pour dérouter l'utilisateur et lui rappeler qu'il s'agit d'une version shareware.

Dans le cas de Winzip, il suffit d'enregistrer sa version du programme ; dans le cas du système de navigation, il convient de respecter une certaine logique.

Attribuer des légendes aux icônes

Peu de symboles sont suffisamment explicites pour se passer de légende. Que signifie par exemple un point d'interrogation ? Permet-il d'accéder à un fichier d'aide ? À une fonction de recherche ? Ou s'agit-il d'une page regroupant des questions ? Un point d'interrogation décoré de la légende "Aide" est tout de même plus efficace.

Que signifient dans l'exemple suivant les signes **+** et **-** dans la partie gauche de la fenêtre ?

Fig. 7.17 : *http://atlasmagazine.com/illust/rose/*

Dans de nombreux programmes informatiques, ces symboles permettent d'agrandir ou de réduire la zone d'affichage courante. Ce n'est pas le cas ici :

- Un clic sur le signe **+** affiche la page suivante.
- Un clic sur le signe **-** affiche la page précédente.

Certes, il n'a pas été très difficile de découvrir l'utilité de ces boutons mais leur signification n'était pas d'une grande évidence.

Utiliser des légendes explicites

Les légendes des liens des éléments de navigation jouent un rôle essentiel dans l'efficacité de votre système.

Des exemples de labels (c'est le nom attribué parfois à ces légendes) explicites sont "Accueil", "Produits" ou "Contact". Les liens ou les boutons sur lesquels figure la légende "Qui sommes-nous ?" le sont tout autant.

Choisir les légendes des éléments de navigation n'est pas si simple que l'on pourrait le croire. La tâche consiste à trouver un terme résumant au mieux le sujet de la page en question.

Indiquer au visiteur où il se trouve

Vous attendez, comme tout le monde, des réactions des choses et des gens : vous appuyez sur un interrupteur et la lampe s'allume, vous saluez votre voisin et il vous répond, vous cliquez sur un bouton et vous accédez à la page suivante.

Le lecteur des pages de votre site appréciera sans nul doute de savoir sur quelle page il se trouve. Plusieurs solutions s'offrent à vous, concepteur du site :

- Ajoutez le thème de votre page à un endroit bien visible sur la page.
- Mettez en valeur le bouton activé sur la barre de navigation.
- Sur les barres comprenant du texte, supprimez le lien hypertexte mais conservez la légende.
- Les effets Rollover permettent d'afficher des informations supplémentaires.

La barre de navigation ne propose pas toujours de référence à la rubrique que le visiteur consulte.

Respecter les conventions générales

Imaginez que vous vous trouvez dans une ville étrangère, que vous attendez à un carrefour que le feu passe au vert et il passe... au bleu. De quoi dérouter, non ?

La page d'accueil suivante présente des éléments de navigation une fois à gauche et une fois à droite. Une autre petite barre est en outre placée dans la partie supérieure de la page. Les éléments de navigation placés à des endroits inhabituels sont parfois perturbants pour les lecteurs habitués à plus de rigueur.

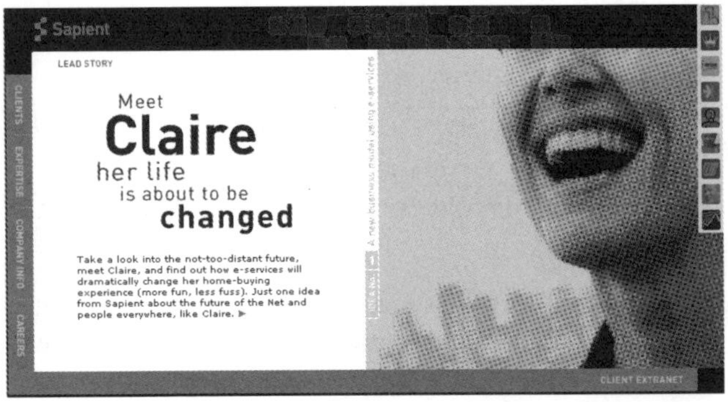

Fig. 7.18 :
www.sapient.com

Proposer des alternatives au visiteur

Lors de l'élaboration de votre système de navigation, pensez à proposer des alternatives à vos visiteurs :

- une barre de navigation graphique ainsi qu'une petite barre de texte dans la partie inférieure de la page ;
- ou bien une carte du site et une fonction de recherche en plus de la barre de navigation.

Les solutions proposées aux visiteurs doivent correspondre à l'ambition du contenu. Vous devez avant tout veiller à ce que les lecteurs trouvent rapidement ce qu'ils cherchent.

Il faut donc essayer de trouver la solution idéale en tenant compte des objectifs de votre site et ne pas tomber dans le piège consistant à compliquer l'ensemble.

Adapter la navigation au site

Les concepteurs de sites web doivent toujours tenir compte du public qu'ils visent. Ce principe est également valable pour le système de navigation. Il doit en effet être adapté à l'ensemble du site et à l'esprit du contenu.

Un site web destiné à transmettre des informations, comme Yahoo!, doit être doté d'un système de navigation différent de celui d'un site essentiellement consacré à la présentation des possibilités de Flash et de Shockwave :

Fig. 7.19 :
http://www.petergrafik.dk/dubonet2.htm

7.4. Faisons le point

Cette section résume les sujets traités dans les pages de ce chapitre :

- Le système de navigation doit permettre aux lecteurs d'accéder rapidement aux informations recherchées.
- Les éléments de navigation courants sont :
  - les boutons simples ;
  - les barres de navigation simples ;
  - les barres de navigation avec Feedback et effets Rollover ;
  - les menus déroulants ;
  - les arborescences de dossiers, comme l'Explorateur Windows ;
  - la fonction de recherche, les cartes du site ;
  - la table des matières et l'index.
- Les sept recommandations pour créer un système de navigation efficace sont :
  - Un bon système de navigation doit être consistant et simple à utiliser.
  - N'oubliez pas de doter les icônes de texte.
  - Utilisez des légendes explicites.
  - Indiquez au surfeur l'endroit où il se trouve.
  - Respectez les conventions générales.
  - Proposez des alternatives au lecteur.
  - Le système de navigation doit être adapté au site web en question.

Chapitre 8

Barres de navigation : Feedback et Rollover

Pour suivre les explications de ce chapitre, vous allez avoir besoin des programmes suivants :

- Paint Shop Pro ;
- FrontPage Express ou un autre éditeur HTML ;
- JavaScript Buttons II de Lone Wolf.

8.1. Vue d'ensemble et aperçu

Dans ce chapitre, nous allons nous attarder sur la création de deux barres de navigation :

1. une barre de navigation qui indique au lecteur où il se trouve grâce au changement de couleurs des différents boutons ;
2. une barre de navigation avec effets Rollover.

Les deux barres de navigation sont destinées à faciliter la consultation des cinq pages web suivantes :

Tab. 8.1 : Fichiers .htm du projet avec des barres de navigation

Page HTML	Nom du fichier
Page d'accueil	*Index.htm*
Personnel	*Perso.htm*
Loisirs	*Loisirs.htm*
Liens	*Liens.htm*
Contact	*Contact.htm*

Les cinq fichiers répertoriés dans le tableau vont être créés au fur et à mesure des explications de ce chapitre. Les fichiers servant d'exemples seront enregistrés dans des sous-dossiers du dossier *C:\Navigation*.

Les sous-dossiers définis pour enregistrer les barres de navigation de ce chapitre sont :

- *C:\Navigation\Feedback* pour la barre de navigation avec Feedback ;
- *C:\Navigation\Rollover* pour la barre de navigation avec effets Rollover.

Grâce à la définition de ces sous-dossiers, vous conservez toujours une vue d'ensemble sur les différents fichiers.

8.2. Barre de navigation avec Feedback

Pour élaborer cette barre de navigation, vous devez disposer de dix boutons :

- pour chaque page, un bouton en mode normal ;
- pour chaque page, un bouton en mode activé.

Les pages web et les boutons GIF seront enregistrés sur le disque dur dans le même dossier, c'est-à-dire *C:\Navigation\Feedback*.

Étape 1 : créer les boutons nécessaires

Astuce

Problèmes avec les boutons ?

Si la création de boutons vous pose des problèmes, n'hésitez pas à vous reporter au chapitre consacré à la création de boutons avec Paint Shop Pro.

Comme nous venons de le souligner, vous allez devoir créer dix boutons différents. Les lignes suivantes décrivent rapidement la création de ces boutons :

Définissez un nouveau dossier *C:\Navigation\Feedback* et enregistrez tous les boutons dans ce dossier.

Atelier

Créer des boutons normaux et activés

1. Ouvrez Paint Shop Pro puis créez une nouvelle image avec les caractéristiques suivantes : `100 x 35` pixels, `72` pixels/pouce et *16,7 M de couleurs*.

2. Enregistrez le fichier, par exemple sous le nom `boutons.psp`.

3. Remplissez le calque de l'arrière-plan avec une couleur foncée (par exemple, le bleu foncé, `#000066`) et nommez ce calque `Normal`.

4. Créez un nouveau calque (nommez-le `Activé`) et remplissez-le avec une couleur plus claire (`#0000FF`, bleu).

5. Créez les uns derrière les autres les calques *Accueil*, *Perso*, *Loisirs*, *Liens* et *Contact*.

6. Ajoutez une légende, par exemple "Accueil", "Perso", "Loisirs", "Liens" et "Contact", sur chaque calque dans une police de couleur blanche. Masquez les calques déjà dotés d'une légende de façon à ce que les nouveaux soient plus visibles.

   La palette de calques doit contenir tous ces calques :

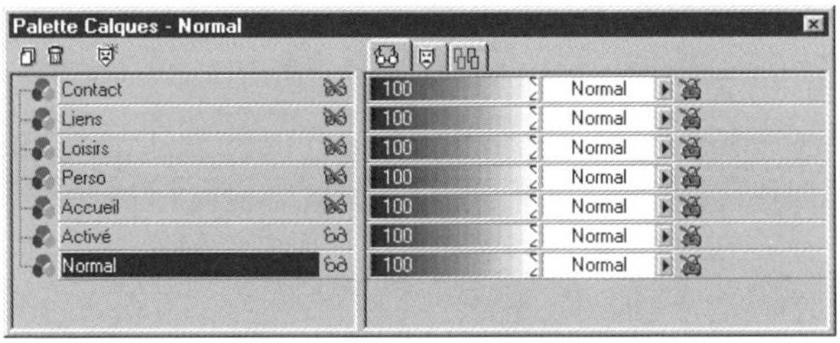

Fig. 8.1 : *La palette Calques*

7. Enregistrez les cinq boutons normaux sous la forme de fichiers GIF :
   - Affichez le calque *Normal*, masquez le calque *Activé*.
   - Affichez le calque *Accueil*.

- Sélectionnez la commande **Fichier/Enregistrer sous** pour enregistrer le bouton sous `accueil.gif`.
- Procédez selon le même principe pour les autres boutons normaux.

Les noms de fichier sont présentés plus bas dans le tableau

Astuce

Optimiser les boutons

Vous pouvez avoir recours au service de GIFCruncher sur Internet (`http://www.gifcruncher.com`) pour optimiser vos boutons après leur enregistrement.

8 Pour les cinq boutons activés, affichez le calque correspondant. Le calque *Normal* est ainsi masqué et les légendes apparaissent sur une couleur d'arrière-plan claire.

Enregistrez à présent les cinq boutons activés les uns après les autres. Les noms de fichier correspondant à ces boutons doivent comporter la mention `_on`, par exemple `accueil_on-.gif`. Cet ajout permettra par la suite de bien les distinguer.

Vous devez maintenant disposer des dix boutons suivants :

Tab. 8.2 : Boutons du projet

Légende - Statut	Nom de fichier	Aspect
Accueil - normal	*accueil.gif*	ACCUEIL
Accueil - activé	*accueil_on.gif*	ACCUEIL
Perso - normal	*perso.gif*	PERSO
Perso - activé	*perso_on.gif*	PERSO
Loisirs- normal	*loisirs.gif*	LOISIRS
Loisirs - activé	*loisirs_on.gif*	LOISIRS
Liens - normal	*liens.gif*	LIENS
Liens - activé	*liens_on.gif*	LIENS
Contact - normal	*contact.gif*	CONTACT
Contact - activé	*contact_on.gif*	CONTACT

Ces dix boutons doivent en outre être disponibles dans le dossier *C:\Navigation\Feedback.*

Étape 2 : créer la barre de navigation avec Feedback

La seconde étape consiste à créer les cinq pages web auxquelles renvoient les boutons groupés sur la barre de navigation. Il est à cet effet nécessaire d'avoir recours à un éditeur HTML. Dans notre exemple, nous avons travaillé avec FrontPage Express mais vous pouvez bien sûr utiliser l'éditeur de votre choix.

Les cinq pages web doivent également être enregistrées dans le dossier contenant déjà les boutons que vous venez de créer, c'est-à-dire *C:\Navigation\Feedback.*

Atelier — Une barre de navigation avec Feedback pour la page d'accueil

1 Lancez FrontPage Express et enregistrez la page web dans le dossier *C:\Navigation\Feedback* sous le nom `Index.htm`.

Cliquez dans la boîte de dialogue **Enregistrez sous** sur le bouton **Fichier** et non sur OK !

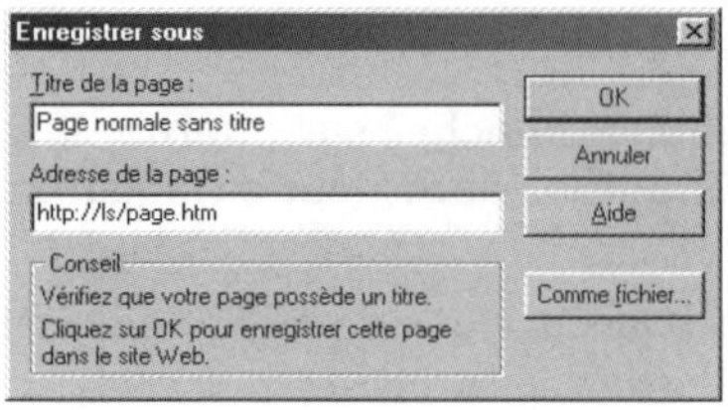

Fig. 8.2 : *Cliquez sur le bouton Fichier pour enregistrer*

2 Attribuez grâce à la commande **Fichier/Propriétés de la page**, le titre `Navigation avec Feedback - Page d'accueil`.

3 Définissez un tableau d'une ligne et de cinq colonnes.

4 Ajoutez les boutons suivants sur cette page, en les positionnant au fur et à mesure dans les cellules du tableau :

- *accueil_on.gif*
- *perso.gif*
- *loisirs.gif*
- *liens.gif*
- *contact.gif*

Astuce — Sur chaque page, un bouton activé

Sur la page d'accueil, le bouton **Accueil** est différent des autres puisqu'il indique que le lecteur se trouve sur la page Accueil. C'est la raison pour laquelle le premier bouton à placer sur la page est *accueil_on.gif*.

4 Modifiez les propriétés du tableau selon les instructions suivantes :

- *Alignement* : *Centré*
- *Taille de la bordure* : 0
- *Marge intérieure à la cellule* : 0
- *Espacement entre les cellules* : 0
- *Spécifier la largeur* : 500 pixels

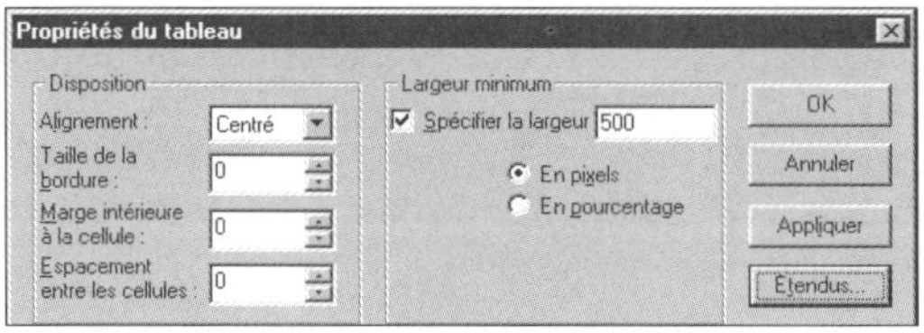

Fig. 8.3 : *Les propriétés du tableau*

Astuce

Des tableaux sans bordure

Pour de plus amples détails sur la création de tableaux sans bordures, reportez-vous à la fin de ce chapitre.

5 Enregistrez la page, puis créez les quatre autres. Pensez à attribuer un titre explicite à chaque page.

6 Ouvrez les cinq pages web, puis établissez pour chaque bouton foncé un lien vers la page à laquelle il renvoie.

7 Sauvegardez toutes les pages web.

À la fin de toutes ces opérations, vérifiez que vous disposez bien de cinq pages web et de dix images GIF dans le dossier *C:\Navigation\Feedback* :

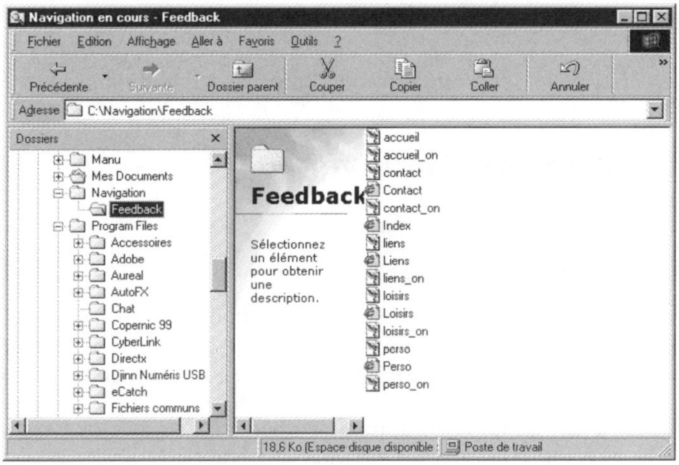

Fig. 8.4 : *Dix images et cinq pages web*

Chacune de ces pages web doit être dotée d'une barre de navigation contenant un bouton clair et quatre autres boutons foncés. Le bouton clair indique sur quelle page le lecteur se trouve.

Voici deux exemples :

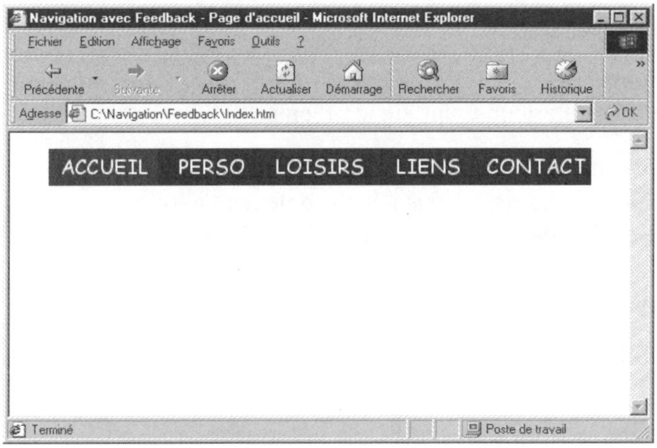

Fig. 8.5 : *La page d'accueil est affichée*

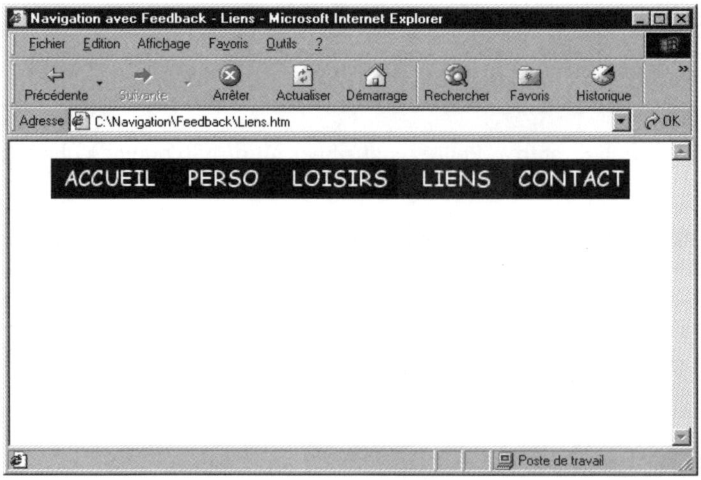

Fig. 8.6 : *Barre de navigation de la page Liens (Liens.htm)*

Vous venez de placer sur chacune des cinq pages de votre site une barre de navigation.

8.3. Barre de navigation avec effet Rollover

Les effets Rollover sont particulièrement appréciés des internautes :

- Dès que la souris passe sur le bouton, son aspect est modifié...
- ... et dès que le pointeur s'éloigne, le bouton reprend son aspect original.

L'objectif de cette section est de créer une barre de navigation avec un effet Rollover de ce type.

Avant de poursuivre, nous allons procéder à une simple opération de copie de façon à ce que vous disposiez pour cet exercice des cinq pages web déjà créées ainsi que des boutons :

- Définissez un nouveau dossier *C:\Navigation\Rollover*.
- Copiez les quinze fichiers (dix boutons GIF et cinq pages HTML) du dossier *C:\Navigation\Feedback* et déplacez-les vers le nouveau dossier.

Étape 1 : définir les effets Rollover

Les effets Rollover reposent dans la majorité des cas sur l'utilisation d'un langage de programmation nommé JavaScript. Nous reviendrons ultérieurement sur ce thème.

Nous n'allons pas nous lancer dans le cadre de ce chapitre dans l'étude de ce langage de programmation. Pour effectuer les opérations nécessaires, vous allez simplement avoir recours à un programme appelé JavaScript Buttons II de Dimitris Dalakosta alias Lone Wolf.

Astuce

Les logiciels de Lone Wolf

Pour en savoir davantage sur ces programmes, consultez la page `http://lonewolf.gr` sur le Web.

Le programme est diffusé en freeware. Pour installer ce logiciel, copiez le fichier *JS2b.exe* dans un dossier de votre disque dur.

JavaScript Buttons II part du principe que les images et les fichiers HTML sont enregistrés dans un seul et même dossier.

Atelier — Créer un effet Rollover

1 Au lancement du programme *Js2b.exe*, vous obtenez la boîte de dialogue suivante :

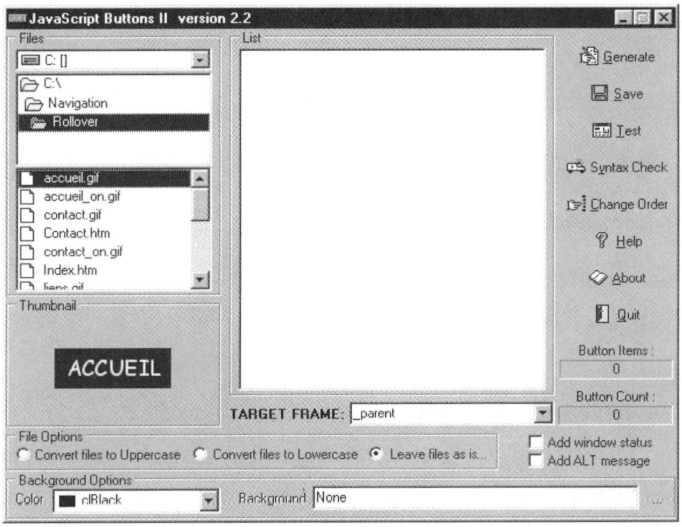

Fig. 8.7 : *JavaScript Buttons II*

Basculez le cas échéant dans le dossier *C:\Navigation\Rollover*. La liste affiche tous les fichiers contenus dans ce dossier.

2 Pour créer chaque bouton Rollover, le programme a besoin de trois informations suivies d'une ligne en pointillés dans le champ *List* :

- d'abord le nom du bouton normal (*accueil.gif*) ;
- puis le nom du bouton Rollover (*accueil_on.gif*) ;
- ensuite le nom de la page à laquelle le bouton renvoie (*Index.htm*) ;
- la ligne de séparation sous les éléments est ajoutée automatiquement.

  Pour ajouter un fichier dans la liste, un double clic sur le nom du fichier correspondant suffit.

3 Cherchez dans la liste de gauche le fichier *accueil.gif* puis double-cliquez sur cette entrée. Le nom s'inscrit alors dans la fenêtre centrale du programme.

Procédez de la même façon pour ajouter les fichiers *accueil_on.gif* et *Index.htm* dans la liste.

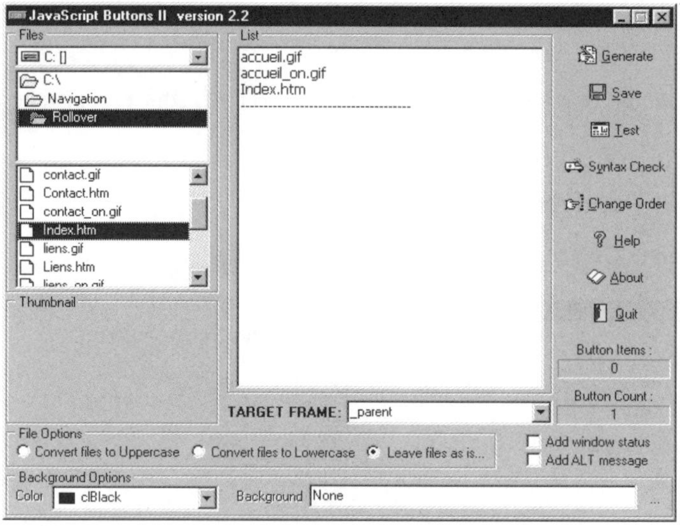

Fig. 8.8 : *Ajoutez les fichiers dans la liste*

4 Répétez ces mêmes opérations pour les autres boutons :

- ajoutez dans un premier temps le bouton normal ;
- puis le bouton Rollover ;
- et enfin le fichier HTML auquel un clic sur le bouton permet d'accéder.

La suite des boutons de la barre de navigation est **Accueil**, **Perso**, **Loisirs**, **Liens** et **Contact**. La liste est la suivante :

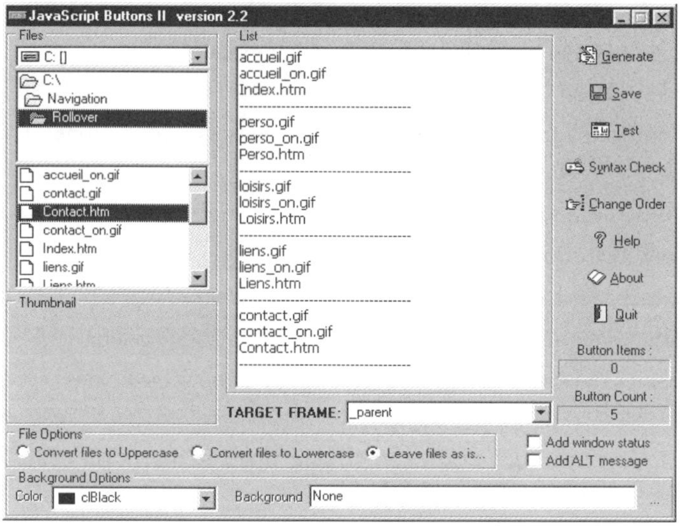

Fig. 8.9 : *Les effets Rollover sont prêts*

5 Pour tester les effets Rollover, cliquez sur le bouton **Test** dans la colonne de droite.

Le programme élabore le fichier *Test$$$$.htm* et présente la page de test dans votre navigateur. Les effets Rollover fonctionnent déjà parfaitement.

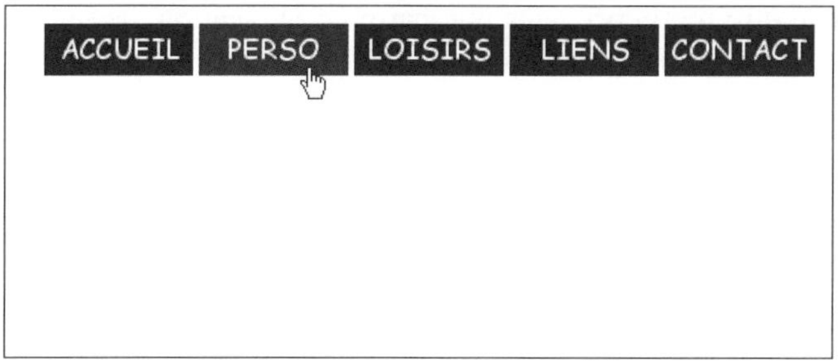

Fig. 8.10 : *La version active du bouton Perso*

6 Fermez la fenêtre du navigation puis affichez de nouveau la fenêtre du programme JavaScript Buttons II.

7 Enregistrez à présent les paramètres courants en cliquant sur le bouton **Save** dans la colonne de droite. La boîte de dialogue **Enregistrer sous** s'affiche :

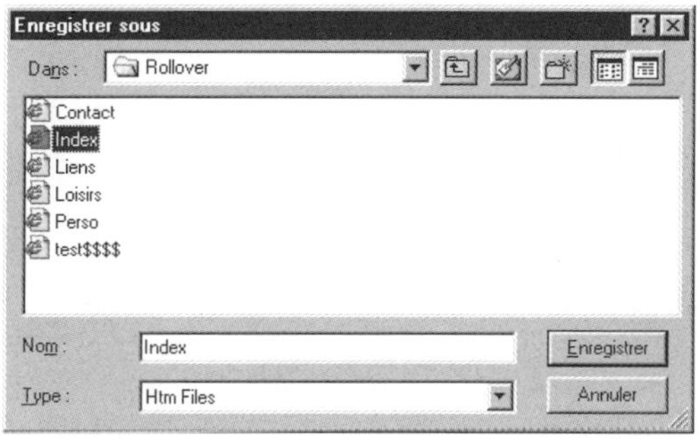

Fig. 8.11 : *Sauvegardez cette configuration*

8 Sélectionnez par exemple le fichier *Loisirs.htm* avant de cliquer sur le bouton **Enregistrer**.

Le fichier *Loisirs.htm* est modifié par cette opération. Il contient cinq boutons dotés d'un code de programme JavaScript pour les effets Rollover et non plus un tableau dans lequel le bouton **Loisirs** est activé.

9 Cliquez de nouveau dans la fenêtre du programme JavaScript Buttons II sur le bouton **Save**. Sélectionnez cette fois le fichier *Index.htm* puis cliquez sur le bouton **Enregistrer**.

10 Répétez cette opération pour les fichiers *Contact.htm*, *Perso.htm* et *Liens.htm* puis fermez le programme par un clic sur le bouton **Quit**.

Les cinq pages web regroupent les boutons de la barre de navigation qui sont dotés cette fois de l'effet Rollover.

Étape 2 : mettre en forme la barre de navigation

Les cinq pages web contiennent pour le moment cinq boutons isolés et un code de programmation défini automatiquement.

Pour améliorer les pages web, trois opérations doivent encore être réalisées :

- La page web a besoin d'un titre explicite. À cet effet, il vous suffit de sélectionner la commande **Fichier/Propriétés de la page** dans FrontPage Express.

- Les boutons doivent de nouveau être regroupés dans une barre de navigation, de préférence à l'aide d'un tableau.
- Sur chaque page doit s'afficher un bouton activé pour indiquer au lecteur la page qu'il consulte.

Pour effectuer ces opérations, utilisez de préférence FrontPage Express.

Atelier — Mettre en forme la barre de navigation

1 Ouvrez le fichier *C:\Navigation\Rollover\Index.htm* dans FrontPage Express :

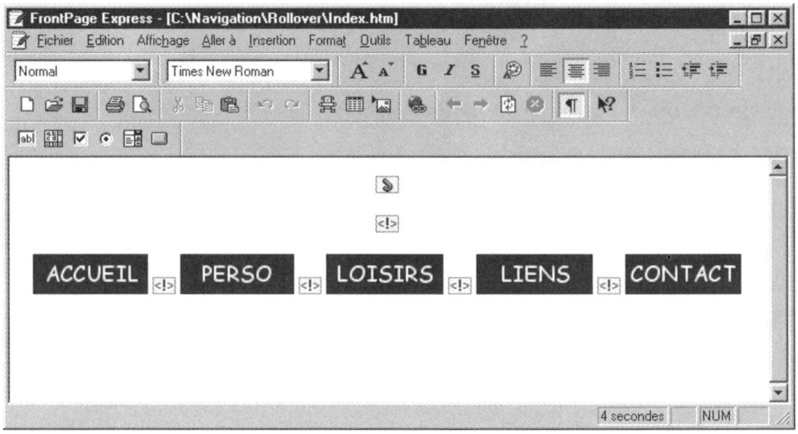

Fig. 8.12 : *Affichez le fichier Index.htm dans FrontPage Express*

Le petit rectangle accompagné de la lettre J symbolise le code JavaScript. Veillez avant tout à ne pas le supprimer !

Un double clic sur ce symbole permet d'afficher une petite fenêtre contenant le code du programme. Ne modifiez pas les lignes de ce programme.

Les rectangles avec les signes <!> représentent uniquement des commentaires. Les commentaires sont ajoutés dans le texte source et font office d'explications. Ils n'ont aucune influence sur la présentation de la page.

2 Supprimez les commentaires signalés par le signe <!>, en cliquant une fois dessus puis en appuyant sur la touche [Suppr] de votre clavier.

3 Ajoutez sur la page web un tableau comprenant une ligne et cinq colonnes en optant pour les paramètres suivants :

- *Alignement* : *Centré*
- *Taille de la bordure* : 0
- *Marge intérieure à la cellule* : 0
- *Espacement entre les cellules* : 0
- *Spécifier la largeur* : 500 pixels

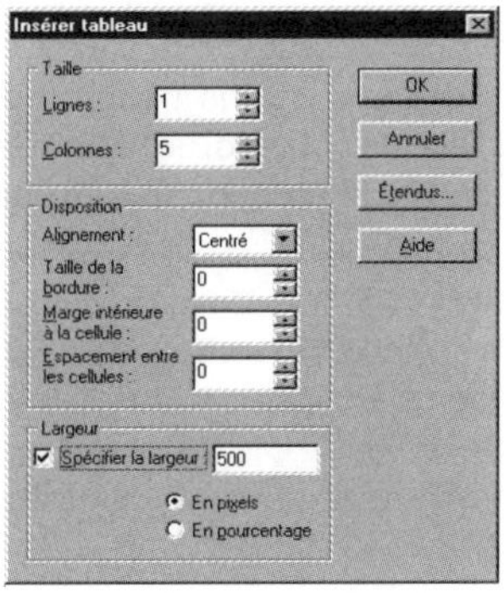

Fig. 8.13 :
Propriétés du tableau

4 Faites glisser à l'aide de la souris les cinq boutons vers les cellules du tableau.

5 Remplacez le bouton **Accueil** normal (*accueil.gif*) par le même bouton en mode activé (*accueil_on.gif*).

6 Voilà à quoi ressemble la barre de navigation terminée dans FrontPage Express. Il est important de ne pas supprimer la lettre J du code JavaScript.

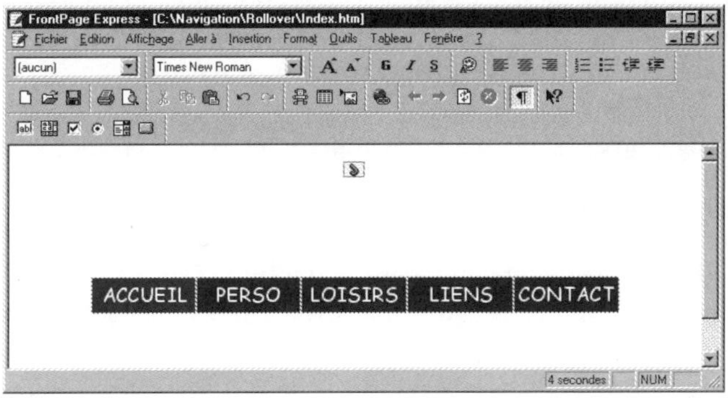

Fig. 8.14 :
La page d'accueil dans FrontPage Express

7 Enregistrez le fichier puis affichez-le dans le navigateur de votre choix :

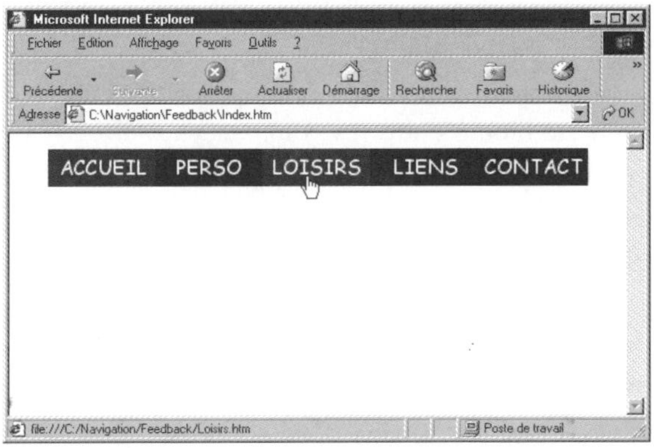

Fig. 8.15 :
La page dans un navigateur

8 Éditez à présent les quatre autres pages de votre site. À la fin de toutes ces opérations, vous devez avoir à votre disposition une barre de navigation avec Feedback et un effet Rollover.

Info

Problèmes potentiels : FrontPage Express et JavaScript

Il faut signaler que FrontPage Express rencontre certains problèmes avec le code de programmation JavaScript. L'éditeur HTML copie le code du programme JavaScript au mauvais endroit, entraînant ainsi des singularités dans l'affichage de la page.

Dans notre exemple, les caprices de FrontPage Express n'ont aucune influence négative sur le résultat. Mais plus il est fait un usage intensif du langage JavaScript sur une page web, plus il est dangereux d'ouvrir cette page ou de l'enregistrer dans FrontPage Express.

FrontPage 97 et 98 se comportent de la même manière. Microsoft a réussi à résoudre ce problème dans la version FrontPage 2000.

8.4. Élaborer des tableaux sans bordure

Un problème lors de la création de barres de navigation à l'aide de tableaux est la présence d'espaces entre les différentes images des boutons.

Astuce

Faire des essais dans plusieurs navigateurs !

Il est toujours utile de faire des tests d'affichage de tableaux, et en particulier de tableaux sans bordures, dans plusieurs navigateurs en optant de préférence pour Netscape Navigator et Internet Explorer.

Pour que les cellules du tableau soient proches les unes des autres, tenez compte des conseils ci-dessous :

- Indiquez la largeur du tableau en pixels et non en pourcentage. La valeur doit correspondre à la largeur globale de toutes les images contenues dans le tableau. Dans notre exemple, chaque bouton se caractérise par une largeur de 100 pixels. La largeur du tableau est par conséquent de 500 pixels, soit celle de cinq boutons réunis.
- Vérifiez que les attributs `border`, `cellpadding` et `cellspacing` du tableau sont configurés avec la valeur 0.

  Dans FrontPage Express, saisissez dans le texte source la commande suivante :

  ```
  <table border="0" cellpadding="0" cellspacing="0" width="500">
  ```
- N'ajoutez aucun espace ni retour à la ligne superflus dans les cellules des tableaux. Vérifiez dans le texte source qu'aucun espace n'a été ajouté entre les commandes `<td>` et `<img>`.
- Indiquez pour chaque image des valeurs exactes pour les attributs `width` et `height` et saisissez la valeur 0 pour l'attribut `border`.

8.5. Faisons le point

Ces quelques lignes résument les aspects abordés dans le chapitre :

- Grâce au Feedback, les barres de navigation sont capables d'indiquer au lecteur de votre site la page qu'il consulte.

- La solution consiste à mettre en valeur le bouton courant. Chaque bouton doit donc être disponible sous deux versions différentes :
  - un bouton normal ;
  - un bouton d'aspect différent remplaçant le bouton normal.
- Les boutons sont placés dans un tableau. Sur chaque page, un bouton doit être mis en valeur.
- Les barres de navigation peuvent être accompagnées d'un effet Rollover : dès que le pointeur s'attarde sur un bouton, ce dernier change d'aspect.
- Pour cet effet, des commandes JavaScript sont nécessaires.
- Ces commandes sont élaborées par le programme JavaScript Buttons II et placées automatiquement dans le texte source.
- Les barres de navigation sont placées dans des tableaux sans bordures. Si des espaces superflus apparaissent entre les boutons, vérifiez les paramètres suivants :
  - La valeur des attributs `border`, `cellpadding` et `cellspacing` du tableau doit être `0`.
  - Précisez la largeur du tableau en pixels. Cette valeur doit correspondre à la somme de la largeur de tous les boutons.

Chapitre 9

Une barre de navigation originale

Pour suivre les étapes développées dans les pages suivantes, vous avez besoin des programmes qui suivent :

- Paint Shop Pro ;
- PictureDicer ;
- JavaScript Buttons II ;
- FrontPage Express ou un autre éditeur HTML.

9.1. Une barre de navigation qui sort de l'ordinaire

Dans ce chapitre, vous allez dessiner un demi-disque puis le transformer en un tour de main en une barre de navigation inhabituelle et originale.

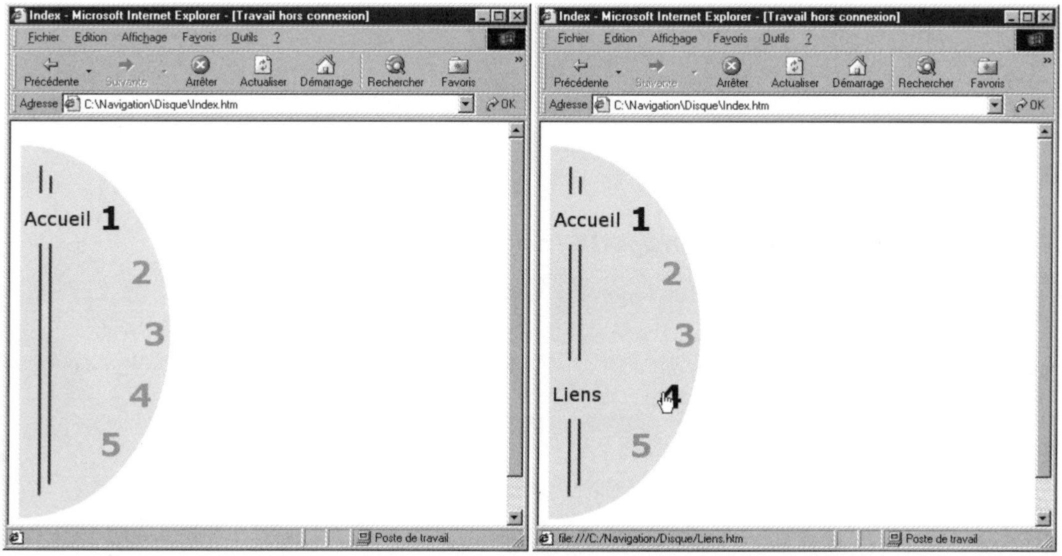

Fig. 9.1 : *Différentes variantes de la barre de navigation*

Les différentes sections de ce chapitre correspondent à quatre étapes distinctes :

1. Créer les images dans Paint Shop Pro et leur attribuer des légendes.
2. Découper les images avec PictureDicer.
3. Créer un effet Rollover avec JavaScript Buttons II.
4. Mettre en forme la barre de navigation avec FrontPage Express.

Pour créer notre site exemple, nous avons repris les cinq pages web définies dans le chapitre précédent. Enregistrez tous ces fichiers dans un nouveau dossier, par exemple *C:\Navigation\Disque*.

9.2. Étape 1 : créer les deux images GIF

Avant de créer l'effet Rollover, vous devez dessiner deux images GIF.

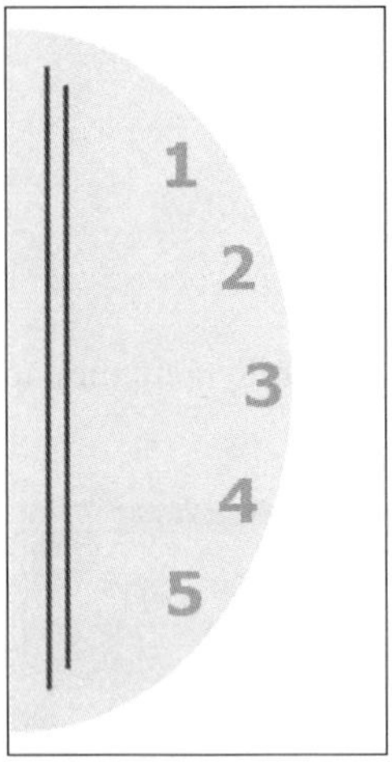

Fig. 9.2 :
La première image GIF : nav1.gif

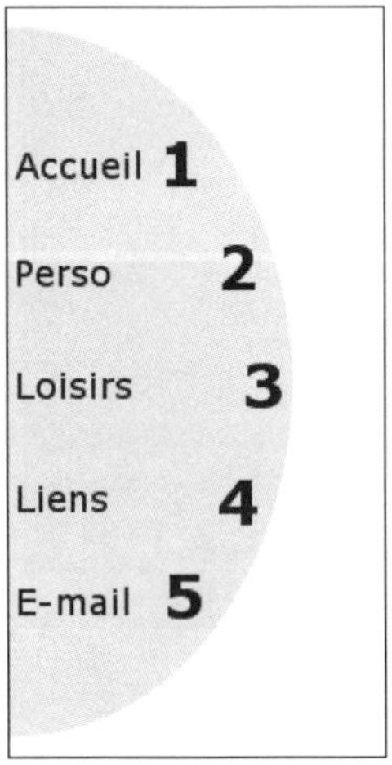

Fig. 9.3 :
La seconde image GIF : nav2.gif

Les deux images sont élaborées à partir d'une image Paint Shop Pro dotée de plusieurs calques. Elles sont ensuite découpées, dotées d'effets Rollover puis assemblées dans une dernière opération.

Vous avez pu constater sur l'image dotée de noms de bouton, que le dernier lien vers la page *Contact.htm* avait été renommé *E-mail* en raison du peu de place disponible.

Définir un demi-disque dans Paint Shop Pro

La base des deux images GIF est, comme nous l'avons déjà souligné, un fichier Paint Shop Pro sur lequel se superposent plusieurs calques. Ils contiennent respectivement le dessin, les chiffres, les lignes et le texte. Nous allons donc nous pencher sur les étapes de création de ce fichier Paint Shop Pro.

Atelier — Créer un demi-disque dans Paint Shop Pro

1. Ouvrez le programme, définissez un nouveau fichier de 400 x 400 pixels, de 72 pixels/pouce, avec un arrière-plan de couleur blanche, et choisissez l'option *16,7 M de couleurs*.

2. Affichez le cas échéant la grille et les règles avec les commandes respectives du menu **Affichage**.

3. Définissez un nouveau calque et nommez-le `Disque`.

4. Cliquez dans la palette d'outils sur le bouton **Sélection** puis choisissez, dans la boîte de dialogue des options, l'entrée *Cercle* de la liste déroulante *Type de sélection*.

   Saisissez la valeur 0 dans le champ *Progressivité* puis activez l'option *Anti-alias*.

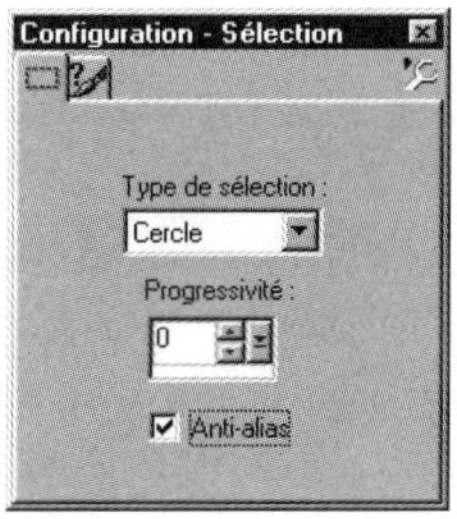

Fig. 9.4 : *Options de l'outil Sélection*

5. Placez le curseur au centre de l'image (aidez-vous des deux règles et regardez l'indication relative aux pixels dans la partie inférieure gauche de la barre d'état) puis tracez un cercle d'un diamètre de 300 pixels.

   Sélectionnez l'outil *Pot de peinture* puis remplissez le cercle avec la couleur de votre choix en optant de préférence pour une couleur claire.

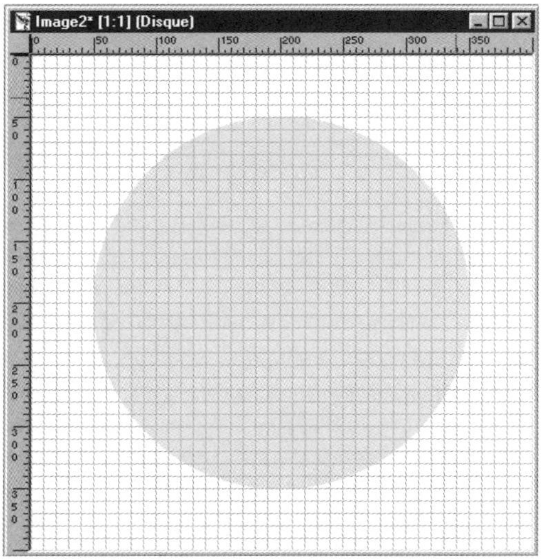

Fig. 9.5 : *Le disque est dessiné*

6. Sélectionnez la moitié droite de l'image à l'aide de l'outil *Recadrer* de la palette d'outils.

Astuce

Sélectionner la moitié du disque

Pour sélectionner la moitié droite de la figure, dessinez à l'aide de l'outil *Recadrer* un rectangle sur l'image. Commencez par positionner le coin supérieur gauche du rectangle (0,200) puis faites glisser le pointeur en diagonale (400,400) tout en maintenant le bouton de la souris enfoncé. Aidez-vous de la règle supérieure.

7 Double-cliquez sur l'image avec la souris pour effacer tout ce qui se trouve en dehors de la sélection. La figure de base est terminée :

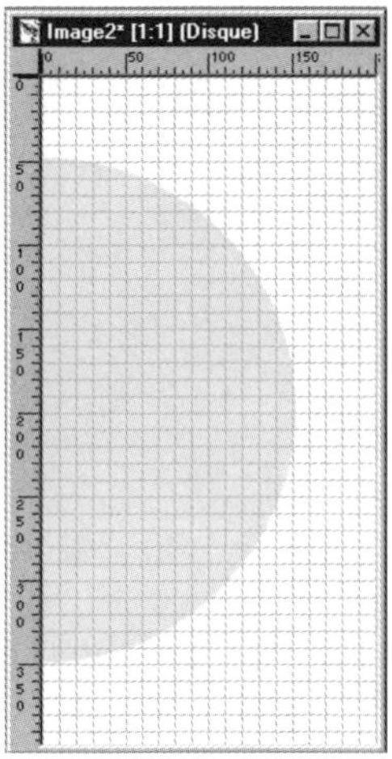

Fig. 9.6 :
La figure de base est prête

Si vous le souhaitez, vous pouvez étirer légèrement le demi-disque grâce à l'outil *Déformation* de façon à ce qu'il ne soit pas trop large :

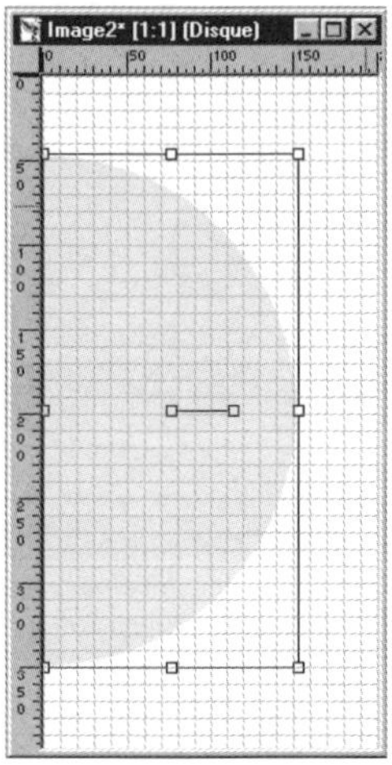

Fig. 9.7 :
Modifiez l'aspect de la figure

Le demi-disque peut alors avoir cet aspect :

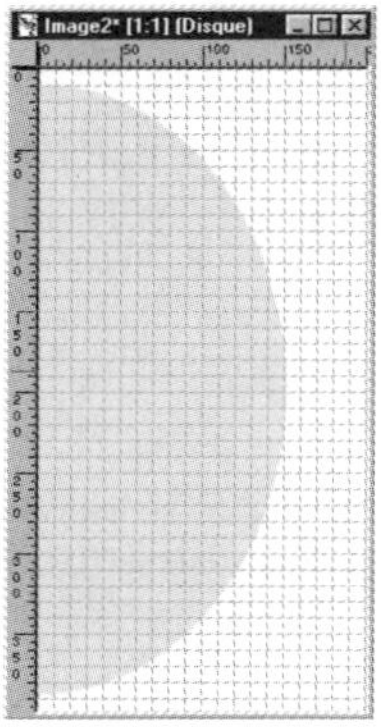

Fig. 9.8 :
La figure a été légèrement étirée

Nous allons poursuivre en plaçant des légendes sur le demi-disque. Cette opération s'effectue en trois étapes :

- ajouter les chiffres de 1 à 5 ;
- ajouter les lignes verticales ;
- placer le texte.

Les trois éléments doivent à chaque fois être placés sur un calque indépendant.

Ajouter les chiffres

L'objectif de cette première étape est de placer sur la figure les chiffres de 1 à 5. Le choix de la taille des caractères et de la police est bien sûr libre. Faites plusieurs essais avant de vous décider.

Atelier **Placer les chiffres**

1. Définissez un nouveau calque que vous nommez `Chiffres`.
2. Ajoutez grâce à l'outil *Texte* les chiffres 1 à 5. Optez pour une couleur de texte foncée.

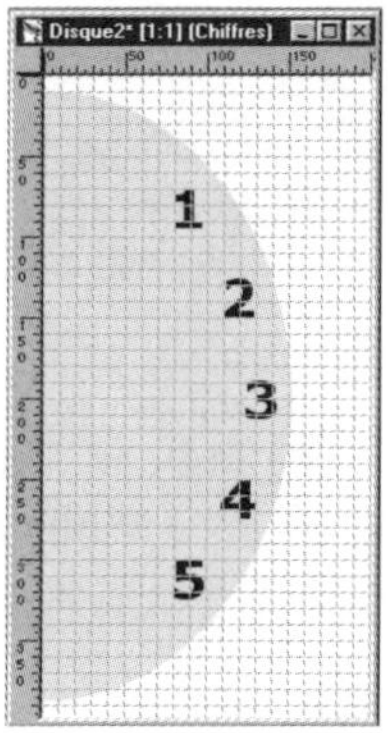

Fig. 9.9 :
Placez les chiffres sur la figure

Les paramètres choisis sont :

- Police : *Verdana*

- Taille : *24*

3 Pour déplacer les différents chiffres, activez le calque *Chiffres*. Sélectionnez dans la palette d'outils la *Baguette magique*. Cliquez sur le chiffre à repositionner et déplacez-le vers la position finale, tout en maintenant le bouton de la souris enfoncé.

Astuce **La Baguette magique n'a aucun effet ?**

Si vous ne parvenez pas à sélectionner le chiffre à l'aide de la baguette magique, modifiez les paramètres de tolérance dans les propriétés de l'outil par l'intermédiaire de la boîte de dialogue des options.

Ajouter les lignes verticales

Dès que les chiffres sont correctement placés sur la figure, vous pouvez définir les lignes verticales dans la partie gauche du demi-disque.

Atelier **Placez les lignes verticales sur l'image**

1 Masquez le calque *Chiffres* puis définissez un nouveau calque *Lignes*.

2 Pour tracer les lignes, ayez recours à l'outil *Dessin* en bas de la palette *Outils*.

3 Choisissez les paramètres suivants dans la boîte de dialogue de configuration de cet outil :

Fig. 9.10 : *Choisissez ces propriétés*

Astuce **Aides au positionnement**

Pour vous aider à placer ces lignes, utilisez les règles et la grille ainsi que les informations concernant la position du curseur données dans la partie gauche de la barre d'état.

4 Appuyez sur la touche [Maj], cliquez une fois pour définir le point de départ de la ligne. Tracez une ligne à la verticale tout en maintenant le bouton de la souris enfoncé, puis cliquez de nouveau. La touche [Maj] garantit que la ligne reste droite. Recommencez pour la seconde ligne.

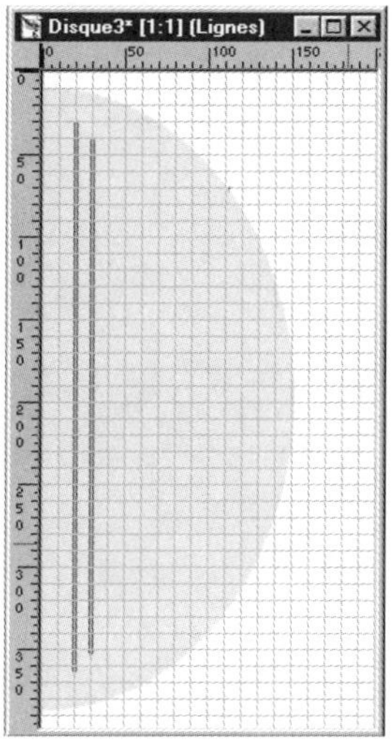

Fig. 9.11 :
Deux lignes parallèles

Placer le texte

Pour compléter la future barre de navigation, iI ne vous reste plus qu'à ajouter le texte des légendes.

Atelier **Ajouter le texte des boutons**

1. Définissez un nouveau calque et nommez-le `Texte`.
2. Masquez ou affichez les autres calques pour vous aider à bien positionner les mots. Pour un positionnement exact des textes par rapport aux chiffres, nous vous conseillons tout simplement d'agrandir l'image avec la touche [+] du bloc numérique de votre clavier.

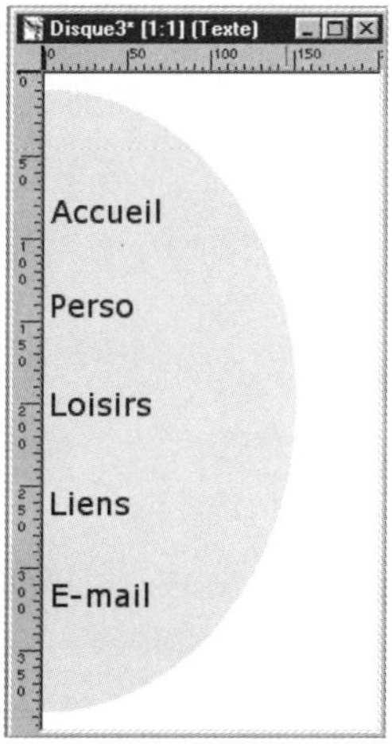

Fig. 9.12 :
Légendes des futurs liens de la barre

3. Enregistrez le fichier sous le nom `Disque.psp`.

Il est préférable de conserver le fichier PSP dans le cas d'une modification ultérieure de la barre de navigation.

L'image dispose à présent de tous les calques nécessaires :

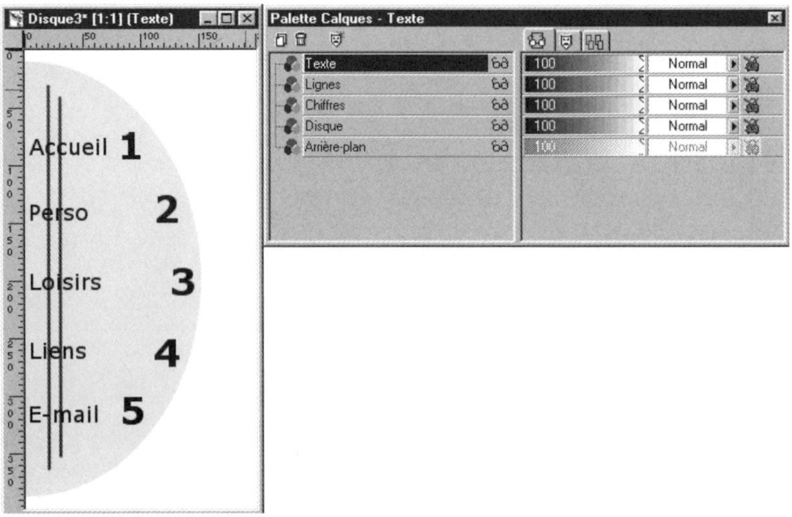

Fig. 9.13 : *La base de la barre de navigation est terminée*

Le fichier Paint Shop Pro est terminé. Les opérations suivantes vont vous guider dans la création des images GIF. Deux versions différentes doivent être conçues pour créer ensuite l'effet Rollover (*nav1.gif* et *nav2.gif*).

Enregistrer les images GIF

Nous allons dans un premier temps élaborer la première version qui s'affichera lorsque le pointeur ne sera pas placé sur la barre.

Configurez la palette **Calques** comme suit :

- calque *Arrière-plan* : masqué ;
- calque *Disque* : affiché ;
- calque *Chiffres* : affiché et le curseur de l'opacité sur 30 % ;
- calque *Lignes* : affiché ;
- calque *Texte* : masqué.

Enregistrez cette version de l'image sous le nom `nav1.gif` dans le dossier *C:\Navigation\Disque* par l'intermédiaire de la commande **Fichier/Enregistrer une copie sous**.

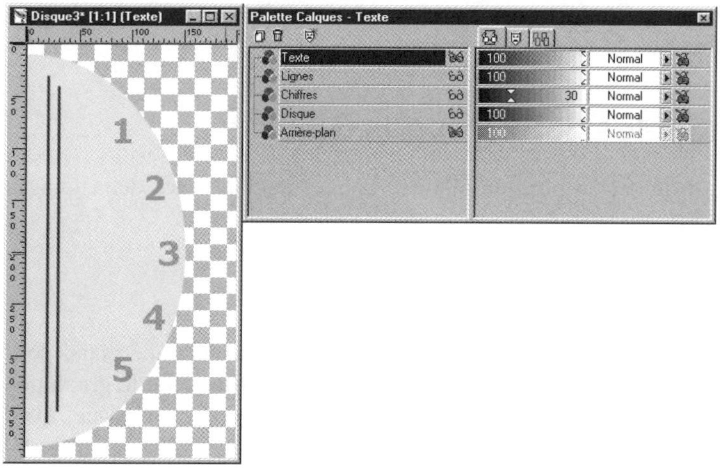

Fig. 9.14 : *Enregistrez ce fichier sous le nom nav1.gif*

Si vous rencontrez des difficultés dans la configuration exacte de l'opacité, vous pouvez cliquer sur le curseur et le déplacer vers la gauche ou vers la droite avec les flèches de direction.

Enregistrez à présent la nouvelle version de l'image. Cette version servira de base aux images affichées lorsque le pointeur passera sur l'un des cinq chiffres.

Choisissez les paramètres de calques suivants :

- calque *Arrière-plan* : masqué ;
- calque *Disque* : affiché ;
- calque *Chiffres* : affiché et le curseur de l'opacité sur 100 % ;
- calque *Lignes* : masqué ;
- calque *Texte* : affiché.

Sauvegardez cet état de l'image sous le nom `nav2.gif` grâce à la commande **Fichier/Enregistrer une copie sous** dans le dossier *C:\Navigation\Disque* :

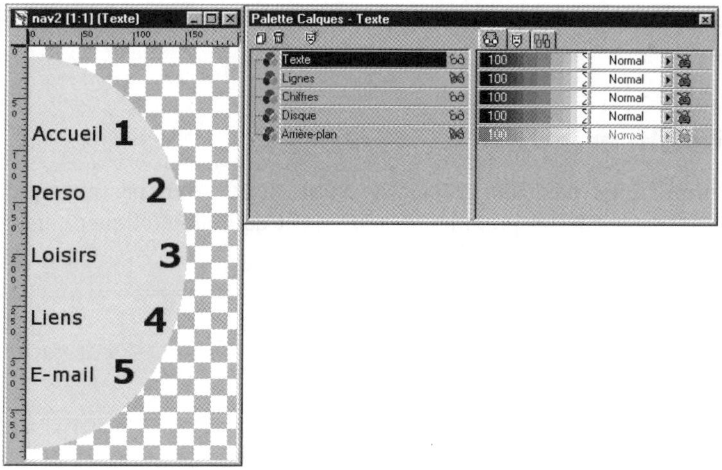

Fig. 9.15 : *Enregistrez cette variante sous le nom nav2.gif*

La première des quatre étapes de conception d'une barre de navigation originale est terminée. Les deux images GIF constituent la base de la navigation Rollover.

9.3. Étape 2 : découper les deux images GIF

Cette étape va vous apprendre à découper en plusieurs petites images distinctes les deux images GIF que vous venez de créer.

Quel est l'avantage de ce découpage ?

Le demi-disque peut certes être utilisé comme barre de navigation sans être découpé mais, pour des effets Rollover et Feedback, l'image est trop grande. C'est la raison pour laquelle le graphique est découpé. Après cette opération de découpage, le demi-disque sera composé de sept parties qu'il s'agira ensuite de recoller en les plaçant dans les cellules d'un tableau.

Dans les images suivantes, les bordures du tableau sont visibles.

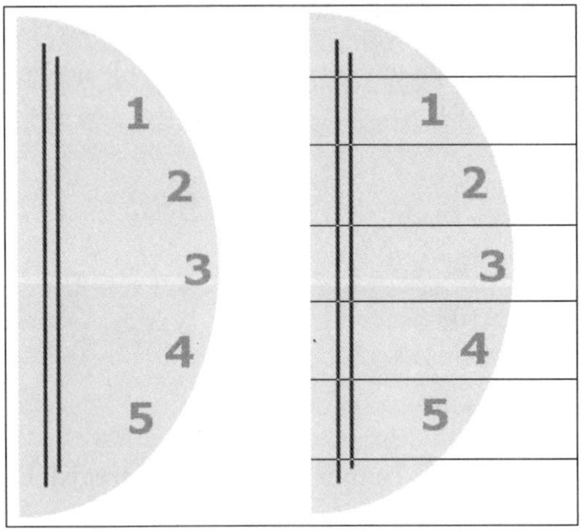

Fig. 9.16 : *Les parties seront réunies dans un tableau*

À première vue, l'image est entière, mais dans un effet Rollover, seule une petite image pourra être échangée et non l'image complète.

PictureDicer : un véritable artiste

Décompactez l'archive ZIP du programme dans un dossier de votre disque dur, par exemple *C:\Program Files\PictureDicer*. Pour lancer le programme, il vous suffit de double-cliquer sur le fichier exécutable *Dicer.exe*.

L'image suivante se présente alors à l'écran :

Fig. 9.17 : *Simple mais pratique : PictureDicer*

1. Le programme est capable de découper une image puis d'enregistrer les différentes parties issues de ce découpage.

2. Il replace les différentes petites images dans un tableau HTML et enregistre le tableau dans un fichier HTML.

Dans ce chapitre, vous allez uniquement utiliser la première fonction du programme, le découpage. La construction du tableau s'effectuera à la fin de ce chapitre.

Lorsque PictureDicer enregistre les petites images et les fichiers HTML, il utilise une méthode particulière : les noms de fichier des petites images sont composés d'un nom de base (quatre caractères) auquel viennent s'ajouter trois chiffres. PictureDicer commence la numérotation à 000. Un exemple vous permet de mieux saisir cette logique :

- Si la grande image s'appelle par exemple *Nav1.gif*, le nom de base sera *Nav1*.
- Les petites images créées porteront alors des noms de type *Nav1000.gif*, *Nav1001.gif*, etc.
- Le fichier HTML contenant le tableau sera désigné par le nom *Nav1.htm*.

Nav1000.gif correspond par conséquent à Nav1 - image000.

Découper la première image GIF

Après la théorie, la mise en application ! La recette suivante va donc vous aider à découper le premier demi-disque à l'aide de PictureDicer.

Atelier — Découper une image GIF avec PictureDicer

1. Lancez le programme PictureDicer puis ouvrez le fichier *nav1.gif* par l'intermédiaire de la commande **File/Open Image**.

2. Dès que vous cliquez sur OK, la fenêtre **Verify Basename** (confirmer le nom de base) apparaît sur votre écran. Cliquez sur OK sans faire aucune modification.

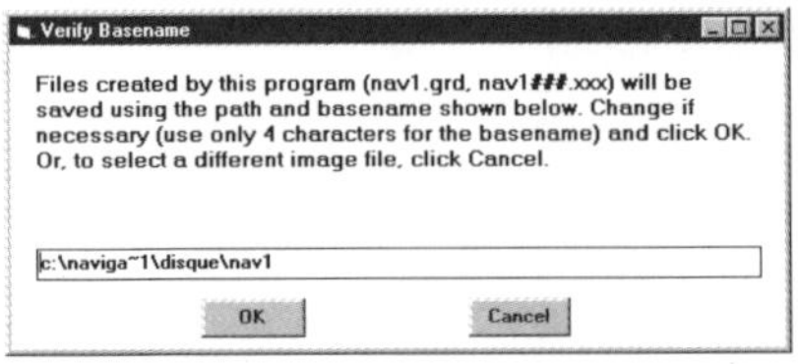

Fig. 9.18 :
Précisez l'image de base

3 L'image *nav1.gif* est alors chargée et prête à être découpée :

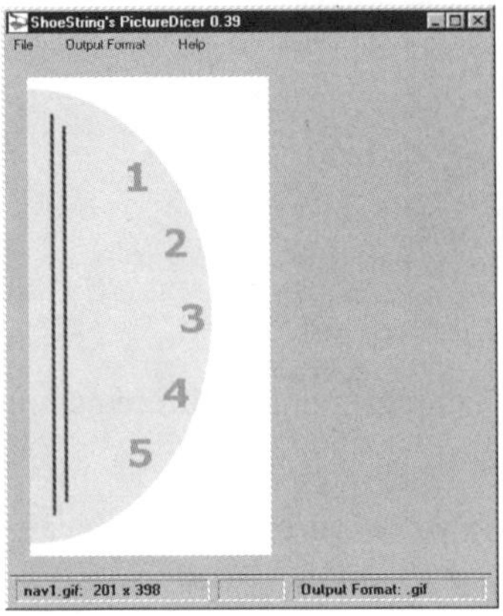

Fig. 9.19 :
nav1.gif va pouvoir être découpée

Astuce

Déplacez les lignes

Vous trouverez des informations sur le positionnement exact des lignes après cette recette.

4 Pour effectuer un découpage de l'image, tracez des lignes horizontales et/ou verticales sur l'image. Ces lignes forment une grille.

Cliquez sur le bouton gauche de la souris pour les lignes verticales et sur le bouton droit pour les lignes horizontales.

Dans notre exemple, l'image est divisée en sept morceaux grâce à six lignes horizontales. Le demi-disque va être découpé le long de ces traits.

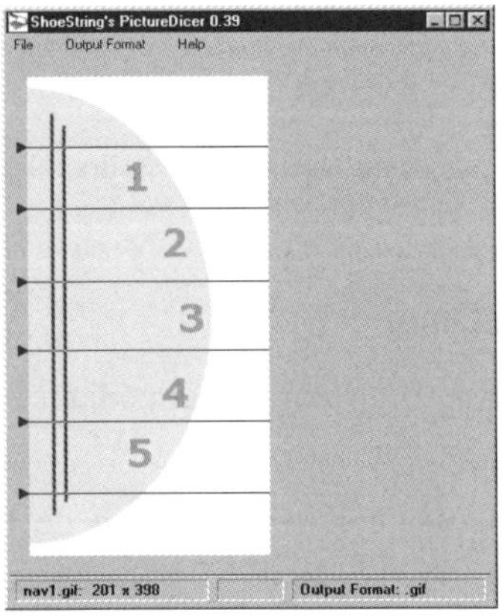

Fig. 9.20 :
PictureDicer découpe l'image selon ces lignes

5 Dès que vous avez tracé toutes les lignes nécessaires, sélectionnez la commande **File/Process Image**. PictureDicer définit alors les parties de l'image ainsi que la page HTML avec le tableau.

Dès que vous voyez une fenêtre vide, l'opération est terminée.

Info

Les lignes dans PictureDicer

- Un clic sur le bouton gauche de la souris trace une ligne verticale.
- Un clic sur le bouton droit de la souris trace une ligne horizontale.
- Pour faire glisser les lignes vers leur position finale, maintenez le bouton de la souris enfoncé.
- Dès que vous relâchez le bouton de la souris, un déplacement n'est plus possible.
- Supprimez les lignes mal positionnées puis recommencez.

Pour supprimer une ligne déjà en place, placez le pointeur sur le triangle se trouvant à l'extrémité de la ligne. Dès que la forme du pointeur change, cliquez une fois (avec le bouton gauche ou droit de la souris).

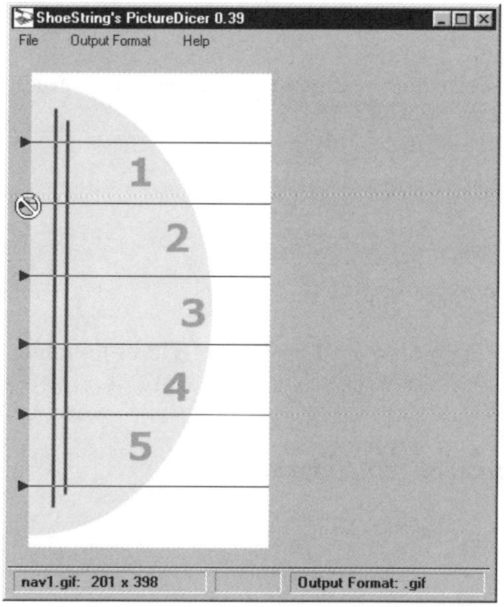

Fig. 9.21 : *Cliquez pour supprimer la ligne*

Résultat de la première découpe

Vérifiez le contenu du dossier *C:\Navigation\Disque* une fois le travail de PictureDicer sur l'image terminé :

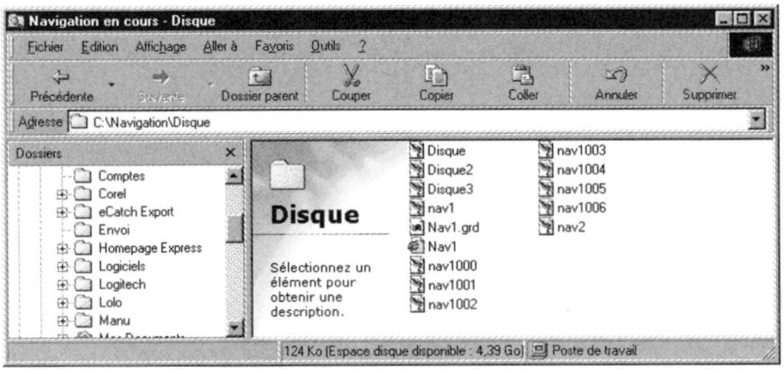

Fig. 9.22 :
De nouvelles images ont été créées

- Le fichier original *nav1.gif* a été conservé dans sa variante initiale.
- Les sept nouvelles petites images s'appellent *Nav1000.gif... Nav1006.gif.*
- Le fichier HTML contenant le tableau pour l'image s'appelle *Nav1.htm.*
- Le fichier *Nav1.grd* va bientôt entrer en action.

Le fichier HTML contenant le tableau destiné à l'image (*Nav1.htm*) ne sera pas utilisé dans ce chapitre et peut donc être supprimé.

Découper la seconde image GIF

Le découpage de la seconde variante du demi-disque s'effectue beaucoup plus rapidement grâce à une petite astuce de PictureDicer.

Atelier — Découper la seconde image

1. Lancez le programme PictureDicer.
2. Chargez le fichier *nav2.gif* et confirmez le nom de base *Nav2.*
3. Au lieu de tracer de nouvelles lignes, sélectionnez la commande **File/Load Grid** et le fichier *Nav1.grd.*

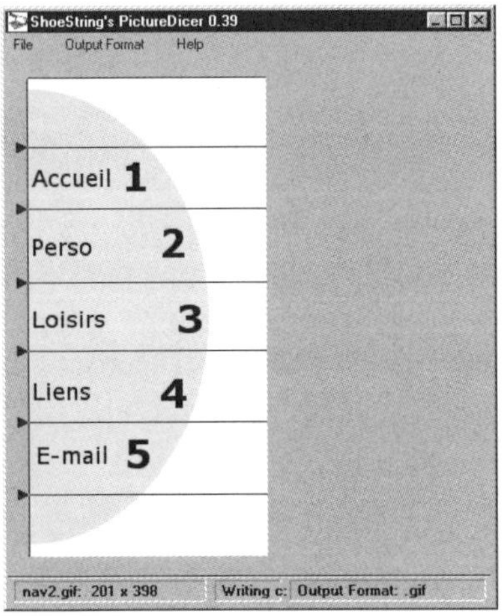

Fig. 9.23 :
Nav1.grd permet de reprendre le schéma de découpe

4 Choisissez alors la commande **File/Process Image**.

Les lignes de découpage appliquées à la première image ont été enregistrées dans le fichier *Nav1.grd* ("grd" est l'abréviation de "grid", en français "grille").

Le programme vous garantit ainsi que les images échangées plus tard par effet de Rollover auront exactement les mêmes dimensions.

Vue d'ensemble sur les fichiers créés par PictureDicer

Vous avez pu constater que les opérations permettant le découpage des images étaient d'une grande simplicité. Avant de poursuivre, il est néanmoins judicieux de faire le point sur tous les fichiers définis automatiquement par PictureDicer.

Dans le dossier *C:\Navigation\Disque* se trouvent à présent les fichiers suivants :

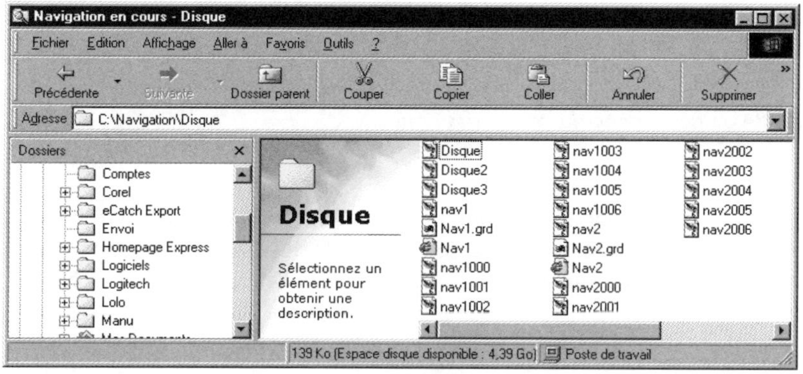

Fig. 9.24 : *De nouveaux fichiers ont été ajoutés dans le dossier*

La plupart de ces fichiers sont de petites images élaborées par PictureDicer à partir de l'image de base. Le tableau vous permet d'avoir une vue d'ensemble sur tous ces fichiers :

Tab. 9.1 : Icônes du disque

Image	Nom du fichier	Image	Nom du fichier
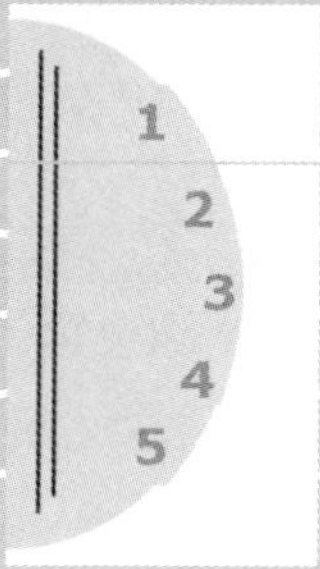	*Nav1000.gif*		*Nav2000.gif*
	Nav1001.gif		*Nav2001.gif*
	Nav1002.gif		*Nav2002.gif*
	Nav1003.gif		*Nav2003.gif*
	Nav1004.gif		*Nav2004.gif*
	Nav1005.gif		*Nav2005.gif*
	Nav1006.gif		*Nav2006.gif*

Le système des noms de fichier répond à une certaine logique, comme nous l'avons évoqué avant la création de ces nouveaux éléments :

- L'image dotée du chiffre *1* extraite de *nav1.gif* se nomme *Nav1001.gif* : image Nav1 numéro 001.
- L'image dotée du chiffre *2* extraite de *nav1.gif* se nomme *Nav1002.gif.*

Et pour terminer la démonstration :

- L'image dotée du chiffre 5 extraite de *nav2.gif* se nomme donc *Nav2005.gif.*

En dehors de la création de ces différentes petites images issues du découpage, PictureDicer a défini d'autres fichiers :

Tab. 9.2 : Fichiers définis par PictureDicer

Nom du fichier	Fonction
Nav1.htm	contient le tableau HTML pour la première variante de l'image découpée
Nav1.grd	grille de découpage du fichier *nav1.gif*
Nav2.htm	contient le tableau HTML pour la seconde variante de l'image découpée
Nav2.grd	grille de découpage du fichier *nav2.gif*

Tout vous semble clair ? Tout a bien fonctionné ? Nous pouvons dans ce cas poursuivre avec la définition des effets Rollover et la mise en forme finale de la barre de navigation. Les deux étapes ne vous sont pas inconnues puisqu'elles ont déjà fait l'objet d'explications dans le chapitre précédent.

9.4. Étape 3 : créer les effets Rollover

La définition de ces effets Rollover fonctionne sur le même principe que celui exposé dans le chapitre précédent. Seuls les noms de fichier utilisés sont différents.

- Les images normales portent les noms de *Nav1001.gif... Nav1005.gif.*
- Les images actives qui apparaissent lorsque le pointeur s'attarde sur elles s'appellent *Nav2001.gif... Nav2005.gif.*

Il est inutile de créer des effets Rollover pour les zones au-dessus du premier lien (*Nav1000.gif*) et en dessous du dernier (*Nav1006.gif*).

Avant de poursuivre cette démarche, procédez à la copie des cinq fichiers HTML *Index.htm*, *Perso.htm*, *Loisirs.htm*, *Liens.htm* et *Contact.htm* du dossier *Feedback* vers le dossier *Disque.*

Vous devez retrouver dans ce dernier dossier les fichiers suivants :

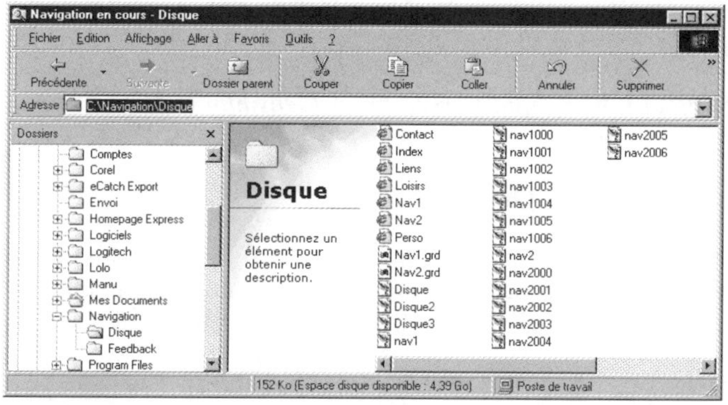

Fig. 9.25 :
Tous les fichiers sont regroupés

Atelier — Créer un effet Rollover

1. Lancez le programme JavaScript Buttons II et basculez le cas échéant dans le dossier *C:\Navigation\Disque*. La liste affiche tous les fichiers contenus dans ce dossier.

2. Pour créer chaque bouton Rollover, le programme a besoin de trois informations suivies d'une ligne en pointillés dans le champ *List* :

   - d'abord le nom de l'image d'origine : *Nav1001.gif* ;
   - puis le nom de l'image Rollover : *Nav2001.gif* ;
   - ensuite le nom de la page à laquelle le bouton renvoie (*Index.htm*) ;
   - la ligne de séparation sous les éléments est ajoutée automatiquement.

   Pour ajouter un fichier dans la liste, un double clic sur le nom du fichier correspondant suffit.

3. Procédez de la même façon pour les autres fichiers :

   La suite des images sur la barre de navigation est *Accueil*, *Perso*, *Loisirs*, *Liens* et *Contact*. La liste est la suivante :

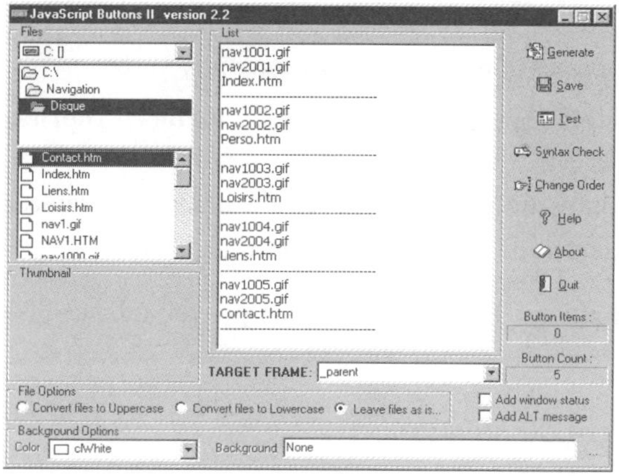

Fig. 9.26 :
Les éléments de l'effet Rollover

4. Enregistrez les effets Rollover créés en cliquant dans la partie droite sur le bouton **Save**. La

boîte de dialogue **Enregistrer sous** s'affiche à l'écran. Indiquez le fichier `Index.htm` avant de cliquer sur le bouton **Enregistrer**.

5 Répétez cette opération pour les fichiers *Loisirs.htm*, *Perso.htm* et *Liens.htm* et *Contact.htm*. Vous devez procéder à cinq enregistrements.

6 Fermez le programme par un clic sur le bouton **Quit**.

Les cinq pages web contiennent maintenant les morceaux d'images de la barre de navigation avec des effets Rollover. Leur présentation n'est certes pas satisfaisante sur la page mais vous pouvez lancer le navigateur et ouvrir le fichier *Index.htm* pour vérifier si les effets fonctionnent :

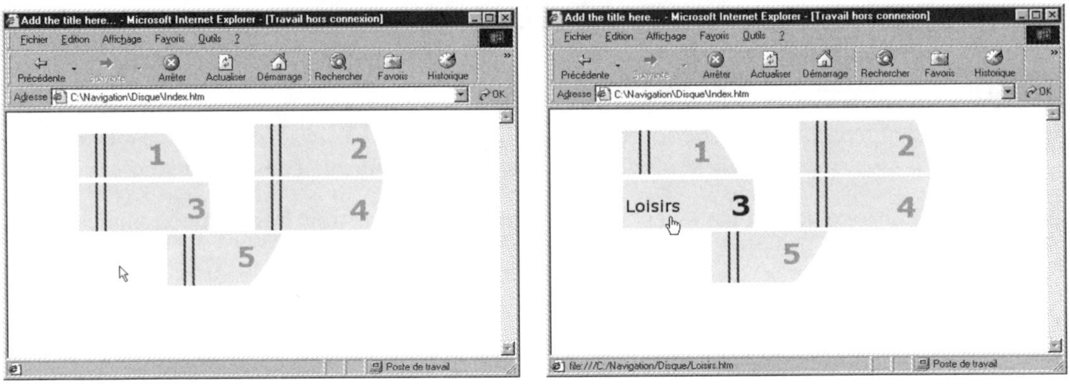

Fig. 9.27 : *Il faut organiser les images*

La dernière étape de notre chapitre consiste donc à regrouper les divers éléments du disque à l'aide d'un tableau.

9.5. Étape 4 : Mettre en forme la barre de navigation

Vous avez vu sur la dernière image que la barre de navigation a besoin d'être réorganisée pour pouvoir être présentée sur vos cinq pages web.

Pour améliorer l'aspect de vos pages, deux étapes sont encore à effectuer :

- Attribuez un titre (`<title>`) aux pages web. Dans FrontPage Express : **Fichier/Propriétés de la page**.
- Les images doivent être alignées dans la partie gauche de la page à l'aide d'un tableau.
- Sur chaque page, un Feedback doit indiquer au lecteur la page qu'il consulte.

Nous avons opté dans cet exemple pour FrontPage Express, mais vous pouvez utiliser l'éditeur HTML de votre choix.

Atelier — Mettre en forme la barre de navigation

1 Ouvrez le fichier *C:\Navigation\Disque\Index.htm* :

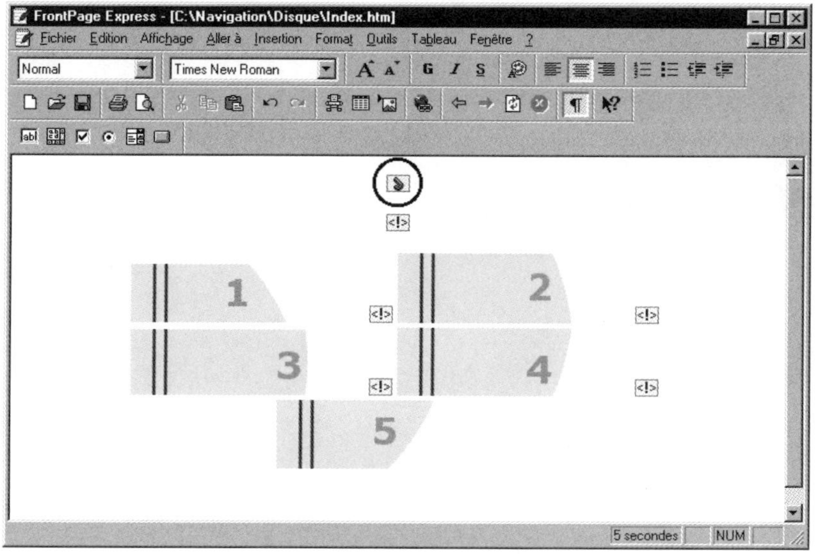

Fig. 9.28 : *Chargez le fichier dans FrontPage Express*

Pensez qu'il ne faut en aucun cas supprimer le carré contenant la lettre J.

2 Supprimez les commentaires désignés par le signe <!> et l'image contenant le chiffre 1. En effet, sur la page d'accueil *Index.htm* doit apparaître le bouton doté de la légende "Accueil".

3 Ajoutez sur la page web un tableau en tenant compte des propriétés présentées ci-dessous :

- *Alignement* : *Gauche*
- *Taille de la bordure* : 0
- *Marge intérieure à la cellule* : 0
- *Espacement entre les cellules* : 0
- *Spécifier la largeur* : 400 pixels

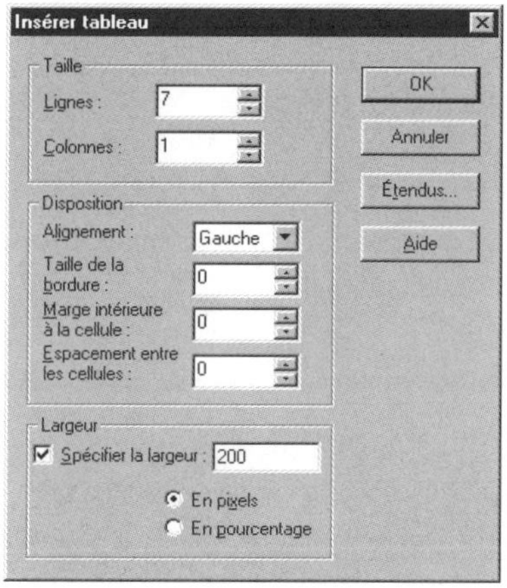

Fig. 9.29 : *Les paramètres du tableau*

Veillez lors de cette opération à ne pas effacer la lettre J.

4 Faites glisser les images dans les cellules du tableau avec la souris. Laissez la cellule du haut et celle du bas vides.

La barre de navigation est presque terminée :

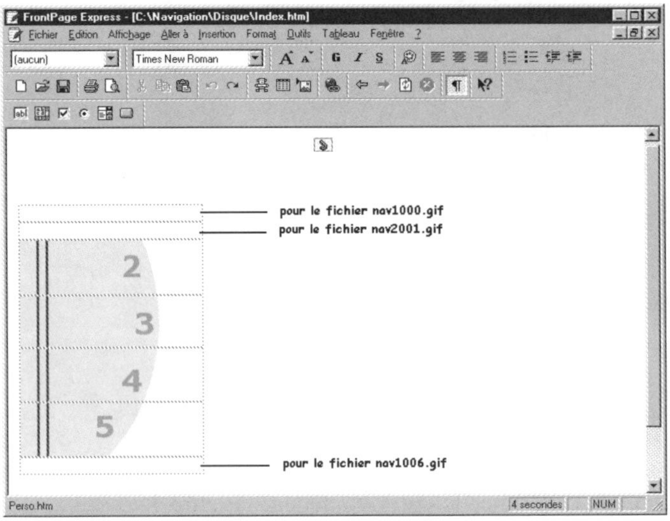

Fig. 9.30 : *La page d'accueil dans FrontPage Express*

5 Ajoutez les images manquantes :

- dans la cellule du haut, *Nav1000.gif* ;
- dans la deuxième cellule, *Nav2001.gif* (l'image dotée de la légende "Accueil") ;
- dans la cellule du bas, *Nav1006.gif.*

La page d'accueil est terminée :

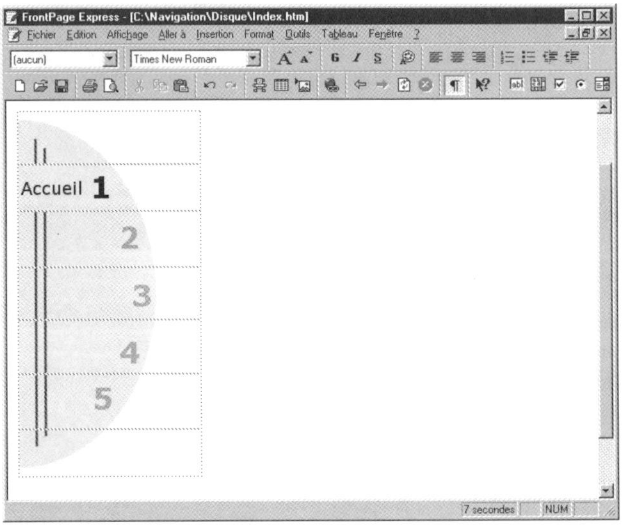

Fig. 9.31 : *Le bouton Accueil est visible*

6 Enregistrez le fichier et éditez les quatre autres pages en vous basant sur le même principe.

La barre de navigation peut sans plus attendre être testée dans le navigateur :

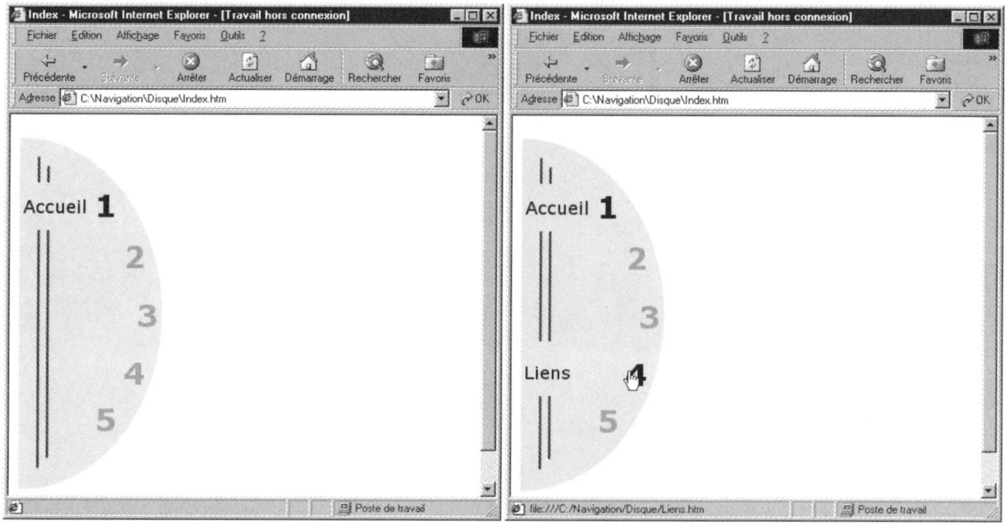

Fig. 9.32 : *La place du pointeur conditionne l'aspect des boutons*

Vous venez de créer une barre de navigation originale caractérisée en outre par des effets Feedback et Rollover. Laissez libre cours à votre imagination et élaborez à votre tour une barre de navigation personnalisée adaptée à votre site.

9.6. Faisons le point

Résumons les points essentiels traités dans les pages de ce chapitre :

- La barre de navigation conçue dans cet exemple prend comme base l'image d'un demi-disque.
- Des effets Feedback et Rollover sont ensuite ajoutés à l'image de base. Cette opération s'effectue en quatre étapes distinctes.
  - Étape 1 : création de deux demi-disques dans Paint Shop Pro enregistrés ensuite comme images GIF.
  - Étape 2 : découpage des deux images GIF avec PictureDicer. Cette opération facilite la mise en place des effets Feedback et Rollover.
- Étape 3 : définition des effets Rollover avec JavaScript Buttons II.
- Étape 4 : assemblage et mise en forme des boutons de la barre de navigation dans l'éditeur HTML.

Chapitre 10

Les menus déroulants

Dans ce chapitre, nous avons utilisé les programmes suivants :

- JavaScript Menu Generator (JMenu) de Lone Wolf ;
- FrontPage Express ou un autre éditeur.

10.1. Navigation par menu déroulant

Pour simplifier les choses, on peut dire que les menus déroulants sont à la base des listes dans lesquelles chaque entrée est reliée à un lien hypertexte.

Ils sont utilisés en majorité :

- comme systèmes de navigation ;
- comme listes de sélection en complément d'une barre de navigation existante.

Menu déroulant comme barre de navigation

Dans la pratique, les exemples ne manquent pas :

Fig. 10.1 : *Le site de Lindkvist.com*

La page d'accueil de Lindkvist.com est un bon exemple d'intégration graphique parfaite de menu déroulant dans une page web.

Menu déroulant comme liste de sélection

La variante "menu déroulant" comme liste de sélection fait également partie du thème de la navigation puisqu'un bon système de navigation a principalement pour objectif de guider le plus rapidement possible le lecteur vers son but. Des listes de sélection utilisées à bon escient peuvent faciliter le repérage sur vos pages.

Les menus déroulants peuvent contenir une grande quantité d'informations sur un espace réduit et proposer aux lecteurs des choix pour le guider.

Voici un autre exemple dans lequel les listes déroulantes sont utilisées pour proposer des choix :

Fig. 10.2 :
Chaque liste contient plusieurs entrées

Que le menu déroulant soit employé pour remplacer ou compléter une barre de navigation, les étapes de création sont identiques. Elles font l'objet d'explications détaillées dans les pages suivantes.

10.2. Création des menus déroulants avec JMenu

Pour vous aider dans la création de menus déroulants, vous allez avoir recours à un programme nommé JavaScript Menu Generator (JMenu).

Installez le programme, c'est-à-dire le fichier exécutable *Jmenu.exe*, dans un dossier de votre choix, par exemple *C:\Program Files\Jmenu*. Le fichier est très petit et n'est composé que de ce fichier *.exe*.

Interface du programme JMenu

JMenu est très simple à utiliser puisqu'il ne se compose que d'une seule fenêtre de programme.

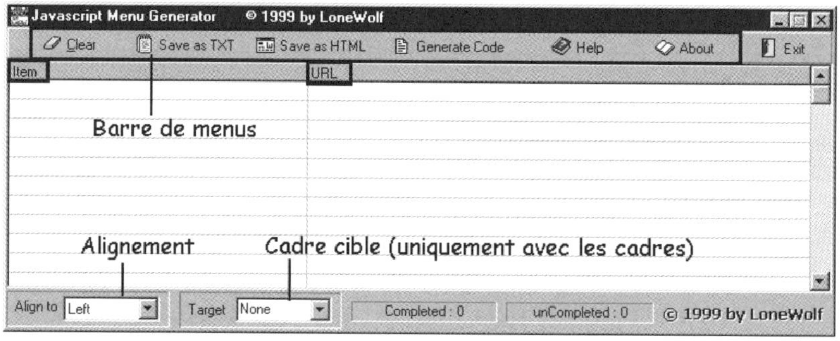

Fig. 10.3 : *L'interface de JMenu*

La fenêtre du programme est divisée en trois grandes zones :

1 la barre de menus ;

2 les champs d'entrées avec deux colonnes *Item* et *URL* ;

3 la barre d'état dans la partie inférieure de la fenêtre.

Mais étudions déjà la barre de menus. Elle regroupe les sept boutons suivants :

Tab. 10.1 : Commandes du programme JMenu

Bouton	Signification
Clear	Supprime les entrées des colonnes *Item* et *URL*.
Save as TXT	Enregistre le code source généré sous forme de fichier texte.
Save as HTML	Enregistre le code généré sous forme de fichier HTML.
Generate Code	Créé le code source du menu déroulant.
Help	Propose une aide sur l'utilisation du programme.
About	Informations sur l'auteur du programme Lone Wolf.
Exit	Permet de quitter le programme.

Les colonnes *Item* et *URL* sont destinées à recevoir les informations concernant le menu déroulant. Nous étudierons ultérieurement la procédure à suivre.

Dans la barre d'état située dans la partie inférieure de la fenêtre se trouvent deux listes déroulantes :

Tab. 10.2 : Programme JMenu

Liste	Signification
Align to Left	Alignement des entrées du menu déroulant.
Target None	Détermine dans un ensemble de cadres le cadre cible des liens hypertextes.

Saisies dans la fenêtre de JMenu

La zone la plus importante de ce programme est la liste centrale regroupant les deux colonnes *Item* et *URL* :

- *Item* permet de saisir les entrées présentées dans le menu déroulant. Le lecteur les verra dès qu'il déroulera la liste.
- Dans la colonne *URL*, vous inscrivez pour chaque Item un nom de fichier ou une adresse URL complète.

Pour effectuer les opérations présentées dans la recette suivante, vous pouvez reprendre les cinq pages web utilisées dans le chapitre précédent :

Tab. 10.3 : Pages d'un menu déroulant	
Page web	**Nom de fichier/URL**
Accueil	*Index.htm*
Personnel	*Perso.htm*
Loisirs	*Loisirs.htm*
Liens	*Liens.htm*
Contact	*Contact.htm*

Définissez un nouveau dossier *C:\Navigation\Déroulant* puis copiez les cinq fichiers ainsi que les images GIF correspondantes du dossier précédent dans le nouveau.

Si vous ne disposez plus de ces cinq pages web ou que vous n'avez pas encore pris le temps de les créer, définissez cinq pages web simples et enregistrez-les dans le dossier *C:\Navigation\Déroulant*.

Atelier

Créer un menu déroulant avec JMenu

1 Lancez le programme *Jmenu.exe*.

Astuce

Passer d'une colonne à l'autre dans Jmenu

Lors de la saisie des informations relatives au menu déroulant, utilisez la touche [Tab] pour passer d'un champ de colonne à celui de l'autre colonne.

2 Saisissez dans la première ligne de la colonne *Item* le terme `-Sélection-` ou un mot se rapprochant de ce dernier. Cette entrée sera affichée par défaut dans le menu déroulant.

3 Étant donné que cette entrée est inscrite à simple titre informatif et qu'elle ne conduit à aucun fichier, laissez la colonne *URL* vide.

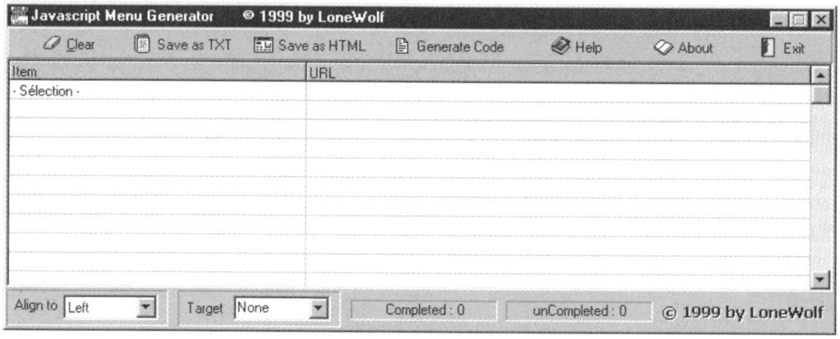

Fig. 10.4 : *Le mot apparaîtra par défaut dans le menu*

4 Complétez les champs des colonnes *Item* et *URL* en vous basant sur cette figure :

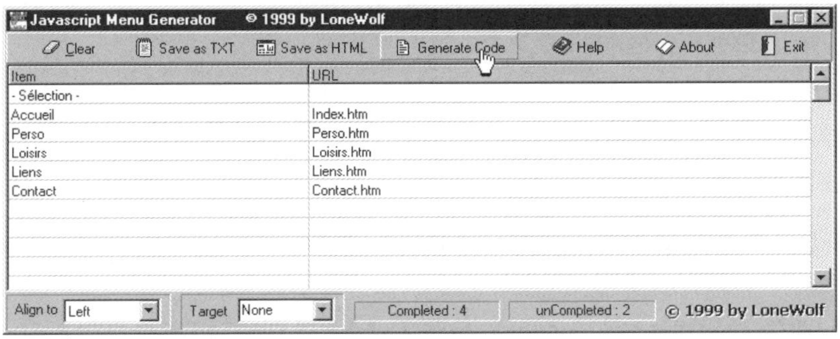

Fig. 10.5 : *Remplissez les deux colonnes*

5 Cliquez sur le bouton **Generate Code** de la barre de menus. La fenêtre suivante apparaît :

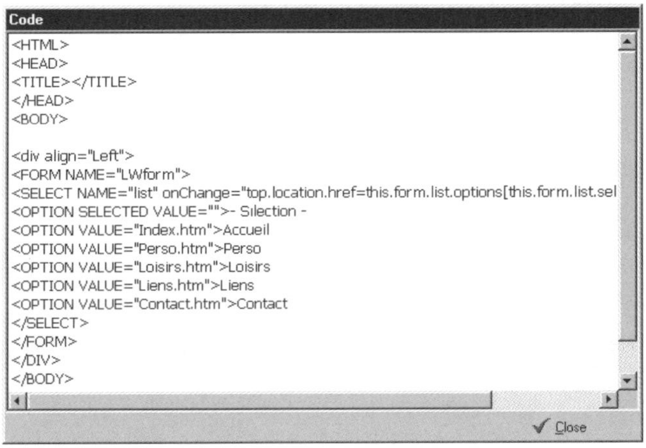

Fig. 10.6 : *Le code défini automatiquement par JMenu*

6 Sélectionnez le code allant de `<div align="Left">` à `</DIV>` inclus puis copiez le code dans le Presse-papiers. Cliquez ensuite sur le bouton **Close** en bas de la boîte de dialogue.

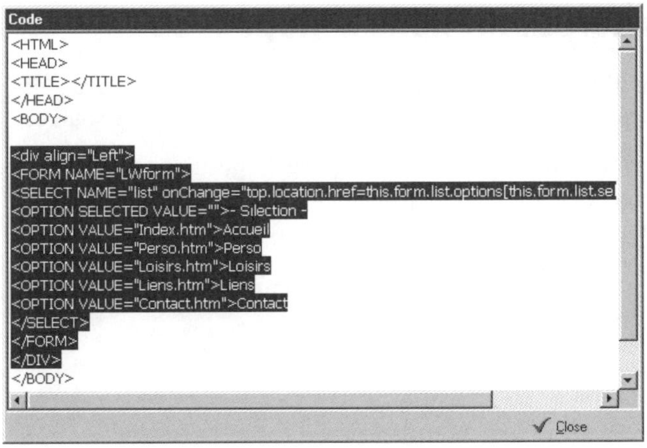

Fig. 10.7 : *Copiez le code défini par JMenu*

7 Le code élaboré par JMenu se trouve à présent dans le Presse-papiers. Il peut être inséré dans la page web à partir du Presse-papiers.

Enregistrer le code programme sous forme de fichier

Comme nous venons de le mentionner, le code programme est disponible dans le Presse-papiers.

Pour disposer de ce fichier de code en vue d'éventuelles modifications ou améliorations, il est préférable de l'enregistrer comme fichier texte.

- Cliquez dans la barre de menus sur le bouton **Save as TXT** et enregistrez le fichier *.txt* dans le dossier *C:\Navigation\Déroulant*.

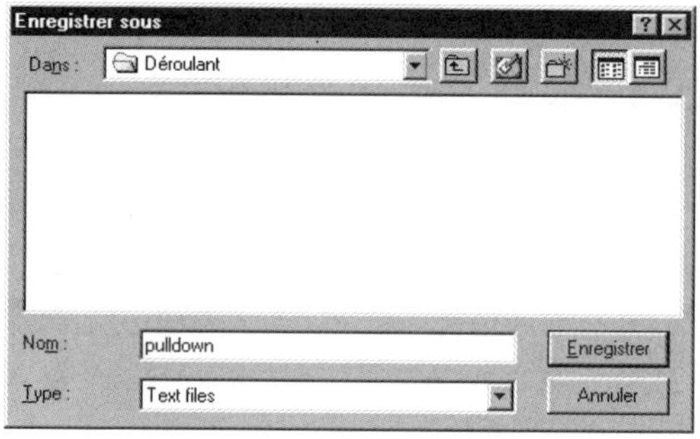

Fig. 10.8 :
Enregistrez le code sous forme de fichier .txt

- Après un clic sur le bouton **Enregistrer**, vous obtenez la confirmation suivante :

Fig. 10.9 :
Le fichier texte a été sauvegardé

Il ne vous reste plus qu'à intégrer le code dans la page web existante.

10.3. Intégrer le menu déroulant dans la page web

L'intégration du code développé par JMenu dans une page web est très simple. Il vous suffit pour cela de placer correctement le curseur d'insertion sur la page et d'ajouter le code source.

- Dans un éditeur de texte source comme HTML-Editor Phase 5, positionnez simplement le curseur d'insertion à l'emplacement de votre choix puis appuyez sur les touches Ctrl+V. Vous pouvez également sélectionner la commande **Edition/Coller**.

Dans un éditeur WYSIWYG comme FrontPage Express, l'opération ne s'avère pas aussi simple. Observez le résultat de la simple copie dans l'exemple suivant :

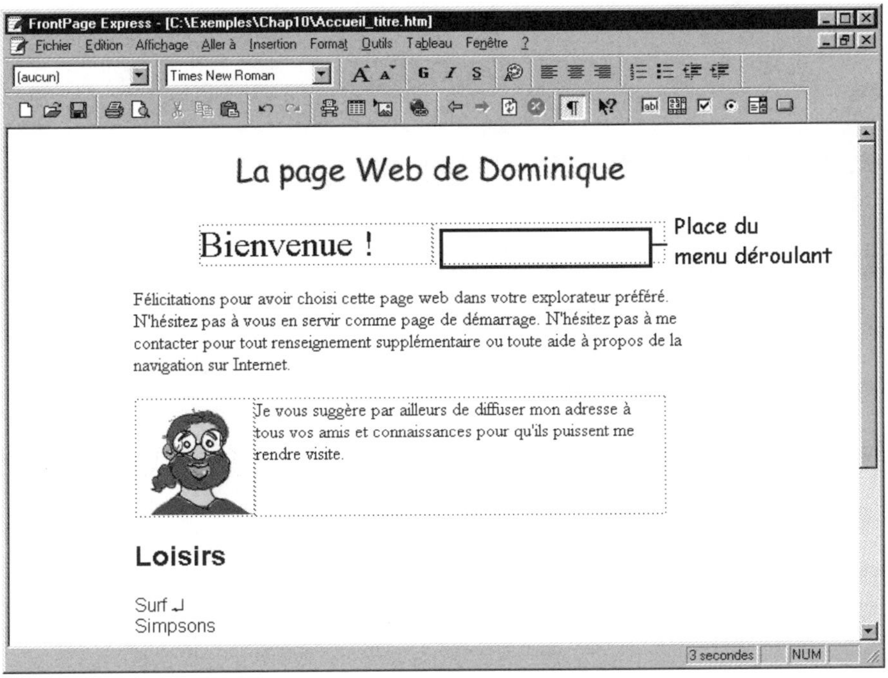

Fig. 10.10 : *La page ne dispose encore d'aucun menu*

Si vous insérez le code en mode d'affichage WYSIWYG, le texte source est placé signe par signe à l'emplacement demandé.

Le résultat s'affiche :

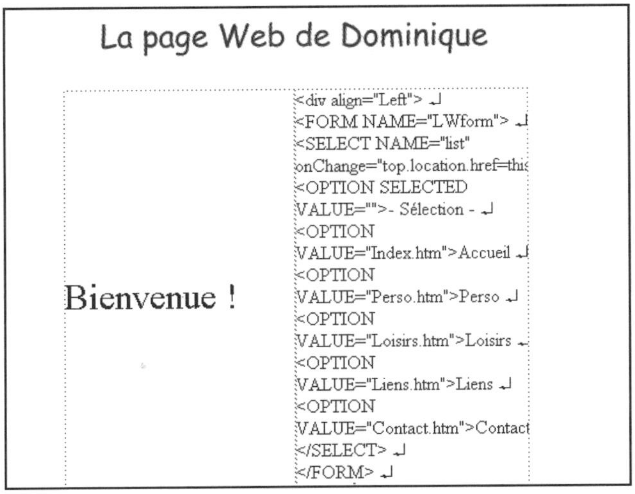

Fig. 10.11 : *Ce n'est pas la solution idéale*

La solution pour intégrer le code est la suivante :

- ▶ Sélectionnez la commande **Affichage/HTML**.
- ▶ Cherchez l'emplacement dans le texte source.

► Appuyez sur les touches Ctrl+V. pour coller le texte source de JMenu dans le texte à partir du Presse-papiers.

Après un clic sur OK, l'affichage est mis à jour :

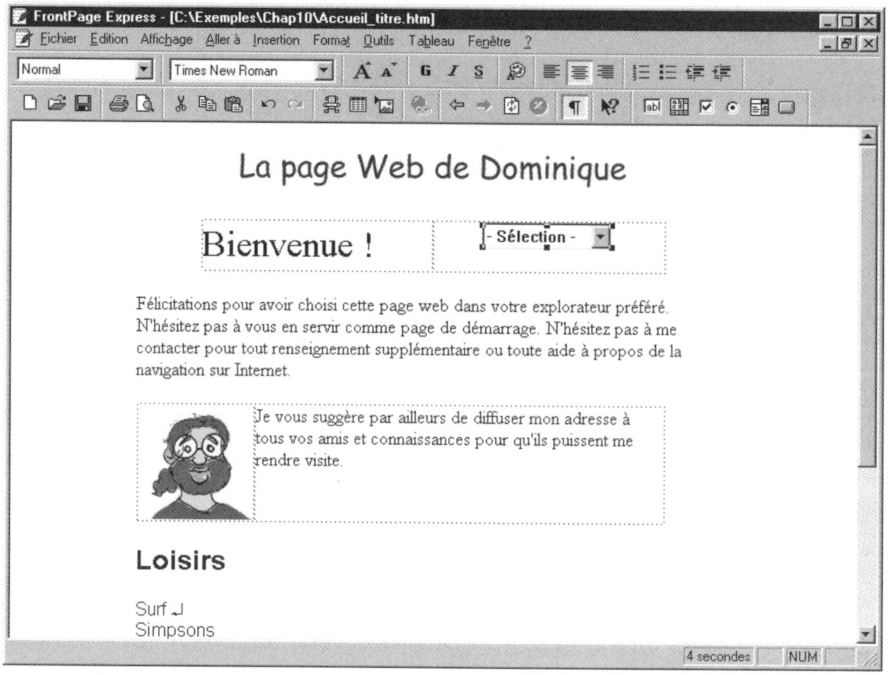

Fig. 10.12 : *Le résultat est bien plus satisfaisant*

10.4. Faisons le point

Résumons les différents points étudiés dans le chapitre :

- Les menus déroulants présentent l'avantage de ne pas occuper une trop grande place sur une page web tout en proposant une liste complète d'informations.
- Le programme JMenu (JavaScript Menu Generator) vous aide à élaborer des menus déroulants.
- Dans la fenêtre du programme, vous devez inscrire les entrées de la liste ainsi que les URL correspondantes.
- Le code défini par JMenu peut être intégré dans la page web par l'intermédiaire du Presse-papiers. Il peut également être enregistré sous forme de simple fichier texte.
- Dans un éditeur WYSIWYG comme FrontPage Express, vous devez ajouter le contenu du Presse-papiers dans le mode d'affichage HTML de la page en question.

Chapitre 11

Les onglets

Pour suivre les explications de ce chapitre, vous avez besoin :

- d'un navigateur et d'un éditeur HTML ;
- de Java Runtime Environment 1.22 de Sun ;
- de l'applet Java DipuTab 2.2.

11.1. Aspect pratique des onglets

Ce chapitre est consacré à cette forme de navigation utilisant les fonctionnalités des onglets, connus dans d'autres applications courantes. Ce type de navigation est défini à l'aide d'une applet Java.

Astuce

Utilisation des onglets

La plupart des lecteurs de pages web apprécient de naviguer sur des sites à l'aide d'onglets car leur utilisation reste intuitive.

Les onglets représentent une variante originale de système de navigation. De nombreux concepteurs de sites n'hésitent pas à en faire usage sur leurs pages. Cette navigation n'est pas uniquement composée de graphiques mais utilise une applet Java. Les exemples que nous allons vous présenter ont été en effet élaborés à l'aide de DipuTab. Dipu est le nom d'une société belge qui s'est spécialisée dans la programmation Java. Le terme "Tab" est l'abréviation anglaise de "Tabulator" et signifie "onglet".

L'applet est enregistrée dans un cadre et charge, en fonction de l'onglet sur lequel le lecteur a cliqué, la page HTML demandée dans le cadre inférieur.

Il n'est pas rare de rencontrer sur Internet des pages faisant usage de cette variante, comme le montre notre exemple :

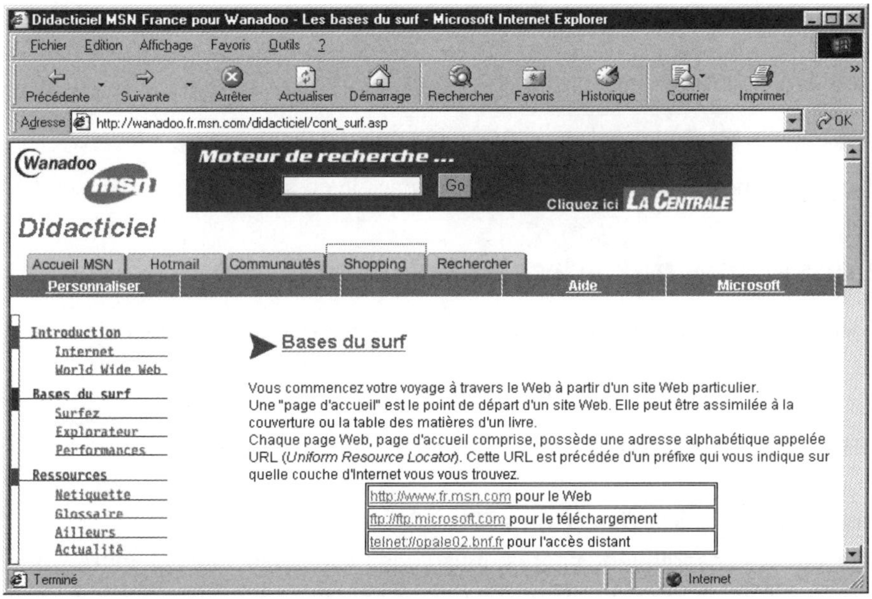

Fig. 11.1 : *Navigation avec onglets : page d'accueil*

Après un clic sur l'onglet **Shopping**, la page correspondante est mise en valeur :

Fig. 11.2 : *Une page se cache sous l'onglet Shopping*

Avant de nous lancer dans la construction de ce type de système de navigation, nous allons regrouper les éléments essentiels et définir les étapes nécessaires.

Dans ce chapitre, nous allons dans un premier temps préparer les fichiers HTML puis les programmes Java avant de configurer l'applet.

La mise en place des onglets va se dérouler selon quatre phases :

1. création de l'ensemble de cadres et des pages HTML nécessaires ;
2. installation du programme de configuration et de l'applet Java ;
3. configuration de l'applet Java ;
4. étude de certains paramètres avancés dans le programme de configuration.

Les fichiers élaborés au cours de ce chapitre sont enregistrés dans le dossier *C:\Navigation\Onglet*.

11.2. Créer l'ensemble de cadres et les pages web

La première phase consiste à définir l'ensemble de cadres et les fichiers HTML nécessaires pour illustrer l'exemple.

Définir l'ensemble de cadres

Astuce

Ensemble de cadres dans HomeSite 4.0

Pour éditer l'ensemble de cadres utilisé dans les pages de ce chapitre, vous pouvez utiliser le programme HomeSite 4.0 sur lequel nous reviendrons dans le chapitre *Se familiariser avec le texte source.*

L'ensemble de cadres destiné à nous servir de base pour l'exercice de navigation par onglets se compose de deux cadres placés l'un au-dessous de l'autre :

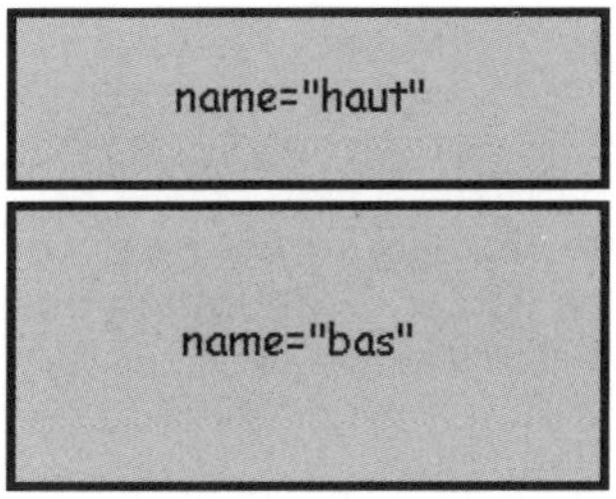

Fig. 11.3 :
Schéma du jeu de cadres

À cet effet, trois fichiers sont nécessaires :

- le fichier de l'ensemble de cadres *Index.htm*, qui définit la division de la fenêtre du navigateur ;
- le fichier *Onglet.htm*, affiché dans le cadre supérieur et contenant les éléments permettant la navigation ;
- le fichier *Accueil.htm* devant être présenté dans le cadre inférieur ; ce fichier sera remplacé par les autres pages web dès que le lecteur cliquera sur un autre onglet permettant la navigation.

L'objectif de ces premières explications pas à pas est de construire l'ensemble de cadres *Index.htm*. Nous reviendrons dans la section suivante sur la construction des autres fichiers HTML.

Atelier — Élaborer l'ensemble de cadres Index.htm

1. Ouvrez l'éditeur HTML de votre choix.

2. Saisissez le texte source présenté sur l'image. Dans un éditeur WYSIWYG comme FrontPage Express, n'oubliez pas d'afficher la page en mode HTML.

   Le texte source définissant l'ensemble de cadres est le suivant :

```
<html>

<head>
<meta http-equiv="Content-Type"
content="text/html; charset=iso-8859-1">
<meta name="GENERATOR" content="Microsoft FrontPage Express 2.0">
<title>Navigation avec DipuTab</title>
</head>

<frameset rows="40,*" framespacing="0" frameborder="no" border"0">
    <frame name="haut" src="Onglet.htm" scrolling="no"
    marginwidth="0">
    <frame name="bas" src="Accueil.htm">
    <noframes>
    <body>
    <p>Votre navigateur ne gère pas les cadres ! </p>
    </body>
    </noframes>
</frameset>
</html>
```

Fig. 11.4 :
Ce texte source définit le jeu de cadres

3. Enregistrez l'ensemble dans le dossier *C:\Navigation\Onglet* sous le nom `Index.htm`.

Vous venez de construire puis d'enregistrer l'ensemble de cadres. Il s'agit à présent de définir les différents fichiers HTML.

Créer les autres pages HTML

Le jeu de cadres étant prêt, vous pouvez passer à la définition des autres pages HTML devant s'afficher dans la partie inférieure de la fenêtre.

Astuce

Nom de la page d'accueil

La page d'accueil a été renommée dans cet exemple *Accueil.htm* et ne porte plus le nom *Index.htm* puisque ce nom est réservé au fichier de définition des cadres.

Les pages d'exemple élaborées dans les chapitres précédents contiennent déjà divers éléments de navigation. C'est la raison pour laquelle nous avons jugé plus simple de créer des pages vierges dans un éditeur HTML et de les sauvegarder plutôt que d'éditer les pages déjà disponibles.

Atelier

Créer les autres fichiers HTML

1. Définissez dans votre éditeur HTML habituel un nouveau document doté de l'ossature HTML.
2. Attribuez un nom à cette nouvelle page, par exemple `Navigation avec DipuTab - Page d'accueil`.
3. Placez le curseur d'insertion entre `<body>` et `</body>` et ajoutez la ligne `<h1>Accueil</h1>` :

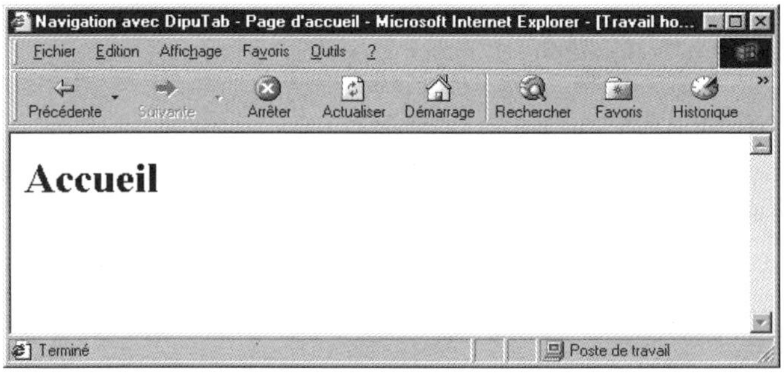

Fig. 11.5 : *Le fichier de la page d'accueil*

4. Enregistrez ce fichier dans le dossier *C:\Navigation\Onglet* sous le nom `Accueil.htm`.
5. Définissez les autres fichiers nécessaires : *Perso.htm*, *Loisirs.htm*, *Liens.htm* et *Contact.htm*. Modifiez dans chaque fichier le titre ainsi que le mot placé sur la page en fonction du fichier concerné.
6. Créez le fichier *Onglet.htm*. Il ne doit être composé que de l'ossature HTML.

Le tableau regroupe tous les fichiers créés jusqu'ici. Tous ces fichiers doivent être regroupés dans le dossier *C:\Navigation\Onglet* :

Tab. 11.1 : Les fichiers de la page avec onglets	
Nom du fichier	**Description**
Index.htm	Ensemble de cadres, définit la division de la fenêtre
Accueil.htm	`<h1>Accueil</h1>`, page de démarrage, affiché dans le cadre inférieur
Perso.htm	`<h1>Perso</h1>`, affiché dans le cadre inférieur
Loisirs.htm	`<h1>Loisirs</h1>`, affiché dans le cadre inférieur
Liens.htm	`<h1>Liens</h1>`, affiché dans le cadre inférieur
Contact.htm	`<h1>Contact</h1>`, affiché dans le cadre inférieur
Onglet.htm	Fichier encore vide du cadre supérieur, nécessaire à DipuTab

11.3. Préparer programmes et applets

Les pages web sont prêtes et la partie concernant HTML est terminée. Nous allons pouvoir commencer l'étude de l'utilisation de DipuTab.

DipuTab se compose de deux parties :

- le programme de configuration *configuration.jar* ;
- l'applet *diputab.class*.

Le programme de configuration de DipuTab a besoin pour fonctionner d'un programme de transcription Java, Java Runtime Environment (JRE).

Astuce — **Java Runtime Environment**

Nous reviendrons ultérieurement sur Java Runtime Environment et sur les concepts d'applets et d'applications.

Les sections suivantes sont consacrées à l'installation de ce programme de transcription Java puis à celle de l'applet Java DipuTab.

Installer Java Runtime Environment (JRE)

Comme nous venons de le souligner, il est dans premier temps nécessaire d'installer Java Runtime Environment.

Atelier — **Installation de Java Runtime Environment**

1. Pour installer le programme, double-cliquez sur le fichier exécutable *Jre122.exe*.
2. Lisez et acceptez les conditions d'utilisation de ce logiciel.
3. Confirmez le dossier de destination proposé par défaut dans la boîte de dialogue suivante en cliquant sur le bouton **Next**. Pour toute modification de ce chemin, cliquez sur le bouton **Browse**.

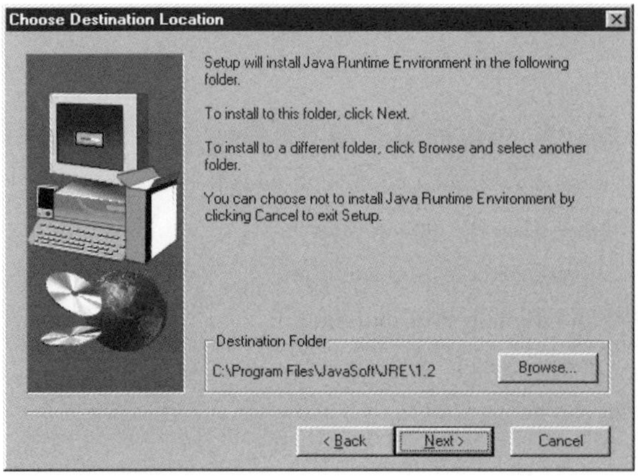

Fig. 11.6 : *Installation de Java Runtime Environment*

4 Les fichiers sont décompactés et copiés sur votre disque dur. Cette opération peut durer quelques minutes.

À la fin de l'installation, un bref message vous confirme que l'installation de Java Runtime Environment s'est correctement déroulée. Normalement, un redémarrage de votre ordinateur ne s'avère pas nécessaire.

À partir de maintenant, vous pouvez exécuter sur votre ordinateur des programmes Java, comme le programme de configuration de DipuTab.

Décompresser et installer l'applet Java DipuTab

L'archive *Diputab.zip* contient l'applet ainsi qu'une documentation (en anglais) et le programme de configuration de l'applet.

Astuce

DipuTab est disponible en freeware...

... pour un usage personnel et non commercial. Pour en savoir plus, consultez le fichier de documentation ou le site à l'adresse `www-eu.dipu.com`.

Lancez la décompression du fichier *Diputab.zip*. Nous vous conseillons d'enregistrer les fichiers de cette archive là où sont enregistrés tous vos autres programmes, par exemple dans le dossier *C:\Program Files\Diputab*. Lors de cette opération de décompression, plusieurs sous-dossiers sont définis.

Dans le dossier *Diputab*, vous devez retrouver les trois fichiers suivants :

- *diputab.class* : l'applet Java DipuTab.

  Cette applet sera traduite par le navigateur et permet de créer les onglets.
- *diputab.jar* : *diputab.class* sous forme compressée.

  Certains navigateurs vérifient si l'applet est disponible au format *.jar*. Si tel est le cas, ils traduisent le fichier *.jar*, dans ce cas plus rapidement que le fichier précédent.
- *configurator.jar* : le programme de configuration de DipuTab.

Ce programme de configuration crée un fichier de commande pour l'applet. Ce fichier est un fichier HTML tout à fait normal contenant la commande <applet> pour insérer l'applet en question ainsi que de nombreux paramètres qui contrôlent l'aspect et le comportement de l'applet.

Dans notre exemple, le fichier s'appelle *Onglet.htm*.

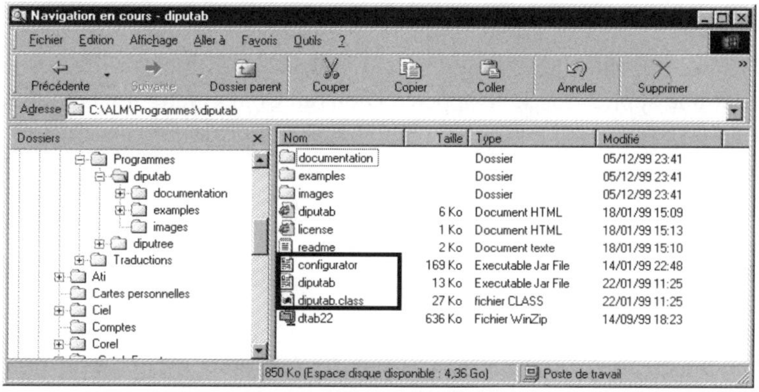

Fig. 11.7 : *Les fichiers sont disponibles sous forme décompressée*

Copiez les deux fichiers *diputab.class* et *diputab.jar* dans le dossier *C:\Navigation\Onglet* regroupant déjà les fichiers HTML de cet exemple.

Astuce

Afficher les extensions de fichiers ?

Si l'Explorateur Windows n'affiche pas les extensions de ces fichiers, sélectionnez la commande **Affichage/Options des dossiers**puis l'onglet **Affichage**. Désactivez l'option *Masquer les extensions des fichiers dont le type est connu.*

Dans ce dossier, vous devez dénombrer neuf fichiers :

- les fichiers HTML ;
- *diputab.class* ;
- *diputab.jar*.

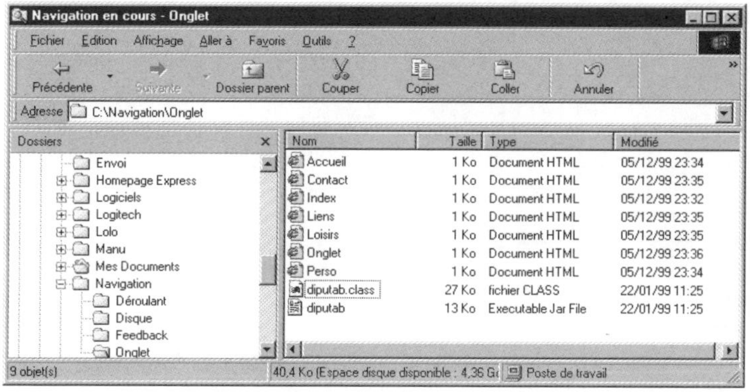

Fig. 11.8 : *Le dossier C:\Navigation\Onglet*

Le programme de configuration *configurator.jar* ne doit pas être enregistré dans ce dossier !

11.4. Configuration des onglets

Les étapes de préparation des divers éléments étant terminées, nous allons enfin pouvoir étudier en détail la configuration des onglets. Le travail de créativité peut commencer.

Il est dans un premier temps nécessaire de configurer DipuTab. Configurer signifie tout simplement que vous indiquez à l'applet l'aspect des onglets, leurs légendes ainsi que les pages web reliées à chaque onglet, etc.

À cet effet, vous allez utiliser une application Java appelée DipuTab Configurator. Le configurateur inscrit l'ouverture de l'applet avec `<applet>` et regroupe toutes les informations nécessaires dans la page HTML *Onglet.htm*.

DipuTab Configurator

Astuce

DipuTab Configurator

La version 3.0 du configurateur devrait bientôt être disponible. Le programme sera doté d'une nouvelle interface plus simple à utiliser. Pour de plus amples informations, reportez-vous à la page `www-eu.dipu.com`.

Dans le dossier dans lequel vous avez décompressé *Diputab.zip* doit se trouver le programme *configurator.jar*. Lancez le programme par un double clic. JRE traduit instantanément le programme et l'écran d'accueil s'affiche sur votre moniteur.

Sélectionnez la commande **File/New project**. Un nouvel écran s'affiche :

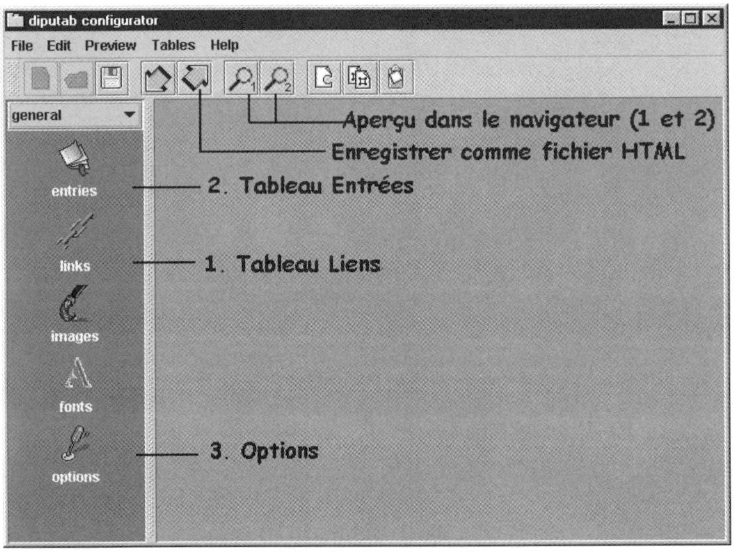

Fig. 11.9 : *DipuTab Configurator*

DipuTab Configurator prend en charge tout le travail de gestion de configuration de l'applet :

- Il ajoute sur la page *Onglet.htm* de l'ensemble de cadres le texte source permettant de relier l'applet à la page HTML.
- Il enregistre toutes les informations relatives aux onglets, par exemple leurs légendes et leur aspect.

Le programme de configuration gère toutes les informations nécessaires dans des bases de données, présentées comme dans Access sous forme de tableaux.

La configuration se déroule en quatre temps :

1. mise en place d'un nouveau projet ;
2. saisie d'informations dans le tableau *Links* ;
3. saisie d'informations dans le tableau *Entries* ;
4. configuration des options.

Mise en place d'un nouveau projet

La première étape de la configuration de l'applet consiste à définir un nouveau projet.

Atelier — Project settings dans DipuTab Configurator

1. Sélectionnez la commande **File/Project settings**.

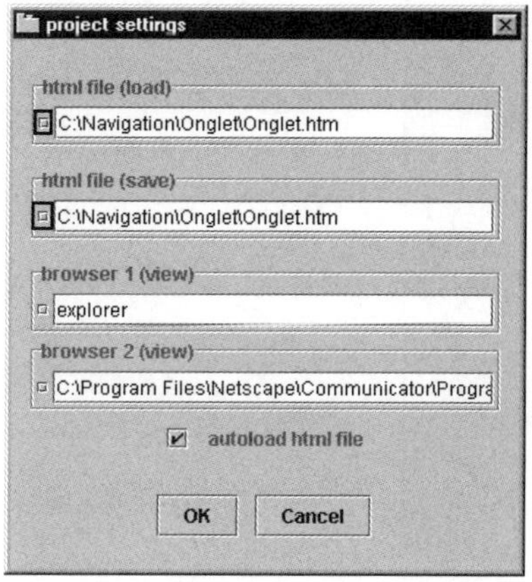

Fig. 11.10 : *File/Project settings*

2. Dans le champ *html file (load)*, saisissez le chemin d'accès au fichier *Onglet.htm*. C'est lui qui s'affichera dans le cadre supérieur de la page web.

   Cliquez sur le petit carré situé à gauche de la ligne de saisie pour chercher le fichier en question.

3. Dans le champ *html file (save)*, indiquez également le chemin d'accès au fichier *Onglet.htm* affiché dans le cadre supérieur de la page web.

4 Si la ligne inscrite dans le champ *browser 1 (view)* correspond à Internet Explorer, et dans le cas où le navigateur est utilisé par défaut sur votre PC, ne modifiez pas ce paramètre.

5 Dans le champ *browser 2 (view)* est indiqué le chemin d'accès de l'installation de Netscape Navigator en version anglaise.

Si vous n'avez installé aucun autre navigateur, ne modifiez pas ce paramètre.

Si vous avez installé Netscape Navigator dans un autre endroit, modifiez ce chemin d'accès en cliquant sur le petit carré à gauche devant la ligne et cherchez le programme.

Cliquez sur OK pour valider.

Avant de continuer, enregistrez le projet avec la commande **File/Save project**, en optant par exemple pour le nom `Onglet.prj`.

Si vous souhaitez ultérieurement procéder à des modifications des paramètres des onglets, il vous suffit de charger le fichier du projet *Onglet.prj* avec la commande **File/Load project**.

Tableau Links

Cliquez dans la colonne gauche de la fenêtre sur l'icône du tableau *Links*. Saisissez dans ce tableau tous les liens répertoriés dans votre document :

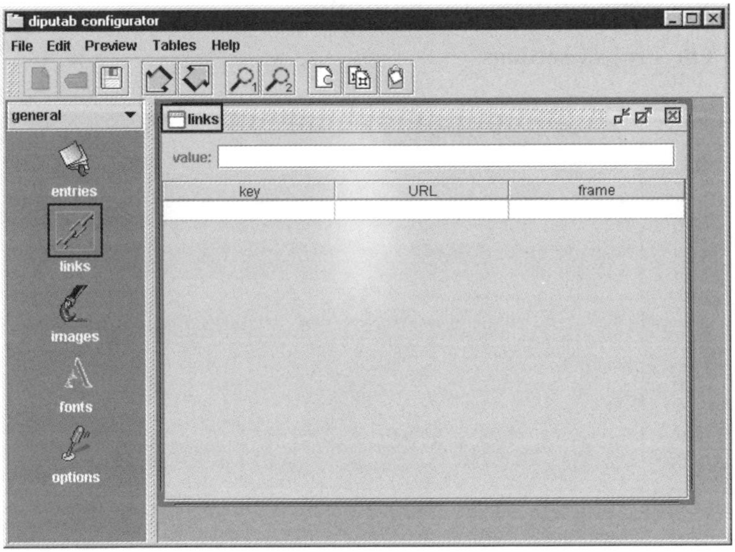

Fig. 11.11 : *Le tableau Links encore vide*

Astuce

Modifier les champs

Pour saisir les informations dans un champ, cliquez une fois dessus. Pour le modifier, double-cliquez sur le champ concerné ou appuyez sur la touche F2.

Chaque ligne de ce tableau constitue un enregistrement. Chaque enregistrement est composé de trois colonnes, appelées "champ" comme dans une base de données. Les saisies s'effectuent dans ces différents champs :

- *key* : la clé (*key* en anglais) sert à l'identification de l'enregistrement. Dans une base de données Access de Microsoft, ce champ est appelé "clé primaire".
- *URL* : vous saisissez dans cette colonne la liste de toutes les URL de votre page d'accueil. Vous pouvez saisir aussi bien des URL relatives qu'absolues. Étant donné que toutes les pages web sont disponibles dans un même dossier, le nom des fichiers suffit.
- *frame* : laissez les champs de cette colonne vides pour le moment.

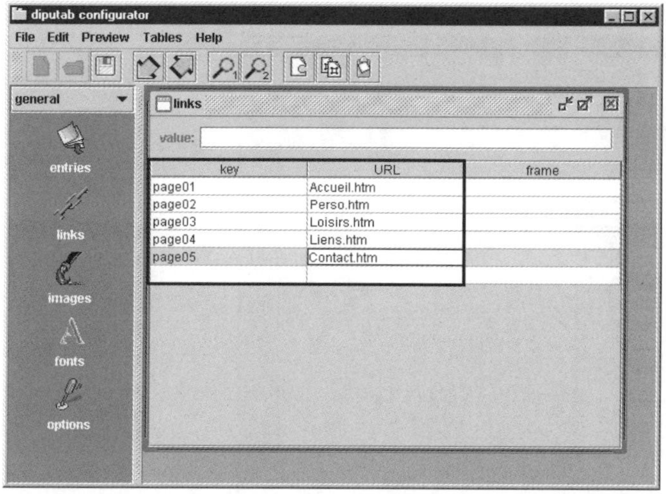

Fig. 11.12 : *Remplissez les colonnes de cette rubrique*

Tableau Entries

Cliquez ensuite sur le symbole *Entries* que l'on pourrait traduire par "entrées". Vous déterminez dans cette section quel onglet active quelle page web.

Le tableau *Entries* dispose d'un plus grand nombre de champs que le tableau *Links* :

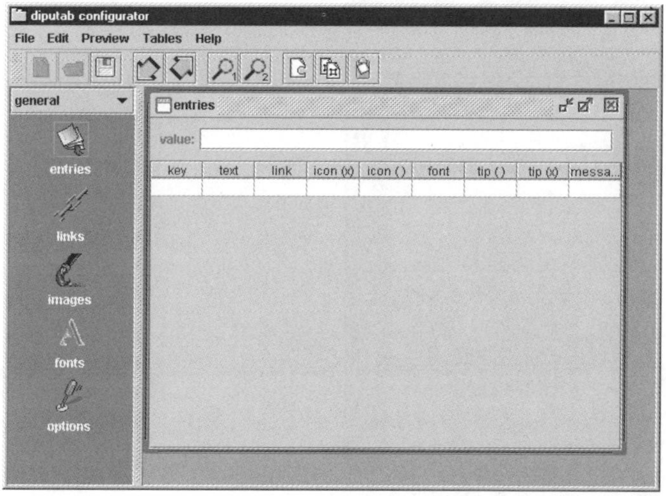

Fig. 11.13 : *Le tableau Entries*

Pour le moment, seuls les trois premiers champs sont intéressants :

- *key* : comme dans le tableau *Links*, il s'agit de la clé primaire de chaque enregistrement.
- *text* : inscrivez dans cette colonne les légendes des onglets. La taille de chaque onglet s'adapte automatiquement à celle du texte que vous saisissez ici.
- *link* : enregistrez ici la page web devant être affichée lorsque le lecteur clique sur l'onglet. Étant donné que vous avez défini tous les liens dans le tableau *Links*, vous pouvez sélectionner les pages web souhaitées avec la souris en choisissant l'entrée correspondante dans la liste déroulante.

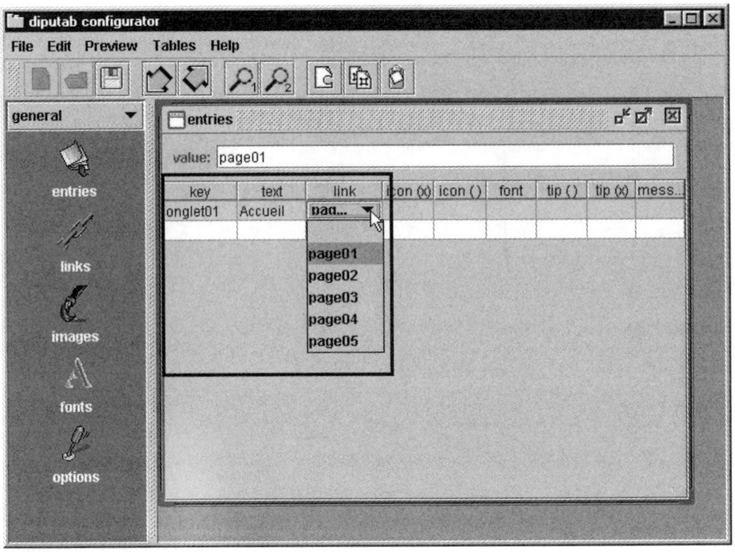

Fig. 11.14 : *Éditez le tableau Entries*

Une fois complété, le tableau doit correspondre à l'image suivante :

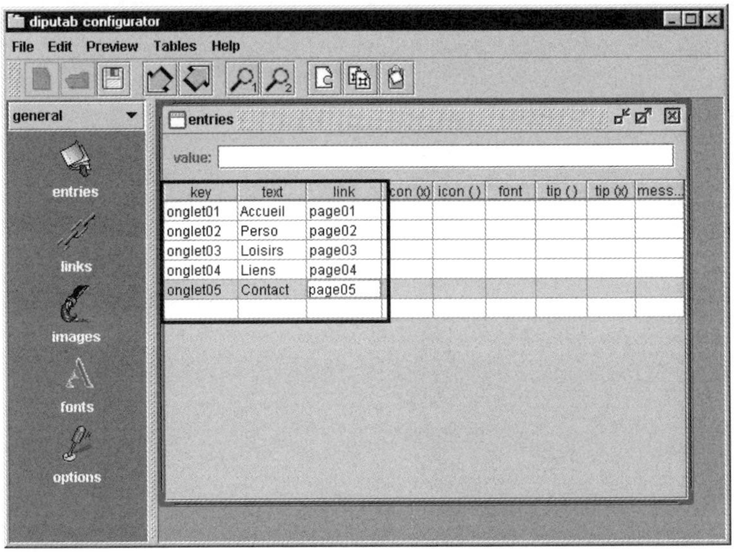

Fig. 11.15 : *Le tableau Entries complété*

Le système de navigation est presque terminé.

Affichez un aperçu du fichier *Onglet.htm* par l'intermédiaire du menu **Preview** ou en cliquant sur l'un des deux symboles d'aperçu de la barre d'outils.

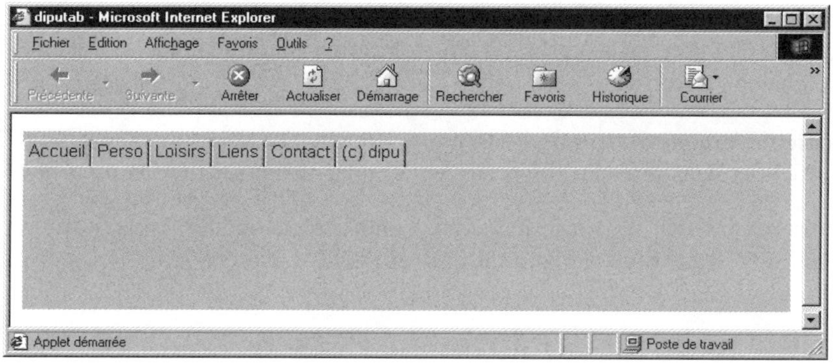

Fig. 11.16 : *Le premier aperçu des onglets*

Le système de navigation que vous venez de définir se compose donc de cinq onglets plus un sixième qui permet d'accéder directement à la page d'accueil de Dipu.

Pour que le système de navigation par onglets fonctionne dans l'ensemble de cadres, il vous reste à configurer quelques options.

Options

Le tableau *Options* regroupe plusieurs rubriques. Nous allons dans cette section nous attarder sur l'onglet **Applet** :

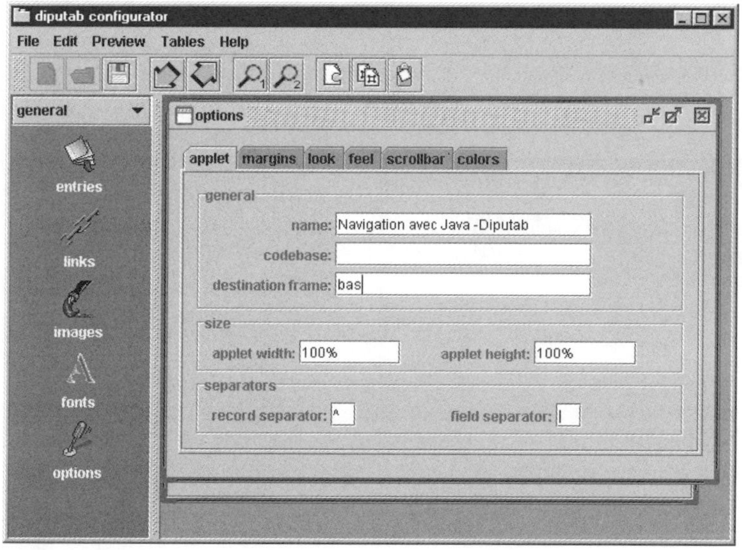

Fig. 11.17 : *Le tableau Options*

- Attribuez dans le champ *name* un nom au projet courant. Ce nom sera utilisé par DipuTab comme titre (<title>) sur la page de navigation *Onglet.htm*.
- Le champ *codebase* peut rester vide pour l'instant. Tant que l'applet se trouve dans le même dossier que les fichiers HTML, aucune saisie n'est ici nécessaire.
- Le champ le plus important de cet onglet est *destination frame*. Précisez dans ce champ dans quel cadre les pages web chargées par un clic sur les onglets doivent être affichées. Saisissez simplement dans ce champ le mot `bas`.

Vous souvenez-vous encore de la construction de l'ensemble de cadres au début de ce chapitre ? Les pages doivent être affichées dans le cadre inférieur auquel nous avons attribué le nom `bas`.

Dès que toutes les options nécessaires sont inscrites, enregistrez les paramètres saisis jusqu'ici grâce à la commande **File/Save html file** sous le nom `Onglet.htm`.

Tester la navigation avec les onglets

Astuce

Quels sont les fichiers à transférer sur le serveur web ?

Tous les fichiers du dossier *C:\Navigation\Onglet* à l'exception du fichier du projet *Onglet.prj* :

- tous les fichiers *.htm* ;
- *diputab.class* ;
- et *diputab.jar*.

Le programme de configuration *configurator.jar* n'a pas besoin d'être téléchargé.

Vous avez défini dans le programme de configuration les légendes des onglets, indiqué les pages web correspondantes et précisé à l'applet dans quel cadre ces pages devaient s'afficher dans la fenêtre du navigateur.

Il ne vous reste plus qu'à faire un essai :

- Ouvrez le fichier *Index.htm* dans le navigateur et testez le mode de navigation.

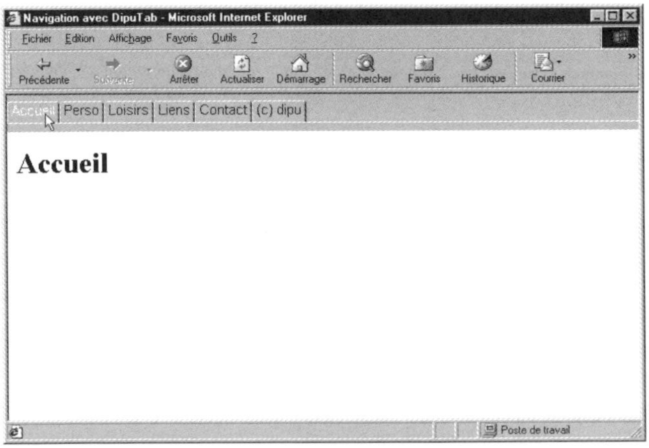

Fig. 11.18 : *Dans Internet Explorer...*

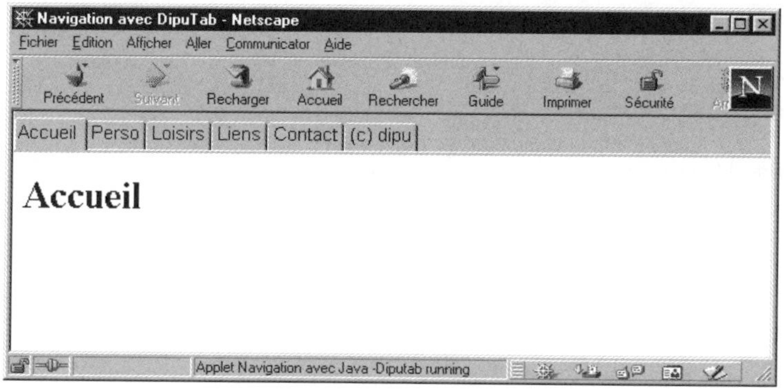

Fig. 11.19 : *... et dans Netscape Navigator*

Texte source du fichier Onglet.htm

Pour terminer, jetons un œil sur le fichier *Onglet.htm* avec lequel l'applet est contrôlée. Dans un éditeur HTML, le fichier est présenté sous cette forme :

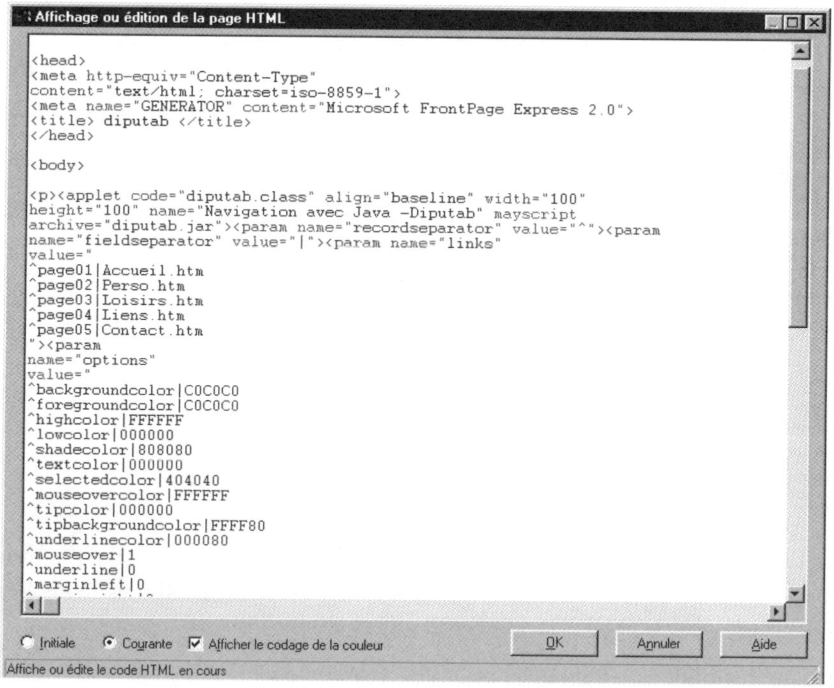


```
<head>
<meta http-equiv="Content-Type"
content="text/html; charset=iso-8859-1">
<meta name="GENERATOR" content="Microsoft FrontPage Express 2.0">
<title> diputab </title>
</head>

<body>

<p><applet code="diputab.class" align="baseline" width="100"
height="100" name="Navigation avec Java -Diputab" mayscript
archive="diputab.jar"><param name="recordseparator" value="^"><param
name="fieldseparator" value="|"><param name="links"
value="
^page01|Accueil.htm
^page02|Perso.htm
^page03|Loisirs.htm
^page04|Liens.htm
^page05|Contact.htm
"><param
name="options"
value="
^backgroundcolor|C0C0C0
^foregroundcolor|C0C0C0
^highcolor|FFFFFF
^lowcolor|000000
^shadecolor|808080
^textcolor|000000
^selectedcolor|404040
^mouseovercolor|FFFFFF
^tipcolor|000000
^tipbackgroundcolor|FFFF80
^underlinecolor|000080
^mouseover|1
^underline|0
^marginleft|0
```

Fig. 11.20 : *Extrait du texte source du fichier Onglet.htm*

Ce texte source a été élaboré par le programme de configuration *configurator.jar*.

11.5. Paramètres avancés de DipuTab

La navigation à l'aide d'onglets fonctionne très bien. Vous pouvez néanmoins prendre le temps d'améliorer l'aspect graphique de l'ensemble. Les paramètres doivent être enregistrés sous les deux onglets de la rubrique *Options*.

- **Colors** : pour modifier les couleurs.
- **Margins** : pour configurer les marges.

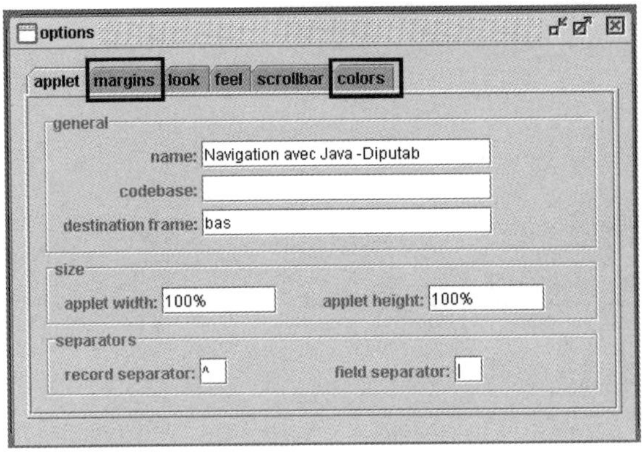

Fig. 11.21 : *DipuTab Configurator : les options*

Paramètres des couleurs

Cliquez dans la fenêtre du Configurator sur le symbole *Options* puis, dans la partie droite, activez l'onglet **Colors**.

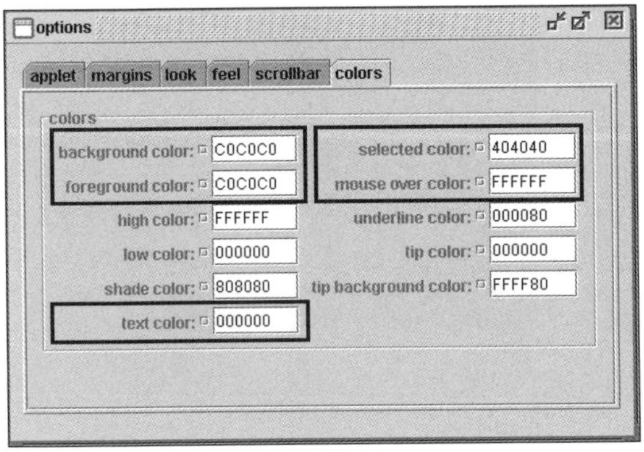

Fig. 11.22 : *Configurez les couleurs*

L'indication des valeurs des couleurs s'effectue selon le schéma habituel hexadécimal HTML. En cliquant sur le petit carré devant les zones de saisie, vous faites apparaître une palette de couleurs dans laquelle il est plus aisé de sélectionner une couleur à l'aide de la souris.

Le tableau suivant regroupe les options essentielles relatives aux couleurs :

Tab. 11.2 : Paramètres des couleurs dans DipuTab

Désignation	Signification
background color	couleur d'arrière-plan (derrière les onglets)
foreground color	couleur de premier plan (les onglets)
text color	couleur du texte
selected color	couleur du texte, lorsque l'onglet est sélectionné

Tab. 11.2 : Paramètres des couleurs dans DipuTab	
Désignation	**Signification**
mouse over color	couleur du texte, lorsque la souris passe dessus

Paramètres des marges

"Margin" se traduit en français par "marges".

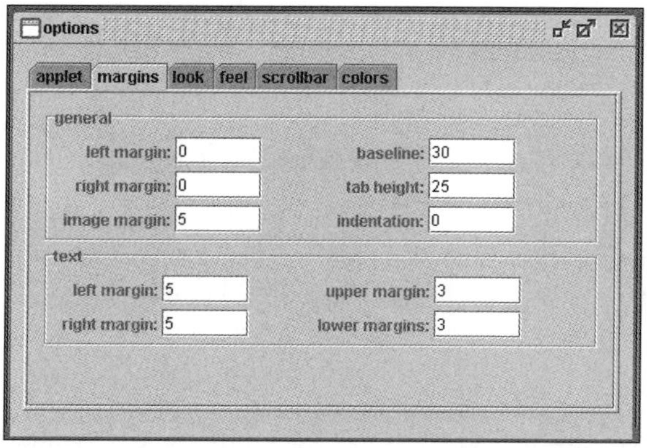

Fig. 11.23 : *Configurez les marges relatives aux onglets*

Le tableau présente les différentes configurations possibles :

Tab. 11.3 : Paramètres des marges de DipuTab	
Rubrique General	**Marges pour l'applet et les onglets**
left margin	marge par rapport à la fenêtre du navigateur - à gauche
right margin	marge par rapport à la fenêtre du navigateur - à droite
baseline	surface de l'applet
tab height	hauteur des onglets
indentation	retrait du premier onglet

Tab. 11.4 : Paramètres des marges du texte dans DipuTab	
Rubrique Text	**Marges autour du texte**
left	espace autour du texte - à gauche
right	espace autour du texte - à droite
upper	espace autour du texte - en haut
lower	espace autour du texte - en bas

Faites des essais pour trouver les paramètres qui vous conviennent le mieux.

11.6. Applets et applications

Les programmes Java peuvent être classés dans diverses catégories :

- les applets java qui sont de petits programmes appelés sur une page web avec la commande `<applet>` et qui ne peuvent s'afficher que dans le navigateur web ;
- les applications Java qui sont des programmes Java plus complets exécutés en dehors du navigateur.

Astuce

Il existe aussi des "Java-Servlets"

Pour information, il faut savoir qu'il existe également des Servlets Java. Pour simplifier, on peut dire qu'il s'agit d'applets qui ne fonctionnent pas dans le navigateur mais sur le serveur web.

La navigation par onglets est élaborée par un applet Java du nom de DipuTab. Cette applet est affichée par le navigateur.

Le programme de configuration de DipuTab est un programme Java, une application Java capable de fonctionner indépendamment du navigateur.

Les applications de JRE

Les programmes Java ont ceci de particulier qu'ils fonctionnent sous différents systèmes d'exploitation.

Les programmes normaux sont compilés dans un langage compréhensible pour un système d'exploitation particulier. Ces programmes fonctionnent soit sous Windows, soit sous Apple ou encore sous UNIX.

Cette fonctionnalité de Java est obtenue grâce à une petite astuce. Les programmes Java sont simplement pré-compilés dans un langage de type esperanto. Ce code n'est traduit que lorsque le programme est lancé sur un ordinateur.

À cet effet, un traducteur est nécessaire ; c'est sur ce point que se distinguent les applets et les applications :

- Les applets Java sont traduites par le navigateur web, pour être plus précis par un programme additionnel, la Java Virtual Machine. Dès qu'une applet Java est lancée sur une page web, le traducteur s'exécute et le navigateur affiche le résultat. Les navigateurs qui ne peuvent prendre en charge Java ne disposent simplement pas de ce traducteur.
- Les applications Java sont traduites par Java Runtime Environment. Les applications Java ont également besoin d'un traducteur. Les applications ne sont pas liées à une page web et le navigateur ne peut donc pas entrer en jeu. La solution est Java Runtime Environment, le traducteur de programmes Java.

Pour résumer, une applet Java est traduite et affichée dans le navigateur web, une application Java est traduite par Java Runtime Environment (JRE) et affichée en dehors du navigateur web.

11.7. Faisons le point

Cette dernière section résume les points abordés dans ce chapitre :

- La navigation composée d'onglets est plutôt destinée aux petits sites web ou aux pages traitant d'un même thème sur un site plus important.
- Les onglets sont faciles à utiliser.
- Les onglets créés avec l'applet Java DipuTab permettent au lecteur de savoir qu'elle est la page consultée, même avec des cadres.
- La construction d'un système de navigation avec des onglets s'effectue en trois temps :
  - création de l'ensemble de cadres et des fichiers HTML ;
  - installation du programme de configuration (*configurator.jar*) et de l'applet Java DipuTab ;
  - configuration de l'applet Java.
- Le programme de configuration *configurator.jar* facilite la configuration du système de navigation par onglets en mettant à la disposition des lecteurs une interface graphique. Le programme *configurator.jar* est une application Java et a besoin de Java Runtime Environment (JRE).
- Le programme de configuration définit les commandes nécessaires à l'applet DipuTab et les inscrit dans le fichier *Onglet.htm*.
- Le texte source HTML du fichier *Onglet.htm* permet de préciser les légendes, l'aspect et le comportement des onglets.
- Il faut faire la distinction entre ce que l'on appelle les applets Java et les applications Java :
  - Les applets sont exécutées et affichées dans le navigateur (*diputab.class* et *diputab.jar*).
  - Les applications tournent en dehors du navigateur et ont besoin de Java Runtime Environment (le programme de configuration *configurator.jar*).

Chapitre 12

L'Explorateur Windows

Dans ce chapitre, nous avons utilisé les logiciels suivants :

- un navigateur et un éditeur HTML ;
- Java Runtime Environment 1.22 de Sun ;
- l'applet Java DipuTree.

12.1. La navigation avec un Explorateur

Alors que la navigation à l'aide d'onglets est plus particulièrement réservée à de petits sites, il n'en est pas de même pour la navigation basée sur un Explorateur de type Windows. Ce système s'adresse surtout aux sites contenant un nombre élevé de pages, à partir de quinze ou vingt pages par exemple.

L'utilisation de ce système de navigation est assez courante sur Internet :

Fig. 12.1 :
Navigation avec un Explorateur

Ce type de navigation est en effet basé sur l'Explorateur que tous les utilisateurs de Windows connaissent et savent utiliser.

L'avantage de ce système de navigation est qu'il permet d'indiquer au lecteur, grâce à un Feedback optique, où il se situe sur le site. La page sélectionnée est souvent mise en valeur dans l'arborescence en dehors de son affichage dans l'autre partie de la fenêtre.

Ce chapitre a pour but de vous montrer comment construire un Explorateur à l'aide d'une applet Java appelée DipuTree.

Le chapitre est divisé en trois grandes parties :

1. préparation de l'ensemble de cadres, des pages HTML et de DipuTree ;
2. configuration de l'applet Java à l'aide de DipuTree Configurator ;
3. étude des paramètres avancés du programme de configuration.

Tous les fichiers définis au cours de ce chapitre sont enregistrés dans un dossier nommé *C:\Navigation\Arborescence*.

12.2. Préparer l'ensemble de cadres, les pages HTML et DipuTree

La première étape consiste à définir l'ensemble de cadres *Index.htm*. Il vous faudra ensuite définir quelques pages HTML destinées à vous servir d'exemples. Tous les fichiers doivent être sauvegardés dans le dossier *C:\Navigation\Arborescence*.

Décompactez ensuite l'archive *Diputree.zip* dans le dossier de votre choix.

Définir l'ensemble de cadres

L'ensemble de cadres adapté à un système de navigation de type Explorateur se compose de deux cadres :

- le cadre gauche contenant l'arborescence ;
- le cadre droit affichant les pages HTML correspondantes.

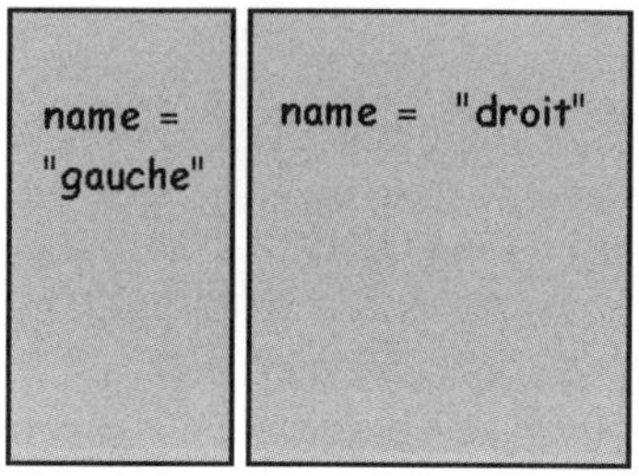

Fig. 12.2 : *Schéma de l'ensemble de cadres*

À cet effet, trois fichiers sont nécessaires :

- le fichier de l'ensemble de cadres *Index.htm*, qui définit la division de la fenêtre du navigateur ;
- le fichier *Arbre.htm*, affiché dans le cadre gauche et contenant l'applet de la navigation ;
- le fichier *Sommaire.htm* devant être présenté dans le cadre droit à l'ouverture du site ; ce fichier sera remplacé par les autres pages web dès que le lecteur cliquera sur une autre ligne de la navigation.

L'objectif de ces premières explications pas à pas est de construire l'ensemble de cadres. Définissez dans votre éditeur habituel un fichier contenant le texte source suivant puis enregistrez-le dans le dossier *C:\Navigation\Arborescence* sous le nom de `Index.htm`.

```
<html>

<head>
<title>Navigation avec Java - DipuTree</title>
</head>

<frameset cols="280,*" framespacing="0" frameborder="no" border"0">
    <frame src="Arbre.htm" name="gauche" marginwidth="0" marginheight="0"
     scrolling="no">
    <frame src="Contenu.htm" name="droit" marginwidth="0" marginheight="0">
    </frameset>

<noframes>
<p>Votre navigateur ne gère pas les cadres ! </p>
<br>Vous pouvez néanmoins lire le document :
<a ref="Contenu.htm">Internet pour tous</a>
</noframes>

</html>
```

Fig. 12.3 : *L'ensemble de cadres Index.htm*

Définir les pages exemples

Ce système de navigation est, nous l'avons dit, plutôt réservé aux sites contenant un nombre important de pages. Pour suivre pas à pas les explications fournies dans ce chapitre, vous devez donc disposer de quinze pages HTML minimum.

Pour vous aider dans la création de ces pages HTML, tenez compte des points suivants :

Dans notre exemple, le nom des pages HTML est composé sur le schéma suivant :

- Il commence par les lettres in*.
- Le premier chiffre correspond au numéro du chapitre et le second au numéro de la page dans le chapitre en question.
- Les fichiers terminés par le chiffre 0 sont des sommaires de chapitre.

Par conséquent, la page *in25.htm* est la cinquième page du chapitre 4.

Vous devez en outre disposer dans le dossier *C:\Navigation\Arborescence* des trois fichiers *Sommaire.htm*, *Index.htm* et *Arbre.htm* :

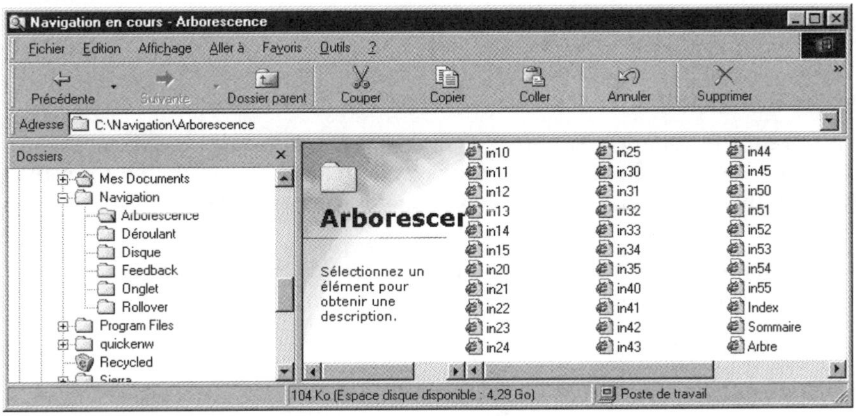

Fig. 12.4 : *Les fichiers du dossier C:\Navigation\Arborescence*

Décompresser et installer l'applet Java DipuTree

Ouvrez le CD-Rom contenant l'archive *Diputree.zip* et décompressez-la dans un dossier spécial, par exemple *C:\Program Files\DipuTree*.

Lors de cette opération de décompression, plusieurs sous-dossiers sont définis. Dans le dossier *DipuTree*, vous devez entre autres retrouver les trois fichiers suivants :

- *diputree.class* : l'applet Java DipuTree.

  Cette applet sera traduite par le navigateur et permet la création de l'arborescence.
- *diputree.jar* : *diputree.class* sous forme comprimée.

  Le navigateur traite plus rapidement ce fichier.
- *configurator.jar* : le programme de configuration de DipuTree.

Le programme de configuration crée un fichier de commande pour l'applet. Ce fichier est un fichier HTML tout à fait normal contenant la commande `<applet>` pour insérer l'applet en question ainsi que de nombreux paramètres qui contrôlent l'aspect et le comportement de l'applet. Dans notre exemple, le fichier s'appelle *Arbre.htm*.

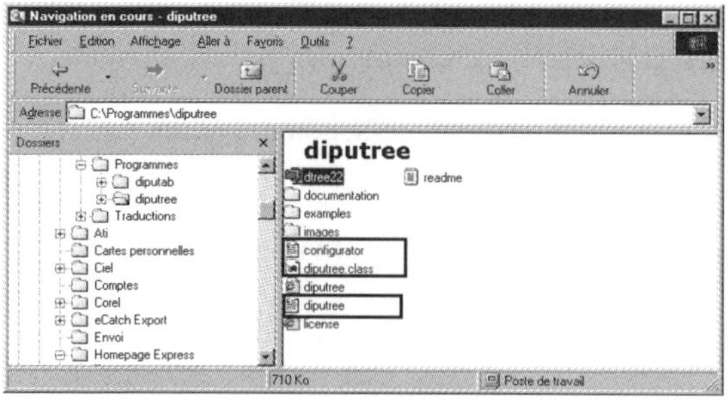

Fig. 12.5 : *Le dossier C:\Programme\Diputree*

Copiez les deux fichiers *diputree.class* et *diputree.jar* dans le dossier *C:\Navigation\Arborescence* regroupant déjà les fichiers HTML de cet exemple.

12.3. Configuration de DipuTree

Astuce

JRE est-il installé ?

Pour garantir le fonctionnement de DipuTree Configurator, il est nécessaire que Java Runtime Environment (JRE) soit installé. Pour de plus amples informations à ce sujet, reportez-vous au chapitre précédent.

Le programme de configuration de DipuTree ressemble à celui de DipuTab. Mais les deux programmes, malgré un nom identique, présentent certaines particularités.

- Ouvrez le dossier *C:\Programme\Diputree.*
- Lancez le programme *configurator.jar* par un double clic.

Peu de temps après apparaît l'écran de démarrage. Sélectionnez la commande **File/New project** pour afficher la fenêtre suivante :

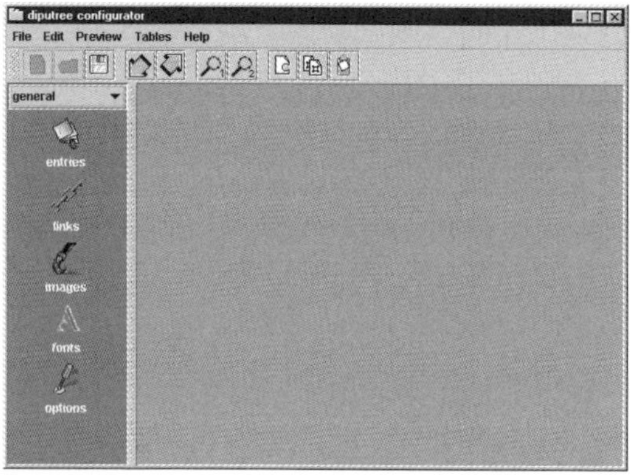

Fig. 12.6 : *DipuTree Configurator*

Vous avez sans doute remarqué que la barre de titre de la fenêtre indique DipuTree Configurator et non DipuTab Configurator.

La configuration de DipuTree est basée, comme dans le chapitre précédent consacré aux onglets, sur quatre étapes :

1. mise en place d'un nouveau projet ;
2. saisie d'informations dans le tableau *Links* ;
3. saisie d'informations dans le tableau *Entries* ;
4. configuration des options.

Création d'un nouveau projet

La première étape de la configuration de l'applet consiste à définir un nouveau projet.

Le principe est exactement le même que celui présenté pour DipuTab dans le chapitre précédent. Pour vous éviter de perdre du temps, nous avons repris les explications :

Atelier — Project settings dans DipuTree Configurator

1. Si vous ne l'avez pas encore fait, définissez un nouveau projet à l'aide de la commande **File/New project**.
2. Sélectionnez la commande **File/Project settings**.

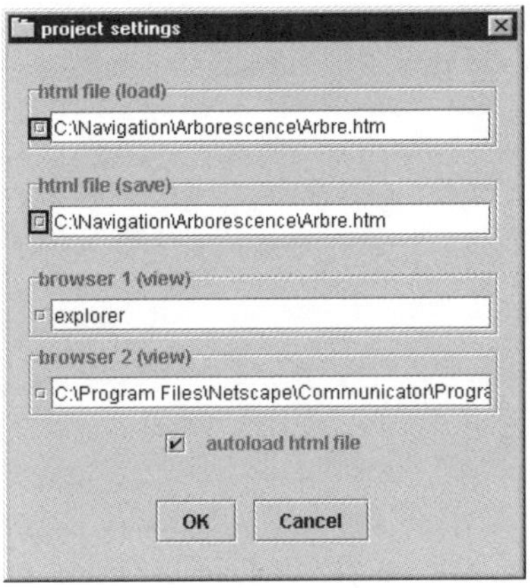

Fig. 12.7 : *File/Project settings*

3. Dans le champ *html file (load)*, saisissez le chemin d'accès au fichier *Arbre.htm*. C'est lui qui s'affichera dans le cadre gauche de la page web.

   Cliquez sur le petit carré situé à gauche de la ligne de saisie pour chercher le fichier en question.
4. Dans le champ *html file (save)*, indiquez le même chemin d'accès au fichier *Arbre.htm*.

5 Si la ligne inscrite dans le champ *browser 1 (view)* correspond à Internet Explorer, et dans le cas où le navigateur est utilisé par défaut sur votre PC, ne modifiez pas ce paramètre.

6 Dans le champ *browser 2 (view)* est indiqué le chemin d'accès à Netscape Navigator. Modifiez la ligne le cas échéant.

7 Confirmez vos paramètres en cliquant sur OK.

Enregistrez le projet avec la commande **File/Save project** sous le nom `Arbre.prj`.

Pour procéder ultérieurement à des modifications de paramètres, il vous suffira de charger le fichier du projet *Arbre.prj* avec la commande **File/Load project**.

Le tableau Links

Cliquez dans la colonne gauche de la fenêtre sur l'icône du tableau *Links*. Saisissez dans ce tableau toutes les pages web devant être ouvertes par l'intermédiaire de l'arborescence :

Le tableau *Links* est composé de trois colonnes :

- *key* : la clé (*key* en anglais) sert à identifier l'enregistrement. Elle correspond à une clé primaire.
- *URL* : vous saisissez dans cette colonne la liste de toutes les URL de votre page d'accueil. Vous pouvez saisir aussi bien des URL relatives qu'absolues. Étant donné que toutes les pages web sont disponibles dans un même dossier, le nom des fichiers suffit.
- *frame* : laissez les champs de cette colonne vides pour le moment.

Le tableau *Links* dans DipuTree Configurator doit ressembler à notre exemple. L'élaboration de ce système de navigation demande du temps mais le résultat est très souvent satisfaisant :

key	URL
accueil	Sommaire.htm
page10	in10.htm
page11	in11.htm
page12	in12.htm
page13	in13.htm
page14	in14.htm
page15	in15.htm
page20	in20.htm
page21	in21.htm

Fig. 12.8 :
Le tableau regroupe toutes les informations

Le tableau Entries

Le tableau *Entries* dispose d'un plus grand nombre de champs que le tableau présenté dans la section précédente. Le tableau ne contient encore aucun élément : (voir fig. 12.9)

Pour configurer l'applet, vous devez remplir les six colonnes entourées d'un rectangle sur l'image d'exemple :

- *key* : il s'agit de la clé de toute la ligne permettant d'identifier un enregistrement.
- *text* : permet d'indiquer les légendes des menus de l'Explorateur.

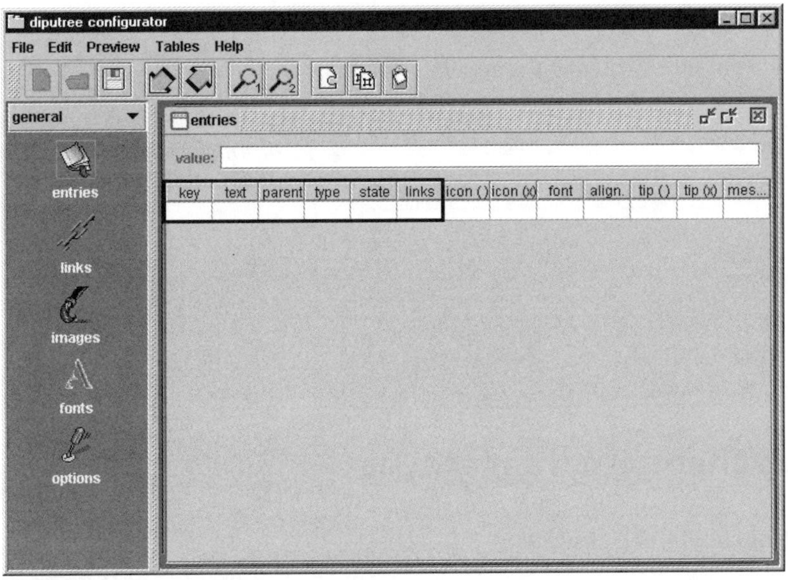

Fig. 12.9 : *Le tableau est encore vide*

- *parent* : comme dans un Explorateur Windows, ce type de système de navigation fonctionne selon le principe des dossiers imbriqués. Chaque dossier ou fichier fait donc partie d'un dossier racine, c'est-à-dire d'un dossier qui lui est directement supérieur.

  Dans le champ *parent*, vous définissez en quelque sorte la hiérarchie de tous les éléments de l'arborescence. Vous indiquez donc quelle branche est reliée à quelle branche, etc. Ces informations sont nécessaires pour que l'applet puisse correctement organiser l'arbre.

- *type* : seuls les deux types *container* et *non-container* sont disponibles dans cette colonne.

  Les *containers* sont représentés dans le système de navigation par des icônes de dossier et peuvent contenir d'autres pages.

  Les *non-containers* sont symbolisés par une feuille de papier et ne peuvent pas contenir d'autres pages.

Astuce

Des détails sur les champs parent et type

Nous reviendrons dans ce chapitre sur la signification des deux champs *parent* et *type*.

- *state* : seules les deux options *opened* ou *closed* sont disponibles. Il semblerait qu'une petite erreur se soit glissée dans la version de DipuTree disponible lors de la rédaction de cet ouvrage. En effet, que vous choisissiez l'une ou l'autre option, aucune différence n'apparaît dans l'arborescence. Cette erreur sera sans doute éliminée dans la version suivante.

- *links* : comme dans le chapitre précédent, les pages web saisies dans le tableau *Links* sont disponibles dans une liste et peuvent être facilement sélectionnées avec la souris.

Étant donné la longue liste d'entrées à saisir dans le tableau *Entries*, vous pouvez tenir compte de ces remarques pour gagner du temps :

1. Remplissez à l'aide du clavier toutes les lignes des colonnes *key* et *text*.
2. Les autres colonnes peuvent être facilement remplies à l'aide de la souris.

entries

value:

key	text	parent	type	state	links
racine	Internet pour tous		container	opened	accueil
c1	Qu'est-ce qu'Internet	racine	container	closed	page10
c1p1	Le service en ligne est une ville	c1	non-con...	closed	page11
c1p2	Internet est comme une forêt	c1	non-con...	closed	page12
c1p3	Comment est né Internet ?	c1	non-con...	closed	page13
c1p4	Le réseau des réseaux	c1	non-con...	closed	page14
c1p5	Internet - gratuit ?	c1	non-con...	closed	page15
c2	Internet et le réseau téléphonique	racine	container	closed	page20
c2p1	Le réseau téléphonique	c2	non-con...	closed	page21
c2p2					

Fig. 12.10 :
Remplissez les colonnes du tableau Entries

Remarques sur les champs parent et type

Astuce

Plus de trois niveaux possibles

DipuTree autorise la mise en place d'arborescences comprenant plus de trois niveaux de hiérarchie.

Quelques informations supplémentaires sur les champs *parent* et *type*. Observez attentivement les données du tableau *Entries* puis l'image suivante :

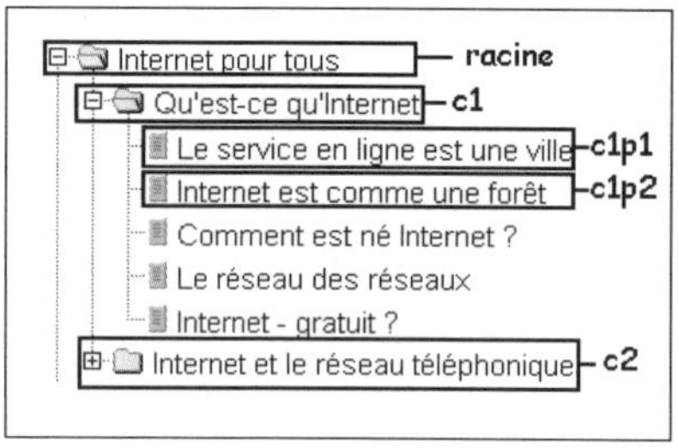

Fig. 12.11 :
Les champs parent et type dans la pratique

racine est parent de *c1* et de *c2*, *c1* est parent de *c1p1* et de *c1p2*.

racine, *c1* et *c2* sont *containers*, *c1p1* et *c1p2* ne sont pas *containers*.

- Dans la première ligne du tableau *Entries*, la colonne *parent* reste vide puisque le dossier racine n'est inclus dans aucun autre dossier parent.

  racine contient en revanche d'autres pages et est donc représenté à l'aide d'un symbole de dossier. C'est la raison pour laquelle *container* est choisi dans la colonne *type*.
- Les sommaires de chapitre (c1 à c5) dérivent du sommaire général *Internet pour tous* (*racine*). Dans le champ *parent*, vous devez donc sélectionner l'entrée *racine*, la clé du sommaire général.

  Les sommaires de chapitre englobent d'autres pages. Il faut donc les doter de l'attribut *container*.
- Les pages des chapitres (c1p1, c1p2, etc.) dérivent des sommaires de chapitre. Il faut donc choisir dans le champ *parent* la clé du chapitre correspondant.

Les pages des chapitres ne contiennent en revanche aucune autre page et sont donc symbolisées par une feuille de papier. L'attribut du champ *type* est donc *non-container*.

Les options

Comme dans le chapitre suivant, il n'est pas inutile de s'attarder un moment sur les différentes options. Elles permettent en outre de déterminer le cadre cible (en anglais "destination frame").

Le cadre cible est celui dans lequel les pages web s'afficheront lorsque le lecteur du site sélectionnera un menu dans le système de navigation à gauche. Dans notre exemple, le cadre correspondant est désigné par le nom *droite* (voir la définition du fichier *Index.htm*).

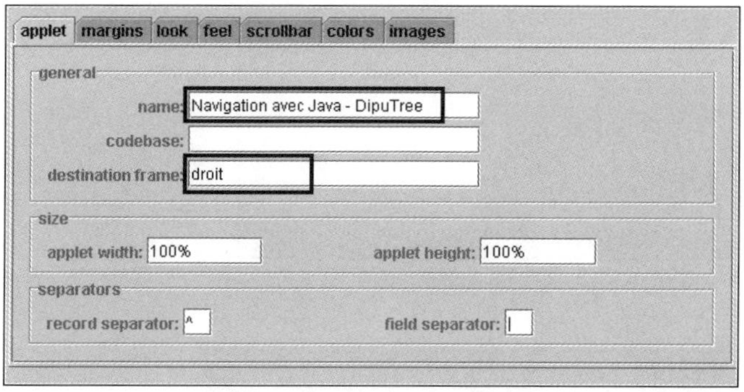

Fig. 12.12 :
Les options de DipuTree Configurator

Tester l'arborescence dans le navigateur

Astuce

Quels sont les fichiers à transférer sur le serveur web ?

Tous les fichiers du dossier *C:\Navigation\Arborescence* à l'exception du fichier du projet *Arbre.prj* :

- tous les fichiers *.htm* ;
- *diputree.class* ;
- et *diputree.jar.*

Le programme de configuration *configurator.jar* n'a pas besoin d'être téléchargé.

Une fois que les configurations ont correctement été saisies dans le programme, n'oubliez pas de sauvegarder le projet. L'arborescence doit fonctionner. Faites un premier essai en ouvrant l'ensemble de cadres dans le navigateur :

- Ouvrez dans le navigateur le fichier *C:\Navigation\Arborescence\Index.htm.*

La page suivante doit logiquement s'afficher dans la fenêtre : (voir fig. 12.13)

Seul un dossier apparaît dans la partie gauche à l'ouverture du site. Pour dérouler les différents menus contenus dans le système de navigation, cliquez sur le signe + devant le titre principal *Internet pour tous*. Le menu déroule ses dossiers : (voir fig. 12.14)

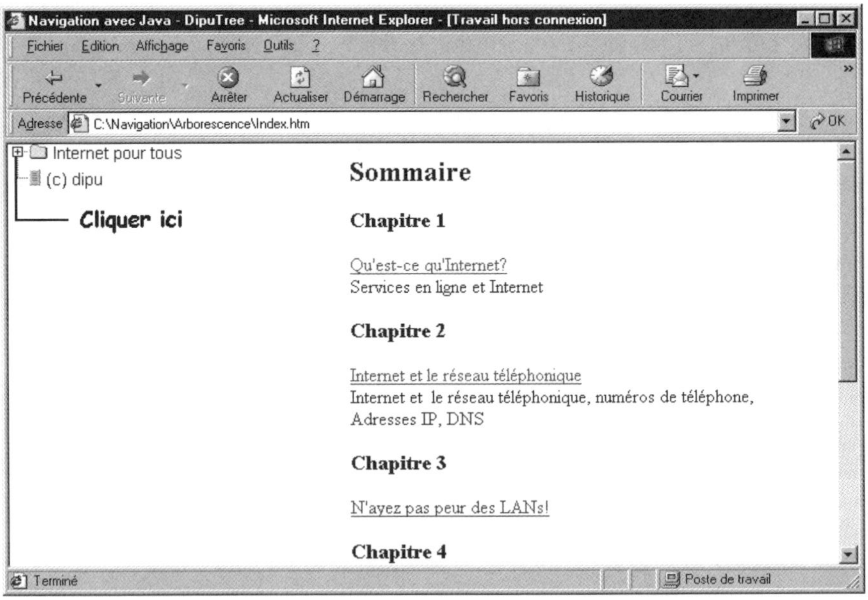

Fig. 12.13 : *Le système de navigation n'est pas encore déroulé*

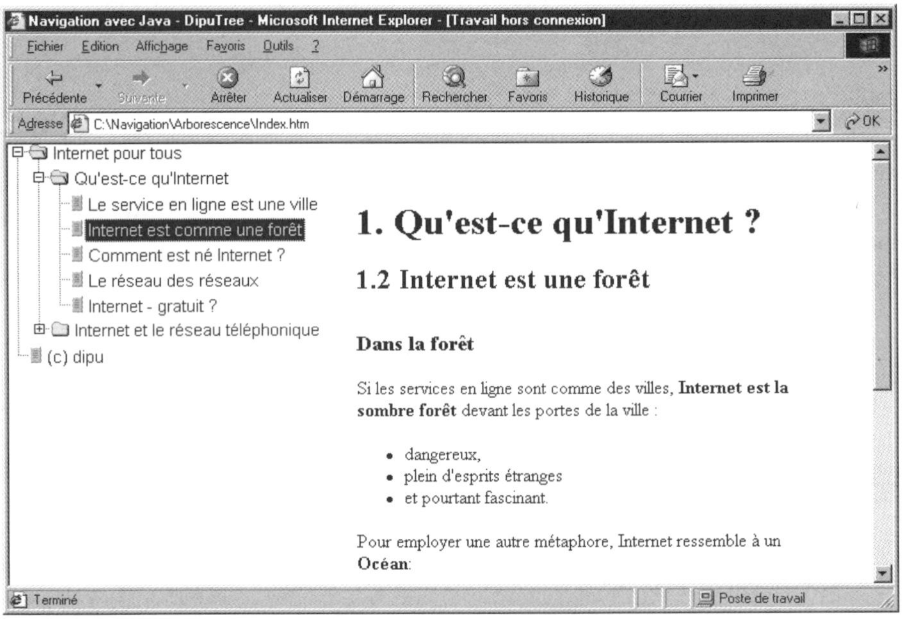

Fig. 12.14 : *Les menus de l'Explorateur sont disponibles*

Même pour un nombre de pages relativement élevé, l'arborescence permet de garder une vue d'ensemble sur les différentes pages du site.

Comme vous pouvez le constater, le lecteur de votre site peut toujours lire le nom de la page qu'il consulte.

Le texte source du fichier Arbre.htm

Pour terminer, jetons un œil sur une partie du fichier *Arbre.htm* avec lequel l'applet DipuTree est contrôlée. Dans un éditeur HTML, le fichier est présenté sous cette forme :

```
^containershiftx|18
^containershifty|22
^noncontainershiftx|18
^noncontainershifty|22
^textshiftx|5
^backgroundcolor|FFFFFF
^linecolor|404040
^textcolor|000000
^mouseovercolor|0000c0
^underlinecolor|000080
^selectedcolor|FFFF00
^selectedbackgroundcolor|000060
^tipcolor|000000
^tipbackgroundcolor|FFFF80
^mouseover|1
^underline|1
^foldercolor|FFFF00
^doccolor|C0C0C0
^folderhighcolor|808080
^folderlowcolor|000000
^boxcolor|000000
^marginup|0
^margindown|0
^marginleft|0
^marginright|0
```

Fig. 12.15 :
Passage du texte source du fichier Arbre.htm

12.4. Paramètres avancés de DipuTree

La navigation à l'aide du système de navigation calqué sur l'Explorateur Windows fonctionne très bien. Vous pouvez néanmoins prendre le temps d'améliorer l'aspect graphique de l'ensemble. Les paramètres doivent être enregistrés sous les deux onglets de la rubrique *Options*.

Paramètres des couleurs : Tables/Options/Colors

Les options de DipuTree Configurator mettent à votre disposition sous l'onglet **Colors** les paramètres essentiels concernant les couleurs de l'applet :

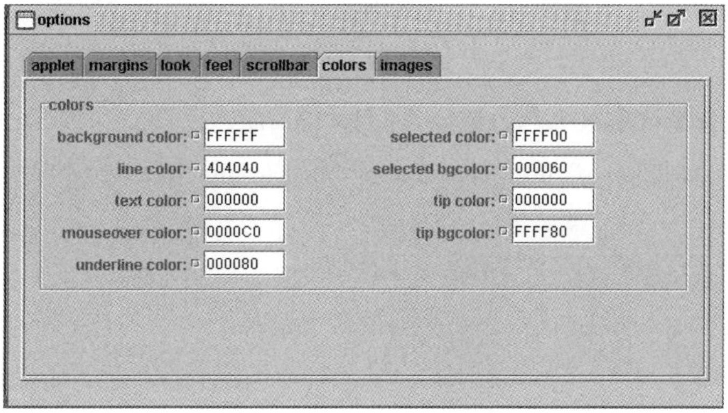

Fig. 12.16 :
DipuTree Configurator - Options/Colors

Les options dans le détail :

Tab. 12.1 : Paramètres des couleurs dans DipuTree

Désignation	Signification
background color	couleur d'arrière-plan de l'applet
line color	couleur des lignes reliant les symboles
text color	couleur du texte
mouseover color	couleur du texte, lorsque la souris passe dessus
underline color	couleur des traits de soulignement lorsque la souris passe sur une entrée
selected color	couleur du texte d'une entrée sélectionnée
selected bgcolor	couleur d'arrière-plan d'une entrée sélectionnée
tip color et *tip bgcolor*	couleur du texte et de l'arrière-plan de l'info bulle. Seulement dans Netscape

Les paramètres des options se traduisent ainsi sur la page :

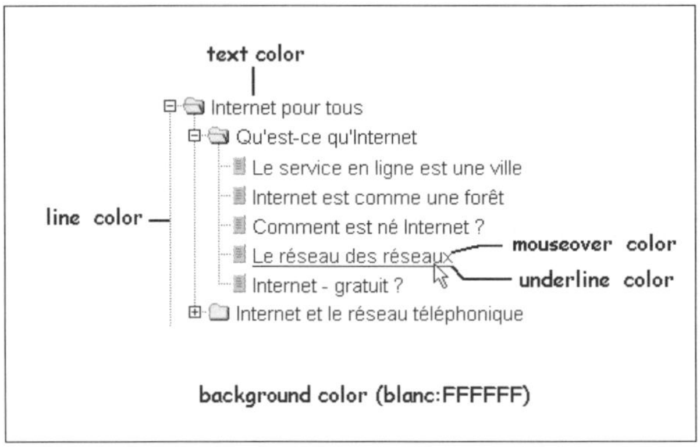

Fig. 12.17 : *DipuTree Configurator - Options/Colors*

Paramètres des couleurs : Tables/Options/Images

Sous l'onglet **Images**, vous pouvez configurer d'autres paramètres qui déterminent l'aspect des couleurs des objets créés par DipuTree :

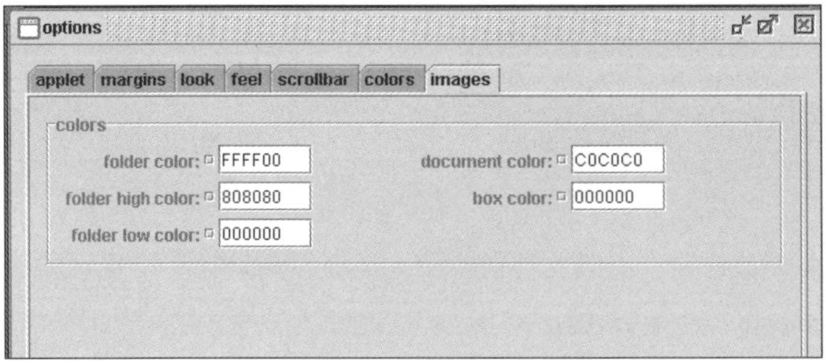

Fig. 12.18 : *DipuTree Configurator - Options/Images*

Les options dans le détail :

Tab. 12.2 : Paramètres des couleurs dans DipuTree	
Désignation	**Signification**
folder color	couleur des dossiers
folder high color	couleur des bords de dossier (clair)
folder low color	couleur des bords de dossier (foncé)
document color	couleur du document standard
box color	couleur du signe devant le dossier permettant de dérouler ou de ranger la liste

Les effets de ces différentes configurations en image :

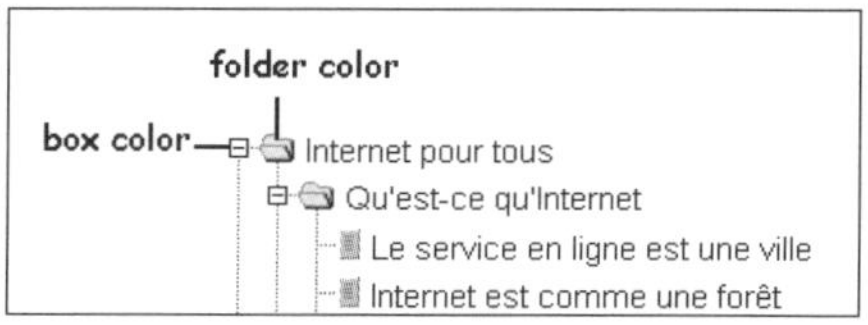

Fig. 12.19 : *DipuTree Configurator - Options/Images*

Prenez le temps d'expérimenter les différentes variantes possibles en modifiant les options de votre choix. Les possibilités de configuration de DipuTree sont presque inépuisables.

12.5. Faisons le point

Cette dernière section résume les points abordés dans ce chapitre :

- La navigation à l'aide d'une arborescence de type Explorateur Windows est surtout adaptée aux sites contenant un grand nombre de pages.
- Le système de navigation créé avec l'applet Java DipuTree permet au lecteur de savoir quelle est la page consultée, même avec des cadres.
- La construction d'un système de navigation type Explorateur avec DipuTree s'effectue en trois étapes :
  - création de l'ensemble de cadres.
  - installation du programme de configuration (*configurator.jar*) et de l'applet Java DipuTree.
  - configuration de l'applet Java.
- Le programme de configuration *configurator.jar* facilite la configuration en proposant comme pour DipuTab une interface graphique.
- Le programme *configurator.jar* est une application Java qui a besoin de Java Runtime Environment (JRE).
- Le programme de configuration définit les commandes nécessaires à l'applet DipuTree et les inscrit dans le fichier *Arbre.htm*.
- Le texte source HTML du fichier *Arbre.htm* permet de préciser les légendes, l'aspect et le comportement du système de navigation.

Chapitre 13

Effectuer une recherche sur votre site

Pour ce chapitre, vous avez besoin des programmes suivants :

- un navigateur (et une adresse e-mail) ;
- un éditeur HTML.

13.1. FreeFind

FreeFind constitue pour tous les concepteurs de sites web un formidable outil puisqu'il permet en quelques minutes seulement d'implanter trois fonctions de navigation supplémentaires sur vos pages :

- une fonction de recherche avec laquelle les lecteurs peuvent effectuer une recherche sur votre page d'accueil ;
- une carte du site offrant à vos lecteurs une vue d'ensemble de toutes les pages de votre site ;
- la page What's New : une vue d'ensemble de vos pages web triées par date de mise à jour.

FreeFind analyse et crée un index de vos pages et l'enregistre dans une base de données sur son serveur situé en Californie. Dès qu'un internaute saisit un mot-clé sur votre page d'accueil, la demande est transférée en Californie, la base de données de FreeFind est consultée puis la réponse expédiée à la personne à l'origine de la demande.

Toutes ces opérations d'optimisation sont réalisées sans que vous ayez besoin de programmer une seule ligne et surtout gratuitement. Les services de FreeFind sont essentiellement financés par l'affichage de bannières publicitaires sur les pages de résultats.

Une bonne fonction de recherche est essentielle

Si l'on applique une nouvelle fois l'image du bâtiment à votre page d'accueil, on peut considérer que la fonction de recherche en est le "concierge". Une fonction de recherche efficace est comme un concierge qui sait tout et connaît tout le monde.

Les services d'un concierge s'avèrent indispensables dès lors que le bâtiment est très grand. La zone de recherche dans laquelle le mot-clé est saisi est, pour reprendre la métaphore, comme la loge du concierge et le résultat est la réponse apportée par le concierge.

Voici à quoi ressemble la page de recherche de FreeFind :

Fig. 13.1 : *La page de recherche de FreeFind*

Conserver la vue d'ensemble : la carte du site

Même le meilleur concierge du monde a le droit de ne pas connaître par cœur tous les couloirs du bâtiment ! Un plan de situation est dans ce cas exactement ce qu'il faut. Une carte du site propose, en fonction de la configuration, une vue d'ensemble de toutes les pages présentes sur le site.

Lors de l'analyse de votre site web, FreeFind élabore automatiquement une carte du site et propose à l'internaute le choix entre trois affichages différents :

Fig. 13.2 : *Structure du site*

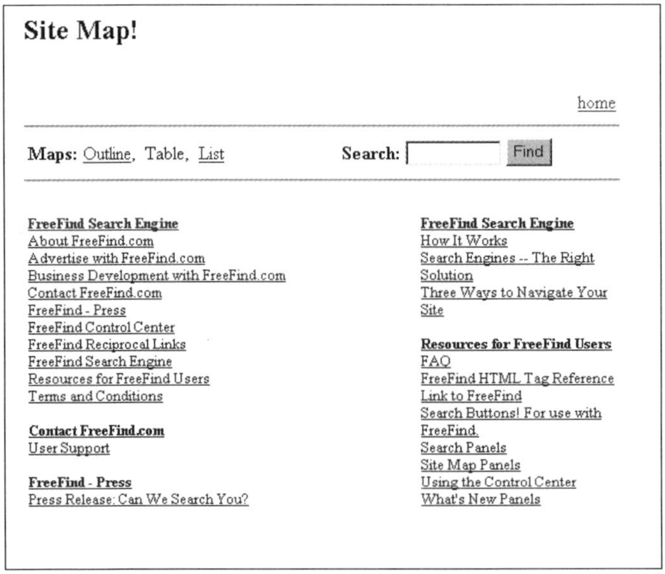

Fig. 13.3 : *Tableau des pages du site*

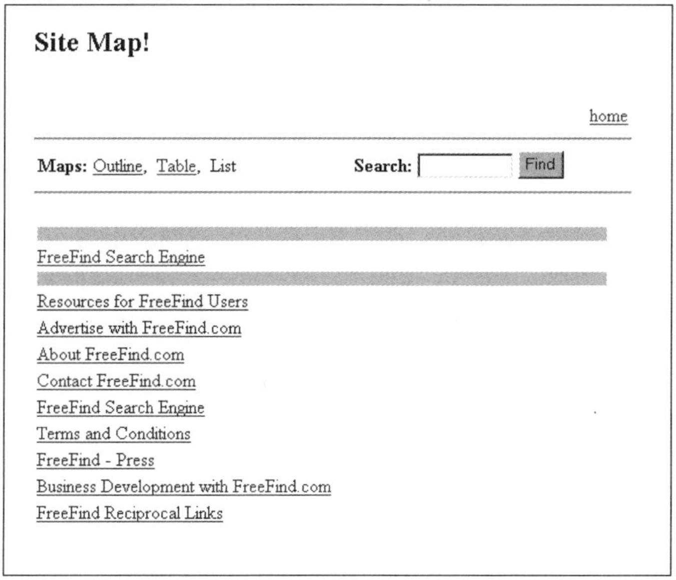

Fig. 13.4 : *Liste simple des pages de votre site*

La page What's New

Enfin, FreeFind propose un service d'un type un peu particulier. En accédant à une page d'accueil, nombreux sont les internautes qui apprécient de savoir quels éléments ont fait l'objet d'une mise à jour depuis leur dernière visite.

FreeFind propose aux lecteurs une page intitulée *What's New*, qui affiche les pages web des sites en les classant par date. Les visiteurs connaissent ainsi tout de suite les dates de mise à jour.

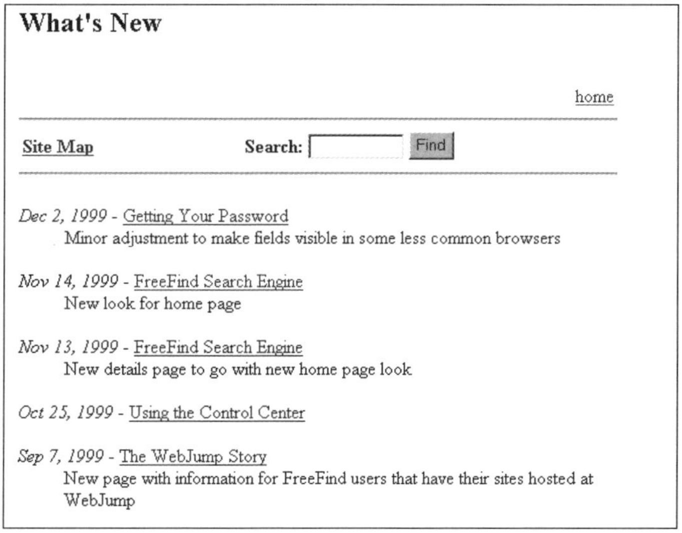

Fig. 13.5 : *La page What's New*

13.2. Inscription auprès de FreeFind

FreeFind est un service gratuit mais pour pouvoir bénéficier de toutes ces fonctionnalités, il est nécessaire de procéder à votre inscription.

Aucune crainte : la procédure est très rapide et ne vous demande que quelques minutes.

Étape 1 : le formulaire d'inscription

Saisissez dans votre navigateur l'adresse `http://freefind.com` pour accéder à la page de démarrage de FreeFind. La procédure d'enregistrement de FreeFind est désignée sur cette page par Instant Sign-up.

Le formulaire ne regroupe que quelques champs importants et n'a besoin ni de votre adresse postale, ni de votre numéro de téléphone.

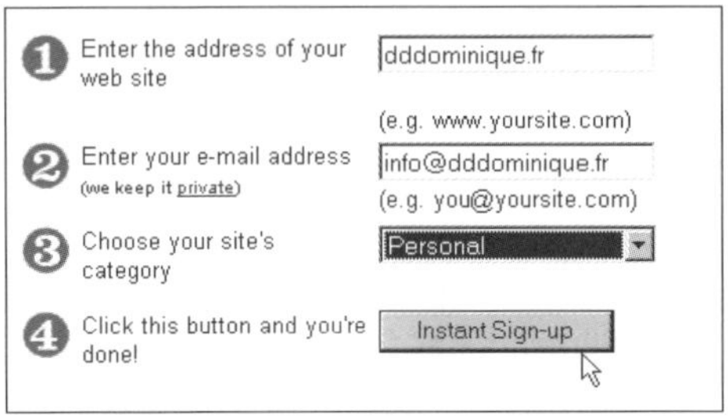

Fig. 13.6 : *Le formulaire d'inscription de FreeFind*

Astuce

Vérifiez toutes les données !

Il est important de contrôler qu'aucune erreur ne s'est glissée dans la saisie de votre adresse e-mail et de l'URL de votre page avant de valider vos données.

FreeFind a besoin de connaître trois choses seulement :

- L'URL de votre page d'accueil.

  Dans le premier champ de ce formulaire, vous devez en effet inscrire l'URL de votre site sans le protocole `http://`. Si votre page d'accueil est accessible sans l'indication du sous-domaine `www`, vous pouvez également le laisser de côté.
- Votre adresse e-mail.

  L'adresse e-mail est importante puisque c'est à cette adresse que FreeFind expédie quelques minutes plus tard un message important contenant entre autre votre mot de passe. Il est donc important de saisir votre véritable adresse e-mail et non une adresse fantaisiste.
- La catégorie dans laquelle votre page d'accueil peut être classée.

  Le classement dans une catégorie sert à l'édition de statistiques.

Après un clic sur le bouton **Instant Sign-up**, une page de confirmation apparaît. Survolez cette page si vous n'avez pas le temps de la lire attentivement. Vous apprendrez par exemple la marche à suivre :

1 Lire l'e-mail expédié par FreeFind.

2 Afficher le Control Center de FreeFind et procéder à l'enregistrement à l'aide du mot de passe.

Fig. 13.7 : *La page de confirmation*

Étape 2 : l'e-mail de FreeFind avec le mot de passe

Vous devez normalement recevoir l'e-mail de FreeFind en l'espace de quelques secondes, une minute au maximum. Il est important de conserver précieusement ce message car il contient une liste d'informations essentielles, entre autres :

- les données de l'utilisateur, y compris le mot de passe pour le Control Center ;
- le code HTML pour intégrer le tableau de recherche à votre page d'accueil.

L'e-mail de FreeFind se présente ainsi :

STEP 1: INDEXING YOUR SITE

To have our spider index your site just go the FreeFind Control Center at:

http://www.freefind.com/control.html

Enter your site's URL, e-mail address and password as shown below, then press the "spider site" button. Our spider will index your site and e-mail you when it's done. The spider will also build a Site Map of your site and generate a What's New page.

Your account information is as follows:
Site URL: http://dddominique.fr
E-mail : info@dddominique.fr
Password: [redacted]
Site ID : [redacted]

Fig. 13.8 : *Extrait de l'e-mail de FreeFind*

Étape 3 : faire indexer la page d'accueil

La troisième étape consiste à vous enregistrer auprès du Control Center et à demander au Spider de FreeFind d'indexer votre site.

Les Spiders sont des programmes qui consultent toutes les pages de votre site et enregistrent les mots détectés dans la base de données du moteur de recherche de FreeFind. Cette opération est une création d'index.

Le mot anglais "spider" peut être traduit en français par "araignée" et le nom est bien choisi. L'araignée se faufile sur les pages du réseau à la recherche de sa proie (votre page d'accueil) et la rapporte alors à la maison (la base de données de FreeFind).

Pour accéder à la rubrique FreeFind Control Center, cliquez simplement sur l'URL présente dans l'e-mail reçu ou saisissez l'adresse suivante dans votre navigateur `http://www.freefind.com/control.html`.

Cette page vous permet de vous enregistrer. Saisissez les données telles qu'elles sont indiquées dans le message que vous avez reçu.

Fig. 13.9 : *Saisissez les informations demandées*

Dans notre exemple, les données sont les suivantes :

- dans le champ *Web site address* : `http://dddominique.fr` ;
- dans le champ *Your e-mail address* : `info@dddominique.fr` ;
- le mot de passe reçu par e-mail.

Astuce

Pour en savoir plus sur le Control Center

Si vous souhaitez avoir de plus amples informations sur le Control Center et la configuration de FreeFind, reportez-vous quelques pages plus loin.

Toutes ces données pourront par la suite être modifiées dans le Control Center, mais elles doivent être exactes pour l'enregistrement.

Dès que vous avez rempli les trois zones de saisie, vous pouvez choisir sur cette même page l'action que vous souhaitez lancer dans le Control Center.

Pour l'instant, il s'agit d'expédier le Spider de FreeFind sur votre site.

Atelier

Envoyer le Spider de FreeFind vers votre page d'accueil

1. Remplissez dans le Control Center les trois zones de saisie évoquées ci-dessus, c'est-à-dire *Web site address*, *Your e-mail address* et *Your password* puis cliquez plus bas sur la page sur le bouton **Spider Site** :

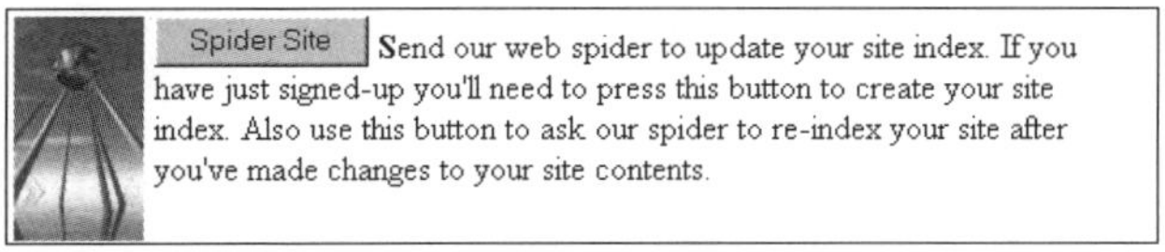

Fig. 13.10 : *Cliquez sur le bouton pour lancer l'analyse*

2 L'écran suivant s'affiche dans la fenêtre du navigateur :

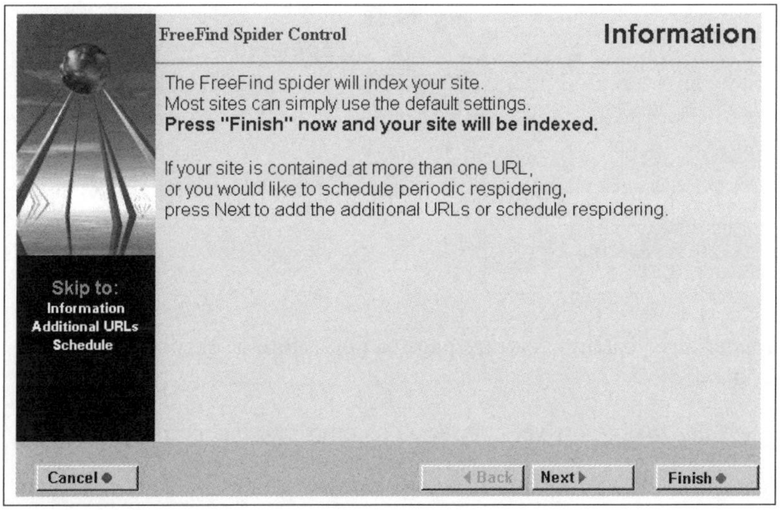

Fig. 13.11 : *Lisez les informations sur le Spider*

3 Pour lancer la procédure d'analyse de votre page d'accueil, cliquez sur le bouton **Finish** situé en bas à droite de la fenêtre.

4 Après un clic sur le bouton **Finish**, vous accédez de nouveau au Control Center. Un message s'affiche en haut de la page : "We have gotten your request to spider your site !".

Cette phrase signifie tout simplement que votre demande a été prise en compte et que le spider va se mettre à l'ouvrage.

Dès que le Spider aura terminé son travail et créé l'index de votre page d'accueil, il vous en avertira par l'intermédiaire d'un e-mail.

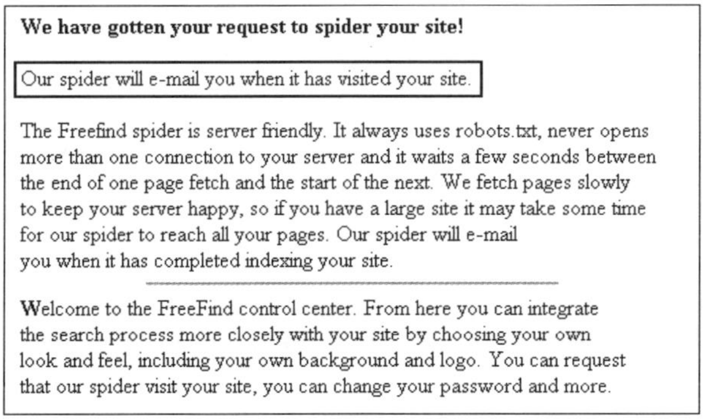

Fig. 13.12 : *Le service a pris note de votre demande*

Votre inscription auprès des services de FreeFind est terminée.

13.3. Intégrer le tableau de recherche à votre page d'accueil

Vous venez de recevoir un e-mail de FreeFind Spider ? Cela signifie donc que vos pages web ont été indexées et enregistrées dans la base de données de FreeFind :

Your site has been spidered.

Our search engine has finished indexing your site:
Url: http://dddominique.fr/
E-mail: info@dddominique.fr
Pages indexed: 52

For answers to common questions and other resources (link buttons, etc), go to the following URLs:
FAQ: http://www.freefind.com/faq.html
Resources: http://www.freefind.com/resources.html
Link to us: http://www.freefind.com/linkus.html

Fig. 13.13 : *L'e-mail du Spider de FreeFind*

Vous devez à présent donner aux visiteurs de votre page la possibilité de saisir des mots-clés pour interroger cette base de données.

Si l'e-mail du Spider n'est pas encore arrivé, cela ne vous empêche pas de poursuivre.

Insérez le tableau de recherche sur votre page. Il se présente ainsi :

Fig. 13.14 : *La zone de recherche peut ressembler à cela*

Vous pouvez intégrer le tableau de recherche dans vos pages web de plusieurs façons :

- uniquement sur la page d'accueil ;
- sur plusieurs pages ;
- sur toutes les pages ;
- sur une page de recherche indépendante.

Pour commencer, un tableau de recherche sur la page d'accueil devrait suffire.

Le code HTML permettant de placer le tableau de recherche et regroupant tous les paramètres corrects pour la recherche de FreeFind se trouve dans l'e-mail de FreeFind. À partir de cet emplacement, vous copiez le texte source puis vous l'ajoutez sur la page de démarrage de votre site.

Mais avant de procéder à cette opération, une précision s'impose :

- Si vous utilisez un éditeur WYSIWYG comme FrontPage Express et un programme d'e-mail comme Outlook, il est possible que l'ajout du texte source entraîne un affichage de signes étranges :

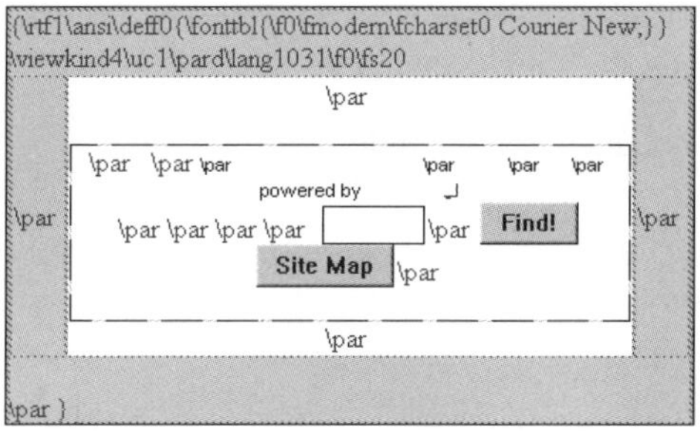

Fig. 13.15 :
Il est préférable d'ajouter le passage dans le texte source

► Dans un cas semblable, il est nécessaire d'intégrer le code source directement dans le texte source de votre page d'accueil par l'intermédiaire du Presse-papiers. Dans FrontPage Express, il vous suffit de sélectionner la commande **Affichage/HTML** pour basculer dans le mode correspondant.

Atelier — Placer le tableau de FreeFind sur votre page d'accueil

1. Ouvrez la page d'accueil de votre site web dans un éditeur HTML et déterminez le futur emplacement du tableau de recherche.
2. Lancez votre programme d'e-mail tout en laissant la page concernée affichée dans l'éditeur.
3. Ouvrez l'e-mail contenant le mot de passe expédié par FreeFind. Faites défiler le message jusqu'à la ligne "Copy the HTML segments below and paste them into your page". Le tableau de recherche est désigné par les termes de "search panel".

```
--------------------------------------------------------
Copy the HTML segments below and paste them into your page
--------------------------------------------------------

--------------------------------------------------------
Your FreeFind search panel HTML:
--------------------------------------------------------

<table>
<td align=center bgcolor=F0F0F0>
<FORM ACTION="http://search.freefind.com/find.html"
METHOD="GET" target="_top">
  
<font size=1 face=arial color=black>
<A HREF="http://search.freefind.com/find.html?id=1064335">
<B>Search this site</B></A>
         
     
powered by <A HREF="http://www.freefind.com">FreeFind</A><br></font>
<INPUT TYPE="HIDDEN" NAME="id" SIZE="-1" VALUE="1064335">
<INPUT TYPE="HIDDEN" NAME="pageid" SIZE="-1" VALUE="r">
<INPUT TYPE="HIDDEN" NAME="mode" SIZE="-1" VALUE="ALL">
 <INPUT TYPE="TEXT" NAME="query" SIZE="20">
<INPUT TYPE="SUBMIT"
VALUE=" Find! "><input type="SUBMIT"
name="sitemap" value="Site Map">
</FORM>
</td>
</table>
```

Fig. 13.16 :
L'e-mail contient le code HTML du tableau

4. Sélectionnez le code HTML entre `<table>` et `</table>` et copiez-le dans le Presse-papiers.

5 Basculez de nouveau dans l'éditeur HTML. Placez le curseur à l'emplacement souhaité (le cas échéant en mode d'affichage du texte source de votre éditeur).

6 Collez le code HTML à cette place en sélectionnant la commande **Edition/Coller**.

7 Enregistrez la page et chargez-la sur le serveur.

Si tout a correctement fonctionné, la page doit avoir l'aspect suivant :

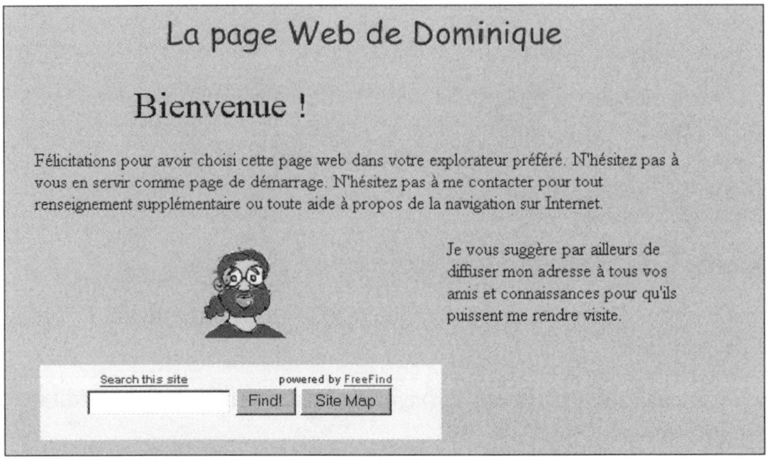

Fig. 13.17 : *La page d'accueil avec la zone de recherche*

Il ne vous reste plus qu'à vérifier que la fonction de recherche fonctionne parfaitement.

Les paragraphes suivants ont pour thème l'adaptation et la personnalisation de la fonction de recherche de FreeFind.

13.4. Compléter et adapter le tableau de recherche

Cette section va vous donner des conseils pour compléter le tableau de recherche et l'adapter à votre propre page.

Trois liens hypertextes complètent le tableau

Certains navigateurs sont encore incapables d'afficher des champs de formulaire. C'est la raison pour laquelle FreeFind recommande l'ajout de liens hypertextes sur votre page d'accueil. L'un des trois liens hypertextes, ajoutés dans la section suivante, permet d'accéder directement à la page What's New.

Le texte source de ces trois liens hypertextes est livré par FreeFind dans l'e-mail, directement sous le code du tableau copié dans la section précédente.

```
------------------------------------------------------------
Because a few of your users may have browsers that do
not support forms, we recommend including this text-only
HTML somewhere on your page in addition to the HTML above:
------------------------------------------------------------

<A HREF="http://search.freefind.com/find.html?id=1064335&m=0&p=0">
Site Map</A>   
<A HREF="http://search.freefind.com/find.html?id=1064335&w=0&p=0">
What's New</A>   
<A HREF="http://search.freefind.com/find.html?id=1064335">
<B>Search</B></A>
```

Fig. 13.18 :
Le texte source des liens

Nous vous recommandons si possible d'ajouter ce code directement sous le tableau de recherche.

Dans l'exemple suivant, on a ajouté dans le tableau une nouvelle ligne. Les trois liens hypertextes *Site Map*, *What's New* et *Search* sont donc présentés comme suit :

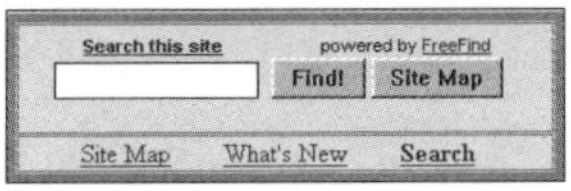

Fig. 13.19 :
Les trois liens sous la zone de saisie

La bordure du tableau a été rendue visible grâce à l'attribut `border=1`.

Couleur d'arrière-plan du tableau de recherche

Pour intégrer plus harmonieusement le tableau de recherche à votre page d'accueil, sachez que vous avez la possibilité de modifier à loisir l'aspect de cet élément. Dans les paragraphes suivants, il va surtout être question de deux modifications :

- adapter la couleur du tableau ;
- modifier les légendes du tableau de recherche.

Atelier — Adapter la couleur du tableau à la page web

1 Ouvrez la page web contenant le tableau de recherche dans FrontPage Express ou dans l'éditeur HTML de votre choix :

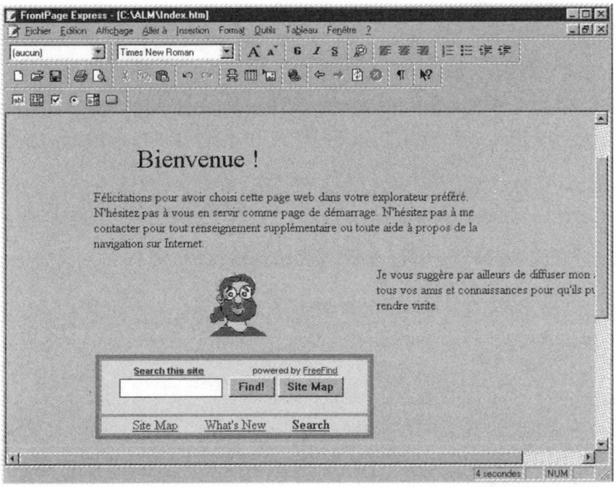

Fig. 13.20 :
La page d'accueil affichée dans un éditeur

Astuce

Modifier la couleur dans le texte source

Cherchez les deux balises <td> contenant l'indication de couleur `bgcolor=F0F0F0` et supprimez simplement l'attribut ainsi que la valeur de couleur.

2 Placez le curseur dans la cellule du tableau contenant la zone de saisie puis sélectionnez la commande **Tableau/Propriétés de la cellule**. Attribuez à la couleur d'arrière-plan de la cellule la valeur *Par défaut* par l'intermédiaire de la liste déroulante.

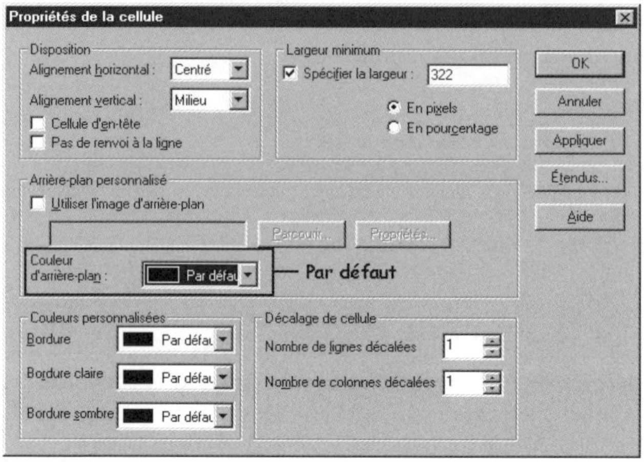

Fig. 13.21 : *Sélectionnez l'entrée Par défaut*

3 Répétez l'opération pour la cellule regroupant les trois liens hypertextes *Site Map*, *What's New* et *Search*.

4 Le tableau de recherche s'intègre à présent parfaitement à votre page.

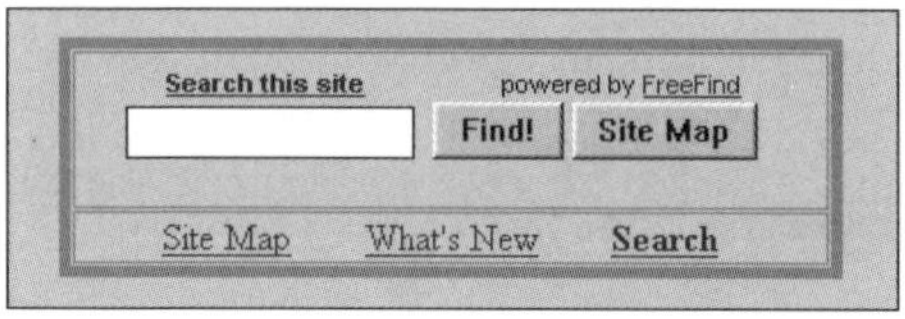

Fig. 13.22 : *La couleur du tableau est plus adéquate*

Vous en avez terminé avec l'adaptation des couleurs. Seuls les termes anglais dans le tableau gênent encore l'ensemble. La recette suivante va vous indiquer la marche à suivre pour les modifier.

Modifier la légende des éléments du formulaire

Plusieurs éléments du tableau vont faire l'objet de modifications :

- les légendes des boutons **Find** et **Site Map** ;
- les liens hypertextes.

L'édition des titres des boutons est très simple alors que celle des légendes des liens hypertextes s'avère un peu plus compliquée.

Les deux légendes "Site Map" renvoient à la même page web. C'est le cas également du lien hypertexte *Search this site* et du lien *Search* en bas à droite.

Atelier

Adapter les légendes des deux boutons

1 Ouvrez le cas échéant la page web contenant le tableau de recherche.

2 Cliquez sur le bouton **Find** puis sélectionnez la commande **Edition/Propriétés du champ de formulaire**.

3 Remplacez le titre affiché dans le champ *Valeur/Étiquette* par le terme `Chercher` (ou un mot du même sens).

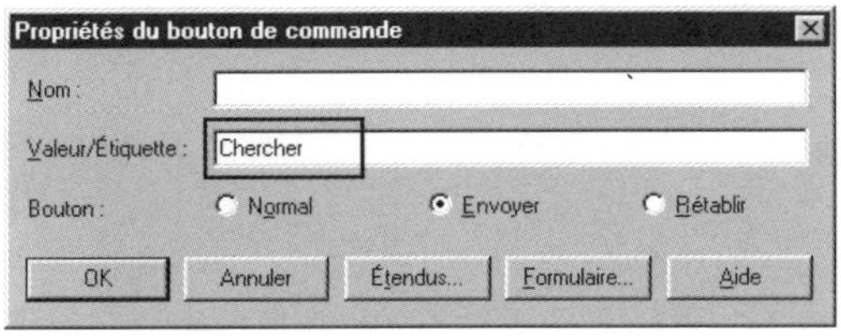

Fig. 13.23 : *La nouvelle légende du bouton*

4 Répétez la même opération pour le bouton **Site Map**. L'expression `Carte du site` pourrait convenir.

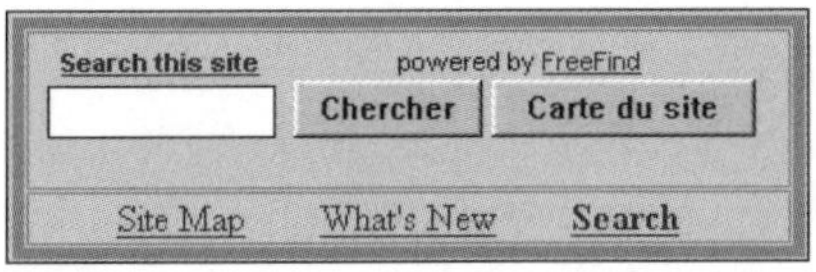

Fig. 13.24 : *Les titres des boutons mis à jour*

Modifier la légende des liens hypertextes

Astuce

Enregistrez la page...

... avant d'éditer les légendes des liens. Dans le cas d'une éventuelle erreur, vous pourrez fermer le fichier sans perdre le travail déjà effectué.

La modification de liens hypertextes dans le mode d'affichage WYSIWYG de FrontPage Express est un peu fastidieuse. Le danger est d'effacer malencontreusement le lien hypertexte (les commandes <a> et </a>). Dans ce mode d'affichage, il est en effet difficile de reconnaître si la balise est sélectionnée ou non.

Faites un essai mais tenez-vous prêt à appuyer sur les touches [Ctrl]+[z] en cas d'erreur ! Cette combinaison de touches permet simplement de supprimer l'effet de la dernière action. Souvenez-vous que dans FrontPage Express, seule la dernière commande peut être annulée.

Commencez par éditer le premier lien *Search this site* au-dessus de la zone de recherche.

Atelier

Modifier la légende des liens hypertextes en mode WYSIWYG

1 Sélectionnez avec précaution toutes les lettres excepté la première et la dernière. Le plus simple est d'utiliser les touches du clavier [Maj] et [Flèche].

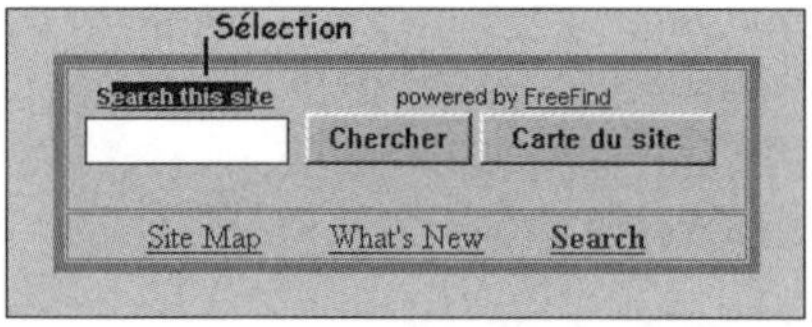

Fig. 13.25 : *Laissez de côté la première lettre ainsi que la dernière*

2. Inscrivez le nouveau texte de votre choix. La sélection est automatiquement remplacée.
3. Supprimez ensuite doucement la première et la dernière lettre à l'aide de la touche [Suppr].

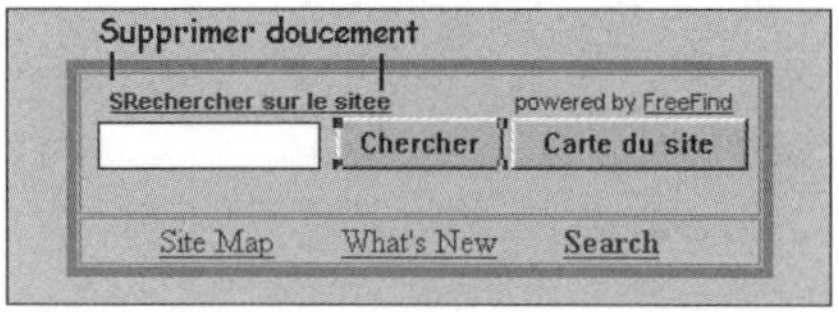

Fig. 13.26 : *Effacez la première et la dernière lettre*

4. Si toutes les lettres sont soulignées, l'opération a correctement été effectuée.
5. Répétez les différentes étapes pour les autres liens hypertextes que vous souhaitez modifier. Le tableau de recherche doit ressembler à notre exemple :

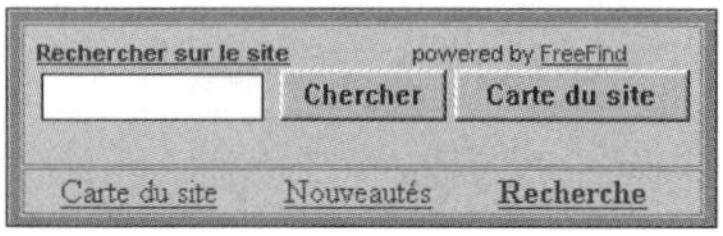

Fig. 13.27 : *Le tableau et ses nouvelles légendes*

Si vous n'avez pas peur de travailler directement sur le texte source, vous trouverez peut-être plus simple de modifier les légendes des liens hypertextes dans le code source.

Si vous optez pour cette solution, cherchez vers le bas de la page les mots soulignés dans le mode d'affichage WYSIWYG, et remplacez-les par les légendes de votre choix. Vous ne devez en aucun cas modifier les commandes <a `href=...`> et </a>.

La page d'accueil avec le nouveau tableau :

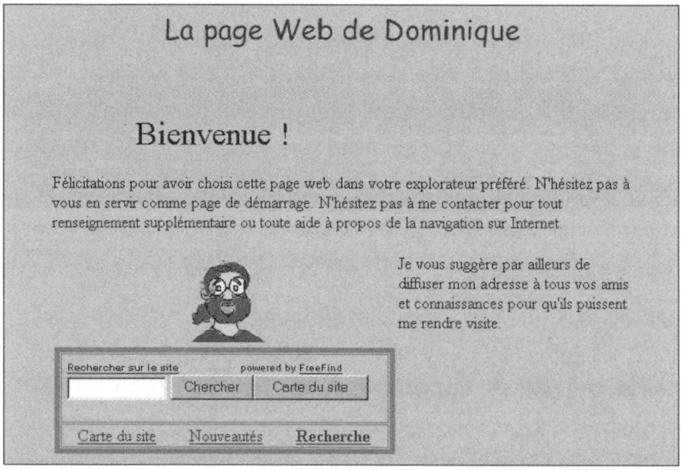

Fig. 13.28 : *Le tableau a été adapté à la page*

13.5. Personnalisation des pages de résultats dans le Control Center

Vous venez d'adapter dans la section précédente le tableau de FreeFind à l'aspect général de votre page d'accueil. Dans cette partie, nous allons étudier les moyens de personnaliser les pages de résultats des fonctions *Search* (Recherche), *Site Map* (Carte du site) et *What's New* (Nouveautés).

En dehors du tableau intégré dans vos pages web dont vous avez modifié l'aspect dans les étapes précédentes, FreeFind affiche une page de recherche séparée quand vous cliquez sur le lien *Recherche* dans le tableau.

La page de recherche ainsi que les pages de résultats des fonctions *Search*, *Site Map* et *What's New* reposent toutes sur le même modèle que vous pouvez adapter à vos propres besoins dans le FreeFind Control Center.

La page de résultats standard d'une recherche FreeFind est la suivante :

Fig. 13.29 : *La page de résultats par défaut*

Après certaines modifications, cette page est présentée différemment et mieux adaptée au style de votre page d'accueil :

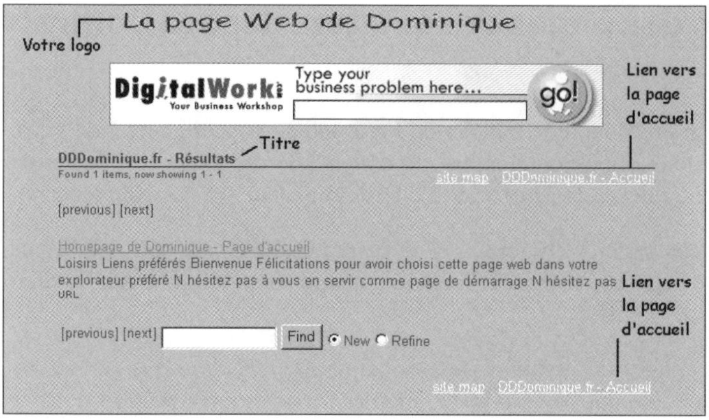

Fig. 13.30 :
La page de résultats personnalisée

Les résultats de la recherche sont les mêmes, seul le support de page a été modifié de façon à ce qu'il s'harmonise davantage avec votre propre page d'accueil.

Pour modifier les pages de recherche et de résultats de FreeFind, vous devez afficher le FreeFind Control Center puis cliquer sur le bouton **Customize Search** un peu plus bas sur la page :

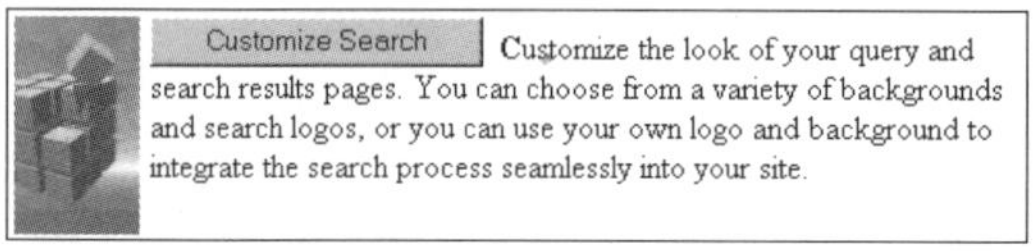

Fig. 13.31 :
Cliquez sur le bouton Customize Search

Étape 1: présentation de l'Assistant

Dès que vous cliquez sur ce bouton, un Assistant très bien organisé apparaît ("Wizard" en anglais). Son objectif est de vous guider pas à pas dans les opérations de modification :

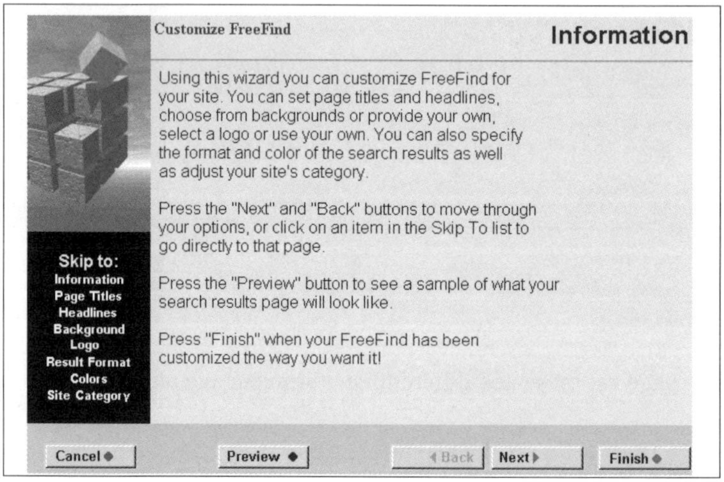

Fig. 13.32 :
Cet Assistant vous guide pas à pas

Customize FreeFind pourrait être traduit par "Adapter FreeFind à ses propres besoins". Vous pouvez lire en haut à droite de la fenêtre le mot "Information". Il s'agit tout simplement du titre de la première des huit étapes de cet Assistant.

La colonne noire sur le côté gauche de la fenêtre regroupe les huit étapes : Information, Page Titles, Headlines, Background, Logo, Result Format, Colors et Site Category. Chacun de ces huit thèmes va vous être proposé dans la partie droite de la fenêtre.

La partie inférieure de la fenêtre affiche les boutons **Cancel**, **Preview**, **Back** et **Next** ainsi que **Finish**, vous permettant de feuilleter facilement les huit pages d'options.

Tab. 13.1 : Boutons du Customize Wizard de FreeFind

Bouton	Action
Cancel	Permet de quitter l'Assistant sans enregistrer les modifications.
Preview	Affiche à tout moment un aperçu de la page de résultats dotée des paramètres courants.
Back et **Next**	Permet de passer à la page précédente ou à la page suivante.
Finish	Permet de quitter l'Assistant et d'enregistrer la configuration courante.

Cliquez sur le bouton **Next** pour accéder à la première étape de configuration.

Étape 2 et 3 : titre des pages

Les deux premières étapes sont intitulées Page Titles et Headlines. Au cours de ces étapes, vous modifiez le titre ainsi que l'en-tête des pages de résultats. Dans un premier temps, vous allez personnaliser le titre de la page de recherche ainsi que celui de la page de résultats :

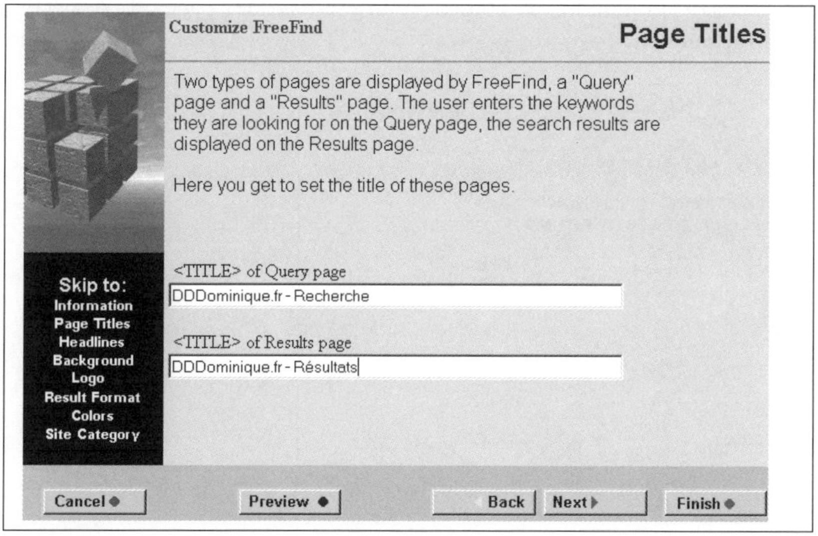

Fig. 13.33 : *Modifiez le titre de la page*

Sur cette page, vous devez saisir deux titres : un pour la page de recherche et un pour la page affichant les résultats.

Cliquez sur le bouton **Next** pour accéder à la page des modifications de l'autre titre. Ce titre se trouve directement au-dessus du champ dans lequel le lecteur saisit ses mots-clés.

Il est préférable et plus logique d'opter pour le même titre que celui de la rubrique précédente.

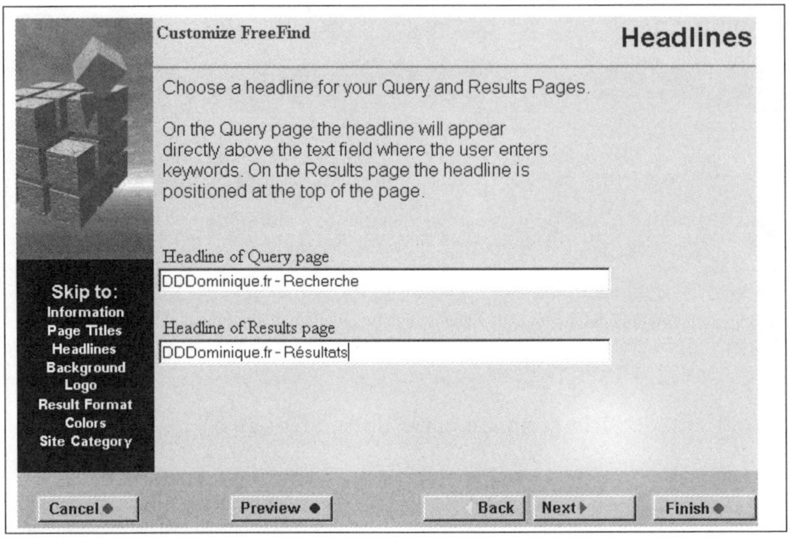

Fig. 13.34 : *Saisissez les titres*

Étape 4 : l'arrière-plan

Dans cette quatrième étape, il s'agit de modifier la couleur d'arrière-plan des pages. L'Assistant vous présente à cet effet la page suivante :

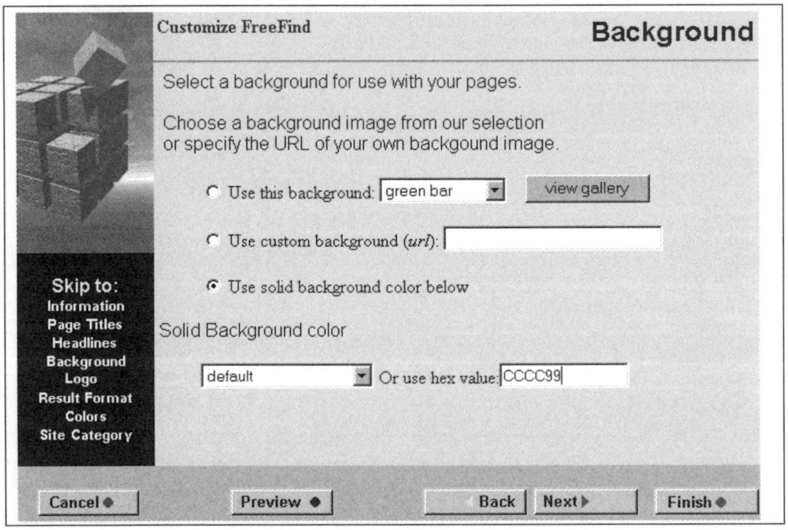

Fig. 13.35 : *Modifiez l'arrière-plan*

L'Assistant met trois options à votre disposition :

- *Use this background*

  Une sélection de paramètres proposés par défaut par FreeFind, par exemple *green bar*. En cliquant sur le bouton **View gallery**, vous pouvez jeter un œil sur la sélection proposée.

- *Use custom background (url)*

  Cette option permet de relier une image d'arrière-plan. Saisissez ici l'URL de cette image, par exemple `http://dddominique.fr/arrière_plan.gif`.

- *Use solid background color below*

  Vous pouvez indiquer ici la couleur d'arrière-plan de votre choix. Saisissez dans le champ *Or use hex value* la valeur hexadécimale de la couleur d'arrière-plan souhaitée.

Pour avoir un aperçu des modifications entraînées par les nouveaux paramètres, cliquez sur le bouton **Preview**. À la fin de ces quatre premières étapes, la page peut ressembler à notre exemple :

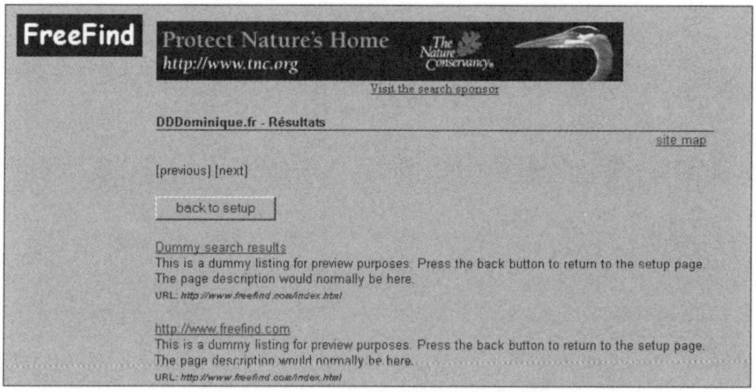

Fig. 13.36 : *Aperçu après quatre étapes*

Étape 5 : placer son propre logo sur la page

Cette cinquième étape va vous permettre de remplacer le logo de FreeFind, intégré par défaut, par un logo personnalisé. Le logo est placé dans la partie supérieure des pages.

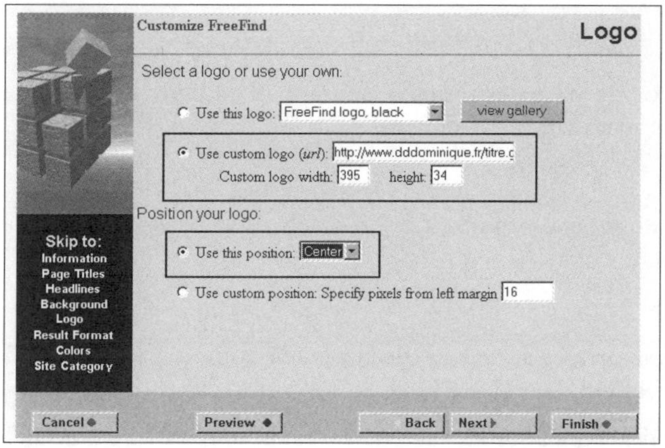

Fig. 13.37 : *Ajoutez votre propre logo*

Si vous ne disposez d'aucun logo personnalisé, vous pouvez en choisir un parmi ceux proposés par FreeFind. Sélectionnez à cet effet l'option *Use this logo* puis faites votre choix parmi les éléments de la galerie FreeFind.

Dans notre exemple, nous avons choisi de reprendre le logo placé sur notre page d'accueil. Vous devez préciser dans les champs de saisie correspondants la taille exacte de l'image.

Déterminez enfin grâce à la liste déroulante *Use this position* le futur emplacement du logo.

Étape 6 : mettre en forme les résultats

Cette nouvelle étape va vous permettre de mettre en forme les résultats de la recherche :

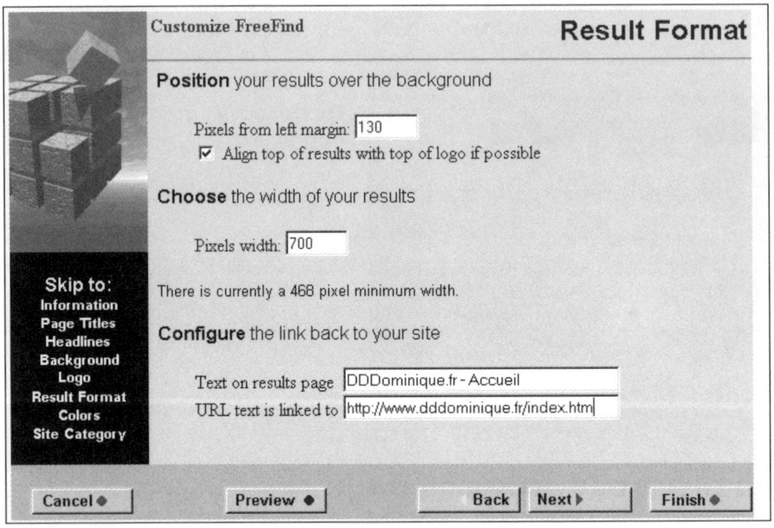

Fig. 13.38 : *Modifiez les propriétés des résultats*

Sur cette page, trois options sont mises à votre disposition :

- *Position your results over the background*

  Grâce à ce paramètre, vous définissez l'espace des résultats par rapport au bord gauche de la page. Reprenez tout simplement les paramètres par défaut.

- *Choose the width of your results*

  Ce paramètre détermine la largeur de la liste des résultats en pixels. Acceptez une nouvelle fois les paramètres par défaut.

- *Configure the link back to your site*

  Ce paramètre est important puisqu'il permet au lecteur de revenir à votre page d'accueil à partir de la page de résultats de FreeFind.

  Text on results page est le texte qui apparaît sur la page de résultats sous la forme de lien hypertexte. *URL text is linked to* est l'adresse web de la page à laquelle ce lien hypertexte renvoie.

Ce lien hypertexte est repris à deux endroits sur la page de résultats : une fois en haut et une fois en bas de la page.

Pour visualiser le résultat de ces modifications, cliquez à tout moment sur le bouton **Preview** :

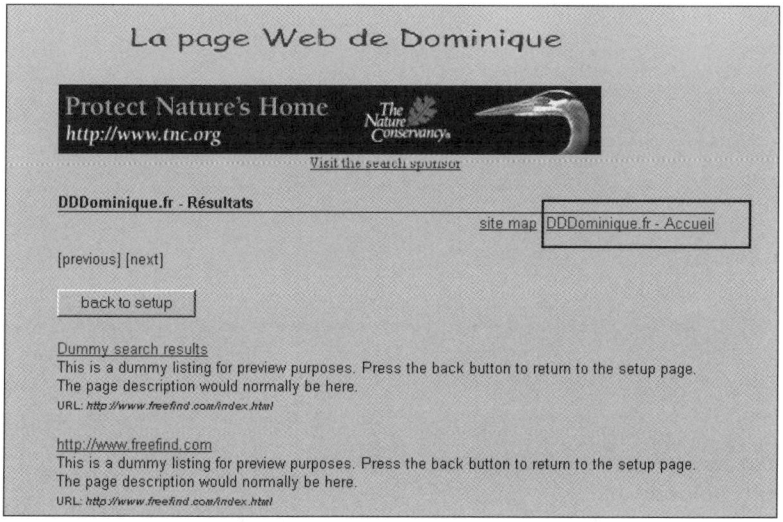

Fig. 13.39 : *Les liens mènent à votre page d'accueil*

Étapes 7 et 8 : schéma de couleurs et catégorie

Dans cette avant-dernière étape de l'Assistant, vous allez configurer le schéma de couleurs de la page de recherche et de celle de résultats. Le schéma de couleurs regroupe la couleur du texte et celle des liens hypertextes, c'est-à-dire les attributs de la balise <body> :

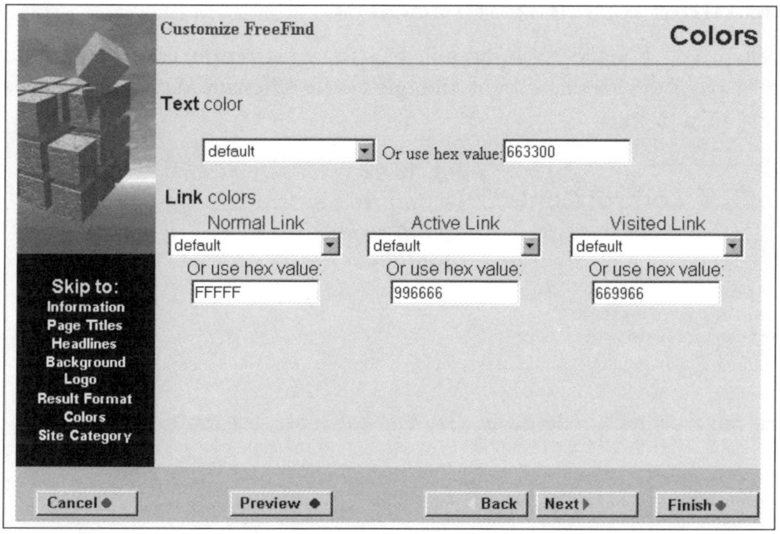

Fig. 13.40 : *Couleurs du texte et des liens*

Indiquez sur cette page les paramètres utilisés sur les pages de votre site web.

Dans la dernière étape, vous avez la possibilité de modifier la catégorie attribuée à votre page d'accueil lors de l'Instant Sign-up :

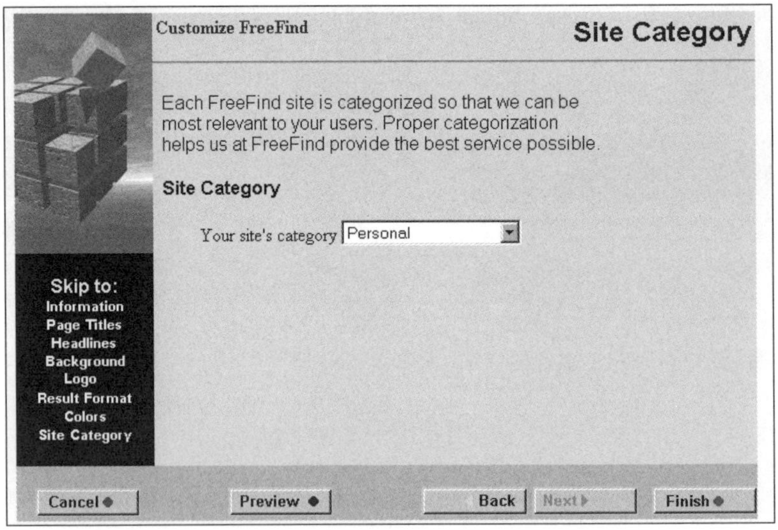

Fig. 13.41 : *Sélectionnez une catégorie*

FreeFind ne donne pas beaucoup d'explications concernant l'usage fait de cette information. Apparemment, ces données permettent au service de proposer "le meilleur service possible" (en anglais "the best service possible"). Cette statistique sert certainement à des clients publicitaires puisque, rappelons-le, FreeFind est pour nous un service gratuit financé uniquement par les bannières publicitaires.

La confirmation de mise à jour de FreeFind

Lorsque vous quittez l'Assistant en cliquant sur le bouton **Finish**, vous retrouvez la fenêtre du Control Center. En haut de la page, un message vous indique que l'affichage de votre page de recherche et de résultats a été mise à jour.

Fig. 13.42 : *Le Control Center vous confirme les modifications*

La personnalisation de votre page de recherche et de résultats est à présent terminée.

13.6. Paramètres avancés de FreeFind

Vous avez donc effectué certaines modifications dans le but d'adapter l'apparence de la fonction de recherche à celle de votre page web. Dans cette dernière partie, nous allons étudier certains autres aspects et questions concernant cette fonction de FreeFind.

La page Resources : une foule d'informations

Astuce

Nouvel index de vos pages

Après toutes ces modifications, nous vous recommandons de demander une nouvelle fois au service d'indexer votre page. Il vous suffit pour cela de cliquer sur le bouton **Spider Site** de la page du Control Center.

La barre de navigation de FreeFind met à votre disposition un lien vers la page Resources regroupant une liste d'informations intéressantes sur FreeFind :

- une *FAQ*

  Les questions les plus importantes sont présentées un peu plus bas sous cette rubrique.

- *Search Panels* et *Search Buttons*

  Une sélection de boutons, de zones de recherche et de tableaux de recherche mise à votre disposition.

  Si le tableau standard présenté dans ce chapitre ne vous convient pas, vous pouvez consulter les objets proposés dans ce *Search Panels*. Il vous suffit de copier le code HTML correspondant et de le coller sur vos pages.

- *Site Map Panels*

  Une sélection de liens vers des cartes de sites.

- *What's New Panels*

  Une sélection de liens vers des pages What's New.

- *FreeFind Tag Reference*

  La référence des commandes de FreeFind. Une liste de toutes les balises HTML prises en compte par le Spider de FreeFind lors de la création de l'index de vos pages web.

- *Control Center User's Guide*

  Une guide explicatif détaillé, mais en anglais, sur toutes les sections du Control Center. Le User's Guide est une page web d'une taille d'environ 550 Ko. Un peu de patience donc lors du téléchargement !

Les sections suivantes traitent des questions essentielles sur FreeFind.

FreeFind et les cadres

La réponse est oui. FreeFind gère les pages avec des cadres :

- Tableau de recherche dans un cadre, résultats dans un autre

  Si vous placez le tableau de recherche dans un cadre et que les résultats doivent s'afficher dans un autre cadre, ajoutez au tableau de recherche l'attribut `target`. Dans le texte source, cherchez la ligne de commande :

```
<FORM ACTION="http://freefind.com/servlet/freefind" METHOD="GET">
```

  Ajoutez à cette commande l'attribut `target` :

```
<FORM ACTION="http://freefind.com/servlet/freefind" target="_top" METHOD="GET">
```

  Modifiez la valeur de cet attribut en fonction de votre attente.

Masquer certaines pages web dans les résultats

- Ne pas afficher certaines pages web dans les résultats

  Ajoutez sur la page web concernée la commande :

```
<!-- FreeFind No Index Page -->
```

  Cette commande est un commentaire HTML pris en compte uniquement par le Spider de FreeFind. À la prochaine visite du Spider, la page ainsi caractérisée ne sera plus incluse dans les résultats.

Astuce

Lancez le Spider !

Après ces modifications, il est important de demander un nouvel index de votre site : dans le Control Center, cliquez simplement sur le bouton **Spider Site**.

Particularités des cartes de sites

Quelques remarques concernant la manipulation des cartes de sites :

- Configuration des cartes de sites

  Dans le Control Center, vous pouvez configurer certains paramètres avancés de la carte du site en cliquant sur le bouton **Setup Site Map**.

- Exclure une page de l'affichage de la carte du site

  Si une page doit être présentée dans le résultat de la recherche mais pas sur la carte du site, ajoutez la commande suivante sur la page concernée :

```
<!-- FreeFind No Map -->
```

Particularités de What's New

Cette fonction peut également faire l'objet de modifications :

- Ne pas afficher une page web sur la page What's New

Ajoutez la commande suivante à l'emplacement de votre choix sur la page correspondante :

```
<!-- FreeFind Not New -->
```

Dans ce cas, le nom de la page n'apparaîtra pas sur la page What's New après la mise à jour.

- Accompagner une entrée d'un commentaire

  Ajoutez la commande suivante à l'emplacement de votre choix sur la page web :

```
<!-- FreeFind New Comment="J'ai modifié les points suivants..." -->
```

  Le commentaire placé entre les guillemets sera affiché avec l'entrée de la page What's New.

- Ajouter une image

  Si vous souhaitez ajouter une image sur la page What's New (par exemple Nouveau !), ajoutez la ligne de commande suivante en l'adaptant bien sûr à vos paramètres :

```
<!-- FreeFind New Icon="http://www.yoursite.com/updated.gif" -->
```

- Définir une date précise pour une entrée

  Normalement, FreeFind affiche la date du fichier HTML sur le serveur web. Utilisez la commande suivante pour afficher une autre date :

```
<!-- FreeFind New Date="May 5 1999" -->
```

Savoir ce que les visiteurs ont cherché

Pour lire un rapport détaillé sur les activités de recherche des lecteurs de votre site, affichez la page du Control Center puis cliquez sur le bouton **Reports**.

13.7. Faisons le point

Cette section résume les points étudiés dans ce chapitre :

- FreeFind propose aux concepteurs de sites web trois services :
  - une fonction de recherche ;
  - une carte du site (ou Site Map) ;
  - une page What's New.
- Pour bénéficier de ces services sur votre propre page d'accueil, vous devez :
  - vous inscrire auprès de FreeFind ;
  - faire indexer votre page d'accueil par le Spider de FreeFind ;
  - intégrer le tableau de recherche à votre page d'accueil.
- Pour vous inscrire auprès des services de FreeFind, vous avez uniquement besoin de l'adresse URL de votre page et d'une adresse e-mail.
- L'intégration et la personnalisation du tableau de recherche sur votre page d'accueil peuvent s'effectuer dans l'éditeur HTML de votre choix.

- En dehors du tableau de recherche, FreeFind met à votre disposition une page de recherche séparée ainsi qu'une page de résultats présentant aux lecteurs les entrées correspondant à leur demande.

  Ces pages peuvent ensuite être personnalisées pour s'harmoniser avec l'apparence de votre page d'accueil.

- Deux particularités de la configuration de FreeFind :

  - Si vous utilisez des cadres, vous devez soit utiliser l'attribut target soit la commande No Index Page.
  - Dans le cas où certaines pages ne devraient pas être analysées, ajoutez la commande <!-- Freefind No Index Page --> sur la page concernée.

Chapitre 14

Se familiariser avec le texte source

Dans ce chapitre, nous avons utilisé le programme HomeSite 4.0 de Allaire Corporation.

14.1. Pourquoi le texte source est-il si important ?

De nombreux constructeurs de pages web redoutent de travailler sur le texte source. En tant que concepteur de site, il est bien difficile pourtant de faire abstraction de ce langage de construction de pages web et cela, pour deux raisons :

- Le navigateur ne s'intéresse qu'au texte source.
- Le texte source permet de découvrir les secrets d'autres concepteurs de sites.

C'est la raison pour laquelle nous allons dans la suite de ces chapitres étudier d'un peu plus près le texte source des pages HTML :

- Dans un premier temps, nous avons choisi de vous présenter l'éditeur de texte source HomeSite 4.0.
- Vous étudierez ensuite dans le chapitre suivant le texte source de la page d'accueil de Yahoo! pour comprendre comment elle est construite.

Le navigateur ne s'intéresse qu'au texte source

Dès l'apparition d'un problème d'affichage d'une page web dans un navigateur, il est d'usage de chercher l'erreur directement dans le texte source. Les éditeurs WYSIWYG facilitent la tâche quotidienne d'édition de pages web mais ils ont leurs limites.

Les tableaux sont la source de fréquents problèmes comme peuvent en témoigner tous les concepteurs de pages web. Ces problèmes surviennent surtout après des modifications.

Astuce — **Table Debugging**

La recherche d'erreurs dans des tableaux HTML est désignée par l'expression "Table Debugging".

Pour découvrir par exemple pourquoi un tableau s'affiche correctement dans Internet Explorer et non dans Netscape Navigator ou l'inverse, vous devez souvent étudier de près le texte source.

Découvrir les astuces d'autres pages

Le secret de construction de chaque page web est caché dans le texte source et vous est donc livré à domicile. Si une page web retient particulièrement votre attention lors de votre recherche sur Internet, il vous suffit de consulter le texte source de la page en question pour découvrir la méthode employée. Le mode d'emploi est toujours disponible.

Cette technique de visualisation du texte source est la meilleure méthode pour découvrir les secrets d'une page web. Pour afficher le code, il vous suffit de sélectionner la commande **Affichage/Source** dans votre navigateur.

Astuce

Afficher le texte source dans l'ensemble de cadres

Cliquez avec le bouton droit de la souris sur le cadre souhaité dans l'ensemble de cadres puis sélectionnez la commande **Afficher la source** dans le menu contextuel.

Le texte source peut vous paraître à première vue crypté et compliqué mais ce n'est pas le cas.

Vous allez rapidement apprécier l'utilisation d'outils comme l'éditeur HTML HomeSite 4.0 vous permettant de manipuler plus aisément ce code.

14.2. HomeSite 4.0

Parmi la liste d'éditeurs HTML disponibles à l'heure actuelle sur le marché, notre choix s'est porté sur le programme HomeSite 4.0 dont l'interface en français est particulièrement pratique.

Astuce

HomeSite 4.0 est disponible sur le CD-Rom

Vous trouverez le programme sur le CD-Rom joint à cet ouvrage. Avant de lancer l'installation, vous pouvez vérifier sur le site www.allaire.com si une nouvelle version est disponible.

Pour savoir si une nouvelle version est disponible, vous pouvez également sélectionner la commande **Aide/Surveiller l'arrivée d'une nouvelle version**.

Le programme est disponible en version d'évaluation limitée, totalement fonctionnelle, que vous pouvez utiliser durant une période de trente jours.

L'interface du programme

Lancez le programme par l'intermédiaire de la commande du menu **Démarrer/Programmes/HomeSite 4.0** pour afficher la fenêtre d'accueil :

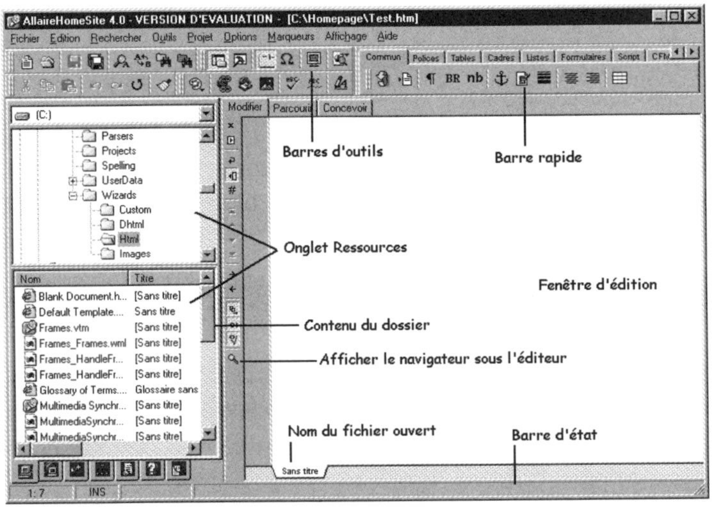

Fig. 14.1 : *L'interface de HomeSite 4.0*

Les éléments de commande sont assez semblables à ceux des programmes Windows :

- Barre de titre : le nom du projet s'inscrit entre crochets.
- Barre de menu : les menus permettent d'accéder à toutes les commandes de l'éditeur.
- Barre d'outils et barre d'outils d'édition : ces barres d'outils contiennent un certain nombre de boutons de raccourcis liés aux commandes de menus.
- Barre rapide : cette barre constituée d'onglets regroupe des commandes de texte source. Si elle n'est pas affichée, appuyez sur les touches Ctrl+h.

Sous ces barres d'outils, vous observez que la fenêtre se compose de deux parties :

- À gauche, l'onglet **Ressource**

  Il s'agit en quelque sorte du gestionnaire de fichiers d'un site web. Pour l'afficher ou le masquer, il vous suffit d'appuyer sur la touche F9 ou de sélectionner la commande **Onglet Ressource** du menu **Affichage**.

  Ce gestionnaire de fichiers est particulièrement pratique pour effectuer des opérations sur les fichiers, visualiser le contenu d'un dossier, etc.

  Cette partie située à gauche de la fenêtre est à son tour divisée en deux. La partie supérieure, sous la liste déroulante, affiche les dossiers, tandis que la zone d'affichage inférieure présente les fichiers du dossier choisi.

  Sous cette dernière partie sont présentés des onglets permettant d'accéder à d'autres fonctions, comme la vue du site, ou aux fichiers distants.

- À droite, la fenêtre d'édition

  C'est là que vous allez inscrire ou ajouter le texte source proprement dit. Cette fenêtre est dotée de trois onglets **Modifier** (sur le texte source), **Parcourir** et **Concevoir** (en mode WYSIWIG).

Vous retrouvez, en bas de la fenêtre, la barre d'état qui affiche un certain nombre d'informations importantes.

L'éditeur HTML en action

Avant de vous lancer dans la saisie du texte source, il est préférable de vous familiariser avec l'interface de cet éditeur HTML pour en découvrir les différentes fonctionnalités.

Si vous n'avez pas encore eu le temps de le faire, définissez un nouveau dossier spécial réservé à vos fichiers HTML. Dans les exemples suivants, nous partons du principe que le dossier se nomme *C:\Homepage*.

Atelier — Définir un nouveau fichier HTML

1. Sélectionnez dans le menu **Fichier** la commande **Nouveau**.
2. En fonction de votre attente, choisissez un modèle de pages HTML simple ou optez pour l'aide d'un Assistant qui vous guidera dans l'élaboration de cadres par exemple. Cliquez ensuite sur OK pour valider votre choix.

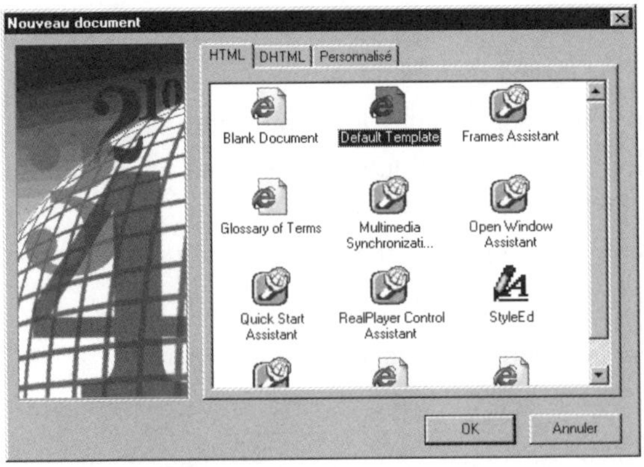

Fig. 14.2 : *Faites votre choix sous l'onglet HTML*

3 Dans la fenêtre d'édition du code HTML, le texte source suivant s'affiche :

```
<!DOCTYPE HTML PUBLIC "-//W3C//DTD HTML 4.0 Transitional//EN">

<html>
<head>
    <title>Sans titre</title>
</head>

<body>
|


</body>
</html>
```

Fig. 14.3 : *Structure initiale du texte source*

4 Enregistrez l'ossature de ce fichier par l'intermédiaire de la commande **Fichier/Enregistrer** sous le nom `Test.htm` dans le dossier *C:\Homepage*.

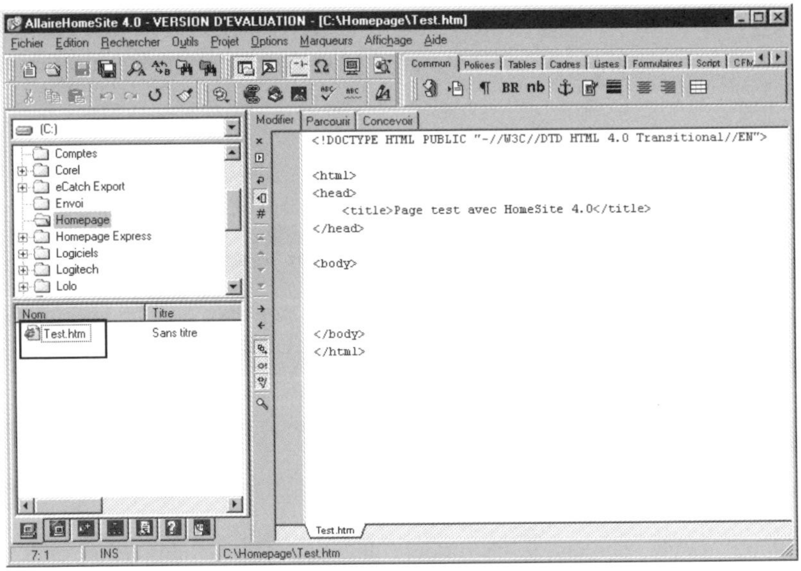

Fig. 14.4 : *Le fichier test après l'enregistrement*

Comme vous pouvez le constater, le texte source utilise des couleurs différentes pour mettre en valeur les balises, les attributs, etc.

Après l'enregistrement de votre fichier, son nom doit apparaître à droite dans la barre de titre ainsi que dans l'onglet d'édition situé sous la fenêtre d'édition.

L'éditeur HTML a construit le texte source selon un modèle très précis : le texte est encadré des balises `<html>` et `</html>` et présente la zone d'en-tête introduite par `<head>` ainsi que les balises de titre `<title>` et de corps du texte `<body>-</body>`.

Dans cette partie encore vide, encadrée par les balises `<body>-</body>`, nous allons saisir le titre de la page de façon à vous faire découvrir le fonctionnement du programme.

Atelier — Ajouter un titre sur la page HTML

1. Pour inscrire un titre de niveau 1 sur une page web, deux possibilités s'offrent à vous :
   - via le menu **Marqueurs/En-tête 1** ;
   - par un clic sur le bouton **H1** de l'onglet **Polices** de la barre rapide.

   Dans les deux cas, les balises `<h1> </h1>` apparaissent dans le texte à l'emplacement du curseur d'insertion. Le curseur clignote.
2. Saisissez directement dans le texte source le titre de votre choix, par exemple `Titre test`.
3. Appuyez sur les touches [Maj]+[Ctrl]+[b] pour ajouter un simple retour à la ligne, `<br>`.
4. Pour définir un nouveau paragraphe dans le texte, appuyez sur les touches [Maj]+[Ctrl]+[p]. Dans le texte source apparaissent les balises `<p> </p>`.
5. Saisissez le texte de votre choix entre les deux balises, par exemple `Premier essai de saisie de texte dans le code source`.
6. N'oubliez pas d'enregistrer de temps en temps le travail avec les touches [Ctrl]+[s].

Il est à présent grand temps d'afficher un aperçu de votre travail :

Pour basculer du mode Edition en mode Parcourir, vous pouvez appuyer sur la touche [F12]. L'autre solution pour contrôler le résultat du texte source est d'activer tout simplement l'onglet **Parcourir** en haut de la fenêtre.

Le texte source dans la fenêtre d'édition, puis dans l'Aperçu : (voir fig. 14.5, 14.6)

Si vous souhaitez afficher les deux versions pour une comparaison simultanée, vous pouvez diviser la fenêtre en deux parties. Dans l'une sera affiché le texte source, dans l'autre le résultat de l'affichage dans la fenêtre du navigateur. Pour basculer dans ce mode d'affichage, cliquez simplement sur le bouton **Afficher le navigateur sous l'éditeur** de la barre verticale à gauche de la fenêtre.

Vous avez étudié les principales fonctions de l'éditeur. Pour vous familiariser avec son interface, faites vos propres essais. Testez les commandes, les modes d'affichage et découvrez les multiples facettes de cet éditeur.

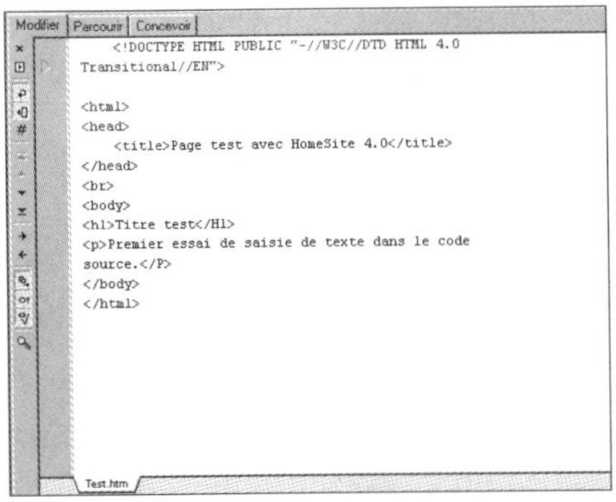

Fig. 14.5 :
Le fichier test dans la fenêtre d'édition

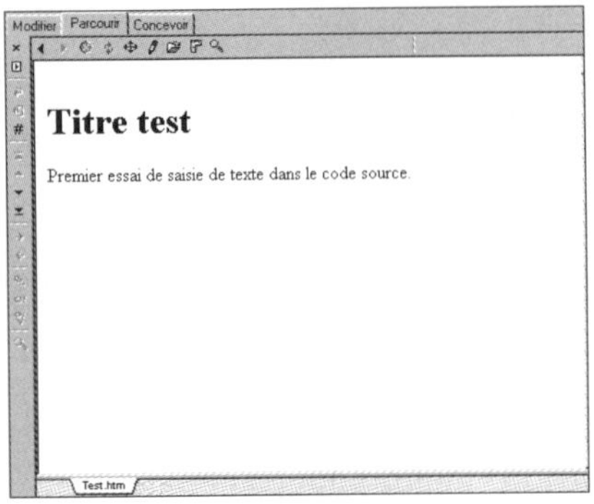

Fig. 14.6 :
Le fichier dans l'Aperçu

14.3. Paramètres du programme

Dans l'éditeur HTML, vous avez la possibilité de configurer diverses options avancées du programme. Pour accéder à la boîte de dialogue regroupant les éléments correspondants, sélectionnez la commande **Options/Paramètres** ou appuyez sur la touche F8.

Si vous souhaitez par exemple apporter des modifications sur les couleurs utilisées dans le programme, activez l'onglet **Codage des couleurs**.

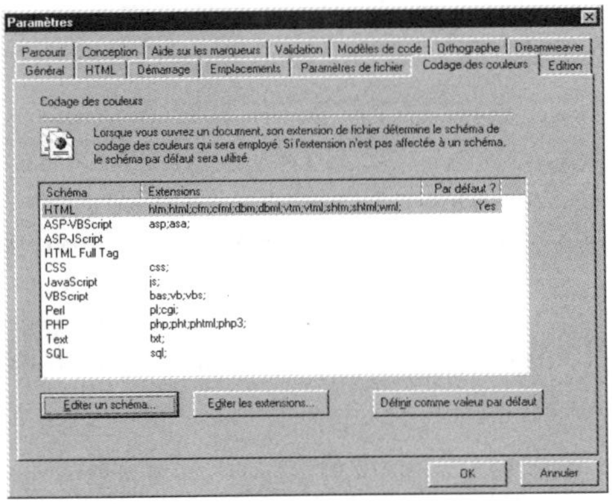

Fig. 14.7 :
Le codage des couleurs

Pour modifier une couleur, cliquez sur le bouton **Éditer un schéma** dans la partie inférieure de cette boîte de dialogue. Placez le curseur sur l'élément concerné par la modification, puis cliquez sur le bouton de couleur sous la rubrique *Élément courant*.

Si les nouvelles couleurs ne correspondent finalement pas à votre attente, vous pouvez toujours revenir aux couleurs par défaut en cliquant sur le bouton **Restaurer les valeurs par défaut**.

Vous pouvez préciser également sous l'onglet **Parcourir** si Internet Explorer est votre navigateur par défaut ou modifier les options relatives au langage HTML sous l'onglet du même nom.

Aperçu dans le navigateur

L'éditeur HTML utilise pour le mode d'affichage d'aperçu interne Microsoft Internet Explorer. Il faut savoir que l'affichage de votre page web dépend des fonctionnalités intégrées dans le navigateur utilisé par vos lecteurs. C'est la raison pour laquelle nous vous conseillons de procéder à des essais externes avec d'autres navigateurs.

L'éditeur vous propose heureusement d'ajouter des navigateurs externes pour effectuer ces tests de manière plus conviviale.

Si cette variante relative au mode d'aperçu vous semble intéressante, sélectionnez la commande **Options/Configurer des navigateurs externes**.

Cliquez dans cette boîte de dialogue sur le bouton **Ajouter** puis précisez les informations demandées en saisissant le nom et le chemin d'accès au fichier du nouveau navigateur. Si vous ne disposez pas de cette information, cliquez sur le bouton du dossier à droite de la zone de saisie *Emplacement* et cherchez le fichier concerné.

14.4. HomeSite 4.0 : combinaisons de touches

Cette partie du chapitre consacré à l'éditeur HTML HomeSite 4.0 présente des tableaux répertoriant les raccourcis clavier utilisés pour faciliter le travail d'édition dans le texte source.

Utilisation générale

Le tableau suivant contient les raccourcis clavier les plus courants concernant l'utilisation générale de l'éditeur.

Tab. 14.1 : Raccourcis clavier dans HomeSite 4.0

Touche	Effet
Ctrl+F2	Affichage Plein écran
F9	Affichage de l'onglet **Ressource**
Ctrl+h	Affichage de la barre rapide
F12	Basculer **Edition/Parcourir**
F8	Paramètres du programme
Maj+F12	Basculer **Edition/Conception**

Tab. 14.1 : Raccourcis clavier dans HomeSite 4.0	
Touche	**Effet**
F7	Vérificateur orthographique
F1	Afficher l'aide sur la balise courante

Les balises essentielles du texte source

Le tableau présente les raccourcis clavier essentiels permettant la saisie directe dans le texte source :

Tab. 14.2 : Raccourcis clavier dans HomeSite 4.0		
Tag	**Touches**	**Effet**
`<p> </p>`	Maj+Ctrl+p	Paragraphe
` `	Maj+Ctrl+b	Saut de ligne
`<!--...-->`	Maj+Ctrl+m	Commentaire
` `	Maj+Ctrl+barre d'espace	Espace insécable
`<>`	Ctrl+,	Balise de début
`</>`	Ctrl+;	Balise de fin
`<a></a>`	Maj+Ctrl+a	Ancre
`<img src=>`	Maj+Ctrl+i	Image

14.5. Avec le clavier dans le texte source

Pour de nombreux utilisateurs de PC, travailler avec le clavier est une habitude. D'autres sont incapables de se passer de la souris.

Il faut bien avouer que le travail sur un texte source dans un éditeur HTML s'effectue moins facilement lorsqu'il faut manipuler la souris.

Consultez le tableau suivant pour découvrir d'autres raccourcis clavier vous permettant de travailler plus facilement sur le texte. Vous allez vite vous apercevoir que ces raccourcis sont les mêmes que ceux employés dans Word ou dans FrontPage Express par exemple.

Tab. 14.3 : Touches de raccourci dans HomeSite 4.0	
Touche	**Effet**
Flèche droite	Déplace le curseur d'un signe vers la droite.
Flèche gauche	Déplace le curseur d'un signe vers la gauche.
Maj+Flèche droite ou Flèche gauche	Étend la sélection d'un caractère vers la droite ou la gauche.

Tab. 14.3 : Touches de raccourci dans HomeSite 4.0	
Touche	**Effet**
Ctrl+Flèche droite ou Flèche gauche	Saute un mot vers la droite ou vers la gauche.
Ctrl+Maj+Flèche droite ou Flèche gauche	Étend la sélection d'un mot vers la droite ou la gauche.
Origine	Envoie le curseur au début de la ligne.
Fin	Envoie le curseur à la fin de la ligne.
Ctrl+Origine ou Fin	Envoie le curseur au début ou à la fin du texte.
Maj+Origine ou Fin	Étend la sélection jusqu'au début ou la fin d'une ligne.
Ctrl+Maj+Origine ou Fin	Étend la sélection jusqu'au début ou la fin du document.

Les flèches de direction

Les flèches de direction gauche ou droite permettent de déplacer le curseur d'insertion d'un signe vers la gauche ou vers la droite. Tout le monde connaît cette astuce. La touche Fin permet d'accéder à la fin de la ligne courante.

La touche Origine, à la différence de la touche Fin, envoie le curseur d'insertion au début de la ligne courante.

Express : Flèche+Ctrl

Si vous appuyez simultanément sur une des flèches et sur la touche Ctrl, vous activez un mode de déplacement de curseur plus rapide.

Sélectionner : Flèche+Maj

La combinaison de l'une des flèches et de l'une des deux touches Maj de votre clavier permet de déplacer le curseur mais entraîne également la sélection de la zone concernée.

Un exemple : la touche Fin permet simplement d'accéder à la fin de la ligne tandis que la combinaison de cette touche et de la touche Maj permet d'étendre la sélection de la position courante du curseur jusqu'à la fin de la ligne.

Sélection Express : Flèche+Ctrl+Maj

Une combinaison de touches très pratique : le curseur se déplace, comme avec la touche Ctrl, mais entraîne par la même occasion la sélection de la zone concernée.

14.6. Faisons le point

Résumons brièvement les thèmes abordés dans les pages de ce chapitre :

- Le texte source d'une page web est important pour deux raisons :

- Le navigateur prend uniquement en compte le texte source ; en cas de problème, il est préférable de chercher la cause directement dans le code source de la page web.
- En mode d'affichage Source (**Affichage/Source**) de votre navigateur, vous pouvez à votre gré consulter le texte source de toute page qui a retenu votre attention.

► L'une des solutions pour mieux comprendre et surtout éditer le texte source est d'avoir recours à un éditeur comme HomeSite 4.0.

► Le programme HomeSite 4.0 est un logiciel disponible en version d'évaluation durant trente jours.

► Le programme propose un aperçu interne de votre travail. Il utilise pour cela une version d'Internet Explorer.

► D'autres programmes et navigateurs peuvent facilement être intégrés à HomeSite 4.0.

Chapitre 15

Le code source de la page d'accueil de Yahoo!

Pour ce chapitre, vous aurez besoin :

- de l'éditeur Homesite 4 ;
- d'Internet Explorer et/ou de Netscape Navigator.

15.1. Code source de la page d'accueil de Yahoo!

Vous allez maintenant analyser le code source de la page d'accueil de Yahoo!, qui répertorie près de huit cents millions d'autres pages sur le Web, de manière à vous familiariser avec la technique du "View Source", c'est-à-dire de l'analyse du code source des page web.

L'objectif de cette analyse consiste à identifier la structure de la page d'accueil de Yahoo!, pour repérer les particularités éventuelles.

CD-Rom

La page d'accueil de Yahoo! sur le CD-Rom

La page d'accueil de Yahoo! évolue en permanence. Nous avons donc placé sur le CD-Rom la version utilisée dans ce chapitre, pour vous permettre de suivre son déroulement dans les meilleures conditions.

Passons maintenant aux choses sérieuses. Vous allez consulter la page dans l'éditeur, l'imprimer et l'analyser en détail.

Certaines opérations sont plus pratiques à réaliser dans l'éditeur, lorsqu'il s'agit en particulier de modifier ou de rechercher un texte, alors que le support papier est plus adapté à d'autres opérations.

Aborder la lecture du code source

La lecture du code source ressemble à celle du menu d'un restaurant italien :

- Identifiez d'abord les termes connus comme "Spaghetti", "Coca-Cola" ou `<body>`.
- Recherchez les termes inconnus dans le lexique, ou ici dans la référence du langage.
- Si vous préférez prendre quelques risques, vous pouvez également essayer directement l'action des termes inconnus.

Cette procédure vous permet de trouver des repères dans le code source.

La page web dans HomeSite

Démarrez éventuellement HomeSite, et ouvrez la page de Yahoo! Le résultat doit ressembler à l'illustration ci-après : (voir fig. 15.1)

Si l'affichage est différent, vous pouvez utiliser les combinaisons de touches suivantes :

- Ctrl+h pour masquer la barre rapide ;
- F9 pour masquer l'onglet **Ressource** ;
- Maj+Ctrl+l pour masquer la fenêtre des résultats ;

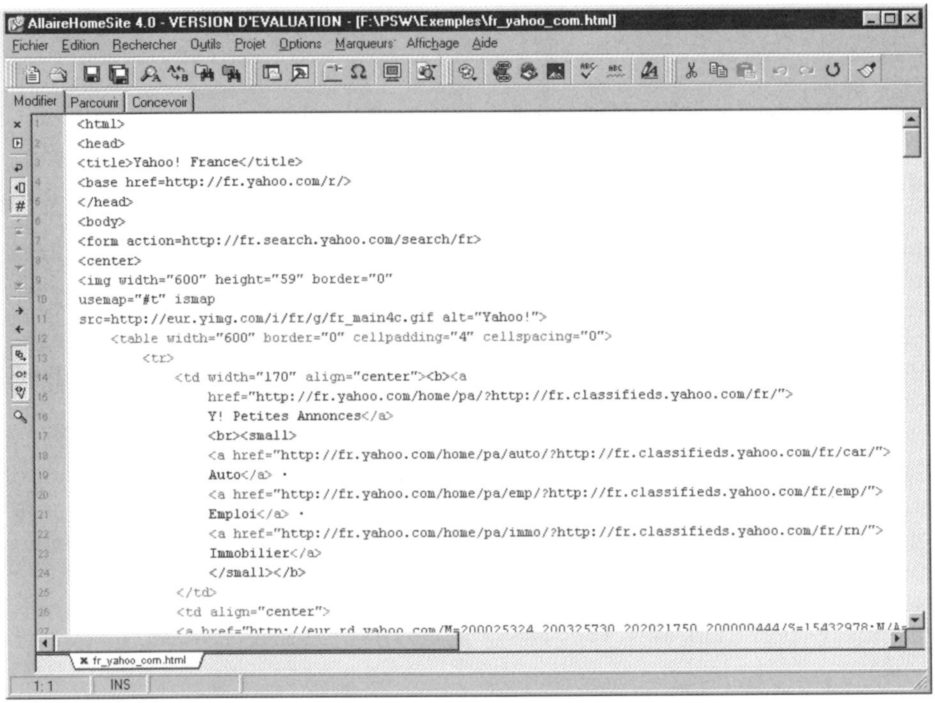

Fig. 15.1 : *La page d'accueil de Yahoo! dans HomeSite*

- Maj+Ctrl+x pour masquer la fenêtre des caractères spéciaux.

D'autre part, il faut éventuellement cliquer sur le bouton portant un dièse dans la barre d'outils de l'onglet **Modifier** pour afficher les numéros de ligne, après avoir affiché la "gouttière" en cliquant sur le bouton situé directement au-dessus.

Info

Améliorez la page de Yahoo!

Vous pouvez modifier la page d'accueil de Yahoo! et visualiser directement le résultat de vos modifications. Il est évident que vous ne modifiez que la version de votre disque dur, et non celle du site web.

Appelez la commande **Fichier/Imprimer** ou utilisez la combinaison de touches Ctrl+p pour imprimer le code source. Vous pouvez appuyer sur la touche F12 pour visualiser le résultat dans HomeSite, en utilisant éventuellement Internet Explorer comme navigateur interne, ou choisir un navigateur externe dans la barre d'outils *Vues*.

Se déplacer rapidement dans le code

Voyons le nombre de lignes de la page : appuyez tout simplement sur la combinaison de touches Ctrl+Fin. La page comporte plus de quatre cent vingt lignes. Pour revenir au début de la page, il suffit d'utiliser la combinaison de touches Ctrl+Début.

Info

La page d'exemple est déjà modifiée

Nous avons pris le soin de modifier la page *fr_yahoo_com.html* pour rendre sa structure plus lisible, au détriment de sa longueur. Le fichier d'origine ne comporte que quarante-six lignes, mais certaines occupent plusieurs fois la largeur de l'écran. Vous pouvez consulter ce fichier sur le CD-Rom. Il s'appelle *fr_yahoo_com_0.html*, et a été recopié à partir de Netscape Navigator 4.5. Vous verrez à la fin de ce chapitre que la version 4.6 de Netscape Navigator ainsi que la version 5 d'Internet Explorer permettent de récupérer des pages web de manière simple et complète, mais la structure présentée n'est pas toujours très satisfaisante.

HomeSite vous offre la possibilité de simplifier le déplacement du curseur à l'intérieur d'une page de grande longueur, en utilisant des signets. Vous pouvez alors basculer directement de l'un de ces signets au suivant par la combinaison de touches Ctrl+k.

Faites un essai :

Atelier

Placer un signet dans HomeSite

1. Placez le curseur à l'endroit où vous souhaitez positionner un signet, par exemple en face de la balise <body>, à la ligne numéro 6.
2. Cliquez avec le pointeur de la souris sur le numéro de ligne. Celui-ci est alors remplacé par une icône verte portant le numéro 0.

Fig. 15.2 : *Le premier signet*

3. Placez un second signet, par exemple à la ligne 126. Pour vous rendre rapidement à cette ligne, utilisez la combinaison de touches Ctrl+g, et saisissez le numéro 126.

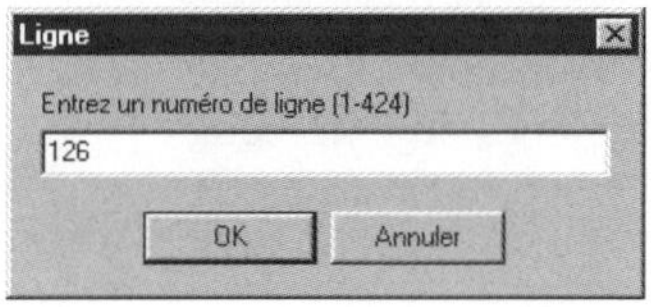

Fig. 15.3 : *Passez à la ligne 126*

4. Lorsque le curseur se trouve sur la ligne concernée, appuyez sur la combinaison de touches Ctrl+k. Le second signet est mise en place automatiquement.
5. Vous pouvez ainsi positionner dix signets, numérotés de 0 à 9.
6. Pour passer d'un signet au suivant, dans l'ordre des numéros, utilisez la combinaison de touches Maj+Ctrl+k.

Les signets ne sont pas enregistrés lorsque vous quittez le fichier.

Imprimer le code source

Il est intéressant de placer des signets, mais cela ne facilite pas la lecture à l'écran. Il vaut donc mieux imprimer le code source. Il faut huit pages A4 pour imprimer le fichier exemple.

Atelier **Imprimer le code source**

1. Appelez la commande **Fichier/Imprimer**, ou appuyez sur la combinaison de touches Ctrl+p.
2. Activez les cases à cocher *Numéros de ligne*, *Numéros de page* et *Imprimer le nom de fichier en haut de chaque page*.

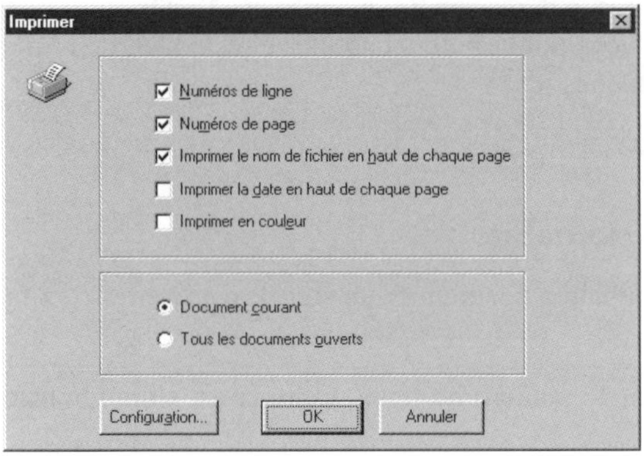

Fig. 15.4 : *Activez les options de numérotation de pages et de lignes*

3. Si vous disposez d'une imprimante couleur, il est judicieux de sélectionner en outre l'option *Imprimer en couleur*.
4. Cliquez sur le bouton OK.

La numérotation des lignes correspond naturellement à celle affichée à l'écran, ce qui facilite le travail.

15.2. Diviser la page web en plusieurs sections

Avant de commencer à analyser le code source et à consulter les commandes inconnues, il est judicieux de diviser la page en plusieurs sections, pour les traiter individuellement.

Yahoo! est connu pour les lignes de séparation bleues qui ornent sa page d'accueil depuis de nombreuses années. L'illustration ci-après vous montre comment vous pouvez diviser la page en trois sections principales, en vous appuyant sur ces fameuses lignes bleues (voir fig. 15.5).

Vous pouvez commencer à rechercher les lignes bleues dans le code source. Vous verrez que ce n'est pas aussi simple qu'il y paraît au premier coup d'œil.

Fig. 15.5 :
Division de la page d'accueil de Yahoo!

15.3. Le casse-tête des lignes bleues

Il existe plusieurs possibilités pour tracer une ligne de séparation horizontale sur une page web. Voici les deux méthodes les plus répandues :

- utilisation de la balise `<hr>` ("horizontal rule") ;
- utilisation de la balise `<img src="...">`, c'est-à-dire d'une image, comme ligne de séparation.

Voyons comment les choses ont été faites dans la page d'accueil de Yahoo!

Les lignes bleues ne sont pas des <hr>...

Après une petite réflexion, la première solution s'élimine d'emblée, pour deux raisons :

1. L'attribut `<hr color="...">` permet bien de définir une ligne de séparation colorée, mais uniquement dans Internet Explorer, car il ne fait pas partie du standard HTML. Il est évident qu'une page conçue pour être compatible avec la plupart des navigateurs ne peut pas utiliser cette particularité, et emploie plutôt des commandes HTML standard.
2. Le code source ne contient aucune balise `<hr>`. Cette deuxième raison est encore plus nette. Pour vérifier cela, appuyez sur la combinaison de touches [Ctrl]+[Début] : le curseur se retrouve

au début du document ; puis appelez la fonction de recherche par la commande **Rechercher/ Rechercher**, ou par la combinaison de touches [Ctrl]+[f], puis saisissez le texte de recherche, c'est-à-dire <hr. Comme vous pouvez le constater, il n'y a aucune occurrence de ce texte dans le code source.

... et seule la première est une image

La ligne est peut-être une image ? En effet, si vous utilisez <img comme terme de recherche, vous trouverez trois images :

- La première est le logo de Yahoo!, tout à fait au début de la page (*fr_main4c.gif*). Cette image contient effectivement une ligne horizontale, mais incluse dans logo de Yahoo!
- La seconde occurrence correspond à la publicité placée directement au-dessous du logo, et portant le nom de *ptiyahoooctobre.gif*. Celle-ci est remplacée très régulièrement.
- La troisième image est le logo de VISA (*visa_sm.gif*).

Info

Poursuivre une recherche

Lorsque vous avez trouvé un terme de recherche une première fois, il suffit d'appuyer sur la touche [F3] pour passer à l'occurrence suivante.

Cette page contient donc trois images, dont deux sont des publicités ; la première contient une ligne bleue, mais pas de séparation. Où sont donc les lignes ?

Comment les lignes sont-elles réalisées ?

Il faut donc jouer les détectives pour identifier la ligne de séparation. Prenons par exemple celle qui sépare l'en-tête de la page du répertoire et qui se situe immédiatement après le terme "aussi..". Saisissez donc ce terme comme terme de recherche dans la commande **Rechercher**.

Le curseur passe à l'emplacement suivant :

Fig. 15.6 : *Une cellule tableau vide... et bleue*

La solution se trouve directement après le terme "aussi" :

- Ligne 89 : `<table border="0" cellspacing="0" width="600">`

Cette ligne définit un tableau de 600 pixels de largeur.

- Ligne 91 : `<td bgcolor="#6699cc">`
- Ligne 94 : `<td height="2">`

La balise `<tr>` de la ligne 90 définit une ligne dont le contenu est déclaré dans le passage allant jusqu'à la balise de la ligne 99.

La couleur de fond est déclarée dans la ligne 91, et une table imbriquée de la ligne 92 à la ligne 97. Celle-ci contient une ligne unique, définie entre les lignes 93 et 96, ne contenant qu'une cellule vide, mais dont la hauteur est définie à la ligne 94.

Le résultat est donc bien une ligne colorée de 2 pixels de hauteur, dont la couleur correspond à la valeur hexadécimale 6699CC, c'est-à-dire précisément le bleu de Yahoo!

15.4. Analyser le code source sur papier

Il est beaucoup plus simple d'analyser la structure d'un code source en utilisant l'impression sur papier. Une excellente méthode consiste à surligner les éléments intéressants du code avec des marqueurs de différentes couleurs.

Voyons comment faire :

Déterminer la structure d'une page web

Commencez par identifier la structure principale de la page :

- Marquez le code correspondant aux lignes de séparation bleues, par exemple avec un marqueur bleu.
- Il est souvent très intéressant de marquer le début et la fin des différents tableaux de la page par des traits de marqueur, par exemple de couleur verte, et de mettre en évidence le début et la fin des lignes et les cellules à l'aide d'une troisième couleur.

Surligner les commandes inconnues ou surprenantes

Renvoi **Nous reviendrons au chapitre suivant sur la référence HTML.**

Une fois la structure de la page mise en relief, occupez-vous des différentes balises et marquez, par exemple en jaune, celles qui vous sont inconnues ou qui vous semblent surprenantes. Voici une sélection de balises qui ne sont pas très habituelles :

- `<!doctype...>`
- `<img... ismap... usemap=#t...>`
- `<tbody> </tbody>`
- `<small> </small>`
- `<td... noWrap> </td>`

15.5. Quelques particularités de la page d'accueil de Yahoo!

Même une page aussi discrète que celle de Yahoo! renferme des particularités très intéressantes. En voici quelques-unes :

- La page est formée à partir de plusieurs tableaux.

Un navigateur doit nécessairement charger l'ensemble d'un tableau avant de pouvoir l'afficher. C'est pourquoi la page d'accueil n'est pas constituée d'un seul tableau, mais de plusieurs éléments : la zone de recherche, les rubriques, la ligne de séparation, l'annuaire, qui sont inclus dans des tableaux séparés.

- Le logo de Yahoo! est une image interactive (Image Map).

Le logo du début de la page est une image interactive. Elle est réalisée de manière particulière, car la balise `ismap` permet de la définir comme image interactive côté serveur, et la balise `usemap` de la définir côté client. Les coordonnées pour ce deuxième mode d'utilisation sont déclarées à la fin du code.

- Les lignes de séparation sont construites à partir de tableaux vides ne contenant qu'une seule cellule.

Comme nous l'avons indiqué, la ligne de séparation n'est réalisée ni à partir d'une balise <hr>, ni à partir d'une image, mais sous forme d'une cellule de tableau vide de 2 pixels de hauteur et de 600 pixels de largeur, dont la couleur d'arrière-plan est définie par la valeur #6699CC.

- Les zones *À la une* et *Et sur Yahoo* sont des tableaux en couleur.

Les seules zones colorées de la page, *À la une* et *Et sur Yahoo*, à droite de l'annuaire, sont également réalisées sous forme de cellules colorées, présentant un en-tête noir sur fond jaune clair, l'ensemble du tableau présentant un arrière-plan gris clair.

- Les textes de l'annuaire ne subissent pas de césure automatique.

Les textes de l'annuaire ne sont pas coupés, même sur des fenêtre de navigation de très petite taille. Ce résultat est obtenu grâce à l'attribut `noWrap`.

- La page n'utilise qu'un seul couple de balises <p> </p>.

L'ensemble de la page utilise qu'un seul paragraphe <p>, au-dessous de la seconde ligne de séparation bleue. Les autres sauts de ligne et paragraphes sont définis par des balises <br>. Les textes des cellules ne sont pas inclus dans des balises <p>.

15.6. Enregistrer les pages web avec leurs images

Avant d'analyser le code source d'une page web, il faut l'enregistrer sur le disque dur pour pouvoir l'analyser en toute tranquillité. Avant de procéder à l'analyse, pensez à interrompre votre connexion Internet.

L'opération consistant à enregistrer une page web avec ses images n'était pas chose aisée avec les anciens navigateurs. Les logiciels modernes permettent de réaliser cette opération de manière très simple.

Une page avec ses images à l'aide d'Internet Explorer

Avant de commencer les opérations, créez un dossier spécifique pour enregistrer les fichiers, par exemple C:\Pages Web.

Atelier — Enregistrer des pages web complètes avec Internet Explorer 5

1. Ouvrez la page d'accueil de yahoo.fr.
2. Activez la commande **Fichier/Enregistrer sous**.
3. Vérifiez que l'entrée *Page Web complète (*.html;*.htm)* est bien sélectionnée dans la liste déroulante *Type*.

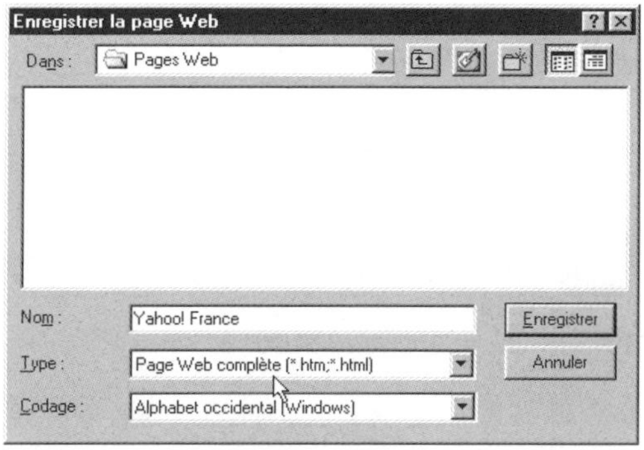

Fig. 15.7 : *Enregistrer une page sous Internet Explorer 5*

4. Sélectionnez le dossier C:\Pages Web dans la liste déroulante *Dans*.
5. Si tout est correct, cliquez sur le bouton **Enregistrer**.
6. Interrompez la connexion à Internet.

Internet Explorer enregistre la page web sous son propre titre, avec l'extension *.htm*. Toutes les images et les autres fichiers sont enregistrés dans un sous-dossier qui porte le même nom que le fichier lui-même, suivi de *_fichiers*.

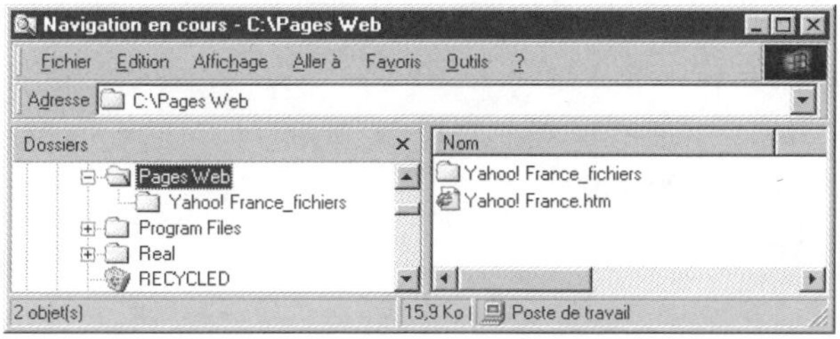

Fig. 15.8 : *La page d'accueil de Yahoo! enregistrée par Internet Explorer 5*

Lors de l'enregistrement sur le disque dur, Internet Explorer ajoute quelques indications, en particulier une balise META dans la section <head>, qui indique que la page a été enregistrée à l'aide d'Internet Explorer.

Une page avec ses images à l'aide de Netscape Navigator

L'enregistrement d'une page web avec ses images est un peu plus fastidieux sur Netscape Navigator. Vous devez en effet utiliser l'éditeur WYSIWYG livré avec Navigator, c'est-à-dire Composer.

Atelier — Enregistrer une page web complète avec Netscape Navigator

1. Ouvrez la page d'accueil de yahoo.fr.
2. Appelez la commande **Fichier/Modifier la page**. Celle-ci est alors ouverte dans une nouvelle fenêtre de Netscape Composer, ce qui permet de la modifier.
3. Appelez la commande **Fichier/Enregistrer sous** dans Composer. Il n'y a aucun paramétrage à réaliser.
4. Sélectionnez le dossier C:\Pages Web, puis cliquez sur le bouton **Enregistrer**.

Navigator enregistre la page sous sa propre adresse URL, c'est-à-dire ici *fr_yahoo_com.html*, et copie les images dans le même dossier que la page web elle-même.

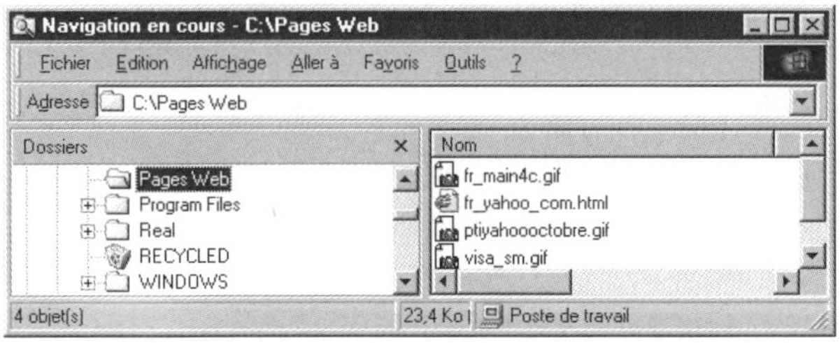

Fig. 15.9 : *La page d'accueil de Yahoo! enregistrée par Netscape Navigator 4.6*

Lorsque l'enregistrement est réalisé, vous pouvez interrompre votre connexion à Internet et ouvrir la page hors ligne par la commande **Fichier/Ouvrir** (dans Internet Explorer) ou par la commande **Fichier/Consulter une page** (dans Netscape Navigator) pour la consulter sur votre navigateur.

15.7. Faisons le point

Cette section résume les principaux points abordés dans ce chapitre :

- Nous avons choisi une page très connue pour présenter la manière d'analyser le code source d'une page : la page d'accueil de Yahoo!
- Pour analyser une page, il est judicieux de la préparer :
  - Placez des signets dans l'éditeur HTML.
  - Imprimez le texte sur papier.
  - Divisez la page web en plusieurs sections pour les analyser individuellement.
- Les lignes de séparation bleues de la page d'accueil de Yahoo! sont des cellules de tableaux vides.
- Une bonne solution consiste à mettre en évidence sur le document imprimé la structure de la page ainsi que les commandes et balises inconnues, à l'aide de marqueurs de couleur.
- Pour analyser d'autres pages web, il faut d'abord enregistrer leur code source sur votre disque dur.

Chapitre 16

Références du langage HTML

Pour ce chapitre, vous avez besoin :

- de HomeSite ;
- de votre navigateur habituel.

16.1. Références officielles du langage HTML

La norme officielle du langage HTML est définie par le W3C.

Il s'agit d'un consortium qui assure l'homogénéité des normes, de sorte qu'en principe, tous les utilisateurs puissent profiter de l'ensemble des possibilités du World Wide Web. Son slogan est d'ailleurs : "Leading the Web to its full potential...", qui pourrait se traduire par : "Exploiter au maximum les potentialités du Web".

L'adresse Internet de cet organisme est : `http://www.w3c.org`.

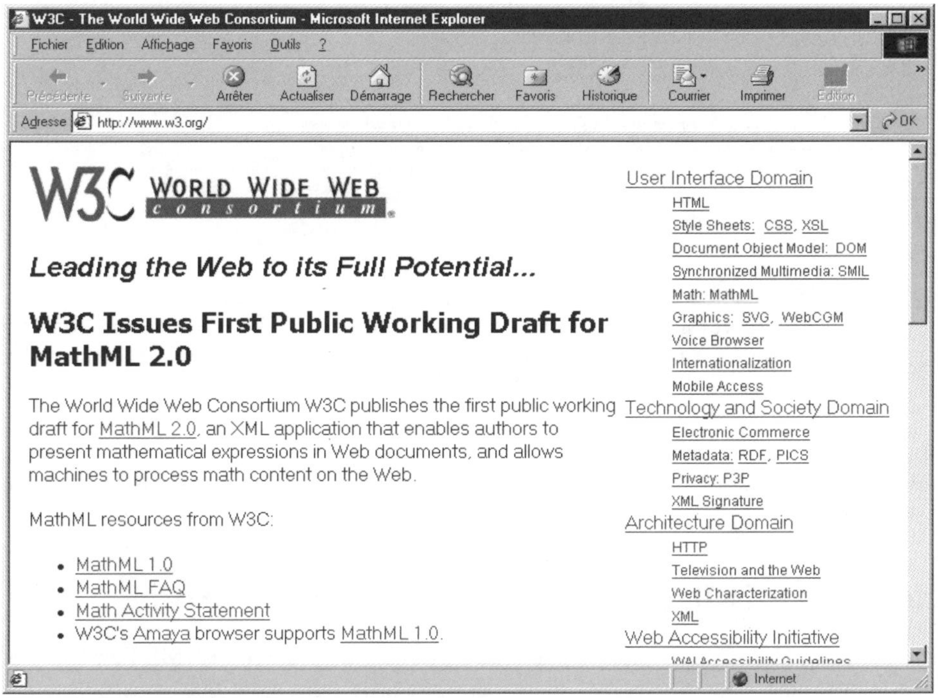

Fig. 16.1 : *La page d'accueil du W3C*

Vous pouvez constater que le W3C ne se préoccupe pas exclusivement du HTML, mais également d'autres normes comme CSS, XML et MathML, ainsi que de différentes initiatives concernant l'architecture et les services du World Wide Web.

Ce site, en anglais, contient tout ce que vous avez besoin de savoir concernant le World Wide Web, et plus particulièrement le langage HTML.

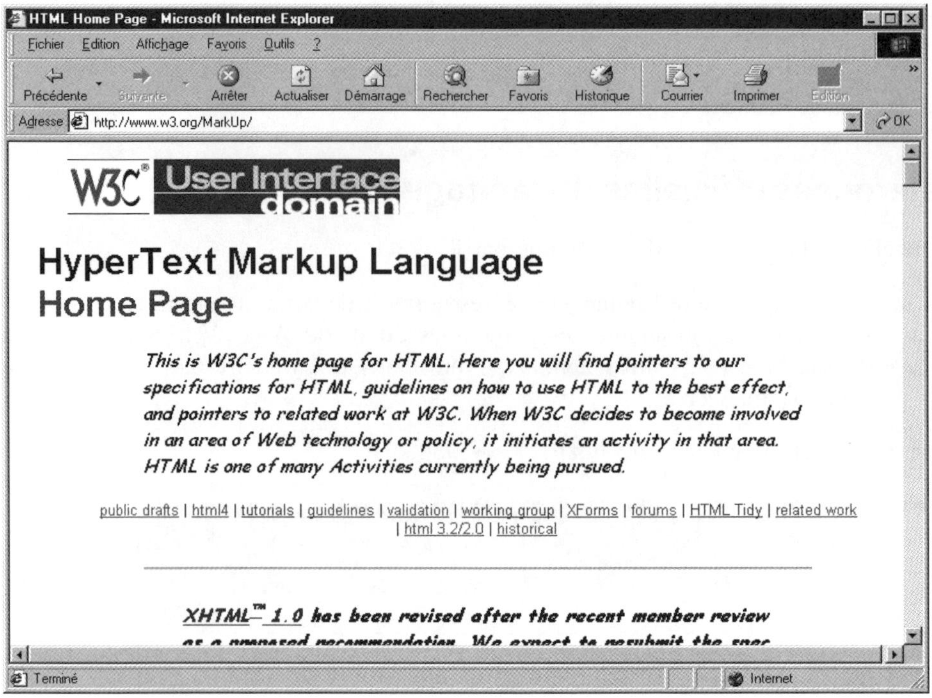

Fig. 16.2 : *La page de présentation du langage HTML*

Info

Normes HTML

La première version de la norme HTML a été publiée en 1992, sur la base de travaux initiés à partir de 1989 par le CERN (Centre européen de recherche nucléaire) de Genève. On en est actuellement à la version 4.

Vous n'avez pas nécessairement besoin de disposer d'une version aussi complète de cette norme, mais vous préférez certainement la lire en français. Vous avez pour cela plusieurs possibilités que nous allons vous présenter.

16.2. Référence HTML de l'aide en ligne de HomeSite

Comme tout bon éditeur, HomeSite comporte une aide en ligne. Sa spécificité HTML l'amène tout naturellement à inclure une référence HTML dans cette aide, de telle sorte que vous puissiez y trouver les informations nécessaires, en cas de difficultés relatives à l'utilisation d'une balise.

Malheureusement, la référence HTML de la version d'évaluation est en anglais.

Voyons néanmoins comment vous pouvez l'utiliser, car la présentation des balises est en soi assez explicite.

Supposons que vous recherchez les informations concernant les balises des tableaux.

1 Ouvrez HomeSite.

2 Ouvrez l'aide en ligne par la commande **Aide/Contenu**.

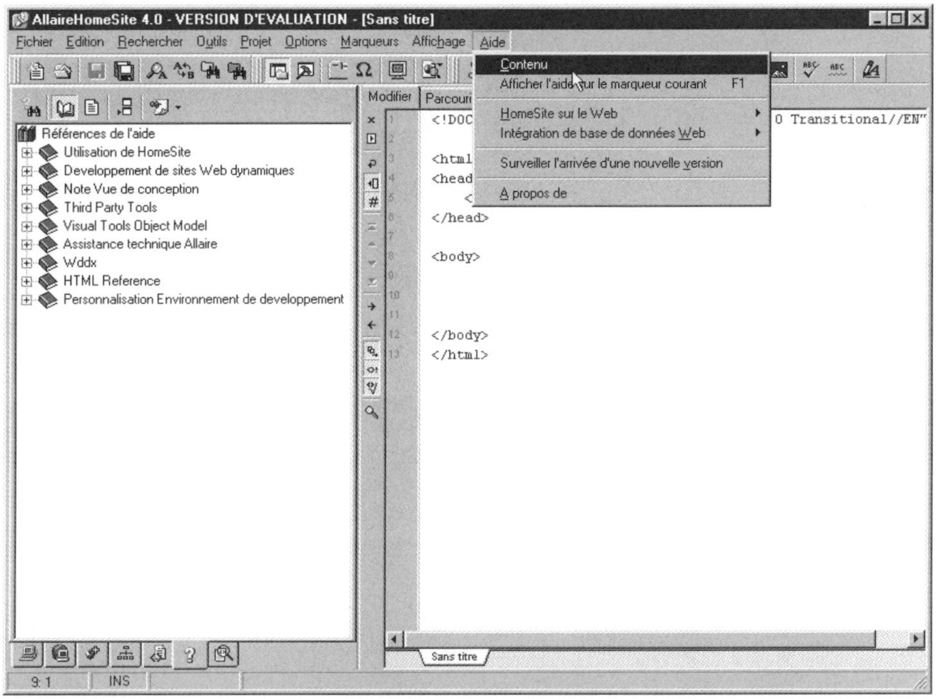

Fig. 16.3 : *L'aide en ligne de HomeSite*

3 Cliquez sur le signe + à gauche de la ligne *HTML Reference*.

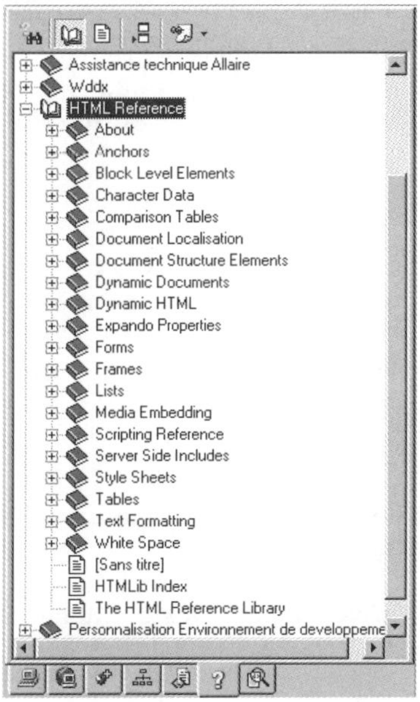

Fig. 16.4 :
La référence HTML

4 Cliquez sur le signe + placé à gauche de l'entrée *Tables*.

5 Faites un double clic sur la balise qui vous intéresse, par exemple <TBODY>.

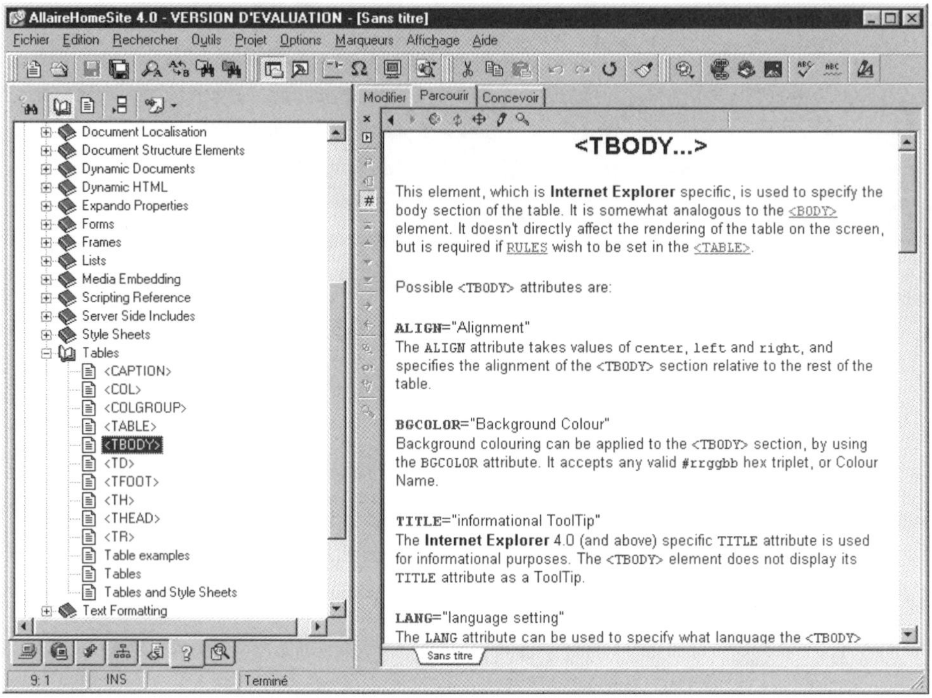

Fig. 16.5 : *Les explications concernant la balise <TBODY>*

Dans ce premier exemple, nous supposons que vous recherchez des renseignements sur une balise dont vous connaissez le nom.

Voyons maintenant comment faire pour trouver des informations concernant une balise figurant par exemple dans le code source d'une page que vous avez téléchargée. Supposons que vous recherchez des informations concernant la balise <DEL>.

1 Ouvrez HomeSite.

2 Ouvrez l'aide en ligne par la commande **Aide/Contenu**.

3 Cliquez sur le signe + à gauche de la ligne *HTML Reference*.

4 Cliquez sur l'icône de recherche, en haut à gauche de l'onglet **Ressource**. La boîte de dialogue **Rechercher dans les références de l'aide** s'ouvre.

5 Pour accélérer la recherche, sélectionnez l'option *Rechercher uniquement dans les références sélectionnées*, dans le deuxième cadre de la boîte de dialogue, puis cochez la case *HTML Reference*. Ainsi, la recherche ne portera que sur cette partie de l'aide.

6 Il ne reste plus qu'à saisir la balise dans la zone *Mot(s) à rechercher*, puis à cliquer sur le bouton **Rechercher**.

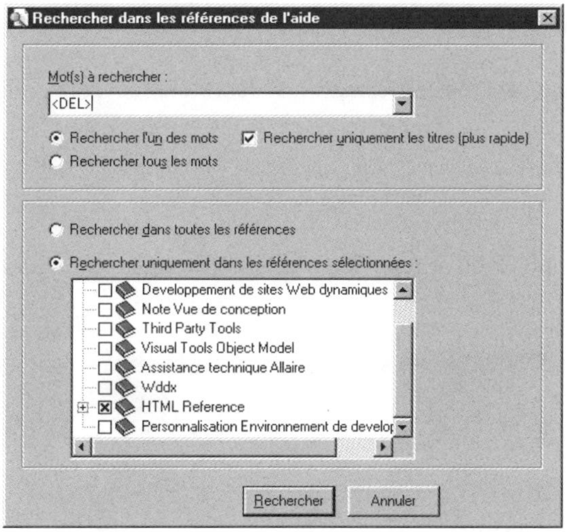

Fig. 16.6 :
À la recherche des explications concernant la balise <DEL>

Après quelques instants, l'aide affiche les informations demandées.

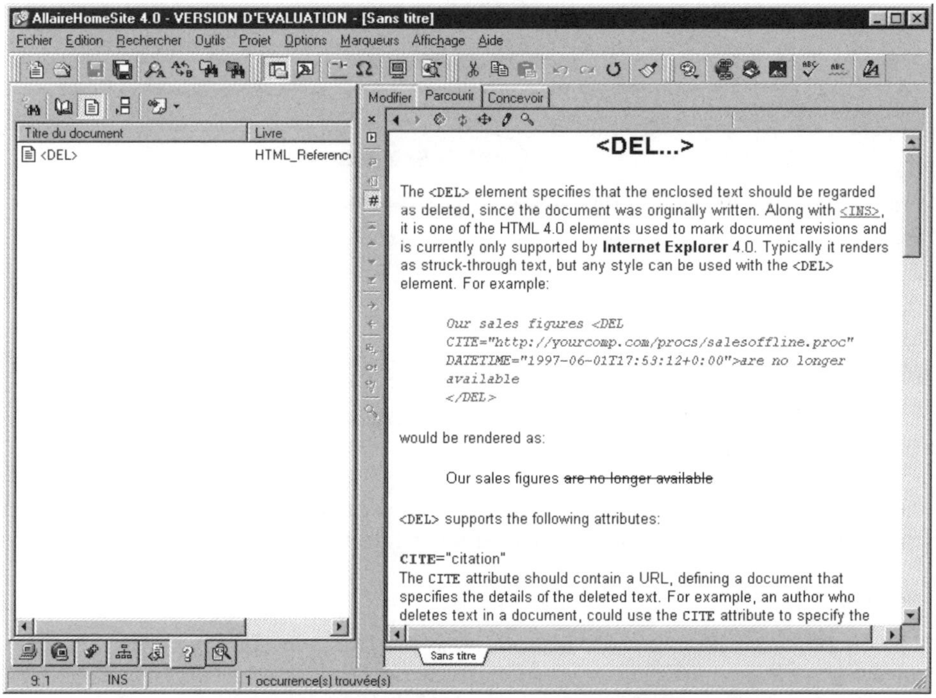

Fig. 16.7 : *À la recherche des explications concernant la balise <DEL>*

Nous vous avons annoncé la possibilité de trouver des informations en français. Voyons comment faire.

16.3. Informations de référence sur Internet

Il existe un grand nombre de sites qui proposent des informations de référence concernant le langage HTML.

UNGI

Voici par exemple le site UNGI (Une Nouvelle Génération Internet), à l'adresse http://www.ungi.com.

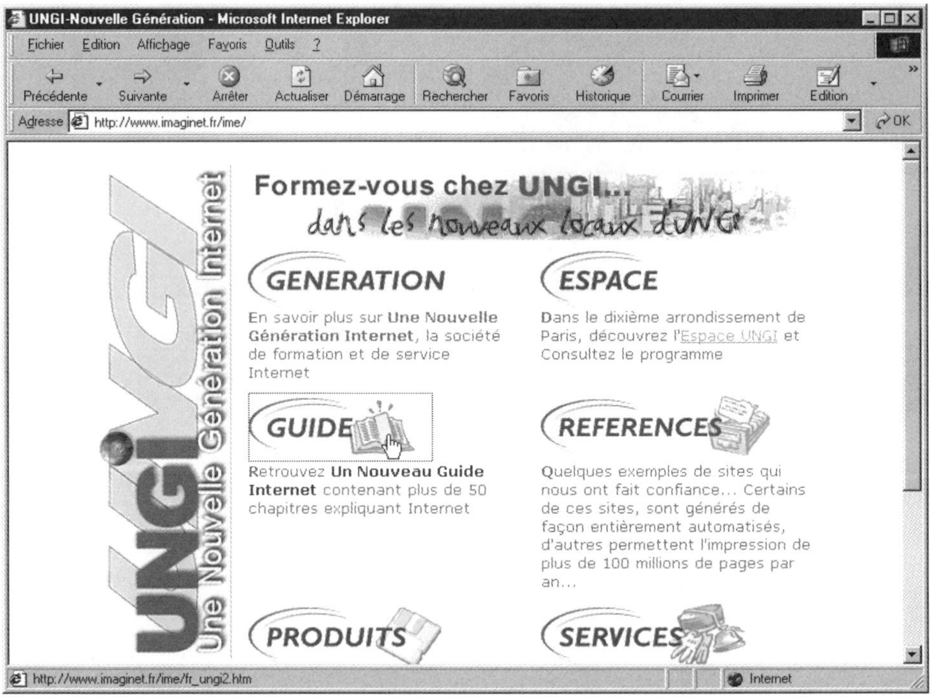

Fig. 16.8 : *La page d'accueil du site UNGI*

Ce site est une véritable mine d'informations concernant Internet en général et HTML en particulier. Cependant, il faut chercher un peu pour trouver la référence HTML.

1. Cliquez sur le lien *GUIDE.*

Vous passez dans la *Table des matières* des sections appelées *Un Nouveau Guide Internet.*

2. Passez au chapitre 29 pour trouver les références HTML (voir fig. 16.9).

Vous voyez que ce guide donne également des informations concernant l'ancienne version de la norme HTML, la version 3.2. En fait, c'est cette référence qui donne accès aux informations de base concernant la plupart des balises, la partie 4.0 n'ajoutant que les nouvelles balises.

3. Cliquez sur l'entrée *Chapitre 28 : HTML version 3.2.*

4 Choisissez le groupe de balises qui vous intéresse, et cliquez sur le lien correspondant (voir fig. 16.10, 16.11).

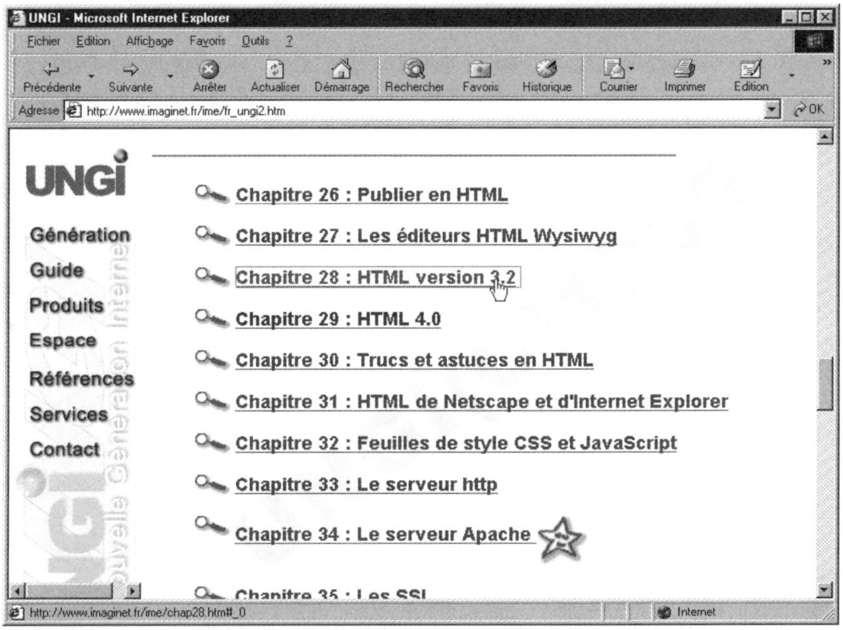

Fig. 16.9 : *La section HTML*

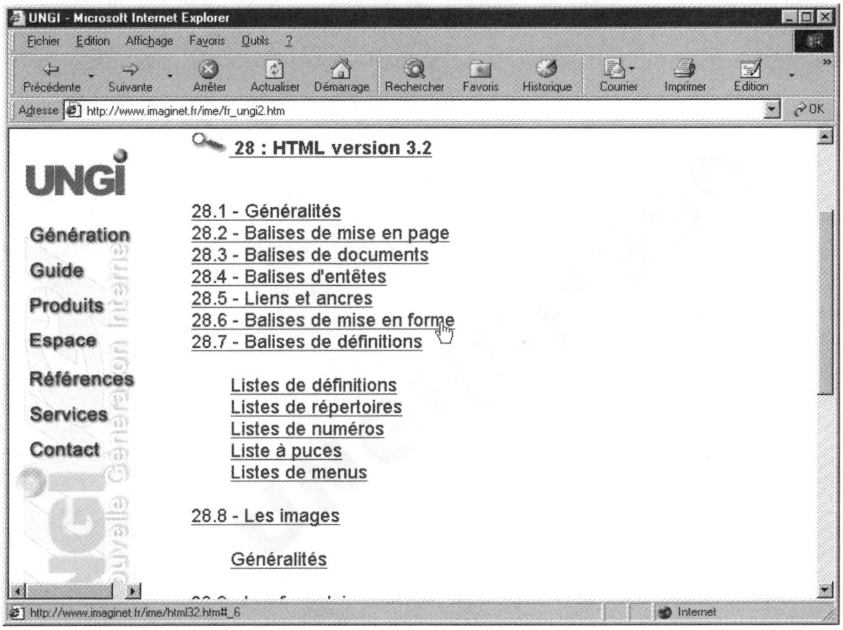

Fig. 16.10 : *Choisissez un groupe de balises*

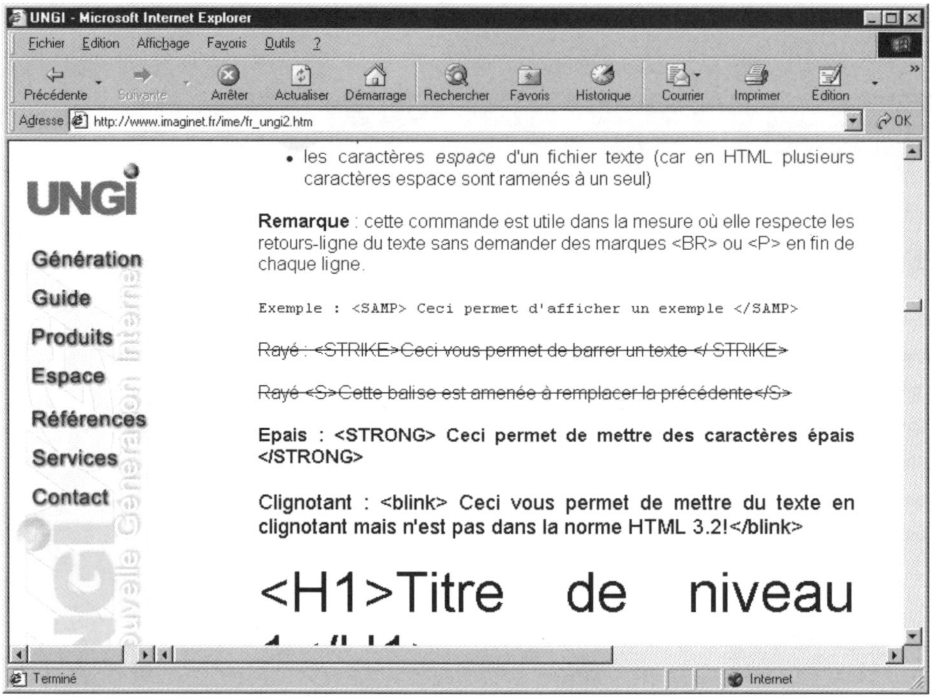

Fig. 16.11 : *Les explications sont accompagnées d'exemples*

Vous avez naturellement la possibilité de télécharger les pages correspondantes sur votre disque dur, mais cette opération est quelque peu fastidieuse. Voyons donc comment télécharger simplement une référence pour la consulter en mode local, c'est-à-dire sans connexion à Internet.

WebExpert

Le site `http://www.visic.com` offre une approche assez différente.

En effet, vous avez la possibilité de télécharger une version d'essai (vingt-cinq utilisations ou trente jours) d'un éditeur HTML en français qui comporte en particulier une référence HTML organisée sous forme d'aide Windows classique.

Info

Éditeur WebExpert

L'éditeur WebExpert est également un outil très performant, mais il n'est malheureusement pas possible de présenter tous les logiciels de ce type dans le cadre de cet ouvrage.

1 Ouvrez la page d'accueil de Visicom Média Inc.

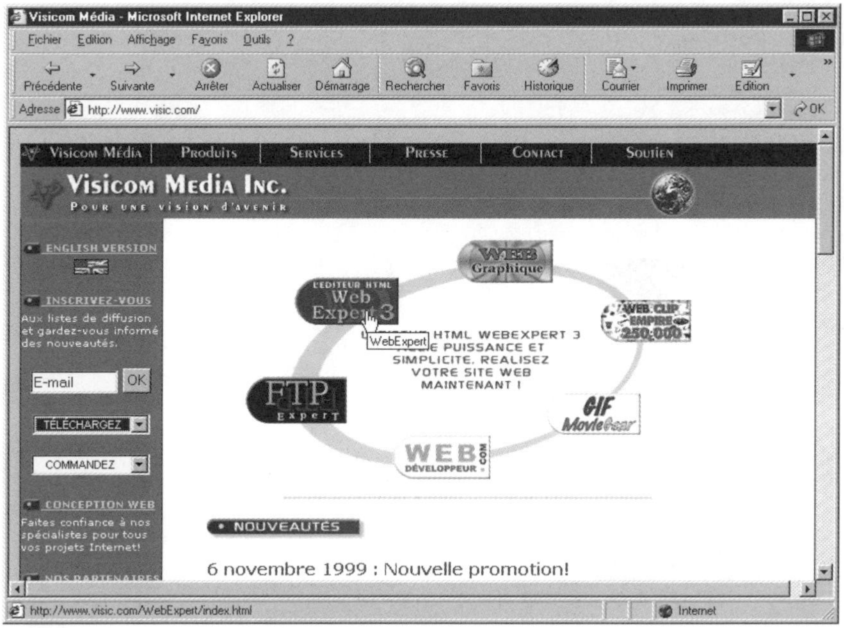

Fig. 16.12 : *La page d'accueil de Visicom*

2 Passez sur la page de téléchargement de WebExpert 3.

Fig. 16.13 : *Passez au téléchargement*

3 Remplissez le formulaire d'inscription, puis téléchargez le fichier.

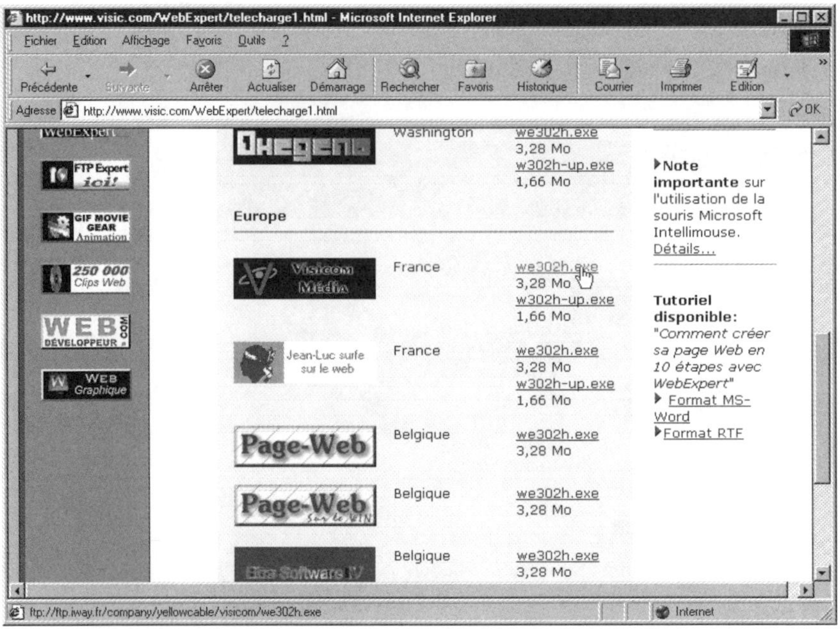

Fig. 16.14 : *Choisissez un site de téléchargement*

4 Faites un double clic sur le fichier téléchargé pour lancer l'installation.

5 Le dossier d'installation de WebExpert contient le sous-dossier *Aide*. Vous y trouverez le fichier *Refer.hlp*, exploitable comme une aide Windows classique. Faites un double clic sur ce fichier. L'Aide s'ouvre.

6 Passez sur l'onglet **Rechercher**.

7 Dans la rubrique *Entrez les mots que vous voulez rechercher*, saisissez le nom de la balise dont vous souhaitez obtenir la référence.

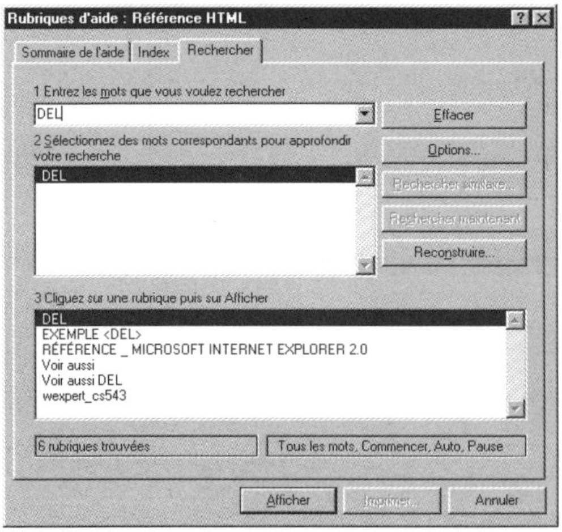

Fig. 16.15 : *À la recherche des explications concernant la balise <DEL>*

8 Cliquez sur le bouton **Afficher** pour consulter le résultat de la recherche.

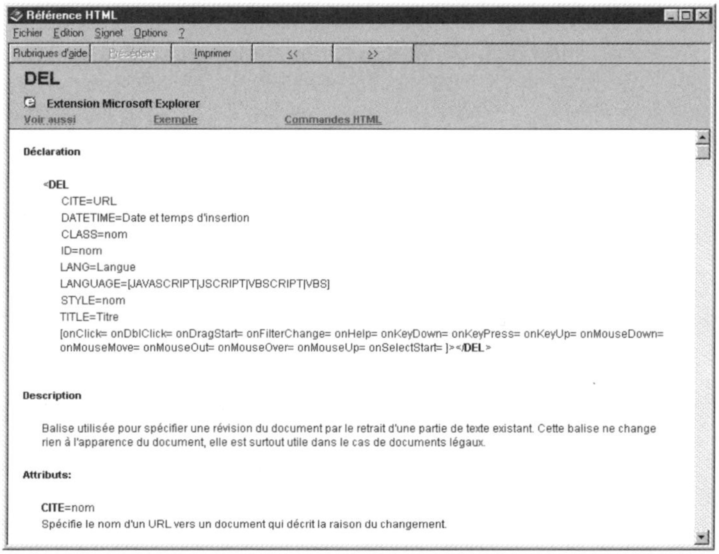

Fig. 16.16 : *La référence est complète*

Le bandeau contient des liens *Voir aussi*, *Exemple* et *Commandes HTML*.

Ce dernier lien permet d'accéder à la *Liste des commandes HTML* classées par ordre alphabétique.

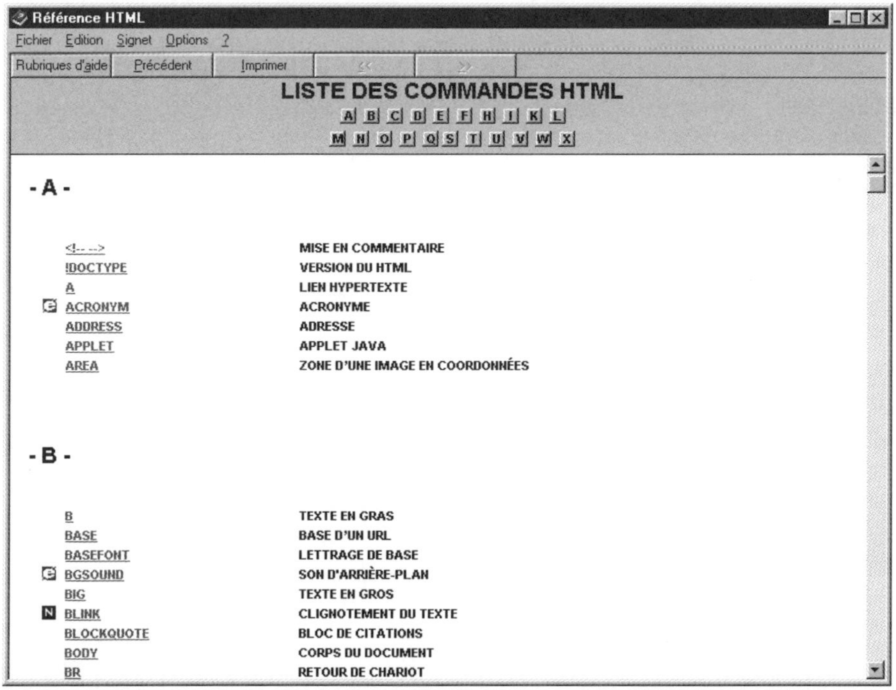

Fig. 16.17 : *La liste des commandes HTML*

Certaines balises, par exemple `ACRONYM` ou `BLINK`, sont précédées d'une icône Internet Explorer ou d'une icône Netscape qui précise qu'elles ne sont acceptées que par l'un ou l'autre de ces navigateurs. Cela signifie que ces balises ne font pas partie de la norme HTML officielle, et qu'il est préférable de les utiliser avec modération pour éviter de restreindre les possibilités d'utilisation de vos pages.

16.4. Faisons le point

Cette section résume les principaux points abordés dans ce chapitre :

- Présentation de la norme HTML.
- La référence en ligne de HomeSite.
- Consulter une référence HTML sur Internet.
- Télécharger une référence HTML pour la consulter localement.

Chapitre 17

Feuilles de style en cascade

Dans ce chapitre, vous avez besoin :

- d'un navigateur ;
- de HomeSite.

17.1. Mise en page à l'aide des feuilles de style en cascade

Tous les bons livres de formation HTML comportent au moins une fois la phrase suivante : "Le langage HTML décrit la structure d'un document mais pas son aspect. Celui-ci est déterminé par le navigateur".

À l'origine, le langage HTML ne comprenait effectivement aucune commande de mise en page, mais le développement du World Wide Web a imposé des possibilités de présentation des pages web.

Mise en page sous HTML

Il existe maintenant un grand nombre de commandes HTML et d'astuces qui permettent d'assurer une mise en page plus ou moins efficace. En voici quelques exemples :

<font>

Le code source de nombreuses pages est constellé de balises `<font>`. Cependant, les modifications ultérieures des polices de caractères sur plusieurs pages web représentent un travail particulièrement fastidieux.

<table>

Il est possible d'utiliser cette balise pour positionner des objets grâce à des structures imbriquées qui semblent animées d'une espèce de vie propre, dès que leur complexité dépasse un certain niveau. De plus, il devient presque impossible de conserver une vision d'ensemble de la structure.

Mini-GIF invisibles

La mise en page est complétée par des petites images GIF invisibles, mises en place de manière à permettre un affichage identique sur le plus grand nombre possible de navigateurs.

Le résultat de l'utilisation de ces balises est que le code source HTML devient pratiquement illisible, et particulièrement délicat à modifier.

Les feuilles de style en cascade (Cascading Style Sheets) ont en principe comme objectif de lever ce malentendu, et méritent donc d'être prises en compte.

Structure des prochains chapitres

Les deux chapitres ci-après comportent quatre passages principaux :

- Présentation d'un exemple d'utilisation d'une feuille de style "centrale".
- Présentation du principe des feuilles de style, de leurs avantages, de leurs inconvénients et de leurs possibilités.

- Développement de votre propre feuille de style. Nous avons utilisé comme exemple un extrait des pages web présentées au cours du chapitre concernant la navigation.
- Enfin, présentation de quelques détails intéressants et d'une brève référence des principales commandes CSS.

Avant d'entrer dans le vif du sujet, nous vous présentons d'abord une police de caractères que vous utiliserez ultérieurement.

17.2. Verdana : la reine des polices de caractères

Info

La police sera utilisée ultérieurement

Vous aurez besoin de la police de caractères Verdana pour réaliser l'exemple des passages suivants.

Il n'est pas facile de lire un texte sur un écran. Quelle qu'en soit la raison, la plupart des personnes préfèrent lire sur une feuille de papier que sur un moniteur.

Microsoft a développé, en collaboration avec le designer Matthew Carter, différentes polices de caractères pour la représentation de texte sur écran, et les met gratuitement à la disposition des utilisateurs. L'une d'entre elles porte le nom de Verdana :

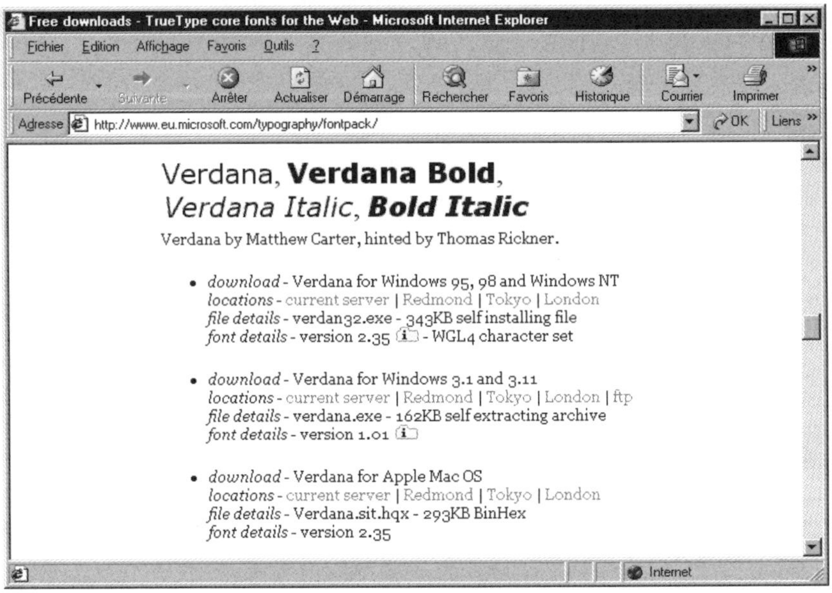

Fig. 17.1 : *Verdana est disponible chez Microsoft*

Verdana est, comme Arial, une police de caractères sans sérifs. Cependant, elle est plus facile à lire sur écran, en particulier pour des caractères de taille réduite.

Normalement, Verdana est installée en même temps qu'Internet Explorer. Selon toute vraisemblance, elle est donc présente sur votre ordinateur. Si ce n'était pas le cas, vous pouvez la télécharger à partir de l'adresse Internet ci-après et l'installer ultérieurement : http://www.eu.microsoft.com/typography/downloads/verdana.exe.

Après le téléchargement, il suffit d'un double clic sur le fichier *Verdana.exe* pour lancer l'installation automatique de la police de caractères.

17.3. Utilisation des feuilles de style

Pour présenter l'utilisation des feuilles de style en cascade, nous avons modifié deux pages de l'exemple développé dans le chapitre concernant la navigation. Ces fichiers s'appellent *Exemple_CSS.htm* et *Sommaire_CSS.htm.*

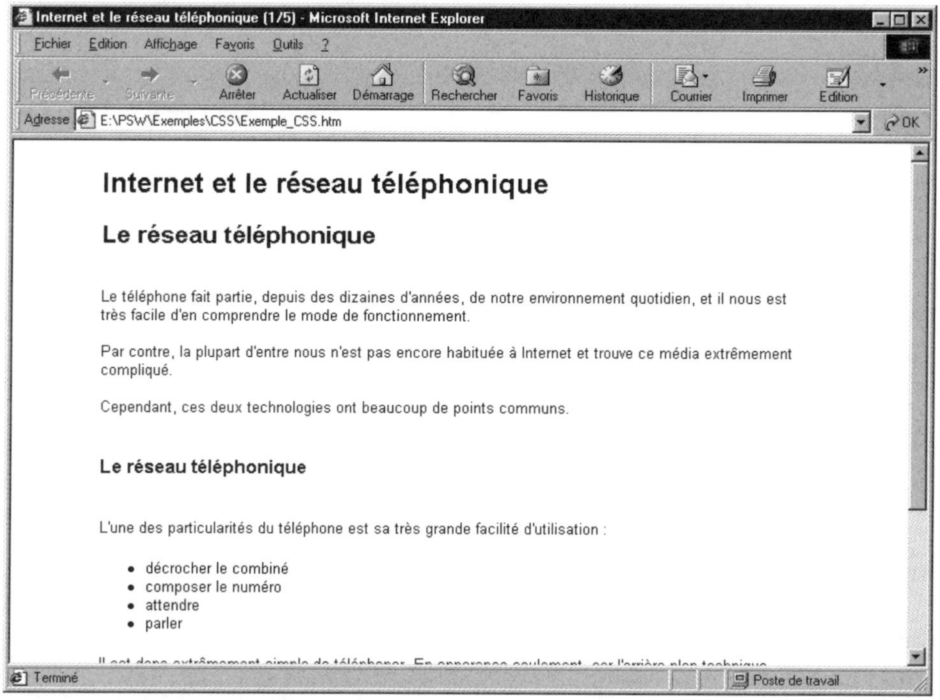

Fig. 17.2 : *La page initiale*

Une feuille de style en cascade

Le suffixe *.css* signifie Cascading Style Sheets, c'est-à-dire "feuille de style en cascade".

En clair, cela signifie que ces fichiers contiennent une sorte de "définition centrale" de la présentation des pages HTML, qui s'applique automatiquement à l'ensemble des pages d'un site.

Info

Application automatique ?

Vous verrez au chapitre suivant qu'il est nécessaire d'insérer une ligne de commandes spécifiques pour associer une feuille de style en cascade à chacun des fichiers concernés.

Avant de modifier quoi que ce soit, il faut analyser le contenu d'un fichier exemple, pour comprendre son fonctionnement.

1. Démarrez votre programme d'édition, par exemple HomeSite.
2. Ouvrez le dossier contenant le fichier dans l'Explorateur de Windows.
3. Recherchez le fichier *Exemple.css*, puis ouvrez-le.

Le début du fichier est le suivant :

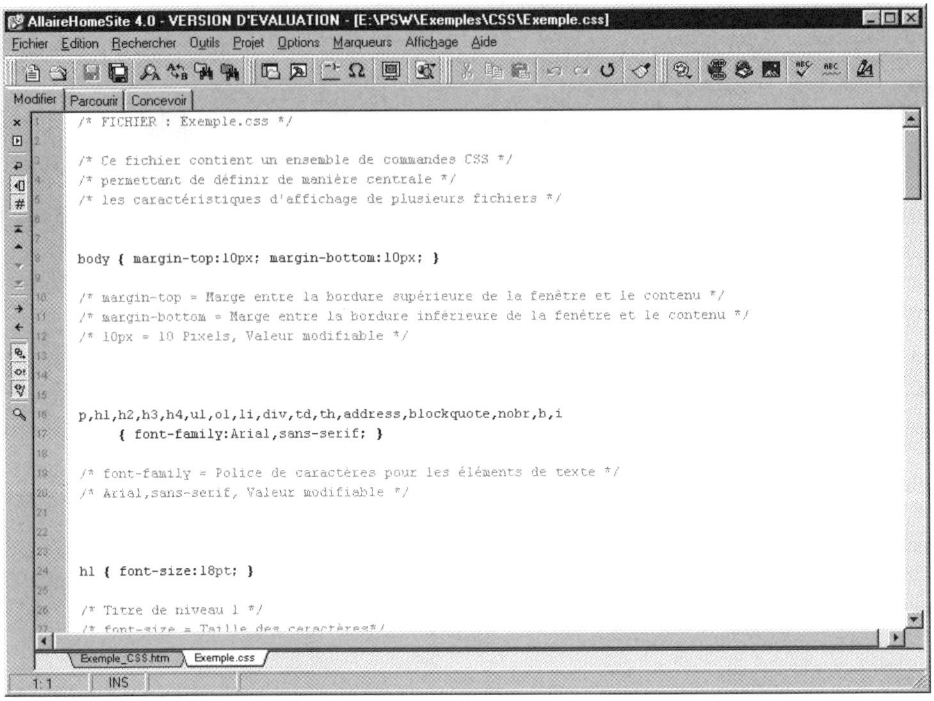

Fig. 17.3 : *Le début du fichier*

Vous pouvez constater que ce fichier contient un grand nombre de lignes encadrées par /* et */. Il ne s'agit pas de commandes CSS, mais de lignes de commentaire, c'est-à-dire des remarques qui permettent d'expliciter le contenu du fichier, mais sans influencer son exécution.

Info

Lignes de commentaire

Pour insérer des lignes de commentaire, le plus simple consiste à utiliser les touches [/] et [*] du pavé numérique, représentant normalement les symboles de division et de multiplication. Elles se trouvent à droite de la touche [VerrNum].

Voici donc la première ligne intéressante :

```
body { margin-top:10px; margin-bottom:10px; }
```

Cette commande ménage une marge de 10 pixels entre le bord de la fenêtre et le contenu de la page web, en-tête et pied de page.

La commande qui suit concerne la police de caractères à utiliser. La section suivante l'explicite.

Modification centrale de la police de caractères

La technique des CSS est essentiellement utilisée pour améliorer la présentation des documents destinés à être lus sur un écran. Elle permet en particulier de modifier en une opération la police de caractères utilisée. Comme nous l'avons expliqué, la police de caractères Verdana est mieux adaptée à ce type de lecture que la police Arial utilisée par défaut par la plupart des navigateurs.

Si le document avait été formaté en utilisant largement la balise `<font>`, il faudrait fournir un volume de travail assez considérable, en remplaçant la désignation de la police de caractères dans chacune des balises qui l'utilise comme paramètre. Cependant, les documents conçus pour utiliser la technique CSS permettent de réaliser cette opération beaucoup plus simplement.

Atelier — Modifier la police de caractères via un fichier .css

1. Ouvrez le fichier *Exemple_CSS.htm* dans votre navigateur.
2. Démarrez HomeSite et ouvrez le fichier *Exemple.css.*
3. Recherchez la ligne suivante.

```
p,h1,h2,h3,h4,ul,ol,li,div,td,th,address,blockquote,nobr,b,i
     { font-family:Arial,sans-serif; }

/* font-family = Police de caractères pour les éléments de texte */
/* Arial,sans-serif, Valeur modifiable */
```

Fig. 17.4 : *Police Arial*

Cette commande signale au navigateur qu'il doit utiliser la police de caractères désignée pour les balises HTML de la liste.

4. Ajoutez simplement le terme `Verdana` avant le mot "Arial". Il ne faut pas effacer ce mot, de telle sorte que le document soit également lisible sur des ordinateurs sur lesquels la police Verdana n'est pas installée. Cette police sera alors utilisée en remplacement.

   Le résultat devrait ressembler à l'illustration ci-après.

```
p,h1,h2,h3,h4,ul,ol,li,div,td,th,address,blockquote,nobr,b,i
     { font-family:Verdana,Arial,sans-serif; }

/* font-family = Police de caractères pour les éléments de texte */
/* Arial,sans-serif, Valeur modifiable */
```

Fig. 17.5 : *Police Verdana*

5. Enregistrez les modifications par la combinaison de touches [Ctrl]+[s].
6. Passez dans votre navigateur par [Alt]+[Tab].
7. Actualisez la page web affichée dans le navigateur par [Ctrl]+[r].

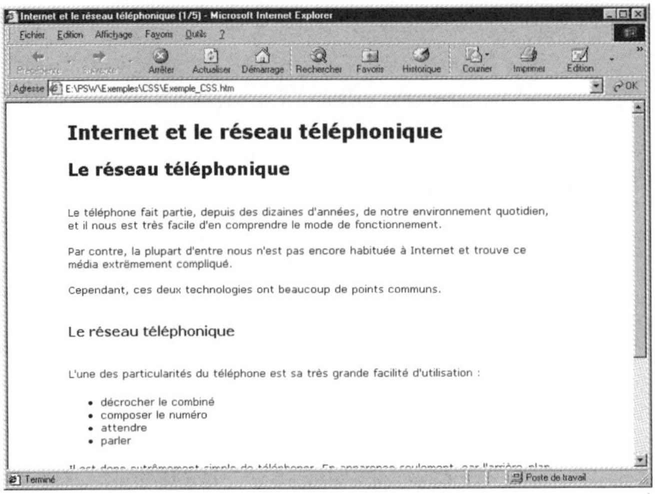

Fig. 17.6 :
Tout en Verdana ?

Info

La nouvelle police ne s'affiche pas

Si le résultat n'est pas celui attendu, cela signifie que vous avez peut-être fait une faute de frappe, ou que la police Verdana n'est pas installée sur votre PC.

Le document est maintenant plus lisible qu'auparavant.

Toutes les pages qui utilisent la même feuille de style subissent la même transformation. Il suffit donc de modifier une seule ligne dans le fichier contenant la feuille de style en cascade pour améliorer la présentation de l'ensemble des pages du site.

Voici l'autre page concernée, *Sommaire_CSS.htm*, à laquelle mène le lien *Index* de la fin de la page d'exemple :

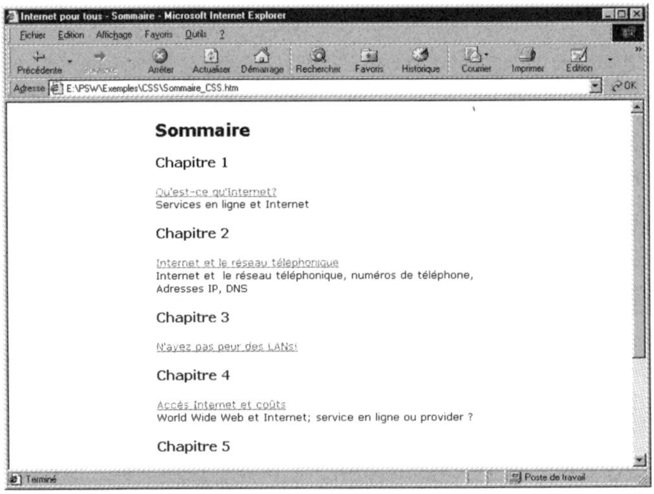

Fig. 17.7 :
CSS mit Verdana

Imaginez le travail à fournir pour modifier toutes les balises `<font>` !

La commande CSS que vous avez modifiée agit sur l'ensemble des balises HTML de la liste, c'est-à-dire sur :

- tous les paragraphes : <p> ;
- tous les titres : <h1> à <h4> ;
- toutes les listes : <ul>, <ol> et <li> ;
- tous les tableaux : <td> et <th> ;
- quelques balises particulières : <div>, <address>, <blockquote>, <nobr>, <b> et <i>.

La police de caractères utilisée dans l'ensemble de ces balises a été changée.

Modifier la taille des caractères

La police de caractères Verdana est plus facile à lire à l'écran que la police Arial, mais vous souhaitez peut-être que les caractères soient un peu plus grands. Aucun problème !

Atelier — Modifier la taille des caractères via le fichier .css

1. Recherchez la ligne correspondante dans le fichier.

   Le plus simple consiste à utiliser la combinaison de touches Ctrl+g, suivie du numéro de la ligne, et d'un appui sur la touche Entrée.

```
p,ul,ol,li,div,td,th,address,nobr,b,i { font-size:10pt; }

/* Texte normal */
/* font-size - Taille des caractères */
/* 10pt = 10 Points, Valeur modifiable */
```

Fig. 17.8 : *Taille des caractères : 10 pt*

   À l'instar de la commande définissant la police de caractères, celle-ci détermine la taille de base des caractères à utiliser.

2. Remplacez par exemple la valeur de 10 pt par `12pt`, en veillant à ne pas introduire d'espace entre `12` et `pt`.

```
p,ul,ol,li,div,td,th,address,nobr,b,i { font-size:12pt; }

/* Texte normal */
/* font-size = Taille des caractères */
/* 10pt = 10 Points, Valeur modifiable */
```

Fig. 17.9 : *{font-size:12pt}*

3. Enregistrez le fichier par la combinaison de touches Ctrl+s.
4. Passez dans le navigateur par Alt+Tab.
5. Provoquez l'actualisation de la page par la combinaison de touches Ctrl+r.

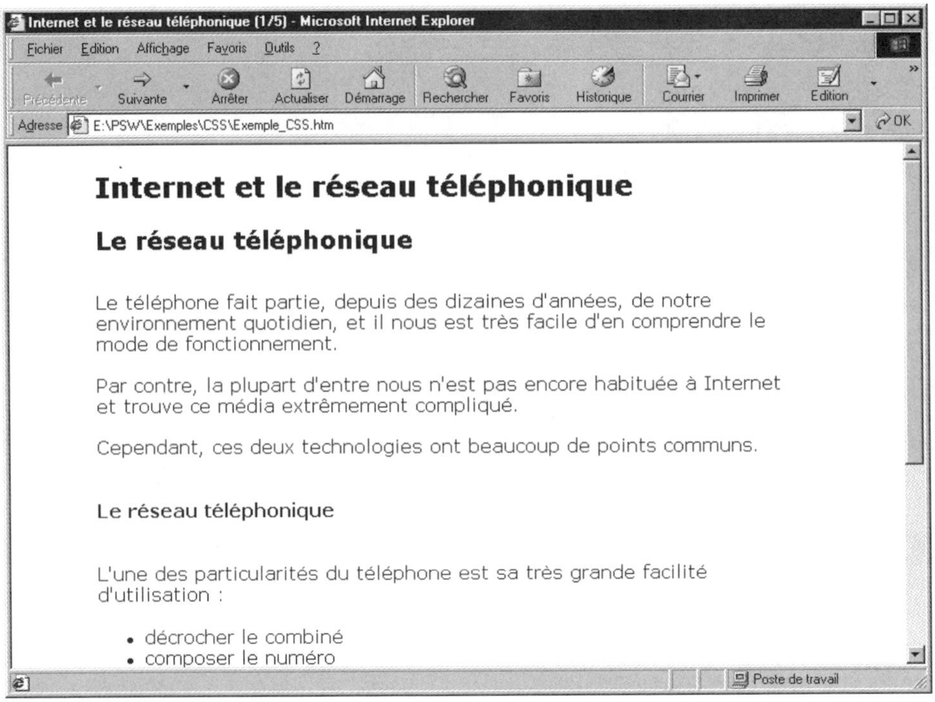

Fig. 17.10 : *Police de taille 12 pt dans le navigateur*

Modifier la couleur des liens

Après la sélection de la police et de la taille des caractères, venons-en à la couleur des liens. En effet, les liens non visités, visités ou actifs doivent présenter des couleurs différentes.

Atelier — Modification de la couleur des liens via le fichier .css

1 Passez à la ligne correspondante.

```
a:link { color:#AA5522; text-decoration:underline; }
a:visited { color:#772200; text-decoration:underline; }
a:active { color:#000000; text-decoration:none; }

/* a:link = Lien non visité */
/* a:visited = Lien visité */
/* a:active = Lien actif */
/* color = Couleur */
/* #AA5522 = beige, Valeur modifiable */
/* #772200 = brun, Valeur modifiable */
/* #000000 = noir, Valeur modifiable */
/* text-decoration = style de texte */
/* underline = souligné, Default-Wert, Valeur modifiable */
/* none = non souligné, Valeur modifiable */
```

Fig. 17.11 : *Définition de la couleur des liens*

Les premières lignes définissent la couleur des liens.

Les options utilisées sont décrites dans les lignes de commentaire suivantes.

2 Modifiez les valeurs de l'attribut `color:#...` pour `a:link`, `a:visited` et `a:active`.

Le tableau ci-après contient trois propositions :

Tab. 17.1 : Couleur des liens

Description	a:link	a:visited	a:active
Standard, en brun	#AA5522	#772200	#000000
En rouge	#FF0000	#663333	#FF9999
En bleu	#009999	#66CCCC	#00FFFF
Autre possibilité	#009900	#336633	#00FF00

3. Enregistrez le fichier par la combinaison de touches [Ctrl]+[s].
4. Passez dans le navigateur par [Alt]+[Tab].
5. Consultez la page affichée, et provoquez son actualisation par la combinaison de touches [Ctrl]+[r].

Essayez éventuellement d'autres variantes pour trouver celle qui vous convient.

17.4. Les principes des feuilles de style en cascade

Le passage précédent vous a montré que les feuilles de style en cascade peuvent être particulièrement utiles. Mais de quoi s'agit-il au fond ?

Les feuilles de style en cascade

Pour comprendre l'expression "feuille de style en cascade", il faut en analyser chaque terme :

Style

La signification de ce mot est très variée, si l'on en croit le dictionnaire, mais désigne simplement un modèle, dès qu'il s'agit d'informatique.

Feuille

Ce terme doit ici être pris dans le sens de "collection". Une feuille de style est donc une collection de modèles.

En cascade

Ce terme désigne en principe une chute d'eau par paliers, ou une manœuvre acrobatique. Dans le cas présent, ces explications ne sont pas complètement hors sujet, mais restent particulièrement obscures.

En fait, il n'est pas facile de comprendre le rapport entre les feuilles de style et une cascade, sauf à connaître la base du fonctionnement de cette technique. Nous reviendrons donc plus loin sur cette explication.

Pour l'instant, nous considérons que les feuilles de style sont simplement une collection de modèles.

Les deux versions des feuilles de style en cascade

C'est en décembre 1996 que le World Wide Web Consortium a publié une norme concernant l'utilisation des feuilles de style en cascade (Cascading Style Sheets). Cette norme désignée par le sigle CSS1 a été étendue en 1998 et porte désormais le nom de CSS2.

En simplifiant un peu, les deux versions comportent les fonctions ci-après :

CSS1

Mise en œuvre de modèles, tels que décrits au début de ce chapitre.

CSS2

Extension de CSS1, par l'adjonction du positionnement absolu d'images, de passage de texte et d'autres éléments sur la page web, et de nombreux effets de filtres et de caractères, offrant des possibilités fantastiques.

Les avantages des feuilles de style en cascade

L'objectif principal des feuilles de style est de résoudre certaines ambiguïtés découlant des insuffisances du langage HTML, essentiellement par les quatre points suivants :

1. Rendre le code source des fichiers HTML plus lisible, en séparant la structure (HTML) et la forme (CSS).
2. Réduire et accélérer les fichiers HTML.
3. Simplifier l'homogénéité du design et des modifications de plusieurs pages web par l'utilisation de feuilles de style communes.
4. Offrir des possibilités de mise en page plus étendues, en évitant l'utilisation de balises `<font>`, de tableaux et de petites images GIF (mini-GIF).

Tout cela est très intéressant, mais il faut nuancer votre enthousiasme car, même si les feuilles de style sont capables en principe de remplir leur tâche, les navigateurs actuels jouent un peu les trouble-fête, tout au moins pour ce qui concerne les feuilles de style.

Les inconvénients des feuilles de style en cascade

Apparemment, il n'y en a aucun. Les feuilles de style en cascade sont simplement une superbe invention. Cependant, le résultat du traitement de ces feuilles de style par les navigateurs n'est pas toujours à la hauteur des espérances. Nous reviendrons sur ce sujet à la fin du prochain chapitre.

Les feuilles de style sont "la cerise sur le gâteau"

Voici quelques recommandations pour l'utilisation pratique des feuilles de style :

- Utilisez les feuilles de style à la manière d'une "cerise sur le gâteau".
- Pour cela, construisez tout à fait normalement vos pages web, en utilisant le moins possible les balises `<font>`.
- Faites usage d'une feuille de style externe pour la mise en forme des titres, du texte courant, des listes et des autres commandes HTML.
- Continuez cependant à positionner les objets sur vos pages web à l'aide de tableaux.

Au chapitre suivant, nous vous montrerons comment créer votre propre feuille de style.

17.5. Faisons le point

Cette section résume les principaux points abordés dans ce chapitre :

- Le langage HTML décrit la structure d'un document, mais son apparence est définie par le navigateur. Les feuilles de style en cascade ont pour objectif de résoudre ce dilemme.
- Les feuilles de style en cascade sont une collection de modèles généralement enregistrés dans des fichiers externes portant l'extension *.css*.
- Vous avez appris à modifier trois paramètres qui s'appliquent à toutes les pages d'un site :
  - la police de caractères utilisée ;
  - la taille des caractères ;
  - la couleur des liens.
- Les feuilles de style en cascade présentent les avantages suivants :
  - Le code source HTML est rendu plus lisible grâce à la séparation de la structure et de la mise en forme, en particulier par la réduction du nombre de balises `<font>`.
  - Les fichiers HTML sont plus courts et plus rapides à charger.
  - Il est plus facile de définir un design homogène grâce à l'utilisation des feuilles de style.
  - Il est possible de positionner des objets de manière absolue sur la page, et d'appliquer des effets typographiques.
- Les navigateurs n'exploitent pas encore l'ensemble des possibilités des feuilles de style. Contentez-vous des fonctionnalités de base :
  - Construisez vos pages web en utilisant le minimum de balises `<font>`.
  - Assurez le formatage des titres, du texte courant, et de quelques autres éléments grâce à une feuille de style externe.
  - Renoncez pour l'instant au positionnement absolu des objets, théoriquement possible grâce à la technique CSS, et continuez à utiliser des tableaux.

Chapitre 18

Créer votre première feuille de style

Chapitre 8

Dans ce chapitre, vous avez besoin :

- de HomeSite 4 ;
- du logiciel TM's StyleAssistant 1.0 ;
- des fichiers exemple.

18.1. Internet pour tous

Si vous avez lu cet ouvrage chapitre par chapitre, vous connaissez certainement les pages "Internet pour tous", car vous les avez utilisées dans le chapitre concernant la navigation.

Structure de l'exemple

Info

CSS et arborescence des fichiers

Même si vous consultez les pages de ce chapitre sans utiliser de cadre, rien ne s'oppose à inclure les pages formatées par CSS dans une structure de navigation complexe.

Dans le chapitre concernant la navigation, les pages ont été incluses dans un cadre dont le volet de gauche faisait apparaître une applet Java de navigation.

Ce chapitre est principalement consacré à la mise en page et ne s'occupe pas de la navigation. C'est pourquoi les pages seront consultées sans leur cadre et sans la structure arborescente. Pour éviter des confusions, les exercices de ce chapitre sont enregistrés séparément.

- Commencez donc par installer les exemples dans un dossier séparé, par exemple *C:\CSS*.
- Ce dossier doit contenir le fichier *Sommaire.htm*, ainsi que les douze fichiers nommés *in*.htm*.

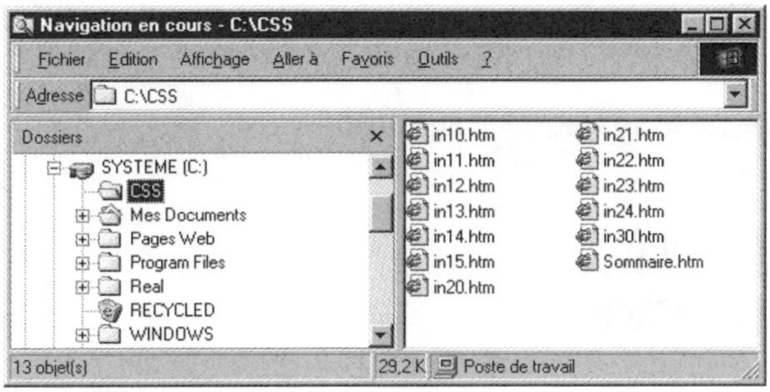

Fig. 18.1 : *Treize objets dans C:\CSS*

Vous pouvez utiliser pour la navigation le tableau situé dans la partie inférieure de chaque page, au lieu d'utiliser l'arborescence. Rien ne vous empêche alors de basculer d'une page à l'autre. L'exemple est constitué d'une partie de cette structure de navigation composée de cinq chapitres contenant chacun cinq pages et un sommaire.

Formater l'exemple avec une feuille de style

La page *in21.htm* présente l'aspect ci-après, avant mise en forme :

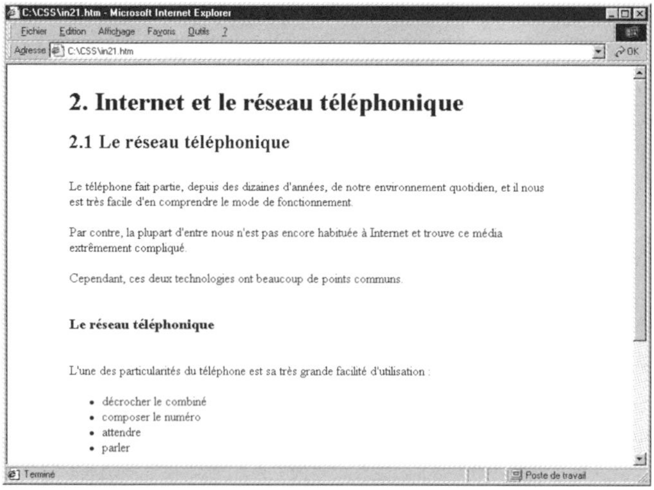

Fig. 18.2 :
Sans Style Sheet...

Info

Utiliser le minimum de balises <font>

Lors de la construction des pages de cet exemple, nous avons renoncé autant que faire se peut à l'utilisation des balises `<font>`. La présentation est assez ennuyeuse, mais c'est une condition préalable à l'utilisation des feuilles de style, car les navigateurs donnent la priorité aux balises `<font>` d'une page par rapport aux commandes correspondantes de la feuille de style.

Le but de l'exercice présenté ci-après consiste à assurer le formatage des titres et du texte courant de toutes les pages de l'exemple à l'aide d'une seule feuille de style externe.

Après la réalisation de la feuille de style, la page présentée sur l'illustration précédente doit avoir l'aspect suivant :

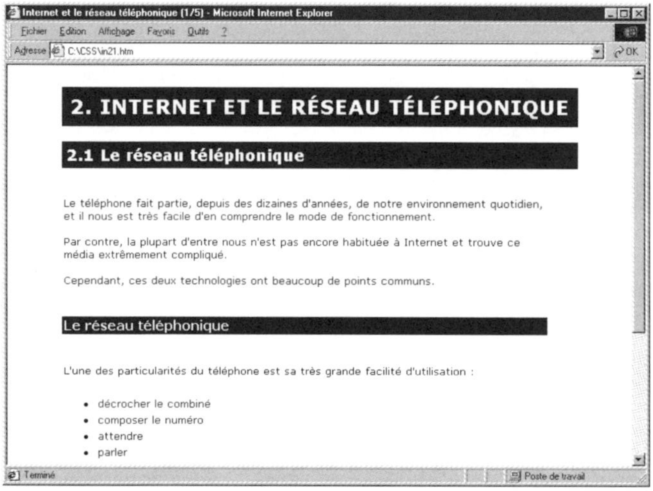

Fig. 18.3 :
... et avec Style Sheet

Vous pouvez constater que les titres et le texte courant ont été formatés à l'aide de la feuille de style (Style Sheet).

18.2. Votre propre feuille de style en deux étapes

Il suffit de deux étapes pour formater votre site.

- Création de la feuille de style

  Vous allez utiliser StyleAssistant, un utilitaire en freeware, pour éviter de devoir apprendre les commandes CSS, qui ne sont pas toujours très simples.

- Liaison de la feuille de style avec les pages web

  Il suffit alors de "signaler" aux autres pages web que leur formatage doit être réalisé par une feuille de style, de leur indiquer le nom de celle-ci et son emplacement. Il faut utiliser pour cela la balise `<link>` qui doit être incluse dans l'en-tête de chaque page web à formater.

Même si cela peut sembler curieux, nous allons commencer par la deuxième étape, avant de réaliser la première :

1. Insérer d'abord la commande `<link...>` dans l'en-tête de toutes les pages web à formater.
2. Créer ensuite la feuille de style avec StyleAssistant.

Ce processus présente l'avantage de vous permettre de vérifier le résultat du formatage sur les pages web, même pendant la création de la feuille de style.

18.3. Lier la feuille de style aux pages web

La commande qui permet de définir la feuille de style qui doit être utilisée pour le formatage d'une page web s'appelle `<link>`. Sa syntaxe est la suivante :

```
<link href="in.css" type="text/css" rel="stylesheet">
```

Comme d'habitude dans HTML, il n'y a pas de distinction entre les majuscules et les minuscules. Le tableau ci-après présente la signification des trois attributs `href`, `type` et `rel`.

Tab. 18.1 : Attributs de la balise <link>

Attributs de <link>	Signification
`href="in.css"`	Chemin d'accès et nom du fichier contenant les commandes CSS.
`type="text/css"`	Le fichier lié est de type texte, et plus précisément une feuille de style en cascade.
`rel="stylesheet"`	`rel` signifie "relation" et définit la relation entre *in.css* et la page HTML. En clair, cela signifie que le fichier lié est une feuille de style.

La balise `<link>` complète doit se trouver dans chaque page web à formater, entre les balises `<head>` et `</head>`.

La réalisation de cette opération est relativement fastidieuse. C'est pourquoi nous allons utiliser la fonction de **Remplacement étendu** de HomeSite, ainsi qu'une petite astuce :

Nous allons remplacer la chaîne de caractères :

```
</head>
```

par la chaîne :

```
<link href="in.css" type="text/css" rel="Stylesheet">
</head>
```

Si vous ne comprenez pas bien le fonctionnement de ce remplacement, essayez-le malgré tout, mais vérifiez bien ce que vous avez saisi, pour éviter que le remplacement étendu ne provoque des dégâts... étendus.

Recherche et remplacement : insertion de la balise <link...> dans toutes les pages web

1. Ouvrez HomeSite.
2. Appelez la commande **Rechercher/Remplacement étendu**, puis sélectionnez l'option *Dans le dossier*.
3. Cliquez sur le bouton situé à droite de la liste déroulante *Dans le dossier*, et sélectionnez le dossier *C:\CSS*.
4. Saisissez le texte de recherche, c'est-à-dire la première ligne dans la zone *Rechercher*.
5. Saisissez le texte le remplacement, c'est-à-dire les deux lignes, dans la zone *Remplacer par*.

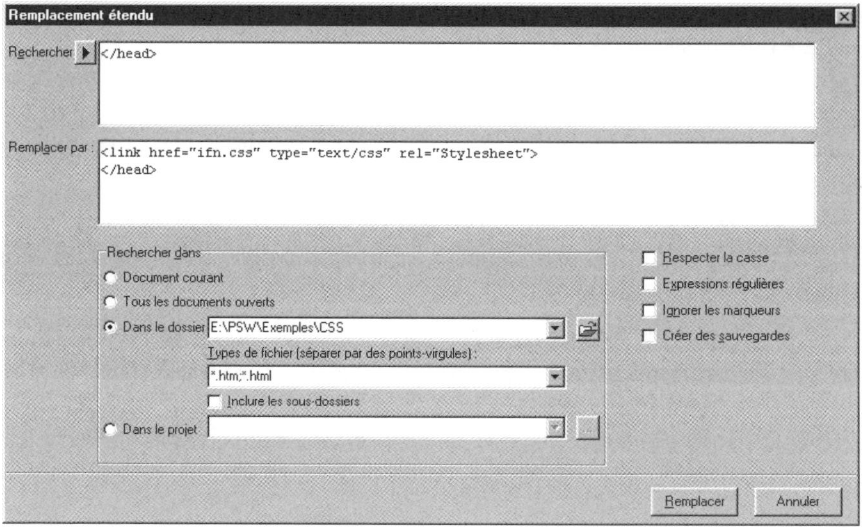

Fig. 18.4 : *Prêt pour le remplacement ?*

6. Vérifiez les différentes indications :

- Le dossier sélectionné est-il le bon ?
- Le texte de recherche est-il correct, et ne comporte-t-il rien d'autre que `</head>` ?
- Le texte de remplacement est-il correct, compte-t-il bien deux lignes, dans la seconde contient uniquement `</head>` ?

7 Si tout est correct, cliquez sur le bouton **Remplacer**.

La fenêtre **Résultat** s'ouvre automatiquement et affiche la liste des fichiers dans lesquels le remplacement a été réalisé, ainsi que le nombre total d'occurrences.

Avant d'aller plus loin, ouvrez l'un des fichiers exemple dans l'éditeur, et vérifiez que le résultat est satisfaisant. Il suffit pour cela de faire un double clic sur l'un des fichiers de l'onglet **Recherche** de la fenêtre **Résultats**. Le texte remplacé est automatiquement mis en surbrillance. Il devrait être conforme à l'illustration ci-après :

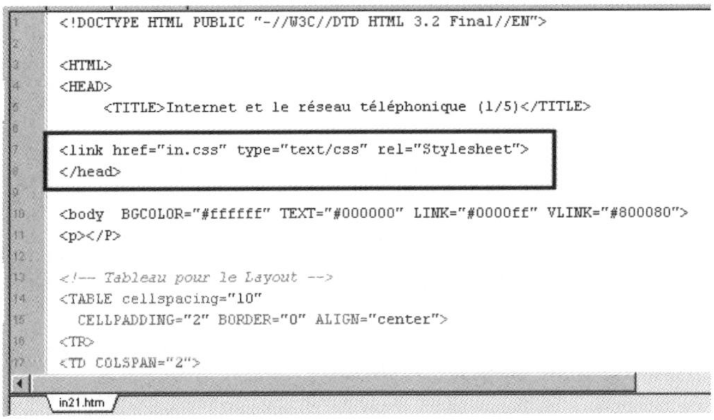

Fig. 18.5 :
Le texte remplacé

18.4. L'utilitaire StyleAssistant

La manière d'écrire les commandes CSS est quelque peu inhabituelle. Pour faciliter cette prise de contact, nous vous proposons d'utiliser un programme en shareware appelé StyleAssistant.

Aperçu de StyleAssistant

StyleAssistant permet de définir les instructions de formatage pour chaque balise HTML, en quelques clics de souris.

Le programme traduit ces clics en commandes CSS correctes et les enregistre à la demande dans un fichier. Vous pouvez alors consulter ce fichier dans un éditeur HTML et le modifier éventuellement.

Installez le programme grâce à son utilitaire Setup, puis démarrez-le :

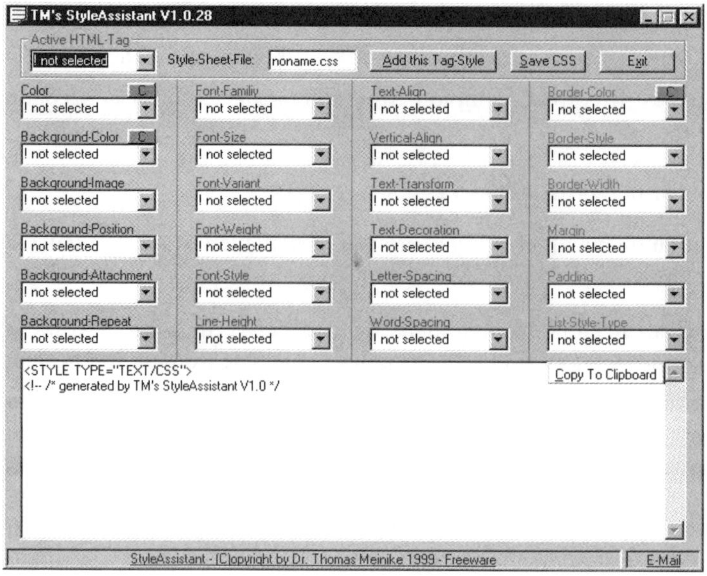

Fig. 18.6 : *Le programme StyleAssistant*

Le programme tient en une seule fenêtre, et ne comporte ni menu ni barre d'outils.

La fenêtre est divisée en trois parties :

- Le volet supérieur contient les commandes générales et les boutons.
- La zone médiane contient les commandes de formatage.
- La partie inférieure comporte une zone de texte appelée *CSS-Box*.

Voyons d'abord la partie supérieure :

Fig. 18.7 : *La partie supérieure de StyleAssistant*

- **Active HTML-Tag**

  Cette liste déroulante est le cœur même du programme. C'est ici en effet que vous sélectionnez la balise HTML à laquelle les paramètres sélectionnés dans la zone centrale seront appliqués. Il faut donc commencer par choisir la balise dans cette liste.

- **Style-Sheet-File**

  Cette zone de texte contient le nom du fichier dans lequel le paramétrage sera enregistré.

- **Add this Tag-Style**

  Chaque clic sur ce bouton ajoute les paramètres correspondant à la sélection courante dans la zone inférieure (CSS-Box).

- **Save CSS**

  Ce bouton permet d'enregistrer le contenu de la CSS-Box dans le fichier dont le nom est défini dans la zone *Style-Sheet-File*.

- **Exit**

  Ce bouton permet de quitter le programme.

La partie centrale de la fenêtre contient les possibilités de formatage à appliquer à la balise HTML sélectionnée dans la liste déroulante *Active HTML Tag*. Les possibilités de formatage sont groupées en quatre colonnes de six listes déroulantes présentant par défaut l'entrée *! not selected*, lorsque qu'aucune sélection n'est encore réalisée.

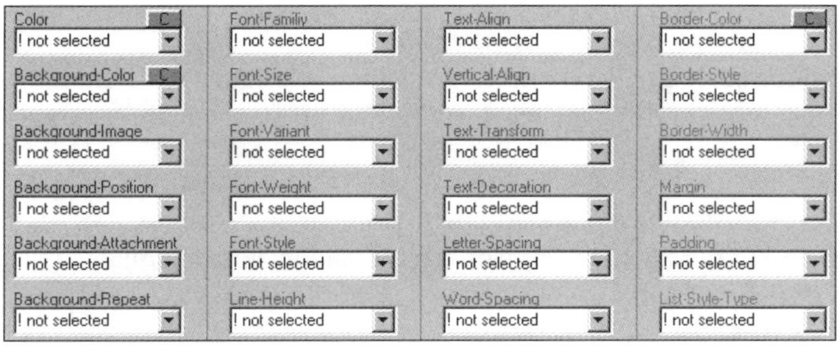

Fig. 18.8 : *La partie centrale de StyleAssistant*

- Colonne 1 : paramètres de couleur et d'arrière-plan.
- Colonne 2 : paramètres de polices de caractères.
- Colonne 3 : paramètres d'alignement.
- Colonne 4 : paramètres de marges, de bordures, etc.

La partie inférieure de la fenêtre contient la *CSS-Box*, c'est-à-dire une zone de texte dans laquelle apparaissent les commandes CSS générées par le programme.

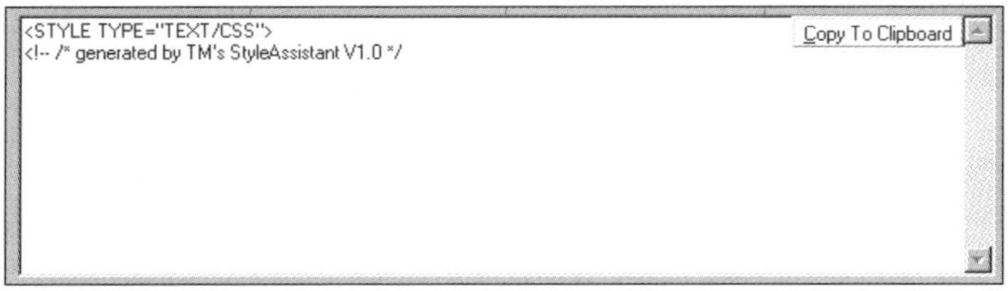

Fig. 18.9 : *La CSS-Box*

Info

Effacer la CSS-Box

Il suffit de double-cliquer sur la CSS-Box pour en effacer tout le contenu.

Lorsqu'un style est prêt, cliquez sur le bouton **Add this Tag-Style** dans la partie supérieure la fenêtre. Le code généré pour la balise HTML apparaît alors dans la CSS-Box.

Le code généré dans la CSS-Box peut être enregistré dans un fichier séparé, à l'aide d'un clic sur le bouton **Save CSS**, ou copié dans le Presse-papiers pour être collé dans un fichier CSS existant.

Créer une feuille de style avec StyleAssistant

Nous allons commencer par définir un style (un modèle) pour la balise de titre <h1>.

Atelier — Créer un style pour H1 avec StyleAssistant

1. Démarrez TM's StyleAssistant 1.0.

2. Sélectionnez dans la liste déroulante *Active HTML-Tag* la balise HTML à laquelle le formatage doit s'appliquer. Commencez par *H1*.

Fig. 18.10 :
La balise H1 est sélectionnée

3. Cliquez sur *Color* et choisissez l'entrée *White*. Vous pouvez également cliquer sur le bouton marqué de la lettre *C* pour ouvrir la palette de couleurs de Windows et y choisir directement une couleur.

   Le petit rectangle situé à droite de la liste déroulante affiche la couleur sélectionnée. Si vous cliquez sur ce rectangle, le nom de la couleur est remplacé par sa valeur hexadécimale. Vous pouvez également modifier le contenu à la main.

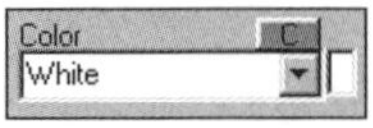

Fig. 18.11 :
Choisissez une couleur

4. La couleur blanche n'est pas visible sur un fond blanc. Il faut donc modifier la couleur d'arrière-plan, dans la rubrique *Background-Color*.

   Cliquez sur la zone *Background-Color*, et saisissez la valeur #000066 pour définir un bleu foncé.

Fig. 18.12 :
La couleur est affichée dans le rectangle de droite

5. Le tableau ci-après regroupe les autres paramètres de la balise `H1`.

Tab. 18.2 : Les paramètres de la balise H1

Option	Valeur	Signification
Font-Family	*Verdana, Lucida, Sans-Serif*	Polices de caractères
Font-Size	*18pt*	Taille des caractères
Text-Transform	*Uppercase*	Texte en majuscules
Letter-Spacing	*1pt*	Espace intercaractère
Padding	*10px*	Espace entre le titre `H1` et le reste de la page. Cette zone possède la couleur d'arrière-plan (*Background-Color*).

6. Cliquez sur le bouton **Add this Tag-Style** pour faire apparaître le code CSS correspondant dans la CSS-Box :

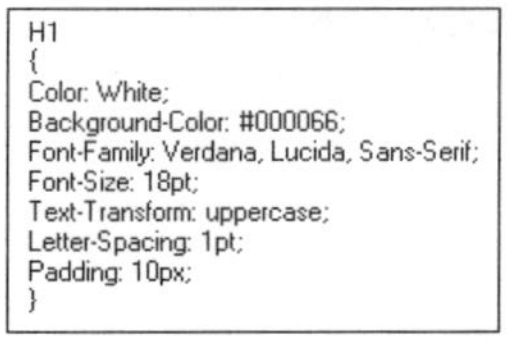

Fig. 18.13 : *H1 dans la CSS-Box*

Vous pouvez directement éditer le texte dans la CSS-Box.

7 Saisissez le nom `in.css` dans la zone *Style-Sheet-File*, puis cliquez sur le bouton **Save CSS**. Choisissez le dossier *C:\CSS*, puis cliquez sur **Enregistrer**. Le contenu de la CSS-Box est alors enregistré dans le fichier *in.css*.

8 Ouvrez un navigateur et affichez l'un des fichiers de l'exemple.

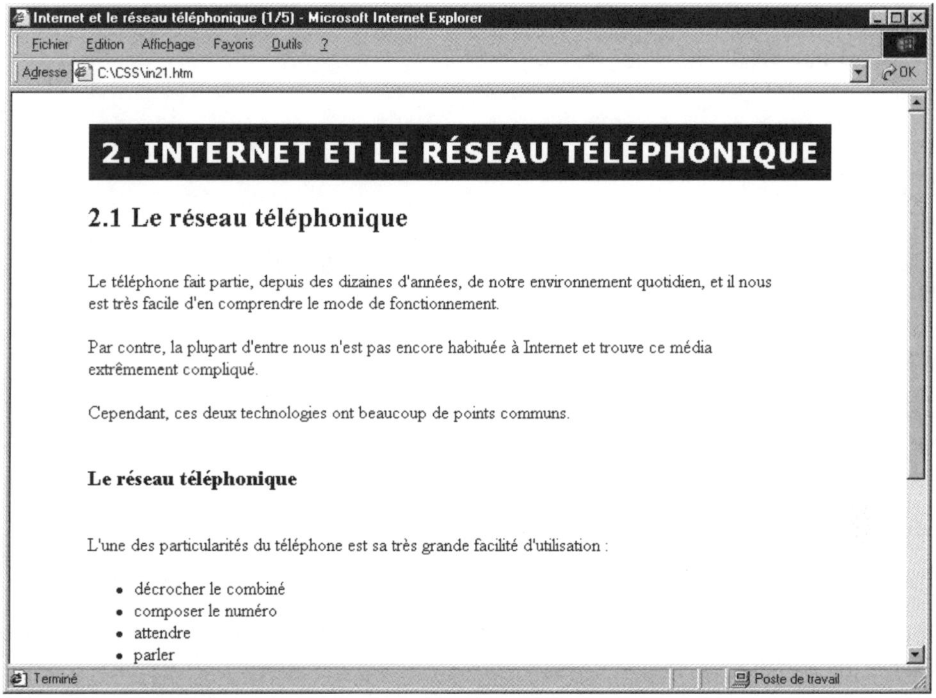

Fig. 18.14 : *H1 formaté par CSS dans un fichier...*

Comme vous pouvez vous y attendre, le titre apparaît en 18 points de hauteur, en lettres blanches sur un fond bleu foncé dont la marge est distante de 10 pixels du texte.

Info

Les fichiers CSS sont des fichiers texte

Les fichiers générés par StyleAssistant sont de simples fichiers texte qui peuvent être modifiés dans n'importe quel éditeur.

L'aspect des autres fichiers dont l'en-tête contient une référence à la feuille de style par une balise `<link>` a également changé. Voici par exemple l'en-tête d'un autre chapitre :

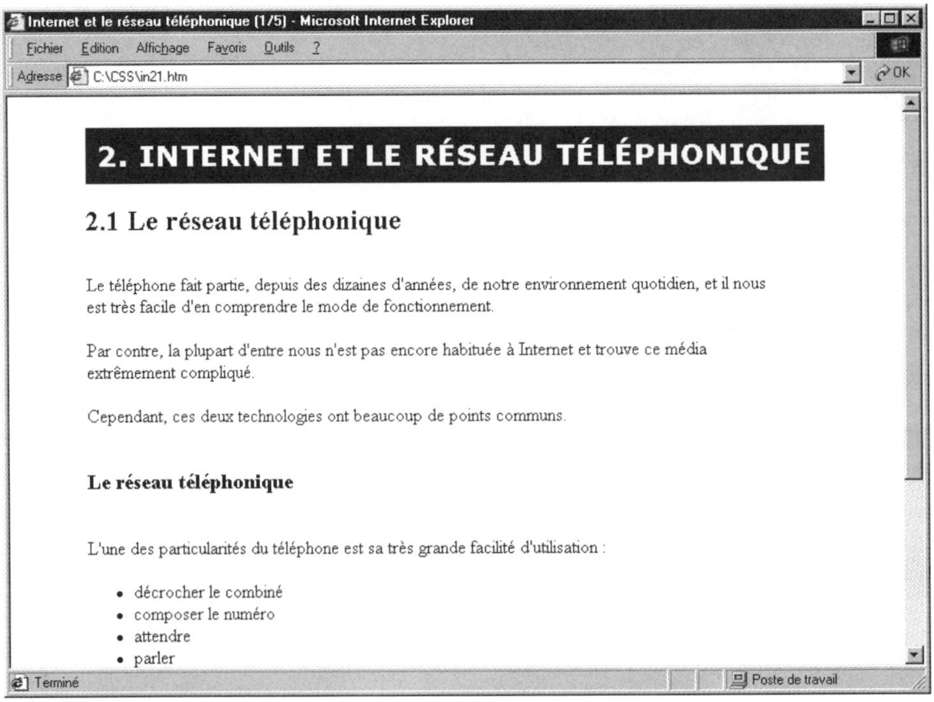

Fig. 18.15 : *... et dans un autre*

Tout fonctionne donc correctement.

Si vous souhaitez essayer d'autres présentations pour le titre `H1`, revenez simplement dans StyleAssistant, effacez le contenu de la CSS-Box par un double clic, pour éviter que la même commande HTML soit définie deux fois.

1. Modifiez les paramètres de la balise `H1`.
2. Cliquez sur le bouton **Add this Tag-Style** pour transférer les paramètres dans la CSS-Box.
3. Cliquez sur le bouton **Save CSS** pour remplacer le contenu de l'ancien fichier par les nouveaux paramètres.
4. Revenez dans le navigateur et ouvrez ou actualisez la page souhaitée pour vérifier les nouveaux paramètres.

Compléter la feuille de style

Info

N'effacez pas le fichier de feuille de style

Les styles que vous avez définis dans cette section devront être copiés dans le fichier de feuille de style par l'intermédiaire du Presse-papiers. Nous vous montrerons comment faire.

Vous venez de définir le formatage de la balise HTML <h1> </h1>. Tous les titres définis à l'aide de cette balise présentent maintenant le même aspect, c'est-à-dire un texte blanc sur fond bleu foncé. Si cette configuration ne vous convient pas, vous pouvez la modifier très simplement en éditant la feuille de style.

Pour compléter cette feuille de style, il s'agit maintenant de définir les paramètres pour les autres titres et le texte courant.

Créer les styles pour H2, H3 et P

1. Sélectionnez la balise *H2* dans la liste déroulante *Active HTML-Tag* de StyleAssistant.
2. Affectez les paramètres suivants à cette balise :
   - *Color* : *White*
   - *Bgcolor* : *#000066*
   - *Font-Family* : *Verdana*
   - *Font-Size* : *14pt*
   - *Padding* : *5px*

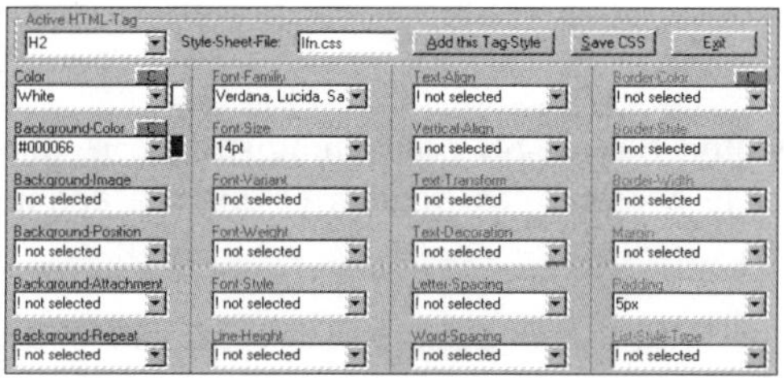

Fig. 18.16 : *Les paramètres de la balise H2*

3. Cliquez sur le bouton **Add this Tag-Style** pour transférer les paramètres dans la CSS-Box.
4. Sélectionnez la balise *H3* dans la liste déroulante *Active HTML-Tag* de StyleAssistant, et affectez les paramètres ci-après :
   - *Color* : *White*
   - *Bg-Color* : *#C0C0C0*
   - *Font-Family* : *Verdana*
   - *Font-Size* : *12pt*
   - *Padding* : *2px*

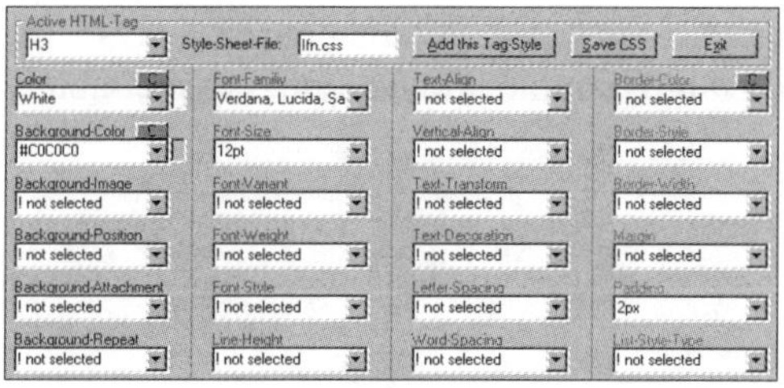

Fig. 18.17 : *Les paramètres de la balise H3*

5 Cliquez sur le bouton **Add this Tag-Style** pour transférer les paramètres de la balise H3 dans la CSS-Box.

6 Sélectionnez la balise *P* dans la liste déroulante *Active HTML-Tag* de StyleAssistant, et affectez les paramètres ci-après :

- *Font-Family* : *Verdana*
- *Font-Size* : *10pt*

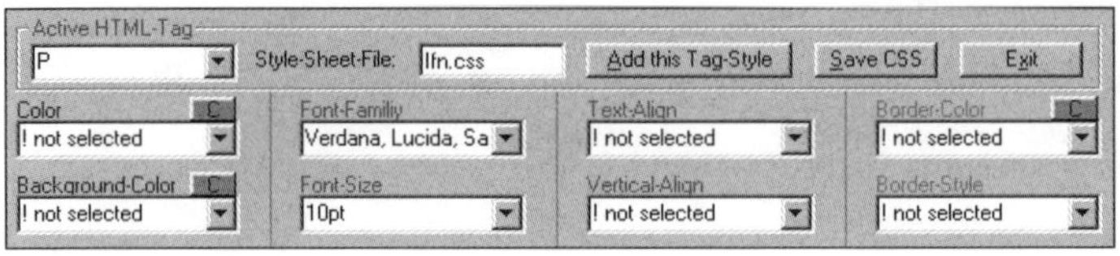

Fig. 18.18 : *Les paramètres de la balise P*

7 Cliquez sur le bouton **Add this Tag-Style** pour transférer les paramètres de la balise P dans la CSS-Box.

Ajouter des styles dans une feuille de style

Les styles sont maintenant définis pour les balises H1, H2 et P. Encore faut-il les insérer dans la feuille de style.

Cette fois-ci, il ne faut pas cliquer sur le bouton **Save CSS** pour enregistrer le résultat dans la feuille de style, car cette opération effacerait le contenu des fichiers et donc la définition de la balise H1 déjà enregistrée.

Il faut donc copier les nouvelles commandes de la CSS-Box dans le Presse-papiers, pour les coller dans la feuille de style.

Atelier — Copier des commandes CSS à l'aide du Presse-papiers

1 La CSS-Box de StyleAssistant contient désormais le code source pour les balises H2, H3 et P.

Fig. 18.19 : *Copie dans le Presse-papiers*

2 Cliquez sur le bouton **Copy To Clipboard** pour copier le contenu de la CSS-Box dans le Presse-papiers (en anglais, "Clipboard"). Le programme affiche le message ci-après, que vous devez valider en cliquant sur **Non** :

Fig. 18.20 :
Cliquez impérativement sur Non !

Les instructions définies par StyleAssistant se trouvent désormais dans le Presse-papiers.

3 Ouvrez la feuille de style *in.css* dans HomeSite, positionnez le curseur à la fin du fichier et sélectionnez la commande **Edition/Coller**.

4 Il faut encore supprimer quelques éléments inutiles pour que le fichier soit prêt. StyleAssistant ajoute en effet des lignes de commentaires inutiles :

```
<STYLE TYPE="TEXT/CSS">
<!-- /* generated by TM's StyleAssistant V1.0 */
```

Fig. 18.21 :
L'instruction <STYLE...> est inutile dans notre exemple

Vous pouvez supprimer toutes les lignes de commentaire, mais conservez la ligne suivante placée au début du fichier :

```
/* generated by TM's StyleAssistant V1.0 */
```

5 Enregistrez le fichier.

Le fichier terminé présente l'aspect ci-après :

```
!-- /* generated by TM's StyleAssistant V1.0 */
H1
{
Color: White;
Background-Color: #000066;
Font-Family: Verdana, Lucida, Sans-Serif;
Font-Size: 18pt;
Text-Transform: uppercase;
Letter-Spacing: 1pt;
Padding: 10px;
}
H2
{
Color: White;
Background-Color: #000066;
Font-Family: Verdana, Lucida, Sans-Serif;
Font-Size: 14pt;
Padding: 5px;
}
H3
{
Color: White;
Background-Color: #C0C0C0;
Font-Family: Verdana, Lucida, Sans-Serif;
Font-Size: 12pt;
Padding: 2px;
}
P
{
Font-Family: Verdana, Lucida, Sans-Serif;
Font-Size: 10pt;
Padding: 2px;
}
```

Fig. 18.22 :
in.css avec les commandes CSS pour les balises H1, H2, H3 et P

La page terminée dans le navigateur

Il s'agit maintenant de vérifier si tout fonctionne correctement. Ouvrez l'un des fichiers dans le navigateur. Le résultat devrait être comparable à l'illustration suivante :

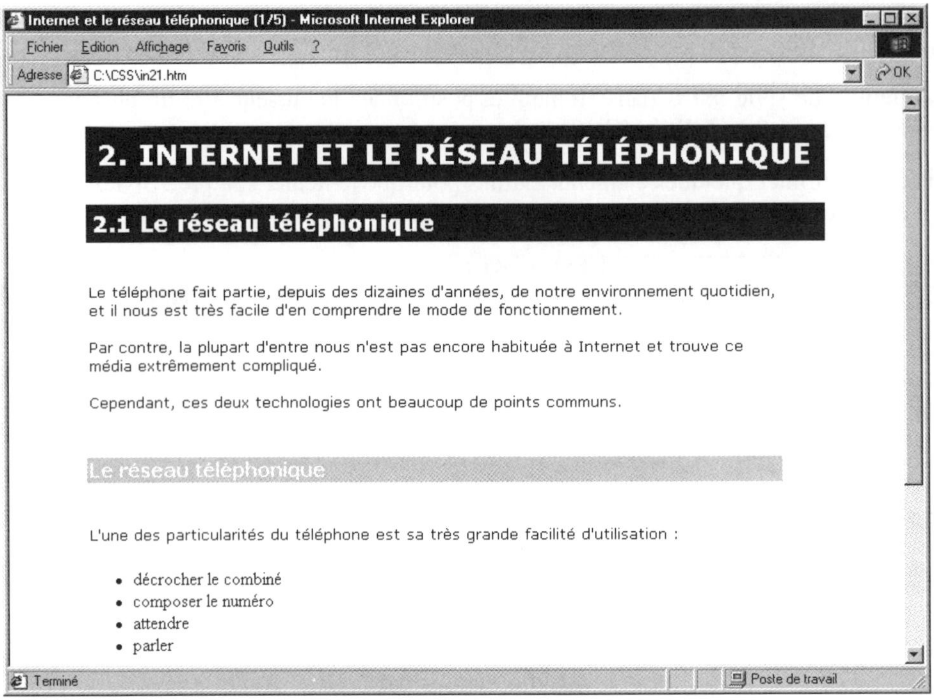

Fig. 18.23 : *Une page dans le navigateur*

Le résultat est très satisfaisant. Les titres H1, H2 et H3 sont plus faciles à identifier qu'auparavant et le texte est plus facile à lire.

Si vous regardez de plus près, vous pouvez constater que la liste à puces n'utilise pas la même police de caractères que le texte courant.

Ce n'est pas étonnant. En effet, la liste a été créée à l'aide de la balise HTML <ul>, et cette balise n'est pas référencée dans la feuille de style. Le navigateur utilise donc tout naturellement la police par défaut.

Atelier — Compléter la feuille de style par d'autres balises HTML

1. Ouvrez la feuille de style *in.css* dans HomeSite.
2. Complétez la définition de la balise HTML P, comme dans l'illustration suivante :

```
P, UL, OL, LI, TD, TR, TH
{
Font-Family: Verdana, Lucida, Sans-Serif;
Font-Size: 10pt;
}
```

Fig. 18.24 : *P et consorts*

Vous avez ainsi la possibilité d'inclure la majorité des balises HTML utilisées dans le texte courant et dans les tableaux.

3 Enregistrez le fichier.

4 Ouvrez ou actualisez le fichier exemple dans le navigateur :

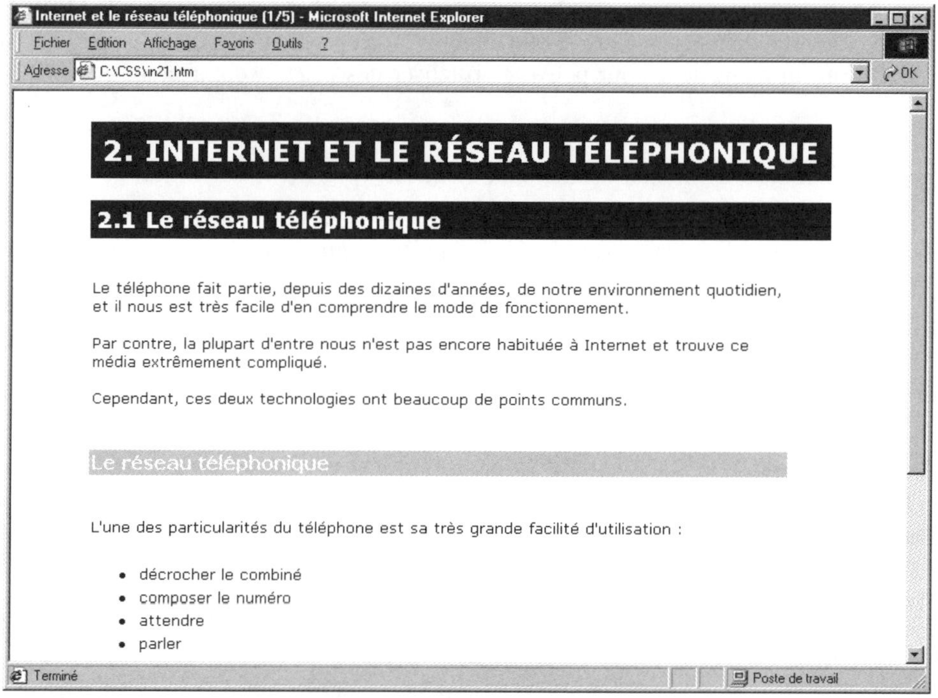

Fig. 18.25 : *Le résultat est nettement plus intéressant*

Info

Que faut-il charger sur le serveur web ?

Il faut charger l'ensemble des pages des sites, ainsi que la feuille de style elle-même (dans notre exemple, *in.css*).

Si le formatage des titres ou du texte courant ne vous plaît pas, il vous suffit de modifier la ligne correspondante dans la feuille de style, pour modifier l'aspect de l'ensemble de votre site.

18.5. Les feuilles de style en cascade dans le détail

Voyons encore quelques informations détaillées pour terminer ce chapitre concernant les feuilles de style en cascade (Cascading Style Sheets).

Les navigateurs et les feuilles de style en cascade

Les anciens navigateurs (Netscape avant la version 4, Internet Explorer avant la version 3) ignoraient totalement les feuilles de style. Le premier navigateur à les prendre en compte, bien que très partiellement, fut Internet Explorer 3.

Malheureusement, les versions 4 des principaux navigateurs n'ont apporté que peu d'amélioration. Aussi bien Netscape que Microsoft ne suivent pas de manière fidèle les recommandations du W3C. C'est ainsi que Netscape Navigator et Internet Explorer interprètent chacun à sa manière de nombreuses commandes CSS.

Les feuilles de style en cascade sont bien une évolution très intéressante qui permet de concocter des sites web particulièrement réussis. La seule ombre au tableau est leur prise en charge insuffisante par les navigateurs actuels. Cette ombre est cependant très pénalisante, car il est impératif d'utiliser un navigateur pour pouvoir visualiser des pages web, avec ou sans CSS.

En bref, on peut donc affirmer :

- Le formatage à base de modèles fonctionne (CSS1).

  Ainsi que vous avez pu le constater, le formatage utilisant des modèles simples fonctionne parfaitement. C'est déjà un avantage très important qui permet d'économiser beaucoup d'efforts lors de la conception d'un site web, car la plupart des balises `<font>` peuvent être omises.

- Le positionnement des objets ne fonctionne pas (CSS2).

  Bien que son utilisation soit très souhaitable, le positionnement absolu à l'aide des feuilles de style conduit à des résultats imprévisibles sur la plupart des navigateurs et n'est donc pas recommandable, du moins pour l'instant.

Tant que les navigateurs ne prennent pas en charge CSS2, il faut continuer à assurer la mise en page à l'aide de tableaux et de mini-GIF. Netscape a annoncé une amélioration pour la version 5 (nom de code Gecko)...

Et les cascades ?

Nous n'avons pas oublié l'aspect "cascade" des feuilles de style (Cascading Style Sheets). Voyons maintenant quelle est la relation entre les cascades et les feuilles de style.

Jusqu'à présent, vous n'avez fait connaissance qu'avec une forme d'utilisation des feuilles de style dans les pages web, qui se traduit par un lien vers un fichier séparé, matérialisé par une balise `<link>`.

Il s'agit certainement de la méthode la plus pratique et la plus répandue, mais il en existe d'autres. Voici les principales :

- Insertion de styles dans l'en-tête d'une page web

  Toutes les commandes CSS sont incluses dans l'en-tête d'une page web entre les balises `<style type="text/css>` et `</style>`.

- Styles isolés dans le corps d'une page web

  Des styles peuvent être définis, non seulement dans l'en-tête, mais également à l'intérieur du corps d'une page web, c'est-à-dire entre les balises `<body>` et `</body>`.

Il existe donc trois niveaux de feuilles de style :

1. Un fichier CSS séparé, valable pour l'ensemble des pages web liées.
2. Des indications de style dans l'en-tête d'une page web, valides uniquement pour cette page.

3 Des indications de style dans le corps d'une page, associées à une balise HTML, et s'appliquant uniquement à celle-ci.

Il en résulte une sorte d'organisation à plusieurs niveaux de feuilles de style, d'où le terme de "cascade".

En cas de doute, le navigateur prend en compte l'indication la plus proche de la balise HTML :

- Les styles contenus dans le corps de la page sont prioritaires par rapport aux styles de l'en-tête.
- Les styles contenus dans l'en-tête sont prioritaires par rapport aux styles contenus dans un fichier séparé.

Cette organisation permet de définir un aspect homogène pour l'ensemble d'un site web, à l'aide d'un fichier CSS séparé, tout en conservant la possibilité de variantes pour certaines pages, en insérant des commandes adéquates dans leur en-tête, et même la possibilité de réaliser des spécificités locales en insérant les commandes adéquates directement dans le corps d'une page.

Structure des commandes CSS

Après ces exercices pratiques, passons à un peu de théorie.

Les feuilles de style en cascade sont constituées d'une ou de plusieurs instructions. Ce terme est celui retenu officiellement pour désigner les commandes CSS.

Prenons une instruction simple à titre d'exemple :

```
H1 {color:red}
```

Ce type d'instruction est composée de deux parties :

- Sélecteur

  Il s'agit du nom de la balise HTML à laquelle l'instruction s'applique, dans notre exemple `H1`. Toutes les balises HTML peuvent servir de sélecteur dans une instruction CSS.

- Déclaration

  Il s'agit de la partie de l'instruction incluse entre crochets. La déclaration précise le paramètre à appliquer au sélecteur. Dans notre exemple, la déclaration est `{color:red}`.

La déclaration est elle-même divisée en deux parties :

- Propriété

  La propriété d'un sélecteur est placée avant le deux-points. Dans l'exemple ci-dessus, la propriété décrite est la couleur de la balise `H1`, c'est-à-dire en anglais `color`.

- Valeur

  La valeur est la partie de la déclaration qui suit le deux-points. Dans notre exemple, la propriété `color` du sélecteur `H1` reçoit la valeur `red`.

En bref, une instruction est constituée d'un sélecteur et d'une déclaration, elle-même composée d'une propriété et d'une valeur.

Les crochets et les deux-points permettent au navigateur de distinguer les sélecteurs, les propriétés et les valeurs.

Tout cela peut sembler un peu compliqué, bien que très structuré.

Grouper les sélecteurs et les déclarations

Dans la feuille de style de l'exemple, les instructions CSS ont un aspect quelque peu différent :

```
P,UL,OL,LI,TD,TR,TH
{
Font-Family: Verdana, Lucida, Sans-Serif;
Font-Size:10pt;
}
```

Il faut remarquer deux choses :

- Plusieurs sélecteurs peuvent être regroupés.

  Au lieu de définir une seule balise HTML par ligne, il est possible de grouper plusieurs balises HTML en les séparant par une virgule.
- Plusieurs déclarations peuvent être regroupées dans une instruction.

  Si plusieurs propriétés doivent être définies pour un ou plusieurs sélecteurs, la syntaxe change un peu :

  - Les crochets sont placés dans une ligne séparée.
  - Chaque déclaration est placée dans une ligne indépendante.
  - Chaque déclaration se termine par un point-virgule.

Il est possible d'utiliser d'autres variantes, mais celle-ci est la plus lisible et la plus claire.

18.6. Faisons le point

Cette section résume les principaux points abordés dans ce chapitre :

- On peut formater toutes les pages du site exemple à l'aide d'une seule feuille de style personnalisée.
- Les liens nécessaires vers la feuille de style sont insérés dans les pages à l'aide de la fonction de **Remplacement étendu** de HomeSite.
- L'utilitaire StyleAssistant permet de créer une feuille de style dans laquelle les formatages sont définis.
- Le terme "cascade" dans l'expression "feuille de style en cascade" provient du fait que les styles peuvent être inclus de différentes manières :

  - Les styles peuvent être enregistrés dans un fichier séparé.
  - Les styles peuvent être inclus dans l'en-tête d'une page web.
  - Les styles peuvent être inclus directement dans le corps d'une page web.
    Les styles inclus dans le corps d'une page web sont prioritaires par rapport à ceux de

l'en-tête, eux-mêmes prioritaires par rapport à ceux contenus dans un fichier externe. C'est ainsi que la cascade se met en place.

- Les instructions des feuilles de style sont constituées de sélecteurs et de déclarations, à leur tour constituées d'une propriété et d'une valeur.
- Les sélecteurs et les déclarations peuvent être regroupés.

Chapitre 19

Les extraordinaires possibilités de JavaScript

Pour ce chapitre, vous avez besoin de HomeSite 4.

19.1. Présentation de JavaScript

JavaScript ne fait pas partie de HTML. Il s'agit d'un langage de programmation développé spécialement par Netscape pour le World Wide Web, et permettant d'étendre les possibilités du langage HTML.

JavaScript est un langage de programmation

Un programme est une succession d'instructions permettant de piloter un équipement, qu'il s'agisse d'une machine à laver ou d'un ordinateur.

Un langage de programmation permet de créer un programme. il comporte, comme une langue parlée, des mots, une grammaire et un grand nombre de règles.

La difficulté de la programmation résulte du fait que vous devez analyser le programme "du point de vue de l'ordinateur". Les ordinateurs ont deux particularités qui rendent cet exercice parfois difficile :

- Les ordinateurs sont bêtes.
- Les ordinateurs sont extrêmement pointilleux.

Un ordinateur ne réfléchit pas pendant l'exécution d'un programme, et se contente d'exécuter scrupuleusement les instructions du programme. Il ne se demande pas ce que l'auteur du programme a imaginé faire avec une certaine instruction, ou si l'opération qu'il est en train d'exécuter est judicieuse. Chaque virgule, chaque point-virgule, chaque espace, plus généralement chaque caractère utilisé peut avoir une signification.

JavaScript est généralement considéré comme un langage de programmation relativement facile à apprendre, mais il faut plus insister sur le terme "relativement" que sur le terme "facile". En effet, cette affirmation est généralement le fait de programmeurs.

Néanmoins, comme tout langage de programmation qui se respecte, JavaScript impose aux débutants de se familiariser avec des concepts comme les variables, les fonctions, les objets, les méthodes, les propriétés, et autres particularités.

Ecrire les programmes JavaScript en clair

Pour bien commencer avec JavaScript, il est important d'être familiarisé avec le langage HTML, et surtout de n'avoir aucune appréhension à propos du code source.

JavaScript est un langage de script, ce qui signifie que les commandes sont écrites en clair et non en langage machine. Les programmes JavaScript sont directement écrits dans le code source HTML.

Chaque ligne de programme est traduite immédiatement avant son exécution par un traducteur connaissant ce langage, appelé un interpréteur, pour pouvoir être exécutée par l'ordinateur. Les navigateurs qui peuvent exécuter les programmes JavaScript comportent un interpréteur de ce type.

Pour les auteurs du Web, le principal avantage de ce procédé résulte de la possibilité de lire la plupart des programmes écrits en JavaScript grâce à la commande **Afficher/Source de la page** (Netscape) ou **Affichage/Source** (Internet Explorer).

Cette particularité vous permet non seulement d'analyser les programmes en JavaScript, mais également de les copier, de les adapter et de les inclure dans votre propre site web. Le World Wide Web regorge de scripts que vous pouvez copier en toute légalité pour les utiliser dans vos propres pages.

19.2. Votre premier programme JavaScript

Assez parlé, passons à un exemple simple.

Alert : afficher un message

Ce programme affiche une boîte de dialogue contenant un message que le lecteur peut faire disparaître en cliquant sur le bouton OK.

Atelier **Afficher un message dans le navigateur avec JavaScript**

1. Ouvrez l'éditeur HTML.
2. Saisissez le code source suivant :

```
<html>
<head>
    <title>Alert - Exemple de programme JavaScript</title>
    <!-- Début du programme JavaScript -->
    <script language="JavaScript">
    <!--
    alert("Je comprends JavaScript !");
    // -->
    </script>
    <!-- Fin du programme JavaScript -->
</head>

<body>
<h1>Alert - Exemple de programme JavaScript</h1>
</body>
</html>
```

3. Enregistrez la page sous le nom *Alert.htm* dans le dossier *C:\Javascript.*
4. Consultez la page dans Internet Explorer et Netscape Navigator :

Fig. 19.1 : *Dans Internet Explorer*

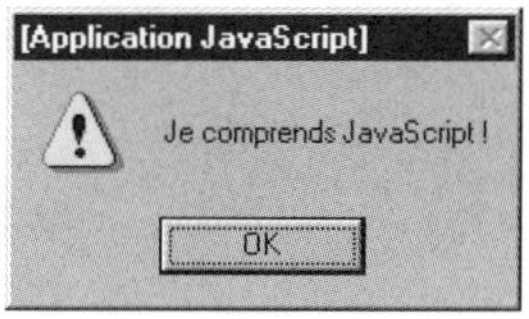

Fig. 19.2 :
Dans Netscape Navigator

Vous pouvez constater quelques petites différences dans la présentation, selon le navigateur utilisé. Dans Netscape Navigator, le programme signale à l'utilisateur, dans la barre de titre de la boîte de dialogue, que ce message est une application JavaScript alors que Internet Explorer n'affiche que son nom.

La raison de la remarque de Netscape est naturellement la sécurité : rien n'empêche en effet un auteur de faire afficher un message quelconque à la place du message anodin "Je comprends JavaScript !". Les surfeurs débutants ont parfois du mal à identifier l'origine d'un message, ce qui peut poser certains problèmes.

Commandes du premier programme : <script> et alert

Il n'existe aucune règle qui précise à quel endroit de la page web les programmes JavaScript doivent être enregistrés, mais l'habitude a été prise de les écrire dans l'en-tête de la page.

La première commande inconnue est une balise HTML nommée `<script>`. Elle commence à la ligne 5 et se poursuit jusqu'à la ligne 9 :

```
<script language="JavaScript"> </script>
```

Cette commande définit une zone pour le programme JavaScript dans le code source HTML et signale au navigateur : "Ce qui suit n'est pas du HTML mais un programme en langage JavaScript".

La ligne 6 contient un commentaire HTML parfaitement normal, qui se termine à la ligne 8. L'ensemble du programme JavaScript est inclus dans une balise de commentaire.

```
<!--   Les programmes JavaScript sont écrits en commentaire HTML     // -->
```

Pour éviter que les navigateurs qui ne comprennent pas le langage HTML considèrent les instructions JavaScript comme du HTML normal et les affichent, les instructions sont incluses dans une balise de commentaire. La double barre oblique qui se trouve avant le crochet de fin de commentaire fait partie du commentaire lui-même.

La seule véritable instruction JavaScript se trouve à la ligne 7 :

```
alert("Je comprends JavaScript !");
```

Il n'est pas nécessaire de données de grande explication sur l'origine du terme "alert". L'instruction JavaScript `alert` affiche une boîte de dialogue qui attire l'attention du surfeur. Cette boîte de dialogue contient le texte qui se trouve entre les guillemets, à l'intérieur des parenthèses.

Le point-virgule qui se trouve à la fin de la ligne signifie : "C'est ici que se termine cette instruction". Ce caractère n'est pas obligatoire, si l'on suit strictement la grammaire de JavaScript, mais il fait partie des "bonnes manières".

En bref :

- Les programmes JavaScript sont généralement inclus dans l'en-tête d'une page web.
- Les programmes JavaScript sont encadrés par des balises HTML `<script language="JavaScript"> </script>`.
- Les programmes JavaScript sont inclus en outre dans une balise de commentaire HTML `<!-- ... // -->` .

19.3. JavaScript identifie le navigateur utilisé

Cette section présente deux exemples d'utilisation de JavaScript et la capacité de ce programme à exploiter le nom du navigateur sur lequel la page est affichée.

Déterminer le navigateur de l'utilisateur

Le script ci-après identifie le nom du navigateur avec lequel le surfeur affiche votre page web, et affiche ce nom sur la page elle-même.

Atelier **Afficher le nom du navigateur**

1 Démarrez l'éditeur HTML et créez un nouveau document contenant la structure de base HTML.

2 Saisissez les lignes 1 à 5 entre les balises `<body>` et `</body>`, sans transcrire les numéros de ligne.

```
1 <h1>
2 <script language="JavaScript">
3 document.write(" Votre navigateur : " + navigator.appName);
4 </script>
5 </h1>
```

3 Enregistrez la page web dans le dossier *C:\Javascript* sous le nom `votre_navigateur.htm`.

4 Ouvrez la page dans Internet Explorer, puis dans Netscape Navigator :

Fig. 19.3 : *Dans Internet Explorer*

Fig. 19.4 : *Dans Netscape Navigator*

Voici donc une explication des instructions inconnues :

```
document.write("Votre navigateur : " + navigator.appName);
```

L'instruction `document.write` permet d'écrire un texte dans le document lui-même. Ce texte est défini entre parenthèses.

Veillez à mettre le texte `"Votre navigateur : "` entre guillemets. Le signe + permet au navigateur d'inscrire le texte entre guillemets suivi du contenu de la propriété `navigator.appName`.

Info

navigator.appVersion

Vous pouvez essayer de remplacer la propriété `navigator.appName` par la propriété `navigator.appVersion`. Un tableau présenté plus loin dans ce chapitre explicite cette propriété.

JavaScript est un langage orienté objet. L'un des objets que JavaScript connaît est le navigateur qui affiche la page. Cet objet s'appelle "navigator" car, ne l'oublions pas, JavaScript a été développé par Netscape.

Chaque objet connu de JavaScript possède plusieurs propriétés. Une propriété du navigateur est par exemple le nom du programme, c'est-à-dire `appName` (abréviation du terme "application name").

Les propriétés d'un objet sont séparées du nom de l'objet lui-même par un point. C'est ainsi que JavaScript connaît le nom du programme du navigateur sous le pseudonyme `navigator.appName`.

En conséquence, la page web affiche le texte "Votre navigateur :" suivi du nom du programme du navigateur utilisé.

Afficher la page optimale pour chaque navigateur

JavaScript identifie le navigateur qui affiche une page. Vous pouvez utiliser cette possibilité en même temps qu'une autre particularité des langages de programmation. Tous les langages de programmation ont la possibilité d'exécuter certaines instructions en fonction de certaines conditions.

Il doit donc être possible de traduire en JavaScript l'idée suivante :

```
Si
    le numéro de version du navigateur est inférieur à 4,
```

```
alors
    afficher la page ancien_navigateur.htm.
```

Voyons un exemple d'application.

Atelier — Orienter certains navigateurs vers une autre page

1. Ouvrez l'éditeur HTML.

2. Créez une nouvelle page web et enregistrez-la sous le nom `ancien_navigateur.htm`, par exemple dans le dossier *C:\Javascript*. Écrivez quelques mots dans le corps de la page, pour identifier le fichier sur votre navigateur.

3. Créez une autre page web et saisissez le code ci-après à un endroit quelconque de l'en-tête (naturellement sans les numéros de ligne) :

```
<script language="JavaScript">
<!--
if (navigator.appVersion.substring(0,1) < "4")
    {window.location.href = "ancien_navigateur.htm"}
//-->
</script>
```

4. Enregistrez ce fichier dans le même dossier, sous le nom `branchement.htm`.

Info — Test du branchement

Si vous ne disposez pas d'un ancien navigateur, le test de ce petit programme n'est pas particulièrement simple. Nous présenterons une solution à la fin de ce chapitre.

Voici une explication détaillée des deux lignes du programme :

- if

  Le terme anglais "if" se traduit par "si". Sa signification est : "si la condition contenue dans les parenthèses est vérifiée, exécuter l'instruction de la ligne suivante, sinon passer directement à la suite du programme".

- `navigator.appVersion`

  Vous connaissez déjà la signification de l'instruction `navigator.appName` qui renvoie le nom du navigateur. Les navigateurs renvoient leur numéro de version complet en réponse à l'interrogation de leur propriété `navigator.appVersion`.

Voici le contenu des propriétés des navigateurs les plus connus :

Tab. 19.1 : Propriétés navigator.appVersion

Navigateur	navigator.appVersion
Netscape 4.6	4.6 [fr] (Win98; I)
Internet Explorer 5	4.0 (compatible; MSIE 5.0; Windows 98)
Opera 3.6	3.0 (Win95; I)

Vous pouvez constater que Internet Explorer 5 renvoie également 4.0 comme numéro de version.

```
navigator.appVersion.substring(0,1) < "4"
```

Le complément `.substring(0,1) < "4"` signifie "extraire le premier caractère de la chaîne `navigator.appVersion`, et le comparer à la valeur 4. Si la valeur est inférieure à 4, exécuter l'instruction de la ligne suivante, sinon passer à la suite".

```
{window.location.href = "ancien_navigateur.htm"}
```

Cette instruction signifie très simplement "charger la page *ancien_navigateur.htm*".

Les accolades encadrent une instruction transmise à l'ordinateur. Pour grouper plusieurs instructions en un seul bloc, une habitude consiste à placer les accolades dans des lignes séparées. Ce n'est pas indispensable, mais le résultat est plus lisible.

Le script complet pourrait être traduit comme suit : "si le numéro de version du navigateur est inférieur à 4, afficher la page *ancien_navigateur.htm*".

Vous avez deux possibilités pour tester ce script :

- Installez un navigateur dont le premier caractère de la propriété `navigator.appVersion` renvoie une valeur inférieure à 4 (par exemple, Opera).
- Modifiez légèrement la condition de la première ligne du fichier *branchement.htm* :

  Modifiez la ligne contrôlant que le numéro est strictement inférieur à 4 :

  ```
  if (navigator.appVersion.substring(0,1) < "4")
  ```

  Remplacez-la par une condition vérifiant que le numéro est supérieur ou égal à 4 :

  ```
  if (navigator.appVersion.substring(0,1) >= "4")
  ```

  Enregistrez la modification.

Ainsi, tout navigateur dont le numéro de version est égal ou supérieur à 4 sera branché vers la page *ancien_navigateur.htm*. Le résultat est exactement le contraire de celui recherché initialement.

N'oubliez pas d'annuler la modification !

19.4. Quelques exemples de programmes

Voici donc quelques scripts que vous pouvez utiliser sur vos pages web.

Renvoi **Si certaines instructions sont inconnues, vous pouvez vous reporter aux documents de référence présentés au chapitre Références du langage HTML.**

Un arrière-plan à chaque appel de la page

Pour commencer, voici un petit script qui modifie la couleur d'arrière-plan de votre page web à chaque appel. Tout d'abord, le code source :

```
<script language="JavaScript">
```

```
<!--
function changeCouleur(Couleur1, Couleur2, Couleur3)
{
lesCouleurs = new Array(Couleur1, Couleur2, Couleur3);
var laCouleur = Math.round(Math.random()*1000) % 3;
document.bgColor = lesCouleurs[laCouleur];
}
// -->
</script>
```

Ce script contient de nouveaux éléments :

- l'instruction `function` ;
- la déclaration de variables `var`.

Fonctions

Une fonction est un ensemble d'instructions qui ne sont pas exécutées immédiatement. Une fonction ne transmet ses instructions à l'ordinateur que lorsqu'elle est appelée par son nom, dans notre exemple, `changeCouleur`.

Dans notre cas particulier, la fonction `changeCouleur` doit être appelée automatiquement à chaque appel de la page. Pour cela, il faut ajouter une instruction `onload` à l'intérieur de la balise <body> :

```
<body onload="changeCouleur('#FF0000','#00FF00','#0000FF');">
```

À chaque appel de la page, l'instruction `onload` appelle la fonction `changeCouleur` qui sélectionne aléatoirement l'une des trois couleurs d'arrière-plan indiquées. Si ces couleurs ne vous plaisent pas, il suffit de remplacer les valeurs hexadécimales des couleurs dans la balise <body>.

Variables

Les variables sont essentielles dans tous les langages de programmation. Elles permettent d'enregistrer toutes sortes de caractères ou de valeurs numériques pour pouvoir les utiliser ultérieurement.

L'instruction `var` déclare une variable.

```
var laCouleur = Math.round(Math.random()*1000) % 3;
```

La ligne ci-dessus pourrait être interprétée comme suit : "enregistrer le résultat de la formule placée à droite du signe d'égalité dans un emplacement portant l'inscription `laCouleur` pour pouvoir l'utiliser ultérieurement".

Voyons maintenant comment inclure ce script dans une page web.

Atelier — Inclure un script dans une page web

1. Démarrez l'éditeur HTML et créez une nouvelle page web.

Info — Bien choisir les couleurs

Lors de la sélection des couleurs, vérifier que le texte et les liens hypertextes la page web soient lisibles dans toutes les combinaisons.

2 Insérez le code source du script à n'importe quel endroit entre les balises `<head>` et `</head>`, après avoir éventuellement modifié les couleurs.

3 Modifiez la balise `<body>` comme indiqué ci-dessus pour y inclure l'appel de la fonction `changeCouleur`.

4 Enregistrez la page et ouvrez-la dans un navigateur.

5 À chaque fois que vous appuyez sur la combinaison de touches Ctrl+r, la couleur d'arrière-plan change.

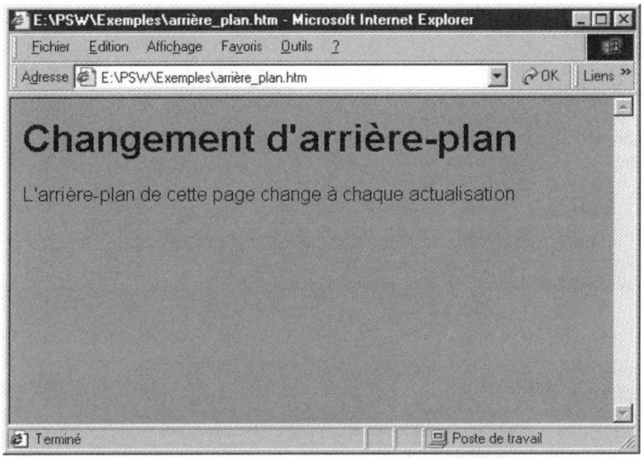

Fig. 19.5 :
La page web avant...

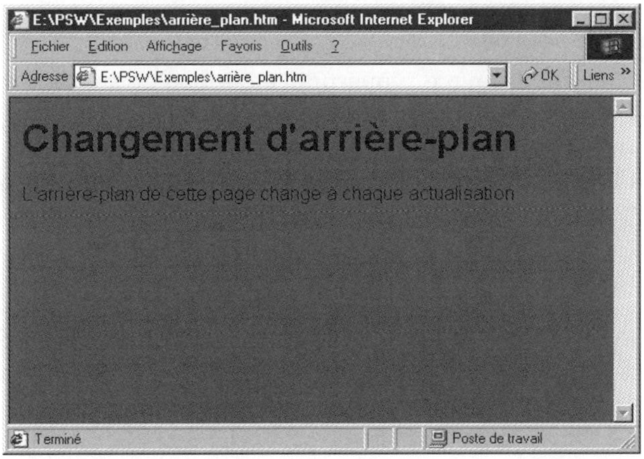

Fig. 19.6 :
... et après l'actualisation

Un arrière-plan pour chaque jour de la semaine

La bibliothèque de code (Code Library) du site Webmonkey.com contient de nombreux programmes JavaScript que vous pouvez copier en toute légalité pour les inclure dans votre site web. En ce sens, rendez-vous à l'adresse : `http://www.hotwired.com/webmonkey/reference/javascript_code_library/`.

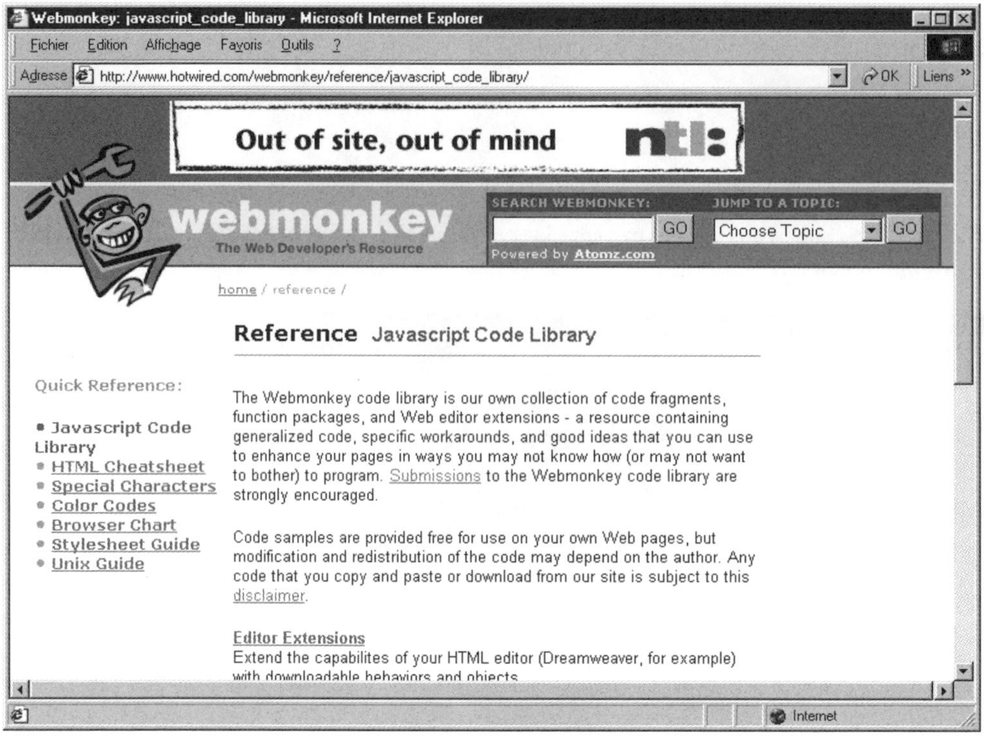

Fig. 19.7 : *Webmonkey.com : JavaScript_code_library*

Info

Copier et coller un code source

Pour éviter de saisir le code source, vous pouvez le copier sur le site de Webmonkey.com et le coller dans votre éditeur HTML.

Recherchez le lien *User Interface* dans la page d'accueil. La page à laquelle il conduit contient un petit script appelé *SM_dailyBgColor*, qui dote votre page web d'une couleur d'arrière-plan différente selon le jour de la semaine.

Voici le code source :

```
<script language="JavaScript">
<!--
function SM_dailyBgColor (sunday,monday,tuesday,wednesday,thursday,friday,saturday)
{
/*
SM_dailyBgColor()
This function automatically changes the page's background color each day of the week.
Source: Webmonkey Code Library
(http://www.hotwired.com/webmonkey/javascript/code_library/)

Author: Sean McManus
Author Email: sean@liquidizer.demon.co.uk
Author URL: http://www.liquidizer.demon.co.uk/

Usage: SM_dailyBgColor ("sundaycolor", "mondaycolor", "tuesdaycolor", "wednesdaycolor",
➥"thursdaycolor", "fridaycolor", "saturdaycolor");
```

```
*/
  cols=new Object();
  cols[0]=sunday;
  cols[1]=monday;
  cols[2]=tuesday;
  cols[3]=wednesday;
  cols[4]=thursday;
  cols[5]=friday;
  cols[6]=saturday;

  today=new Date();
  day=Math.round(today.getDay());
  document.bgColor=cols[day];
}
// -->
</script>
```

Info

Symbole des commentaires

Comme nous l'avons montré pour les feuilles de style, vous pouvez très facilement saisir les caractères /* et */ en utilisant les symboles de division et de multiplication du pavé numérique.

Comme dans une feuille de style, le groupe de caractères /* introduit un commentaire, qui se termine par les caractères */.

La meilleure solution consiste à charger la fonction par l'instruction `onload`. Vous pouvez choisir n'importe quelle couleur, sous forme de leur code hexadécimal ou de leur nom standard :

```
<body onload="SM_dailyBgColor ('white','blue','red','black','yellow','green','white');">
```

L'appel de cette fonction renvoie les couleurs suivantes en fonction du jour de la semaine :

Tab. 19.2 : Correspondance entre les jours et les couleurs

Jour	Couleur
Dimanche	Blanc
Lundi	Bleu
Mardi	Rouge
Mercredi	Noir
Jeudi	Jaune
Vendredi	Vert
Samedi	Blanc

L'illustration ci-après présente la page chargée un lundi.

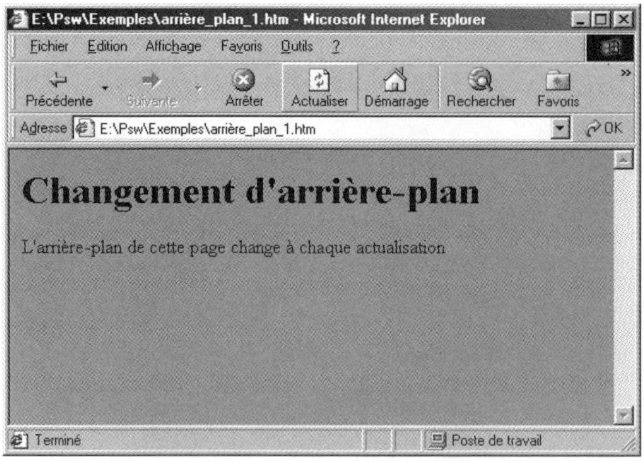

Fig. 19.8 : *Un lundi bleu dans le navigateur*

Une nouvelle fenêtre de navigateur pour un simple clic

Il existe de nombreux autres sites qui offrent des programmes en JavaScript que vous pouvez télécharger, en particulier le Scriptorium de Webcoder.com : `http://webcoder.com/scriptorium/`.

Fig. 19.9 : *Webcoder.com*

Nous avons choisi comme exemple le script *Open a Window* que vous trouverez sur la page Scriptorium.

Si vous cliquez sur ce lien, le navigateur ouvre une nouvelle fenêtre et affiche le code source du script :

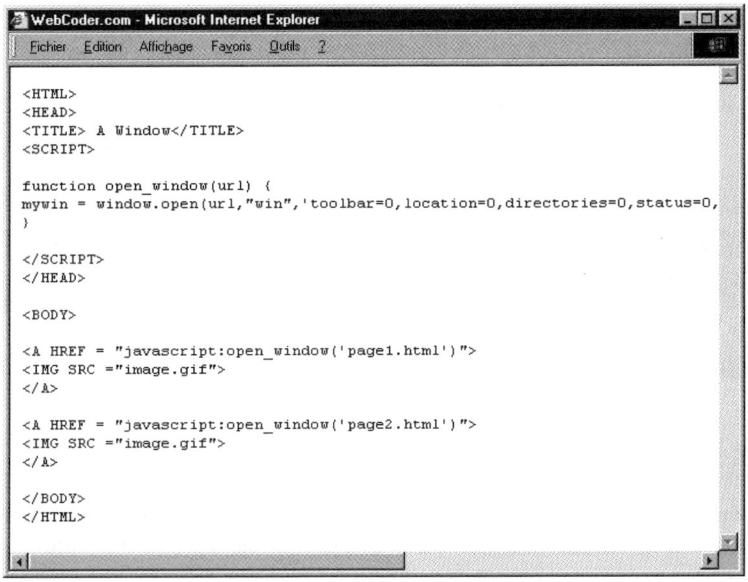

Fig. 19.10 : *Une nouvelle fenêtre du navigateur*

Cette astuce est rendue possible grâce à ce script qui établit un lien vers une nouvelle fenêtre de navigateur dont l'aspect peut être défini dans le script.

Voici deux exemples d'applications :

- Afficher dans une fenêtre séparée une explication concernant un texte.
- Afficher dans une fenêtre séparée la version complète d'une image dont la miniature appelle ce script.

Voici le code source, auquel des numéros de ligne ont été ajoutés, mais qui ne font naturellement pas partie du script :

```
<HTML>
<HEAD>
<TITLE> A Window</TITLE>
<SCRIPT>
function open_window(url) {
mywin = window.open(url,"win",'toolbar=0,location=0,
  directories=0,status=0,menubar=0,scrollbars=0,
  resizable=0, width=520,height=350');
}
</SCRIPT>
</HEAD>

<BODY>
<A HREF = "javascript:open_window('page1.html')">
<IMG SRC ="image.gif">
</A>
<A HREF = "javascript:open_window('page2.html')">
```

```
16 <IMG SRC ="image.gif">
17 </A>
18 </BODY>
19 </HTML>
```

Il est nécessaire de procéder à quelques adaptations pour pouvoir utiliser ce script :

- L'ensemble de la ligne 6 doit être saisi sur une seule ligne.
- Il faut remplacer `page1.html` et `page2.html` par les URL de vos liens hypertextes, au niveau des lignes 12 et 15.
- Il faut remplacer le nom des images ou saisir le texte adéquat au niveau des lignes 13 et 16.
- L'aspect de la nouvelle fenêtre de navigateur peut être modifié grâce aux paramètres de l'instruction `window.open()` de la ligne 6. Cette instruction doit être saisie sur une seule ligne, sans espace.

N'oubliez pas de tester le résultat de vos essais avec plusieurs navigateurs.

19.5. Bouton à effet Rollover

Au cours du chapitre concernant la navigation, vous avez déjà créé des effets Rollover et utilisé des instructions en JavaScript générées automatiquement par le programme JavaScript Buttons, pour être collées dans votre code source.

Nous allons maintenant vous expliquer à l'aide d'un exemple simple comment cet effet fonctionne.

Le code source complet de Rollover the button

Vous avez besoin de deux images :

- La première image est affichée lors de l'ouverture de la page.
- La seconde image la remplace dès que le pointeur de la souris survole l'image.

Il est important que les deux images aient exactement les mêmes dimensions, pour éviter des problèmes d'affichage.

Voici les images que nous avons choisies pour cet exemple :

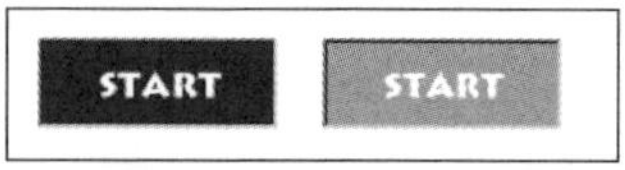

Fig. 19.11 : *Start.gif et Start_on.gif*

Atelier **Créer un effet Rollover**

1. Ouvrez l'éditeur HTML et créez un nouveau fichier.
2. Saisissez le code source ci-après, en supprimant les numéros de ligne :

```
<html>
<head>
<title>JavaScript: Effet rollover</title>
<SCRIPT LANGUAGE="JavaScript">
```

```
<!--
/* Charge les images au préalable */
if (document.images)
{
image1 = new Image();
image1.src = "start.gif";
image2 = new Image();
image2.src = "start_on.gif";
}
/* Définition de la fonction changeImage()*/
function changeImage(numImage,nomImage)
{
if (document.images)
document.images[numImage].src = eval(nomImage +".src");
}
// -->
</SCRIPT>
</head>
<body>
<A HREF="index.htm"
onMouseOver="changeImage('button','image2')"
onMouseOut="changeImage('button','image1')">
<IMG SRC="start.gif" NAME="button" BORDER=0>
</A>
</body>
</html>
```

3 Enregistrez le fichier sous le nom `rollover.htm` dans le dossier *C:\JavaScript*.

4 Ouvrez la page dans votre navigateur et essayez la fonction.

Fig. 19.12 : *La page sans onMouseOver : Start.gif*

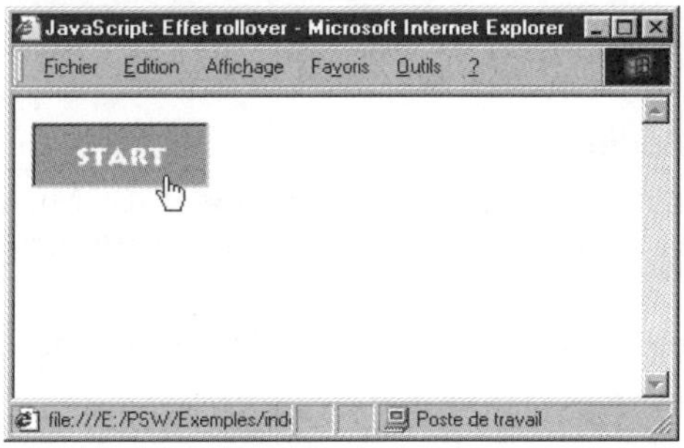

Fig. 19.13 : *La page avec onMouseOver : Start_on.gif*

Comme vous pouviez vous y attendre, l'effet fonctionne correctement.

Nous allons maintenant vous expliquer exactement ce qui se passe lors de l'exécution de cet effet.

La base de JavaScript : le modèle d'objets

Le principal élément nécessaire pour la compréhension de JavaScript est le modèle d'objets : tous les éléments d'une page web sont représentés par une arborescence hiérarchisée d'objets :

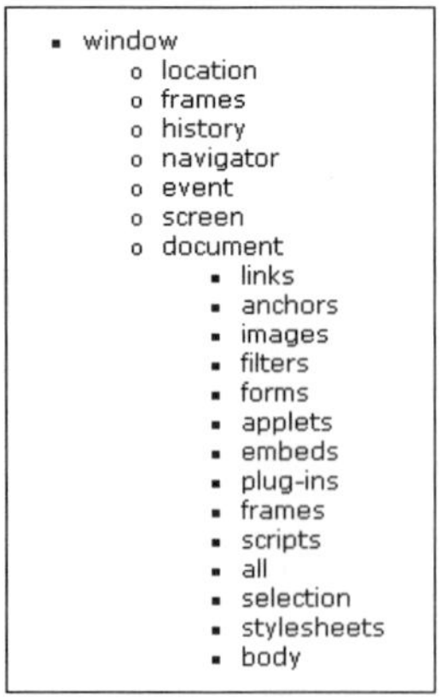

Fig. 19.14 :
Extrait d'une arborescence d'objets

Une arborescence d'objets répond à deux règles de base :

- Chaque objet porte un nom.
- Chaque objet possède certaines propriétés qui peuvent être modifiées.

La dénomination des objets sur une page web les rend accessibles. La plupart des objets faisant partie de l'objet `window`, le nom `window` peut être omis pour la plupart des objets. Voici un exemple :

- La page web elle-même s'appelle `document`.
- Les images font partie d'une page web et s'appellent `document.images`.
- Les objets de même type et de même niveau sont numérotés. La numérotation commence à 0 et s'écrit entre crochets :
  - La première image chargée dans le corps de la page s'appelle `document.images[0]`.
  - La seconde image chargée dans le corps de la page s'appelle `document.images[1]`.

Info

Le modèle Document Object Model

Un modèle d'objets particulier est le Document Object Model (DOM). Vous trouverez une explication animée à l'adresse `http://webcoder.com/howto/15/`.

L'arborescence peut continuer ainsi sans limitation effective. Il est possible de nommer ainsi chaque image d'une page web.

Ce système de dénomination semble très intéressant, mais à quoi sert-il ? Il faut prendre en compte les propriétés des objets pour répondre à cette question.

Chaque objet d'une page web possède des propriétés. Le nom de la propriété est associé au nom de l'objet, séparé par un point.

L'une des propriétés d'un objet graphique est par exemple le nom du fichier qui le contient, ou plus précisément son URL, par exemple :

```
document.images[0].src
```

Le terme `src` est l'abréviation de source et signifie le nom du fichier, comme dans la balise `<img>`. `document.images[0].src` désigne donc le nom du fichier de la première image de la page web.

En fait, les propriétés peuvent être modifiées. Le langage qui permet d'accéder aux objets et de modifier leurs propriétés s'appelle JavaScript. Le Document Object Model définit les objets auxquels on peut accéder et leur nom.

Dans le cas d'un effet Rollover, le programme se contente de modifier la propriété `src` d'un objet graphique, c'est-à-dire en clair de remplacer l'image.

L'échange d'images est combiné à un événement particulier appelé `onMouseOver` qui signifie en clair : "lorsque le pointeur de la souris survole l'objet".

Partie 1 : Images nécessaires chargées au préalable

Les images nécessaires sont chargées lors de l'exécution de la première partie du script :

```
 4 <SCRIPT LANGUAGE="JavaScript">
 5 <!--
 6 /* Charge les images au préalable */
 7 if (document.images)
 8 {
 9 image1 = new Image();
10 image1.src = "start.gif";
11 image2 = new Image();
12 image2.src = "start_on.gif";
13 }
```

Comme nous l'avons indiqué, les images d'une page web s'appellent `document.images`. Tous les navigateurs ne maîtrisent pas la dénomination des objets, et ceux qui le font ne suivent pas toujours la même règle de dénomination. Pour éviter des messages d'erreur désagréables, un contrôle de sécurité très efficace bien que très simple est exécuté à la ligne 7 :

```
if (document.images)
```

En clair, cette instruction demande au navigateur s'il "sait" ce que signifie `document.images`. Si ce n'est pas le cas, le programme ignore l'ensemble des instructions jusqu'à la fin. La plupart des messages d'erreur sont ainsi évités car :

- Un navigateur qui ne comprend pas JavaScript ignore cette ligne, puisqu'elle est incluse dans un commentaire HTML.
- Un navigateur qui comprend JavaScript, mais qui ne connaît pas la syntaxe `document.images`, ignore les instructions suivantes jusqu'à l'accolade finale.

Voilà donc pour les messages d'erreur !

Voyons maintenant ce qui se passe avec les images elles-mêmes.

Il est important que la seconde image soit déjà chargée lorsque le pointeur de la souris passe sur le bouton normal, pour éviter un temps d'attente trop important lors de l'exécution de l'effet. Pour obtenir ce résultat, il suffit de définir un nouvel objet et de lui donner un nom. Créez un nouvel objet `new Image()` pour chaque image à charger, et donnez-lui un nom (ligne 9).

```
image1 = new Image();
```

Cette ligne signifie en clair : "Un nouvel objet appelé `image1` est créé sur la page web, et cet objet est une image". En quelque sorte, cette instruction permet de préparer le navigateur au chargement d'une image.

Info

Attention aux fautes de frappe !

Une faute de frappe très fréquente consiste à saisir `scr` au lieu de `src`. Malheureusement, l'ordinateur est pointilleux et ne connaît que l'attribut `src`.

La ligne 10 indique au navigateur quelle image il doit charger. En JavaScript, cela signifie définir la valeur de la propriété `.src`, c'est-à-dire son nom de fichier :

```
image1.src = "start.gif";
```

Cette instruction amène le navigateur à charger dans l'objet portant le nom `image1` le contenu du fichier *start.gif* qui se trouve dans le même dossier que la page web, mais sans l'afficher.

Les lignes 11 et 12 répètent la même opération pour la seconde image. Ce processus permet de s'assurer que l'image *start_on.gif* se trouve déjà dans le cache du navigateur lorsque le pointeur de la souris passe sur le bouton.

Vous pouvez ainsi charger dès l'ouverture de la page autant d'images que vous le voulez. Chaque image a besoin de deux lignes :

- la première définit un nouvel objet par `new Image()` ;
- la seconde attribue un nom de fichier à la propriété `src` de l'objet.

Cette opération peut sembler assez fastidieuse pour le commun des mortels, mais rappelez-vous que les ordinateurs sont bêtes et pointilleux : s'il n'existe pas d'objet nommé `image1`, il est évident que cet objet ne peut pas posséder de propriété nommée `src`.

C'est pourquoi il est impératif de réaliser les deux étapes dans le bon ordre.

Partie 2 : la fonction changeImage()

La deuxième partie du code source contient l'effet lui-même. Cette fonction est constituée d'un nombre réduit de lignes :

```
function changeImage(numImage,nomImage)
{
if (document.images)
document.images[numImage].src = eval(nomImage +".src");
}
```

La fonction changeImage a besoin de deux informations complémentaires pour pouvoir fonctionner :

1. Le numéro de l'image dont le contenu doit être modifié. Cette information est transmise par le paramètre numImage à la ligne 18.

2. L'image qui doit remplacer l'ancien contenu. C'est l'information est contenue dans le paramètre nomImage, à la fin de la ligne 18.

Dans notre exemple, la fonction changeImage est appelée deux fois : une première fois à la ligne 25, puis à la ligne 26. Chaque fois, les deux paramètres sont transmis après le nom de la fonction.

Partie 3 : appel de la fonction changeImage()

Last, but not least. Voici la troisième partie de la fonction, dans le corps de la page web :

```
24 <A HREF="index.htm"
25 onMouseOver="changeImage('button','image2')"
26 onMouseOut="changeImage('button','image1')">
27 <IMG SRC="start.gif" NAME="button" BORDER=0>
28 </A>
```

Ainsi que nous l'avons indiqué, une fonction n'est pas exécutée immédiatement, mais attend sagement d'être appelée. Dans notre exemple, cet appel est déclenché par un événement particulier, en relation avec la position du pointeur de la souris.

Voici la traduction en clair de la ligne 25 : "si le pointeur de la souris passe sur le lien <a href="index.htm">, appeler la fonction changeImage en lui indiquant que l'image appelée button doit être remplacée par celle portant le nom image2".

Il reste un secret à dévoiler, avant de disposer de l'ensemble des éléments du puzzle. La réponse se trouve à la ligne 27 : l'expression "l'image appelée button" désigne en fait le fichier *start.gif*, c'est-à-dire le bouton normal. Cette image reçoit son nom par l'attribut name="button" dans la balise <img>.

Partie 4 : déroulement chronologique d'un effet Rollover

Voici donc le détail chronologique du déroulement de l'effet Rollover :

1. Le navigateur commence toujours par la ligne 1 et traite le code source ligne à ligne. L'en-tête contient plusieurs instructions JavaScript. Ces instructions sont exécutées sans que le surfeur ne s'en rende compte :

   - Les objets image1 et image2 sont définis et chargés.
   - Une fonction appelée changeImage est définie.

2. Lors de la lecture du contenu de la balise <body>, un lien hypertexte est établi vers le fichier *index.htm*. Ce lien est activé par un clic sur l'image *start.gif*.

3. Ce lien présente deux particularités que le navigateur prend en compte : les événements (en anglais, "events") onMouseOver et onMouseOut.

Dès que le pointeur de la souris passe sur un lien hypertexte, le premier de ces deux événements se produit : `onMouseOver`.

4 Le navigateur exploite cet événement et appelle la fonction `changeImage` en lui transmettant les paramètres `button` et `image2`.

5 La fonction s'exécute et positionne les deux paramètres transmis :

```
changeImage(button,image2)
```

6 L'instruction de la ligne 18 de la fonction devient alors l'équivalent de :

```
document.images[button].src = image2.src
```

Le résultat pour le navigateur est équivalent à l'instruction suivante : "remplacer la propriété `.src` de l'objet `button` par la propriété `.src` de l'objet `image2`".

Bien que l'expression semble un peu compliquée, elle est simple à comprendre et transmet le nom du fichier à la propriété `.src` de l'objet.

En bref, la fonction `changeImage` donne au navigateur l'ordre suivant : "remplacer *start.gif* par *start_on.gif*".

7 Lorsque le pointeur de la souris quitte l'image, l'événement `onMouseOut` se produit (ligne 26). Le navigateur appelle à nouveau la fonction `changeImage` en lui passant comme paramètres `button` et `image1`.

L'échange déclenché par `onMouseOver` est ainsi annulé.

C'est tout ! Vous savez maintenant en détail comment fonctionne un effet Rollover dans votre navigateur.

19.6. Faisons le point

Cette section résume les principaux points abordés dans ce chapitre :

- JavaScript est un langage de programmation développé par Netscape, qui complète les possibilités du langage HTML.
- Les programmes JavaScript sont généralement inclus dans le code source d'une page web.
- Les exemples JavaScript de ce chapitre réalisent les opérations suivantes :
  - affichage d'un message ;
  - identification du navigateur utilisé ;
  - branchement en fonction du navigateur ;
  - changement de la couleur d'arrière-plan à chaque appel de la page web ;
  - changement de la couleur d'arrière-plan en fonction du jour de la semaine ;
  - ouverture d'une nouvelle fenêtre de navigateur d'un simple clic.
- La section *Know-how* explique en détail le fonctionnement de l'effet Rollover.

Chapitre 20

Interaction avec les visiteurs de votre page d'accueil

Pour ce chapitre, vous n'avez besoin que d'un navigateur.

20.1. Interaction : de quoi s'agit-il ?

Une interaction intervient chaque fois qu'une communication s'établit entre vous et vos visiteurs. Aucune importance si cette communication s'établit par e-mail, par fax ou par téléphone. Ce chapitre ne traite cependant que de l'interaction établie via des pages web.

Les formes les plus connues de l'interaction sont les suivantes :

- Livre d'or

  Un livre d'or permet à vos visiteurs d'enregistrer leurs commentaires concernant votre site web ou n'importe quel autre sujet.

  Vous trouverez des livres d'or à inclure dans vos pages web sur différents sites.

- Sondage

  Ce mécanisme permet de réaliser une sorte de sondage à propos d'un thème particulier. Vous pouvez installer ce type de service sur votre page, en quelques minutes.

- Forum

  En principe, un forum ressemble assez à un livre d'or, mais en plus vivant, car les visiteurs de votre site ont la possibilité de répondre directement à d'autres commentaires. Les commentaires sont groupés automatiquement. Cette solution est idéale pour une assistance technique.

- Salon de discussion en ligne ou "chat"

  Le terme "chat" peut être traduit par "bavardage" et désigne une communication en temps réel. Nous vous montrerons comment insérer ce type de fonctionnalité sur votre site, en cinq minutes.

L'ensemble de ces fonctions porte un nom générique : "interaction". Les services proposés sont effectivement gratuits. Nous allons vous en présenter quelques-uns.

20.2. Le livre d'or

http://www.ovh.net/

Si vous placez un livre d'or sur votre page d'accueil, vous donnez aux visiteurs la possibilité de saisir un commentaire sur votre page, de donner un avis ou simplement d'inscrire quelques mots. Les visiteurs suivants auront la possibilité à leur tour d'inscrire un message et de consulter les commentaires déjà enregistrés.

Les livres d'or sont des programmes enregistrés sur le serveur du fournisseur du livre d'or. Il vous suffit d'inclure sur votre page d'accueil un lien hypertexte vers ce site. Il est indispensable de comprendre que le livre d'or reste sur l'ordinateur du prestataire proposant cet élément.

La recette ci-après vous montre comment insérer un livre d'or sur votre page personnelle.

Le livre d'or du site OVH

L'installation d'un lien vers votre propre livre d'or s'effectue très facilement, comme vous allez pouvoir le constater.

Atelier — Ajouter un livre d'or sur votre page d'accueil

1. Lancez le navigateur, puis ouvrez la page d'accueil de OVH à l'adresse http://www.ovh.net/.

2. Sur la première page, cliquez sur le lien hypertexte *Services du Webmestre* situé dans la partie gauche de la page d'accueil.

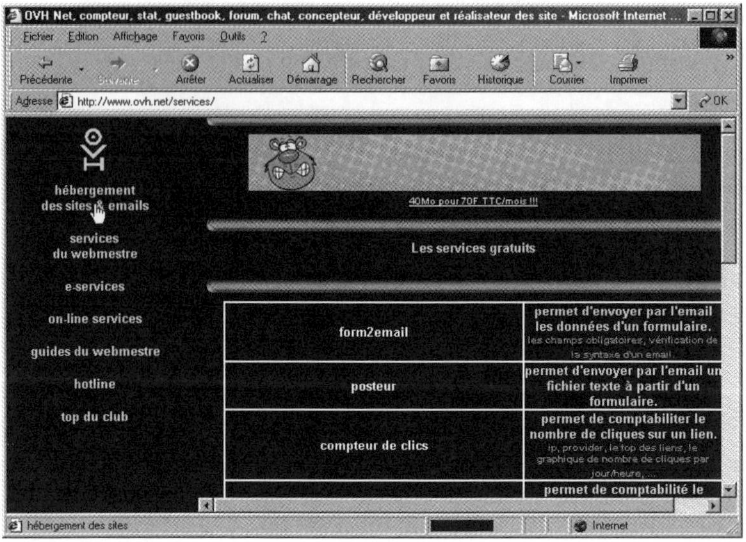

Fig. 20.1 : *La page d'accueil de OVH*

3. Dans la liste regroupant les services du Webmestre, cliquez sur le lien hypertexte *Guestbook* pour dérouler un sous-menu. Si c'est votre première connexion à ce site, activez le lien hypertexte *Création d'un compte*.

   Un formulaire regroupant un certain nombre de rubriques habituelles permet de saisir vos coordonnées ainsi que votre adresse e-mail. Vous pourrez ainsi recevoir votre numéro d'abonné (gratuit) pour insérer un lien vers votre livre d'or. Remplissez les premiers champs.

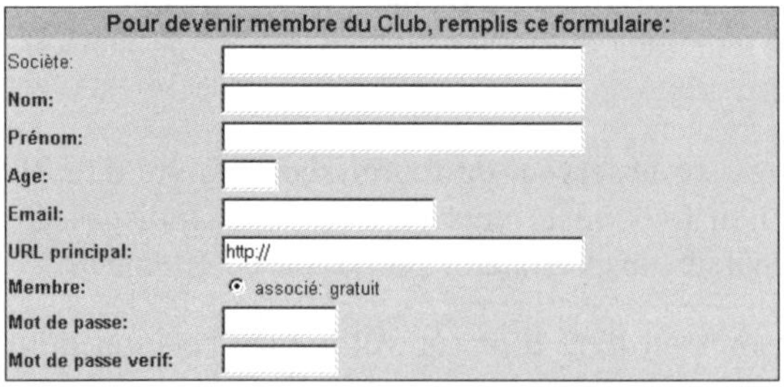

Fig. 20.2 : *Le formulaire va vous permettre de vous enregistrer*

4. Prenez le temps de saisir les informations demandées dans la seconde partie de ce formulaire. Elles sont destinées aux statistiques du service. Ces rubriques concernent essentiellement le matériel que vous utilisez.

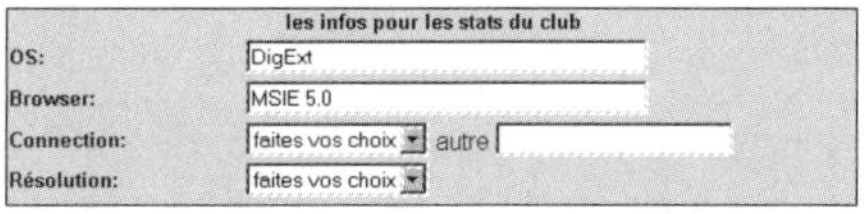

Fig. 20.3 :
Remplissez également ces lignes de formulaire

5. Comme vous pouvez le constater en bas de ce formulaire, l'inscription à ces services est instantanée. Il vous suffit de cliquer sur le bouton **Inscription** pour expédier vos informations.

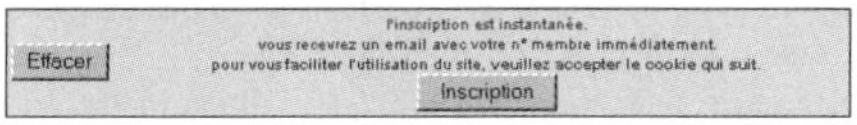

Fig. 20.4 :
Cliquez sur le bouton Inscription

6. Quelques minutes plus tard, vous recevez un message dans votre boîte aux lettres électronique avec des informations importantes.

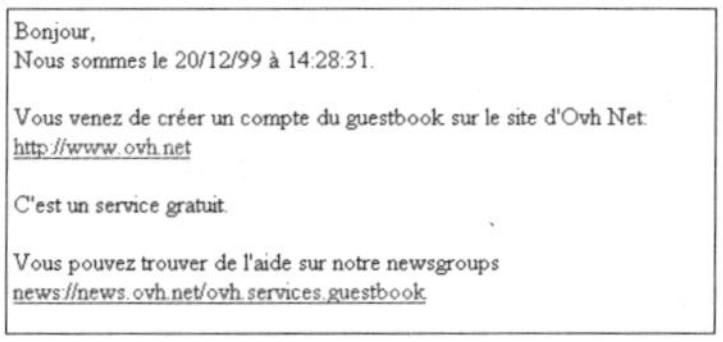
Bonjour,
Nous sommes le 20/12/99 à 14:28:31.

Vous venez de créer un compte du guestbook sur le site d'Ovh Net:
http://www.ovh.net

C'est un service gratuit.

Vous pouvez trouver de l'aide sur notre newsgroups
news://news.ovh.net/ovh.services.guestbook

Fig. 20.5 :
Informations sur votre compte

Il est préférable d'enregistrer et d'imprimer cette page. Les informations qu'elle contient sont nécessaires dans l'étape suivante : la mise en place du livre d'or sur votre page d'accueil et la gestion de cet élément.

Vous constatez que le service vous envoie plusieurs adresses dont vous aurez l'utilité par la suite. C'est la raison pour laquelle il est indispensable de conserver ces informations en lieu sûr de manière à faciliter les manipulations ultérieures.

Les paramètres du livre d'or

Dès que votre inscription est validée, vous pouvez prendre connaissance des informations relatives à la configuration de votre livre d'or. Les rubriques de ce formulaire concernent la couleur, l'image d'arrière-plan de votre livre d'or. Vous avez la possibilité d'effectuer les modifications souhaitées pour personnaliser cet élément.

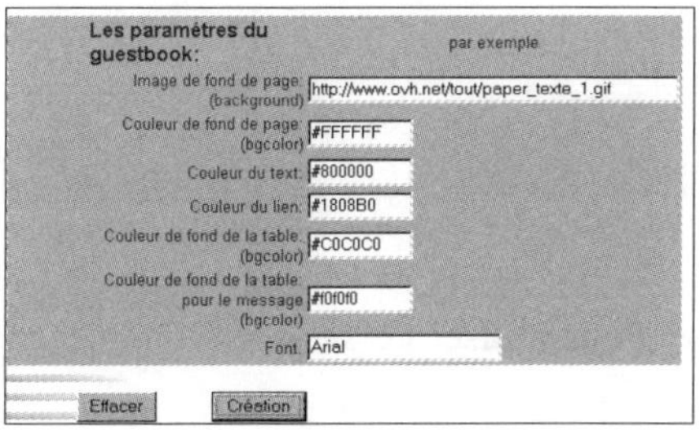

Fig. 20.6 :
Modifiez les paramètres du livre d'or

Il est en outre possible de modifier la police choisie par défaut.

Ajouter le lien vers votre livre d'or

Vous avez effectué les dernières modifications pour adapter le livre d'or à vos besoins. Il ne vous reste plus qu'à saisir directement sur votre page d'accueil l'adresse permettant d'afficher dans le navigateur votre livre d'or.

Pour faciliter la tâche aux visiteurs de votre page, il est préférable de leur proposer de cliquer sur un lien hypertexte explicite plutôt que d'inscrire une simple adresse URL renvoyant au livre d'or.

Atelier — Pour ajouter un lien vers le livre d'or

1. Ouvrez dans l'éditeur la page sur laquelle le lien vers le livre d'or doit être inséré.
2. Placez le curseur d'insertion sur le futur emplacement du document (du lien vers le livre d'or).
3. Créez un lien hypertexte vers l'URL de votre livre d'or, à savoir `http://www.ovh.net/guestbook/guestbook_440.html`. Pour éviter de saisir de nouveau l'adresse complète, reportez-vous directement au message de confirmation des services OVH, puis sélectionnez l'adresse concernée. Copiez-la dans le Presse-papiers à l'aide de la combinaison de touches Ctrl+C. Basculez vers votre page web à l'endroit précédent, puis appuyez simultanément sur les touches Ctrl+V.
4. Enregistrez le document.

Dès que vos pages seront chargées sur le serveur web, tout surfeur aura la possibilité de cliquer tout simplement sur le lien hypertexte que vous venez de créer pour accéder à votre livre d'or. Il lui sera alors possible de lire les messages déjà envoyés et d'ajouter son propre commentaire.

Vous pouvez faire un premier essai pour voir à quoi ressemble votre livre d'or.

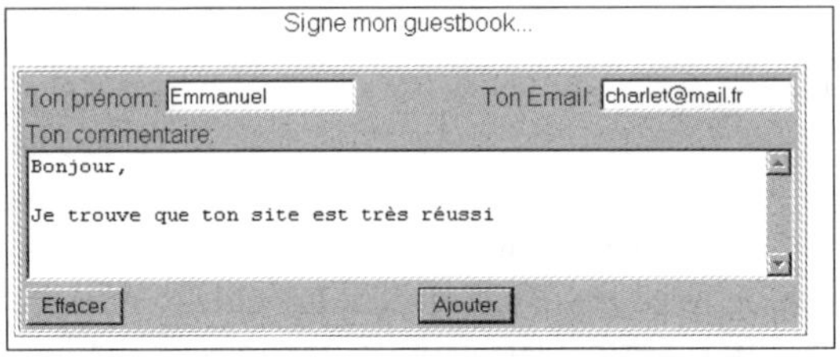

Fig. 20.7 : *Le premier message de votre livre d'or*

Vous recevrez par e-mail des informations vous annonçant l'ajout de commentaires dans votre livre d'or.

20.3. Sondages et vote

`http://webd.oricom.ca/index.asp`

Web Développeurs comporte un service gratuit : le sondage. Pour utiliser ce service, vous devez auparavant faire partie du site de Web Développeurs.

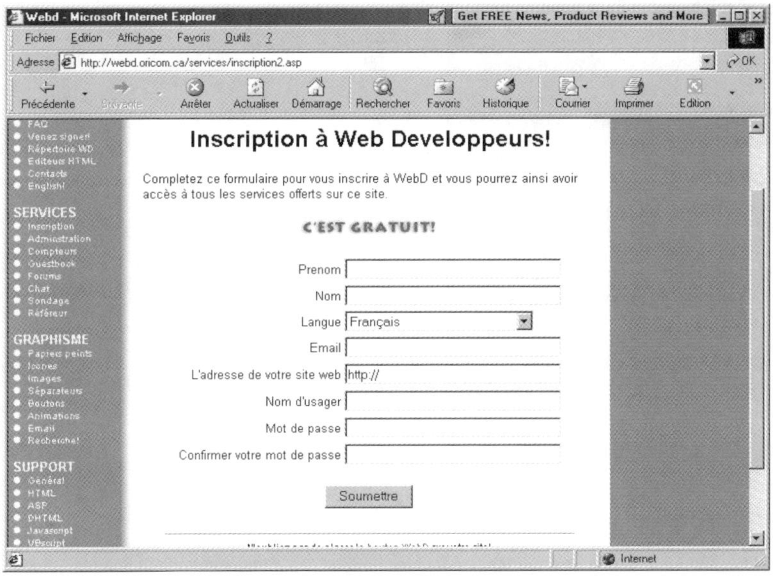

Fig. 20.8 : *Inscription au site de Web Développeurs*

Une fois inscrit, un e-mail vous est envoyé. Vous pouvez alors utiliser les services de Web Développeurs. Cliquez sur le lien hypertexte *Sondage* et remplissez le formulaire.

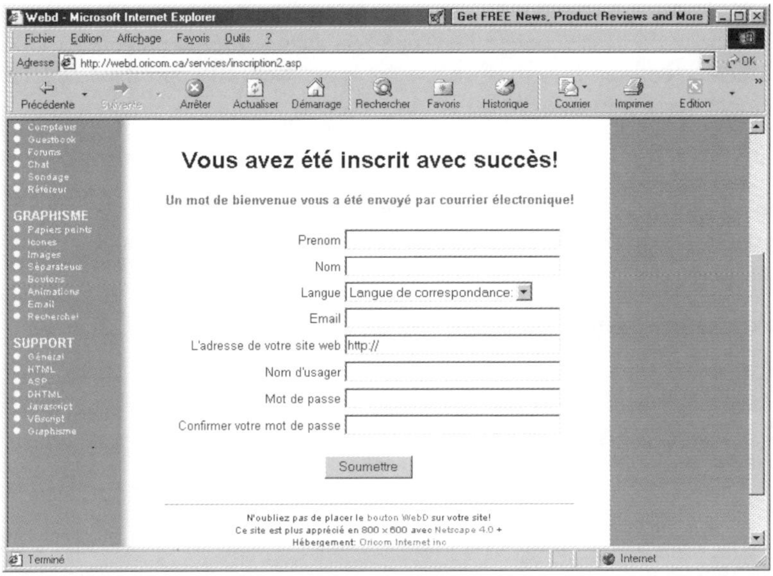

Fig. 20.9 : *Le visiteur choisi une appréciation, puis clique sur le bouton OK*

Une fois le formulaire validé, le site vous indique l'adresse que vous allez pouvoir insérer dans votre page HTML afin que vos visiteurs puissent répondre à votre sondage.

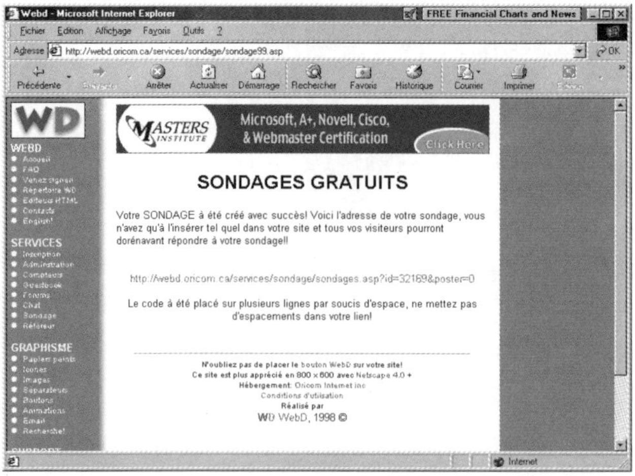

Fig. 20.10 :
Le résultat du sondage

Atelier Insérer un hyperlien vers votre livre d'or

1. Ouvrez dans l'éditeur la page sur laquelle le lien vers le livre d'or doit être inséré.
2. Placez le curseur d'insertion sur le futur emplacement du document (du lien vers le livre d'or).
3. Créez un lien hypertexte vers l'URL de votre livre d'or, à savoir `http://webd.oricom.ca/services/sondage/sondages.asp?id=32169&poster=0`. Pour éviter de saisir à nouveau l'adresse complète, reportez-vous directement au message de confirmation des services Web Développeurs, puis sélectionnez l'adresse concernée. Copiez-la dans le Presse-papiers à l'aide de la combinaison de touches Ctrl+c. Basculez vers votre page web à l'endroit précédent, puis appuyez simultanément sur les touches Ctrl+v.
4. Enregistrez le document.

Dès que vos pages seront chargées sur le serveur web, tout surfeur aura la possibilité de cliquer tout simplement sur le lien hypertexte que vous venez de créer pour accéder à votre sondage. Vous pouvez faire un premier essai pour voir à quoi ressemble votre sondage.

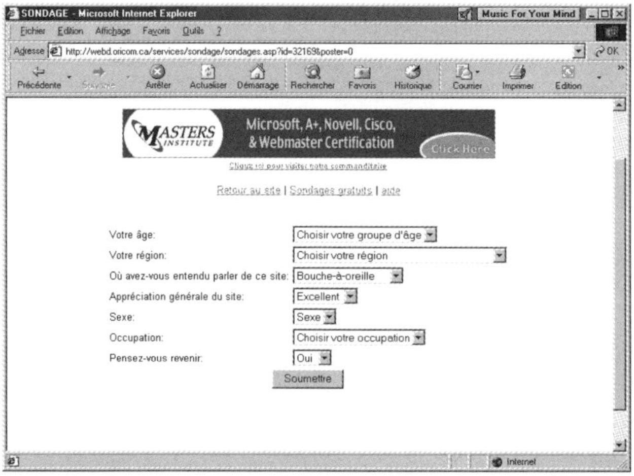

Fig. 20.11 :
Le sondage directement accessible à partir de votre site web

20.4. Le forum

http://iform.iftouch.net/

Le forum était dans la Rome antique le centre de toutes les villes. C'est là que se trouvaient les temples et les bâtiments réservés au commerce, à la Bourse, à l'Administration et à la justice.

Installer un forum en deux minutes

L'installation de nouveaux forums est réalisée effectivement en quelques minutes. Dès son enregistrement, le forum est prêt à l'emploi.

Dès qu'il est enregistré, vous pouvez l'adapter à vos besoins, ainsi que nous vous le montrons dans le passage suivant.

Atelier — Enregistrement d'un nouveau forum

1. Connectez-vous à l'adresse http://iform.iftouch.net/.

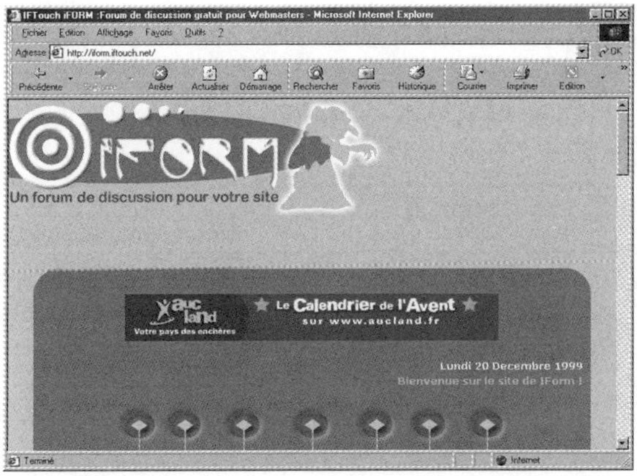

Fig. 20.12 : *La page d'accueil du site Iforum*

2. Cliquez dans la barre de navigation sur le bouton **Inscription**. Remplissez les zones de texte dans la page web suivante :

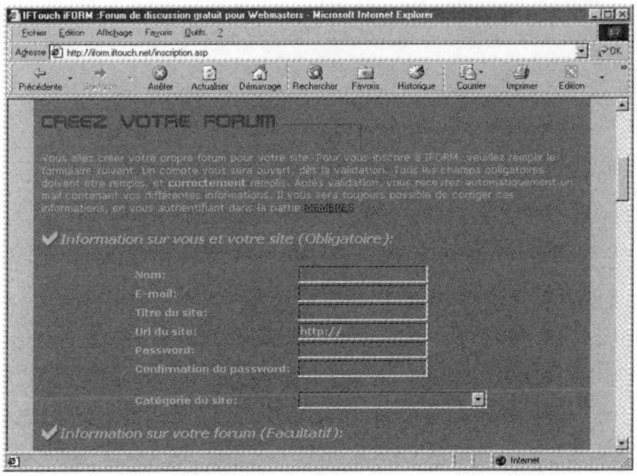

Fig. 20.13 : *Une partie du formulaire de création du forum*

3 Cliquez sur le bouton **Créer le forum** en bas de page.

Le forum est prêt, et vous pouvez l'inclure dans votre site web par un simple lien, de la même manière que vous l'avez fait pour le sondage.

Voici l'aspect du nouveau forum :

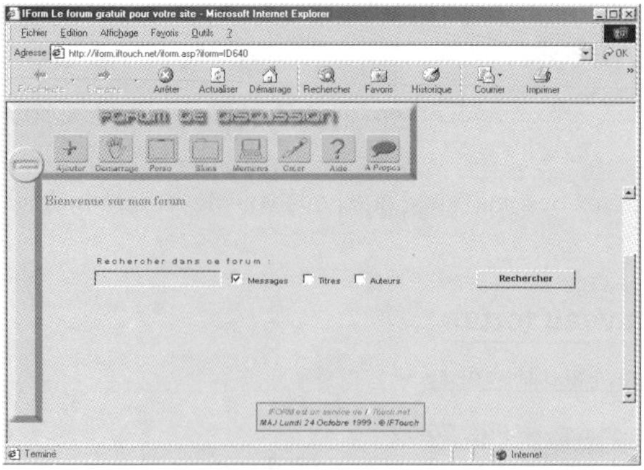

Fig. 20.14 : *Le nouveau forum, sans visiteur*

20.5. Un "chat" pour votre site web, en cinq minutes

http://webd.oricom.ca/

Un forum permet aux utilisateurs de communiquer avec un certain décalage temporel. Le "chat", appelé également "chambre de bavardage" ou "chambre de discussion" permet à plusieurs utilisateurs de communiquer en temps réel, par l'intermédiaire de leur clavier et de leur écran.

Le service chat de Web Développeurs est une des solutions les plus simples pour intégrer un "chat" dans un site web.

Atelier — Installer un "chat" sur votre site web

1 Connectez-vous à l'adresse Internet suivante : `http://webd.oricom.ca/`.

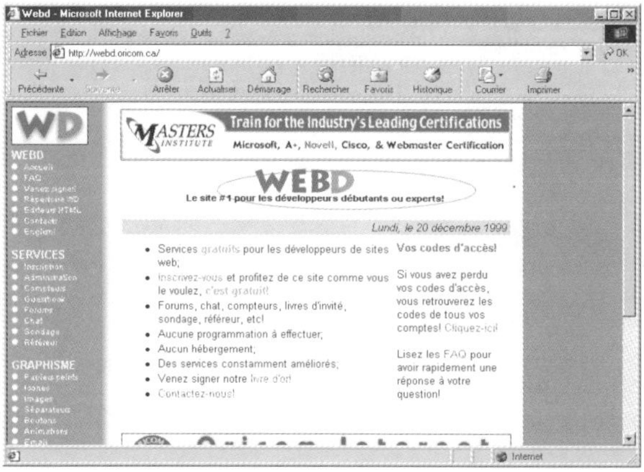

Fig. 20.15 : *La page d'accueil de Web Développeurs*

2 Cliquez sur le lien hypertexte *Chat* à gauche. L'illustration ci-après présente le contenu de la page suivante :

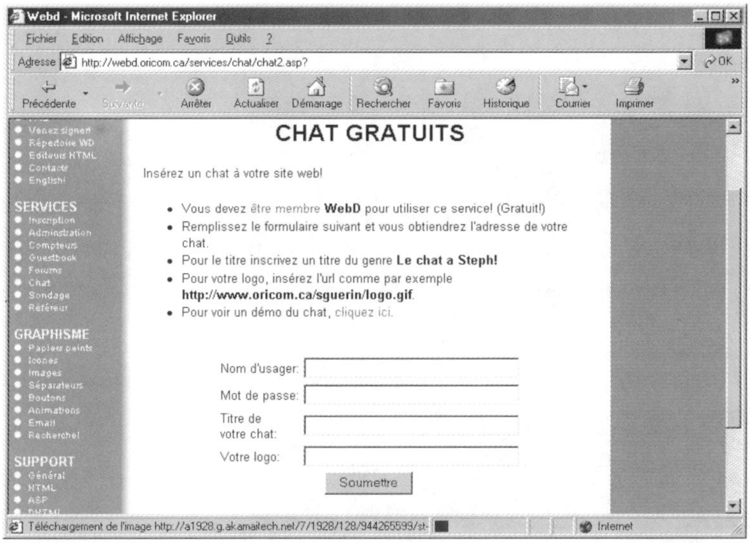

Fig. 20.16 : *Création d'un "chat"*

3 Une fois le formulaire validé, le site vous indique l'adresse que vous allez pouvoir insérer dans votre page HTML afin que vos visiteurs puissent utiliser votre salon de discussion.

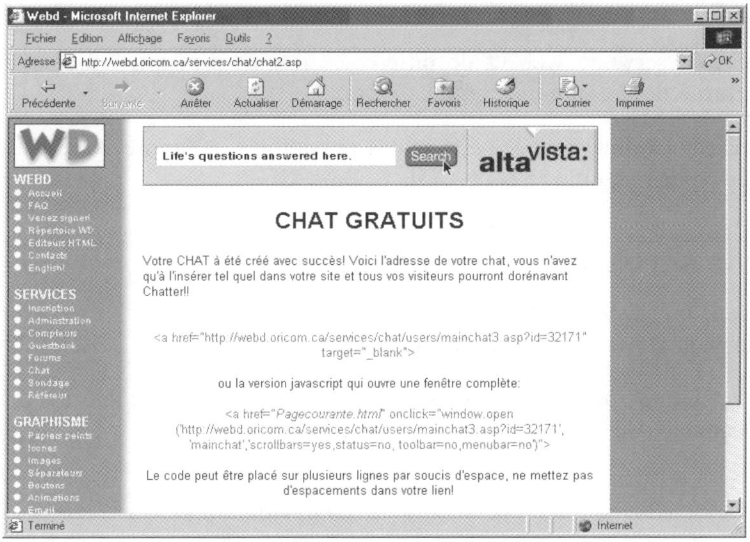

Fig. 20.17 : *Votre salon de discussion est bien créé*

4 Votre salon de discussion est prêt ; vous pouvez l'inclure dans votre site web par un simple lien, de la même manière que vous l'avez fait pour le sondage.

Voici l'aspect de votre salon de discussion en ligne :

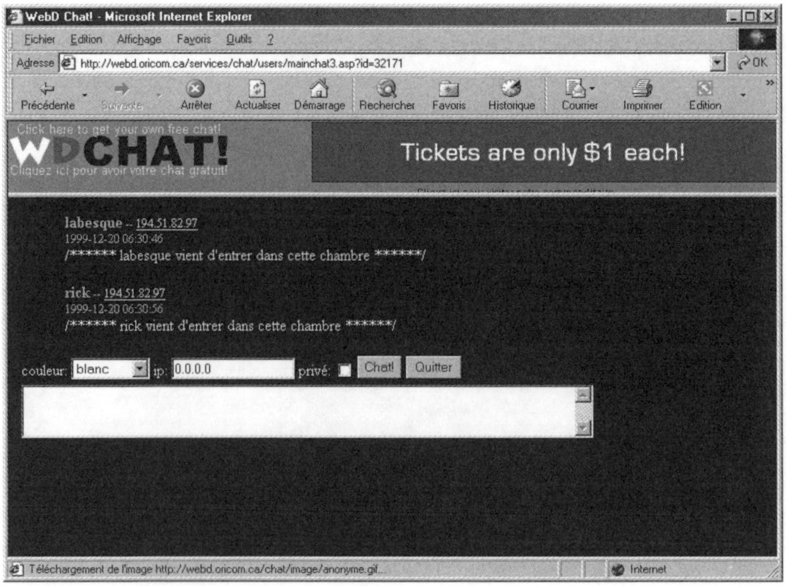

Fig. 20.18 : *Le "chat" sur votre site web*

20.6. Know-how : interaction par CGI ou à partir du World Wide Web

L'utilisation de pages web, de serveurs web et de différentes formes d'interaction impliquent l'utilisation de CGI sous forme de programmes ou de scripts.

Nous allons donc vous présenter brièvement les différentes possibilités de rendre votre site web interactif et vous expliquer ce que signifie le sigle CGI.

Le navigateur et le serveur

Lorsqu'un surfeur sélectionne ou saisit une adresse URL dans un navigateur, celui-ci recherche le chemin d'accès au serveur web correspondant, à travers Internet.

Un serveur web est un fournisseur de pages web, c'est-à-dire un programme qui ne fait rien d'autre que de transmettre les documents HTML demandés par le navigateur.

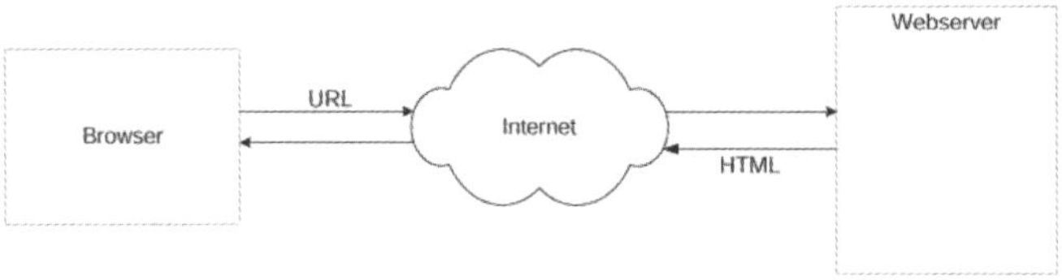

Fig. 20.19 : *Le navigateur et le serveur web*

Ces pages web sont créées hors ligne à l'aide d'un éditeur, enregistrées, puis chargées sur le serveur web. Pour modifier une page web, il faut exécuter les opérations suivantes :

- ouvrir la page web dans l'éditeur ;
- la modifier ;
- l'enregistrer ;
- la télécharger.

Les documents HTML eux-mêmes ne sont pas modifiés sur le serveur web. C'est pourquoi ces documents sont dits "statiques".

Le navigateur, le serveur et CGI

Info

CGI et Perl

Les programmes utilisés à l'aide de l'interface CGI sont fréquemment écrits dans le langage de programmation Perl.

Comme nous venons de l'indiquer, le serveur web n'est qu'un fournisseur de pages web. Il existe différentes possibilités pour étendre les fonctionnalités du serveur. La plus connue d'entre elles est CGI.

CGI est l'acronyme de "Common Gateway Interface", c'est-à-dire "interface d'accès généralisée", ou plus simplement une espèce de porte d'accès.

CGI est donc une porte d'accès placée "à l'arrière" des serveurs web. Celle-ci permet au navigateur de communiquer avec d'autres programmes sur l'ordinateur du serveur. Cette communication s'effectue par l'intermédiaire du serveur web.

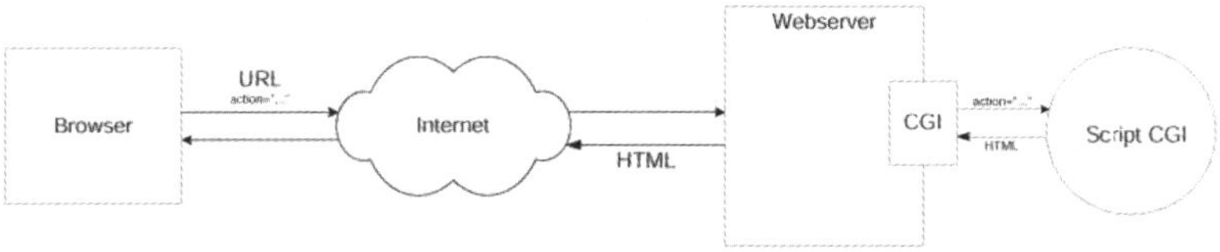

Fig. 20.20 : *CGI est une sorte de porte*

Un exemple simple est constitué par un livre d'or :

1. Le surfeur écrit un commentaire concernant votre site web, dans une zone de texte.
2. Il clique sur le bouton **Envoyer** et transmet le commentaire au serveur web.
3. Le serveur web ne peut rien faire avec ce type de commentaire, car il est limité à la transmission de pages web. Il transmet alors le commentaire à un programme spécifique, par l'interface CGI.
4. Le serveur web sait que tous les programmes CGI sont enregistrés dans un dossier spécifique sur l'ordinateur du serveur. L'un des noms les plus courants pour ce dossier est *cgi-bin*.
5. Le nom du programme que le serveur web doit appeler se trouve dans le code source du

formulaire sur lequel le surfeur a écrit son commentaire, plus précisément dans la zone `action` (par exemple, `action="guestbook.cgi"`).

6 Le programme CGI écrit le commentaire à la fin d'un fichier, après les autres commentaires, et transmet l'ensemble sous forme d'un fichier HTML au serveur web.

7 Ce fichier HTML constitue le livre d'or.

Vous connaissez maintenant le fonctionnement de base de l'interface CGI.

CGI et la sécurité du serveur web

Les fournisseurs d'espace web gèrent des serveurs web immenses, ce qui explique l'importance de la sécurité. Il faut s'assurer en particulier que seules les personnes autorisées peuvent accéder aux zones système de l'ordinateur. Tant que le surfeur n'accède qu'aux pages web, aucun problème ne se pose, mais l'interface CGI est une faille potentielle dans le système de sécurité.

Les problèmes ne résultent pas nécessairement d'intentions malicieuses, car il suffit d'une erreur dans un programme CGI pour bloquer l'ordinateur du serveur.

C'est pourquoi les fournisseurs d'espace web réagissent de trois façons différentes face à un programme CGI :

- CGI interdit

  C'est naturellement la variante la plus sûre. Pas de CGI, pas de risque pour la sécurité. Cette variante est très classique pour les services et les fournisseurs d'espace web gratuits.

- CGI limité : scripts prédéfinis

  De nombreux fournisseurs proposent à leurs clients une sélection de scripts prédéfinis. Ceux-ci peuvent être configurés, mais pas modifiés par les clients. Ces scripts sont testés par le fournisseur et considérés comme présentant toutes garanties de sécurité.

- CGI autorisé sans limitation

  Cette variante donne au client un accès complet au dossier CGI des serveurs web. Il peut donc enregistrer ses propres programmes CGI. Il n'est cependant pas nécessaire d'écrire complètement les programmes, car il existe un grand nombre de scripts qu'il suffit d'adapter.

La première variante est généralement gratuite, la seconde peu onéreuse, alors que la troisième est fréquemment assez coûteuse.

Le navigateur, un serveur et un autre serveur

Un accès CGI ne présente pas que des avantages : indépendamment du coût élevé de ce service, le créateur d'un site doit s'occuper des scripts CGI, ce qui n'est pas nécessairement à la portée de tout le monde.

Il existe donc une autre possibilité pour permettre une interaction entre vos visiteurs et votre site web : l'interaction à travers le Web.

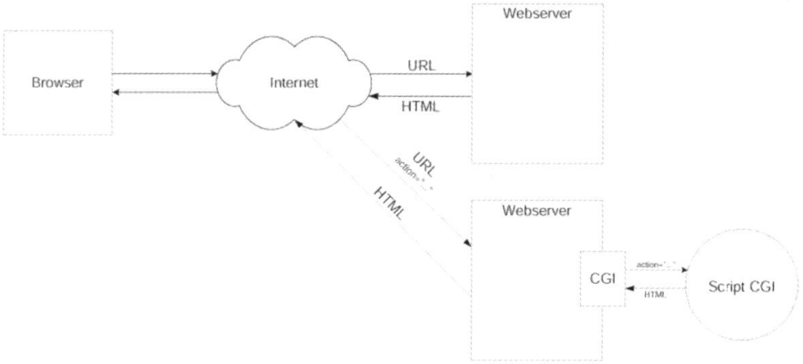

Fig. 20.21 : *Interaction à travers le Web*

Qu'il s'agisse d'un simple livre d'or ou d'un forum très complet, l'utilisation des services de ce type ne change pas :

1. Inscription auprès du fournisseur.
2. Configuration du service par le navigateur.
3. Inscription du service sur la page web.

Vous avez déjà fait connaissance de ce principe en lisant le chapitre concernant l'analyse de votre site web par FreeFind.com.

Au fond, ce système d'interaction utilise également des programmes CGI. La différence est que ces programmes sont exécutés sur un ordinateur différent de celui sur lequel les pages web sont enregistrées.

20.7. Faisons le point

Cette section résume les principaux points abordés dans ce chapitre :

- L'interaction est la communication avec les visiteurs de votre site web.
- Quelques exemples :
  - livre d'or ;
  - forum de discussion ;
  - sondage ;
  - bavardage en ligne (chats).
- Tous ces services interactifs peuvent fonctionner sous forme de programmes CGI sur le serveur sur lequel les pages web sont enregistrées, ou sur un serveur différent.
- Ce chapitre décrit l'installation de services basés sur le Web dans votre site web.
- La dernière section décrit la différence entre les interactions qui reposent sur les programmes CGI et celles qui utilisent les services web.

Chapitre 21

Index

!

A

B

C

D

E

F

G

H

I

J

L

M

N

O

P

Q

R

S

T

U

V

W

X